# RÉCITS

DE

# L'HISTOIRE ROMAINE

## AU Vᵉ SIÈCLE

DERNIERS TEMPS DE L'EMPIRE D'OCCIDENT

PAR

M. AMÉDÉE THIERRY

MEMBRE DE L'INSTITUT

PARIS

A LA LIBRAIRIE ACADÉMIQUE

DIDIER ET Cⁱᵉ, LIBRAIRES-ÉDITEURS

QUAI DES AUGUSTINS, 35

# RÉCITS

DE

# L'HISTOIRE ROMAINE

AU Vᵉ SIÈCLE

PARIS. — IMPRIMERIE DE J. CLAYE

RUE SAINT-BENOIT, 7

# RÉCITS

DE

# L'HISTOIRE ROMAINE

## AU V<sup>e</sup> SIÈCLE

---

### DERNIERS TEMPS DE L'EMPIRE D'OCCIDENT

---

PAR

## M. AMÉDÉE THIERRY

MEMBRE DE L'INSTITUT

### PARIS

A LA LIBRAIRIE ACADÉMIQUE

DIDIER ET C<sup>ie</sup>, LIBRAIRES-ÉDITEURS

QUAI DES AUGUSTINS, 35

—

1860

Tous droits réservés.

# PRÉFACE

La dissolution de l'empire romain d'Occident se rattache aux origines de l'Europe moderne par le lien logique le plus étroit, celui de la cause à l'effet; et pourtant, qui de nous en sait l'histoire? Aucune peut-être n'est restée plus inconnue : on dirait que tout le monde, auteurs et lecteurs, s'est entendu pour la condamner à l'oubli. Quelque inexplicable que ce discrédit paraisse au premier abord, il n'est cependant pas un pur effet du hasard; et l'on peut, sans crainte d'erreur, l'attribuer, au moins en grande partie, à deux causes très-différentes, l'une futile, l'autre sérieuse, que j'essayerai d'exposer ici brièvement.

La cause futile, c'est que l'histoire des derniers temps de Rome impériale appartient au Bas-Empire. — Or, qu'est-ce que le Bas-Empire? L'idéal de l'avilissement, de la lâcheté, de la misère dans une société humaine : le mot seul le dit, et ce mot suffit. Quel intérêt peut s'attacher à une pareille époque? Quel profit tirer d'une kyrielle fastidieuse de faits sans grandeur, bons tout au plus à être oubliés quand on s'en est chargé la mémoire : tout cela ne mérite ni les veilles d'un auteur, ni la curiosité d'un lecteur. — Voilà ce que nous entendons répéter chaque jour, même parmi les classes éclairées, amies de l'étude. On ne saurait, en effet, se le dissimuler : une sorte de répulsion morale existe contre les travaux historiques qui ont pour objet le Bas-Empire.

Qu'y a-t-il de fondé dans ce sentiment? Peu de chose, à mon avis, et (j'éprouve le regret de le dire), il roule en grande partie sur un jeu de mots. Un chronologiste malencontreux ayant, pour la commodité de son travail, divisé l'Empire romain en Haut et Bas, l'un s'arrêtant, l'autre commençant au principat de Constantin, et cette nomenclature ayant fait fortune, il en est résulté, contre toute intention de l'auteur, un préjugé favorable à la première des deux périodes, défavorable à la seconde. Une étrange confusion s'est produite peu à peu dans les esprits ; les mots ont changé d'acception ; du sens matériel et chronologique, ils ont passé, d'une façon assurément très-bizarre, au sens figuré. L'infériorité relative d'une époque à l'égard d'une autre, dans la succession des âges, est devenue abaissement moral, et le mot de Bas-Empire a pris une signification infamante. Aujourd'hui, dans le langage commun de l'Europe et sous la plume de ses publicistes, *Bas-Empire* est une injure qu'on prodigue volontiers aux gouvernements ou aux sociétés qu'on n'aime pas ; et l'injure politique a la hautaine prétention d'être un jugement de l'histoire.

Je ne me constituerai point ici l'avocat du Bas-Empire contre le Haut, et réciproquement, n'ayant nulle envie d'établir entre eux un parallèle à la manière des rhéteurs. Je dirai seulement que dans l'acception morale qui s'attache actuellement à ces mots, la première période n'est pas si grande, ni la seconde si misérable. A côté des majestueuses figures qui décorent le frontispice de Rome impériale, on y aperçoit plus d'un monstre, d'un imbécile ou d'un fou, et quant aux temps inférieurs, ils ont produit des hommes dont on eût été justement fier à toutes les époques, et dans toutes les sociétés. Ce qui est vrai des princes est vrai des peuples. Dans ce rôle de civilisatrice qui fait le caractère dominant et en quelque sorte providentiel de Rome, la part du second empire a valu de bien près celle du premier. Si celui-ci, par le goût et la science des armes, a reculé ou maintenu les bornes du monde romain, l'autre, quand l'esprit militaire s'était affaibli chez les Romains, a façonné les barbares à la défense de l'Empire : il a fait de la demi-barbarie un bouclier pour couvrir la civilisation en péril. Si le Haut-Empire a donné aux peuples de l'univers soumis à ses lois un droit civil admirable, qui est l'expression la plus élevée et en même temps la plus pratique des relations sociales parmi les hommes, le Bas-Empire leur a donné par le christianisme la loi religieuse la plus parfaite. Il a étendu la puissance de Rome par l'autorité de l'Évangile, quand la vieille épée romaine s'est émoussée. C'est encore lui qui a soutenu la lutte contre la plus dangereuse des barbaries qui menacèrent jamais l'univers, contre ces hordes innombrables venues d'Asie, sur lesquelles les idées et les mœurs occidentales n'avaient aucune prise, et dont le triomphe aurait été la ruine de toute civilisation. Grâce à lui, les sciences, la religion, les arts, le dépôt enfin des grandes traditions humaines n'ont point péri dans ce déluge. Même au sein de la plus profonde décadence, et sous sa dernière forme byzantine, le Bas-Empire fut encore pour le monde un protecteur et un guide.

J'ai dit que le Bas-Empire avait été le grand instrument de propagation du christianisme et qu'il en avait fait la loi religieuse des nations civilisées : ce fut peut-être là son crime aux yeux de certains philosophes. On sait avec quel dénigrement passionné les historiens du dernier siècle ont poursuivi les empereurs chrétiens, critiqué et souvent travesti leurs actes. L'incrédulité systématique n'est plus de mode aujourd'hui, mais ses arrêts sont toujours debout, et nous y obéissons à notre insu. Cette habitude de mépris que nous a léguée le xviiie siècle pour l'époque chrétienne du monde romain est encore fortifiée par les préjugés de notre éducation classique. Élevés à ne voir les Romains que sous un aspect théâtral, avec un costume de convention, nous ne les reconnaissons plus dès qu'ils ont changé d'habit. Le Romain de nos souvenirs doit à peine être un homme; il nous le faut hautain, impérieux, inflexible, toujours l'épée à la main et la menace à la bouche, toujours drapé dans sa toge, ou armé de la baguette de Popilius. Si descendu de ces échasses, il se montre à nous plus humain; s'il parle au monde de paix et non de batailles, de fraternité et non de haine éternelle, s'il veut régner par la persuasion, non par la force, s'il lutte enfin avec une constance héroïque contre des calamités sans mesure, mais comme peut lutter le faible et le vaincu, nous le renions impitoyablement : celui-là n'est qu'un Romain dégénéré qui blesse nos sentiments érudits, et n'excite que nos mépris.

Ces préjugés traditionnels ou scolastiques, j'ai pu les braver sans grand courage en abordant l'étude des Annales du Bas-Empire, mais en face de moi se présentait aussitôt l'autre difficulté dont j'ai parlé et que j'ai reconnue très-sérieuse. Elle consiste dans le défaut d'unité : l'histoire du Bas-Empire en manque essentiellement, voilà son vice radical. A partir de Constantin, deux grandes métropoles, siéges de deux sénats et centres d'action politique, se trouvent en présence : l'une domine l'Occident du haut des collines du Tibre; l'autre, assise entre la Méditerranée et le Pont-Euxin, regarde l'Orient. Autour d'elles se forment deux agrégations d'intérêts similaires qui ont pour principales affinités la communauté du langage et les traditions du passé. Les conquêtes d'Alexandre composent le monde romain oriental, celles des Scipions et des Césars le monde romain occidental. Dans chacun se déroule une série particulière de faits en rapport avec les tendances de race et les intérêts de situation. Les deux séries s'entremêlent, et il en résulte deux histoires à la fois connexes et séparées, dont il faut suivre le double développement, sans confusion pourtant : embarras énorme pour l'auteur et grande fatigue pour le lecteur, dont l'attention s'épuise dans des récits perpétuellement interrompus, qui se refusent à la condition la plus élémentaire de toute œuvre d'art, l'unité !

Ce défaut déjà très-apparent dès le iv<sup>e</sup> siècle, par l'effet de cette dualité qui de deux moitiés du même Empire fait deux États distincts, puis rivaux et ennemis, ce défaut revêt des proportions excessives en Occident, à l'époque du démembrement produit par les conquêtes germaniques. L'histoire se morcelle alors comme le sol romain. Chaque province devient une unité qui se subdivise elle-même en unités d'ordre inférieur, suivant le mouvement des faits. La vie individuelle s'échappe, pour ainsi dire, par tous les pores, dans ce grand corps en dissolution ; il faut que l'histoire soit là pour la saisir au passage et en constater les transformations. La Gaule, la Bretagne, l'Espagne, l'Afrique, livrées au travail d'une existence nouvelle, veulent être étudiées indépendamment de l'Italie, avec laquelle elles n'ont plus qu'un lien nominal, et qui gravite elle-même vers d'autres destinées. Des royaumes germains se fondent, les uns temporaires, les autres durables, revêtant chacun sa forme propre, plus ou moins barbare, plus ou moins romaine. Dans la Gaule, on en voit naître jusqu'à trois auxquels il faut joindre, comme unités, le petit État indépendant de l'Armorique et ce débris de domination romaine qui persiste à se maintenir aux bouches du Rhône, presque en dépit de Rome. Dans l'île de Bretagne, les éléments romain et indigène, laissés à eux-mêmes, amènent des combinaisons bizarres qui se perdent peu à peu sous le flot de l'invasion saxonne. En Espagne, en

Afrique, autres États barbares, autres conditions de morcellement, autres unités historiques; et pendant ce temps-là, l'Italie, de révolution en révolution, passe sous le sceptre d'un peuple étranger. Si l'historien ne tient pas cet écheveau d'une main ferme et n'en sait pas diriger à la fois tous les fils, l'histoire s'évanouit; il ne passe plus sous les yeux du lecteur qu'une galerie de tableaux sans liaison ni signification, pareils aux décors d'un drame dont l'action reste inconnue.

Dans ce que je viens de dire, je crains d'avoir fait involontairement la critique d'un livre estimable sous plus d'un rapport, l'*Histoire du Bas-Empire,* par Lebeau. On ne peut refuser à cet ouvrage ni l'érudition, ni la correction du style, ni le bon sens critique; mais quelle confusion! Quel lecteur ne s'est pas perdu cent fois dans le labyrinthe de ces narrations à chaque instant suspendues, et reprises pour être brisées encore? Un historien, bien supérieur à Lebeau, comme écrivain et comme penseur, Gibbon, a évité en partie l'écueil que je signale, en donnant à son ouvrage un caractère philosophique qui lui permet d'abréger le récit, de choisir dans les faits, et de procéder fréquemment par généralités. Mais quel que soit dans cette œuvre célèbre l'entraînement du style et la grandeur imposante du dessin, on y sent trop le vide des détails; et les détails sont l'âme de l'histoire.

Pour moi, qui n'ai abordé qu'un point de l'immense histoire du Bas-Empire, j'ai pu en limitant rigoureusement mon sujet dans l'espace et dans le temps, conserver au livre que je publie l'unité de composition. Mon sujet est la chute de Rome impériale, et l'extinction de l'autonomie italienne; il n'embrasse que vingt-six années, commençant avec le principat du Grec Anthémius, en 467, pour finir à l'avénement du roi ostrogoth Théodoric, en 493. Son théâtre est l'Italie, siége du gouvernement des Césars, et le Norique, annexe inséparable de l'Italie, dans les événements de cette époque. Au second plan apparaît l'empire d'Orient, dont on ne peut jamais s'isoler absolument dans le récit des choses occidentales; et quelques perspectives s'ouvrent par intervalles sur la Gaule et l'Afrique, quand la complexité des situations l'exige. Les causes dernières de la grande catastrophe qui sépare le monde ancien du monde moderne, sont comprises dans ces vingt-six années : dislocation des ressorts du gouvernement romain; oppression des empereurs par les patrices barbares, préfets du prétoire des Césars, durant cette agonie de l'Empire; antagonisme de l'Orient et de l'Occident; essai des provinces pour se constituer en États indépendants; dictature demi-barbare, demi-romaine, élevée sur les ruines du principat; marché passé solennellement entre l'empereur de Constantinople et un roi barbare pour lui livrer l'Italie, et installation d'un peuple étranger au midi des Alpes : voilà ce que renferme ce quart de siècle, période suprême de la nationalité italienne. A peine touchée par les historiens qui m'ont précédé, elle m'a fourni un volume de plus de cinq cents pages, tant les documents à consulter sont abondants, tant l'emploi que j'en ai fait a été détaillé, et, j'ose le dire, complet.

C'est ici le lieu d'expliquer comment j'ai été amené à entreprendre cette étude, au milieu de mes travaux sur la Gaule romaine, interrompus depuis plusieurs années. Ce sont eux qui m'ont créé, en quelque sorte, l'obligation de ce nouvel ouvrage. Arrivé dans mon *Histoire de la Gaule sous la domination romaine*, à la période du morcellement des provinces occidentales, et de la fondation des royaumes barbares, j'ai dû fixer d'abord mon opinion sur les questions générales intéressant tout l'Empire, et en premier lieu l'Italie et Rome. Deux partis s'offraient à moi : adopter aveuglément la version convenue touchant les dernières révolutions politiques de l'Empire d'Occident, et l'extinction de l'autonomie italienne, ou chercher dans une étude spéciale quelque autre solution qui me satisfît plus pleinement, et dont les résultats s'appliqueraient ensuite à mon travail sur la Gaule. Le premier parti était le plus simple, et j'essayai de le suivre; mais des doutes ne tardèrent pas à m'assaillir, ici sur l'exactitude des faits, là sur l'appréciation des hommes; et il me fallut, presque malgré moi, recourir à un nouvel examen des sources contemporaines. Une fois que j'eus mis le pied dans ces ténèbres, je m'y sentis enchaîné par un double charme que connaissent tous ceux qui s'occupent d'histoire, la grandeur du sujet et son obscurité même. Il me sembla apercevoir sous des textes mystérieux, non-seulement l'explication que je cherchais touchant la chute de Rome, mais des révélations sur son passé. Trois fragments de mon travail, insérés dans la *Revue des Deux-Mondes* en 1857 et 1859, ayant paru plaire au public, j'ai poursuivi et achevé l'œuvre que je viens lui soumettre aujourd'hui.

En composant ce livre, mon but, je le répète, a été d'éclairer de quelque lueur nouvelle, au moyen d'un travail nouveau, les événements de ce v$^e$ siècle de l'ère chrétienne, si important, si dramatique et si peu connu; je m'y référerai donc fréquemment dans mon *Histoire de la Gaule sous l'administration Romaine,* dont le quatrième et dernier volume sera publié prochainement. Son objet particulier et les limites étroites de son cadre ne m'autorisant point à lui donner le titre un peu ambitieux d'*Histoire*, j'en ai choisi un plus modeste, celui de *Récits*, consacré d'ailleurs par un des maîtres les plus illustres de la science. Toutefois il existe entre les *Récits des temps mérovingiens* et *les Récits de l'histoire romaine au* v$^e$ *siècle*, analogie de titre plutôt que de composition et de but. Mettre en relief par une suite de tableaux épisodiques les types variés de la société gallo-franke, sans s'astreindre à la série chronologique des événements principaux, tel est l'objet que se proposait mon maître et frère à jamais regretté, Augustin Thierry, et qu'il a su réaliser avec la puissante magie de son talent. On sait par quel art, ignoré jusqu'à lui, il a fait revivre et se mouvoir des individualités effacées, perdues, pour ainsi dire, dans les grandes masses de l'histoire. J'ai voulu, au contraire, dans des narrations chronologiquement enchaînées, reconstruire une période importante de l'Empire romain. Pour moi, l'histoire a été le fond, les types individuels l'étude accessoire. La différence des vues et des intentions ressort du plan même des deux ouvrages : je compte sur l'indulgence de mes lecteurs pour épargner au mien les dangers d'un plus long parallèle.

Les documents relatifs au v$^e$ siècle, malgré leur stérilité tant accusée, m'ont cependant permis d'atteindre à une assez grande ampleur de détail. Sous la sécheresse et la brièveté énigmatique des chroniqueurs se cachent bien souvent des indications précieuses qui réclament, pour être comprises, une connaissance approfondie des institutions et des mœurs, car les abréviateurs ne parlent qu'à ceux qui savent déjà; et il faut lire, en même temps qu'eux, les représentants de la littérature proprement dite : épistolaires, panégyristes, hagiographes ou poëtes. J'ai mis tous ces écrivains à contribution; non-seulement ils complètent l'histoire par la révélation de beaucoup de faits particuliers; mais, ce qui est plus important, ils nous initient à la vie générale de leur temps. Notre compatriote Sidoine - Apollinaire, Ennodius, évêque de Pavie, Egippius, disciple et biographe de saint Séverin, enfin le chancelier de Théodoric, Cassiodore, ont été mes guides en ce qui concernait la société romaine. Quant aux Barbares, nous possédons les livres du Goth Jornandès, évêque de Ravenne, livres d'un prix inestimable. J'ai pu aussi puiser à pleines mains dans les *trésors* de l'histoire byzantine : je me sers, à dessein, de ce mot pour qualifier un corps de documents presque officiels, ou du moins émanés d'hommes bien informés et rompus aux affaires publiques, car la Grèce, aux $v^e$ et $vi^e$ siècles, maintenait encore sa vieille réputation de savoir, quand les lumières s'éteignaient en Occident. Grâce à la diversité des sources et au nombre des auteurs, il est possible de reconstituer historiquement cette époque, d'une manière assez complète.

Peut-être suis-je abusé par ce mirage que produisent en nous nos propres idées, mais il m'a semblé que l'étude des derniers temps de Rome sert merveilleusement à l'intelligence des premiers. Pour embrasser du regard le vaste empire, si profondément marqué au sceau de la Providence, il faut le contempler du haut de ses ruines. Le but où il tendait fatalement, son vrai caractère dans la marche des sociétés humaines, et les bornes assignées à sa grandeur par la loi même qui la créait, tout cela ne se manifeste, avec une entière évidence, qu'à son heure suprême. Il jaillit de cette tombe de la ville éternelle je ne sais quelle traînée de lumière qui se projette sur son berceau. Née dans un asile de voleurs et de bannis, Rome part de là pour fonder une association de peuples. Ses armes sont pendant longtemps la violence et la perfidie, et, du sein de la plus terrible oppression qui fût jamais, sort cependant une société qui a pour droit humain la *raison écrite*, pour droit divin l'Évangile. Ses moyens d'action changent avec les temps, son but reste invariable. Elle poursuit dans la mauvaise fortune l'œuvre entreprise dans la bonne : vaincue, elle complète ce que ses victoires laissaient inachevé. De la violence on la voit passer à la persuasion, de l'oppression à la justice, du commandement hautain aux enseignements du droit et de la charité, et, reine dans la paix comme dans la guerre, elle domine toujours le monde. L'instrument qu'elle a voulu briser dans ses jours d'orgueil est souvent celui qui la relève de l'abaissement et la sauve. Tantôt elle conquiert hors d'elle-même, portant la civilisation chez les Barbares les plus éloignés ; tantôt conquérante dans son propre sein, elle en subjugue d'autres que des nécessités insurmontables ont poussés jusqu'au centre de son Empire. Comme elle s'assimilait naguères ses sujets, elle s'assimile maintenant ses maîtres. Cette dernière lutte entre la puissance immortelle des idées et la force brutale, déchaînée sur tous les points du monde, et triomphante de Rome, présente un magnifique et douloureux spectacle : c'est là l'histoire du v$^e$ siècle.

Que de contrastes pendant les douze cents ans de la vie de ce peuple, qui des bords du Tibre se répand sur l'univers, remplaçant par la patrie idéale des institutions et des mœurs les nationalités qui tombent devant lui. Agrégés violemment à son Empire, mais devenus frères sous sa loi, tous les peuples viennent à leur tour, comme Romains, briller sous la toge du citoyen et sous le manteau du légionnaire. Carthage se glorifie du titre de Rome africaine, et les vaincus de César délibèrent au Capitole. La Gaule, l'Espagne, l'Afrique, la Syrie, la Pannonie mettent leurs richesses, leur sang, leur génie au service de cette *ville devenue le monde,* suivant la belle expression d'un Gaulois, poëte et préfet de Rome[1]. Elles lui produisent des généraux illustres, des orateurs, des jurisconsultes, des poëtes, des empereurs enfin. Au v<sup>e</sup> siècle, le tour des Germains est venu. A cette époque, on les trouve partout, au sénat, dans les lettres, aux armées principalement; ils ont la prétention d'être Romains, même en combattant contre les drapeaux de Rome. Alaric saccage la ville éternelle parce qu'elle lui refuse le titre de maître de ses milices. Par la plus étrange des contradictions, le christianisme que Rome voulait étouffer dans son berceau comme un ennemi de sa puissance, est sa meilleure sauve-garde pendant deux siècles, et son agent d'assimilation le plus énergique : un Barbare chrétien est déjà un demi-Romain.

Les pages de nos *Récits* mettront en saillie plus d'une opposition de ce genre, soit entre les institutions, soit entre les races. On verra un

---

1. Urbem fecisti, quod prius orbis erat. Rutil. Num. *Itin.*

Suève, généralissime des armées romaines, donner au bout de cinq cents ans une nouvelle représentation de la dictature de Sylla, et mourir tranquillement dans son lit. Des patrices barbares, souvent héréditaires, viennent prendre place à côté des empereurs, les font et les défont suivant leur caprice, mais aucun d'entre eux n'ose revêtir la pourpre des Césars, ce signe de l'esclavage de leurs pères. Un secrétaire d'Attila devient le bras droit de l'Empire d'Occident et le recruteur en chef de ses aigles : il finit par mettre sur la tête d'un enfant, son fils, la couronne impériale, que les hommes ne savent plus porter. Un Ruge, soldat romain, chasse cet enfant, le renferme dans la villa de Lucullus et renvoie à l'empereur d'Orient, comme une défroque de famille, le sceptre et la robe des successeurs d'Auguste. Ce Ruge, d'accord avec le Sénat et le peuple, forme en Italie une sorte de république, sous la souveraineté nominale des empereurs de Constantinople : il gouverne avec gloire pendant dix-sept ans, et l'indépendance italienne périt avec lui. Ce bizarre représentant des fils de Romulus est égorgé sur la table d'un banquet par un autre Barbare, patrice romain ; comme lui, et délégué des mêmes empereurs d'Orient. Byzance a vendu Rome, et le marché a été passé dans la forme la plus solennelle des rescrits impériaux. Tel est le vaste et sombre tableau qui se déroule durant les dernières années de l'empire d'Occident, et que j'essaye de reproduire dans mon livre.

Si la variété des types barbares jette sur cette époque de confusion un grand intérêt dramatique, les types romains n'y sont pas moins originaux ni moins divers. On y voit des Romains se faire Barbares, comme les Barbares se font Romains; des évêques devenir généraux par le choix de leurs ouailles, et des officiers, évêques par la volonté de leurs soldats; enfin les moines se mêler déjà aux gens de guerre. Un solitaire mystérieux, dont on ne sut jamais ni l'origine ni la vie passée, vient, au lendemain de la mort d'Attila, fonder en Norique la théocratie la plus absolue qui fut jamais, et couvre la civilisation du bouclier de l'Évangile. Ce protecteur des Romains est aussi le conseiller et l'ami des Barbares qui lui obéissent en frémissant; et ses restes, transportés en Italie, reçoivent plus d'honneurs publics que jadis les cendres de Germanicus. Tandis que des essais de gouvernements indépendants sont tentés aux frontières de l'empire, le vieux mécanisme administratif continue de fonctionner avec sa régularité solennelle, au centre de l'Italie. Le Sénat délibère, les consuls ordonnent, les poëtes lisent leurs vers sur le forum, à la curie, au palais impérial ou sous les portiques de Fronton; une société d'élite cultive les lettres, admire les arts et conserve le dépôt des délicatesses de la pensée. Dans l'ordre politique, on trouve encore des négociateurs habiles et honnêtes; mais le Romain ne commande plus, il cherche à désarmer; il prie beaucoup plus qu'il ne menace; et les évêques, messagers de concorde et de paix, prennent place au premier rang des hommes d'État. Toutefois le cœur des vieux Romains sait battre encore sous la chasuble du prêtre : Épiphane, un des grands citoyens de l'Empire agonisant, n'eût point déparé le siècle des Scipions.

Avec le gouvernement d'Odoacre, *roi des nations*, patrice de Rome et lieutenant nominal des césars d'Orient, expire l'autonomie romaine; avec celui de Théodoric, *roi des Goths et des Romains,* commence l'asservissement de l'Italie sous un peuple étranger. Quelles circonstances ont provoqué, accompagné, consolidé cet asservissement? Fut-il le fruit d'une pure conquête barbare ou d'une révolution intérieure comme la dictature d'Odoacre, ou de l'ingérence des Romains de Constantinople dans les affaires de ceux d'Occident? Telle est la question qui se présentait à la limite de mon travail : je me flatte de l'avoir résolue par le simple exposé des faits.

On m'accusera peut-être d'un peu de sévérité envers un des personnages les plus adulés de l'histoire, le roi ostrogoth Théodoric. Mon but n'a point été de dénigrer ce Barbare célèbre, auquel je ne conteste point le nom de Grand; je prie seulement ses admirateurs de considérer qu'à l'époque où le fils de Théodémir joue un rôle dans mes récits, il n'est pas encore ce roi d'Italie, dirigé par des conseillers italiens, souvent mal payés de leurs bons avis, et glorifié par son chancelier Cassiodore. Il faut distinguer dans le roi des Ostrogoths deux hommes, ainsi que le montrent fréquemment les pages de mon livre, un Théodoric *barbare*, livré aux instincts les plus sauvages de sa race, et un autre *civilisé*, élevé à Constantinople, intelligent, généreux par occasion, mais empruntant très souvent à la politique byzantine ses propres armes contre elle-même.

Ces deux hommes, illuminés par l'éclat du génie, paraissent tour à tour dans l'histoire, semant autour d'eux tantôt le bien tantôt le mal. J'avais surtout à peindre le Théodoric *barbare*, ingrat, fourbe, cruel, impitoyable dans son orgueil; l'autre Théodoric, digne du surnom de Grand, est sans doute celui du royaume d'Italie, dont je n'ai point eu à m'occuper. Quoi que vaille au reste l'engouement de l'histoire pour ce héros du v$^e$ siècle, dans lequel le xviii$^e$ a cru entrevoir un Frédéric et un Joseph II, n'oublions point qu'il n'a laissé après lui d'institutions durables ni pour les Romains, ni pour son peuple, et que son règne fut en Italie le premier chaînon de la servitude.

# RÉCITS
## DE
# L'HISTOIRE ROMAINE
## AU Vᵉ SIÈCLE

---

### DERNIERS TEMPS DE L'EMPIRE D'OCCIDENT

---

## CHAPITRE PREMIER

### ANTHÉMIUS ET RICIMER

---

État de l'Empire d'Occident. — Voyage de Sidoine Apollinaire en Italie. — Mariage de Ricimer avec la fille d'Anthémius.

### 467

Les Césars se recrutèrent longtemps parmi les chefs des légions romaines : c'était la loi fatale d'un gouvernement à la fois électif et militaire. Mais lorsque, par les vices d'un système qui introduisait dans la composition des armées de Rome plus d'étrangers que de citoyens, il arriva que les chefs militaires furent tous ou presque tous des barbares, ces barbares, ne pouvant se faire eux-mêmes empereurs, se firent les tyrans des empereurs. Alors se produisit dans l'histoire des

Césars d'Occident une époque comparable à celle des maires du palais dans l'histoire des Franks mérovingiens, avec cette différence que les maires du palais qui purent se faire rois conservèrent la royauté, tandis que les patrices barbares supprimèrent l'empire. Cette lutte atteignit son plus haut degré de violence à la mort de l'empereur Majorien, en 461, et aboutit à la création d'un royaume barbare d'Italie : elle remplit de ses nombreuses et tragiques vicissitudes les derniers temps de l'empire d'Occident.

Majorien fut un de ces personnages mystérieux qui ne font qu'apparaître au monde, et que le monde poursuit d'un long concert d'admiration et de regrets à travers les siècles, quoique leur gloire reste un secret pour la postérité. De nobles inspirations de clémence au milieu des rigueurs de la guerre civile, quelques bonnes lois qu'il n'eut pas le temps d'appliquer, et une entreprise patriotique échouée tristement par la faute des hommes plus encore que par celle du sort, voilà tout le règne de Majorien. Mais les contemporains pleurèrent en lui leurs propres espérances évanouies. On peut dire de ce Germanicus des derniers jours, enlevé aux illusions de Rome par un Tibère barbare, ce que Tacite disait de l'autre : « Que les amours du peuple romain étaient fragiles et infortunées » : jamais elles ne le furent davantage.

La cause probable de l'assassinat de Majorien, après un règne de trois ans, c'est qu'il prétendit gouverner en Romain et par des Romains. L'heure des généraux barbares était venue comme autrefois celle des généraux des légions. Ceux-ci avaient aboli dans la république le gouvernement civil; ceux-là ne voulurent plus que le gouvernement militaire fût romain. Rome n'eut plus de chefs nationaux que sous le bon plaisir de ses mercenaires et sous le contrôle d'un dictateur étranger, son généralissime. La mort de Majorien suivie bientôt de l'empoisonnement de Sévère, son successeur, ouvre cette sombre et dernière période de l'histoire romaine en Occident, dans laquelle s'accomplit le passage du gouvernement des Césars à celui des patrices barbares, rois d'Italie. Trois hommes, de race germanique, en sont les héros : le Suève Ricimer, le Ruge Odoacre et l'Ostrogoth Théodoric. Le premier prépara cette révolution, le second l'exécuta, le troisième la rendit définitive par l'établissement de la royauté héréditaire d'Italie dans la famille des Amales.

Ricimer avait pris naissance chez les Suèves d'Espagne, dans la famille privilégiée d'où ce peuple tirait ses rois, et il se rattachait en outre par le sang ou par des alliances aux races royales des Visigoths et des Burgondes. Son grand père maternel était ce même roi Vallia qui avait fondé, en 418, le royaume visigoth de Toulouse; et sa sœur, mariée jadis au roi Gondiokh, en avait eu Gondebald ou Gondebaud, le plus puissant des quatre frères, qui se partageaient la Burgondie transalpine, et qu'on appelait en Gaule les *Tétrarques*[1]. Fils, petit-fils et oncle de rois, Ri-

---

1. Gundiochus, Gundieuchus, Gundiacus. — Gundobaldus, Gundobadus, Gundivarus. — Tetrarcham nostrum. Sidon. Apollin., *Epist.* v, 7.

cimer se plaçait au premier rang de cette aristocratie barbare, qui avait fait invasion dans la société romaine, et dont les sauvages grandeurs étaient célébrées par la poésie latine du temps à l'égal du vieux patriciat étrusque ou sabin. En effet, ces mercenaires, qui vendaient leur sang aux Romains, apportaient avec lui, sous le drapeau de l'empire, l'orgueil de leur race, et toutes les prétentions vaniteuses qu'ils avaient pu nourrir dans les forêts de la Germanie sous leurs tentes de peaux. Étaient-ils rois, fils de rois, chefs de haut parage, leur valeur personnelle s'accroissait de leur importance barbare : les grades élevés, les grands commandements leur arrivaient de préférence ; et à mesure que l'élément étranger prit une plus large place dans les cadres militaires de l'empire, Rome dut compter davantage avec les généalogies étrangères. Ainsi, par la transformation graduelle des mœurs, deux noblesses d'origine différente et en quelque sorte opposée, mais marchant presque de pair dans la considération publique, se trouvèrent coexister au sein de la société romaine : l'une nationale, en possession des hautes fonctions administratives et entrant rarement dans l'armée : c'était la noblesse civile, celle de la paix ; l'autre barbare, en possession des hauts emplois militaires et se glissant par eux dans le sénat : c'était la noblesse de la guerre. Cette dernière finit bientôt par dominer l'autre. Si les noms patriciens des Sulpicius, des Anicius et des Gracques résonnaient toujours agréablement aux oreilles du peuple de Rome et conduisaient sûrement ceux qui les portaient aux charges de cour et aux grandes préfectures, l'armée ne les connaissait point. Habituée depuis longtemps à ne voir à sa tête que des Germains ou des Huns, elle n'imaginait pas de descendance plus glorieuse pour un général que celle d'Alaric ou d'Attila.

L'altération produite dans les mœurs romaines par ce mélange en vint au point qu'un Romain de naissance, pour être estimé du soldat, dut prendre des allures barbares. On semblait plus militaire sous une peau de mouton que sous la cuirasse qu'avaient portée Jules César et Trajan; et il fallut qu'une loi d'Honorius prohibât sous peine d'amende et de bannissement la honteuse usurpation du vêtement des Goths par des Romains dans les murs de Rome[1]. En Orient, c'étaient les nomades d'Asie qui donnaient le ton. On vit les jeunes élégants de Constantinople adopter le costume des Huns, leurs cheveux rasés, leur lourde chaussure, qui gênait la marche et faisait chanceler d'un pied sur l'autre leur tunique flottante et à larges manches. Déjà, dans un temps où l'empire était moins humilié, Aétius avait quêté dans une alliance barbare l'appui qui manquait à sa fortune : sujet romain, il avait recherché en mariage une Visigothe de sang royal, fière Germaine dont l'histoire et la poésie nous parlent[2], qui était sorcière comme Véléda, ambitieuse

---

[1]. Usum tzangarum atque bracharum intra urbem venerabilem nemini liceat usurpare... Majores crines, indumenta pellium... præcipimus inhiberi. Si quis autem contra hanc sanctionem venire tentaverit, spoliatum eum omnibus facultatibus tradi in perpetuum exilium præcipimus. Cod. Theodos., t. v, lib. xiv, tit. 10, p. 237.

[2]. Sidon. Apollin. *Carm.* v, v. 126 et seqq.

et cruelle comme Agrippine, et rivalisait de hauteur avec les plus nobles matrones du quartier Viminal ou d'Esquilies[1]. Cette sorte de caste accueillit favorablement Ricimer à ses débuts, et le seconda dans toute sa carrière.

Il apprit la guerre sous ce même Aétius, à la grande école des généraux de l'Occident, où il eut pour compagnons Égidius, Marcellinus et Majorien. Ricimer s'y fit remarquer par son intelligence et son audace, mais aussi par un caractère ombrageux, dissimulé, féroce même, incapable de supporter ni supérieurs ni égaux. Lorsqu'à la chute du maître, assassiné par Valentinien III, les élèves se dispersèrent, les uns rejetant le service d'un prince si aveugle et si lâche[2], les autres proclamant leur indépendance dans les provinces, comme Égidius au nord des Gaules et Marcellinus en Dalmatie, le Suève Ricimer, gardien moins scrupuleux de l'honneur romain, continua de servir l'empereur, qui paya bien sa fidélité. Du parti de Valentinien il passa sans hésiter à celui de Maxime, meurtrier de Valentinien; puis il embrassa la cause de l'empereur gaulois Avitus, élu des Visigoths. A chaque nouveau règne correspondait pour Ricimer une nouvelle faveur, et on le vit en peu d'années simple général, comte et maître des milices. Quelques faits d'armes brillants en Sicile et en Corse contre les pirates vandales[3] semblèrent justifier, sinon expliquer

---

1. C'étaient les quartiers aristocratiques de Rome. V. Juven. *Sat.* III, v. 68.
2. Vir nobilis, et olim familiaris Aëtio; quo interfecto, obsequium abnuerat imperatori... Procop. *Bell. Vand.* I, 6.
3. Sidon. Apollin. *Carm.* II, v. 366.

l'engouement dont il était l'objet de la part des princes, et au milieu des divisions de parti qui écartaient les généraux romains, ce Barbare parut un homme nécessaire. Il commandait les troupes d'Italie lorsque Avitus, accumulant fautes sur fautes, s'aliéna l'esprit du sénat et du peuple de Rome. Habile à saisir l'occasion, Ricimer fit révolter son armée, attaqua dans Plaisance ce vieillard, peu fait pour les orages d'un pareil trône, le força d'abdiquer, et mit à sa place Majorien, qui le nomma patrice. Alors se révéla le plan de domination qu'avait médité Ricimer, et dans lequel il persévéra avec une effroyable constance. Ne pouvant, en sa qualité de Barbare, aspirer au pouvoir impérial, il rêva le gouvernement de l'empire par l'asservissement de l'empereur, et lorsqu'il fit à son ancien compagnon d'armes Majorien le don inattendu de la pourpre, il comptait bien que celui-ci ne la porterait qu'au gré de ses caprices. Le grand cœur de Majorien se refusa à ce vil marché ; il voulut régner, il régna, il se rendit populaire, et Ricimer le fit tuer [1].

Ce meurtre fut suivi d'un interrègne de trois mois pendant lesquels le Suève gouverna seul, se trouva seul en face du sénat comme puissance rivale et armée; puis il alla prendre on ne sait où, pour le proclamer empereur, un Lucanien nommé Sévère [2], dont la bassesse d'esprit et de condition semblait garantir la docilité. Pourtant Ricimer se lassa de sa créature, et après un

---

1. Idat. *Chron.*, p. 40. — Evagr. II, 7. — Jornand. *R. Get.*, 45. — Cf. Sidon. Apollin. *Ed. Sirm. Not.*, p. 112.

2. Cassiod., *Chron.* ad ann. 465. — Jornand. *De regn. succ.*, 46. — Idat., *Chron. ub. sup.* — Marcel. Com., *Chron.* — Theophan., p. 97.

régne insignifiant de moins de quatre années, le poison fit pour Sévère ce que l'épée avait fait pour Majorien [1]. L'interrègne recommença, et ce qui rendait la situation plus critique, c'est que le lien d'unité était rompu entre l'Occident et l'Orient, Ricimer ayant disposé du trône occidental sans l'agrément de Léon, n'ayant manifesté depuis aucun souci de se rapprocher, et gardant au contraire vis-à-vis du gouvernement de Constantinople une attitude d'arrogance et de défi : le Barbare voulait isoler l'Italie pour la maîtriser plus facilement.

Ce berceau du monde romain présenta dès lors un spectacle étrange et terrible. Un Suève, chef suprême des troupes de l'empire, composées par ses soins et dans son intérêt de Burgondes, de Goths, de Suèves surtout, tenait sous sa main Rome et le sénat, sans leur donner un prince et sans oser l'être. Cette armée romaine, c'était la sienne, ou plutôt c'était son peuple [2]. Il l'avait cantonnée autour de Milan [3], dans le voisinage des montagnes de Rhétie et de Norique, d'où elle tirait ses recrues de Suèves danubiens, et de là le descendant d'Arioviste, dictateur barbare de Rome, signifiait ses volontés aux descendants de Jules César, ou venait les exprimer lui-même en plein sénat. Bien que magistrat romain et tenant de Rome son autorité, il dédaignait de porter la toge ou la chlamyde, préférant la toison de pourpre des chefs

1. Ricimeris fraude... Romæ, in palatio, veneno peremptus. Cassiod. Chron. — Cf. Cuspin., *in* Cassd., p. 453.
2. Proprio marte... Sidon. Apollin. *Carm.* II, v. 353.
3. Mediolani residentem... Ennod., *Vit. Epiphan.*, p. 340. *Ed. Schot.*, 1611.

germains[1]. Ce n'était assurément pas la première fois que Rome avait vu à ses portes un de ses généraux et une de ses armées suspendre les pouvoirs réguliers de l'État et lui parler en maîtres; mais ce dictateur couvert de peaux était un étranger, cette armée était un peuple barbare, et le jour où le nouveau Sylla voudrait récompenser ses vétérans, la conquête de l'Italie serait consommée. La dictature de Ricimer formait comme une dernière halte dans la marche incessante des nations barbares, entre Stilicon et Odoacre.

On se demandera sans doute pourquoi Ricimer ne confisquait pas franchement pour lui-même cette souveraineté impériale qu'il prêtait aux autres à si haut prix, ou qu'il laissait vacante pour n'avoir pas à la retirer, et, puisqu'il ne le faisait pas, quel sentiment généreux ou quel préjugé était capable d'arrêter un pareil homme dans la poursuite d'un pareil but? Les faits de l'histoire sont là pour répondre. Pendant cinq cents ans que dura l'empire d'Occident, aucun Barbare n'osa prétendre au trône impérial, si ce n'est en 235 le Goth Maximin, proclamé empereur dans une orgie de soldats en révolte, sur les bords du Rhin, après le meurtre d'Alexandre Sévère[2] : encore ce triste produit de la rébellion, né dans une province romaine, parmi des sujets romains, ne mit jamais le pied en Italie, ne fut jamais reconnu par le sénat. Mais aux époques régulières les plus grands généraux

---

1. Pellitus. Ennod., *Vit. Epiphan.*, p. 340.
2. On peut consulter sur l'usurpation et la mort du Goth Maximin, mon *Histoire de la Gaule sous l'administration romaine*, t. II, p. 134 et suiv.

de race barbare qui aient servi l'empire, Arbogaste et Stilicon, quelle que fût leur passion de dominer, n'élevèrent jamais leurs vœux jusque-là. Un sentiment indéfinissable retenait le Barbare ambitieux prêt à franchir le dernier échelon : on eût dit que les fils des races vaincues tremblaient encore devant cette pourpre romaine, signe de leur sujétion pendant tant de siècles, et qu'ils craignaient de commettre un sacrilége en y portant la main. Ils laissaient à des Romains le soin de l'avilir.

Comme l'interrègne créé par Ricimer se prolongeait de mois en mois[1], que tout était suspendu dans l'administration des affaires publiques et privées, et que l'Italie n'entrevoyait point la fin de ses souffrances, le sénat prit sur lui d'envoyer une députation à Constantinople pour négocier un retour à l'unité, rompue depuis bientôt six ans, et prier Léon de donner un empereur à l'Occident[2], puisque Ricimer n'en trouvait point. Il y avait dans cette démarche quelque chose d'inaccoutumé, de hardi, un indice du réveil possible de l'Italie : Ricimer ne s'y trompa point et se tint prudemment à l'écart, sachant bien qu'après tout le nouvel empereur tomberait sous son pouvoir comme les autres, et que, quoi qu'on fît, rien n'arriverait que ce qu'il lui plairait. Au reste, le sénat se montra publi-

---

1. L'interrègne dura de la fin de 465 au mois d'avril 467.
2. Legati Senatus. Theophan., p. 98. — Ex legatione Romanorum Occidentalium. Evagr. II, 6. — *Chron. Alex.*, p. 743.

Petit quem Romula virtus,<br>
Et quem vester amor.<br>
Sidon. Apollin. *Carm.* II, v. 13.

quement plein de déférence et de respect pour sa personne; l'empereur Léon parut avoir oublié leurs griefs communs, et le patrice, traité en puissance égale au sénat lui-même, laissa la négociation suivre son cours sans essayer de la troubler. Quand Léon proposa le choix d'Anthémius, Ricimer l'agréa. Il agréa de même et avec une sorte d'empressement l'idée de son mariage avec la fille du futur empereur, soit qu'il fût flatté d'une alliance qui mêlerait au sang des rois suèves et visigoths le vieux sang des césars orientaux, de qui la jeune fille descendait, soit que la position qu'on lui livrait si près du trône calmât pour le moment ses ombrages. Qu'importaient d'ailleurs des arrangements secondaires qui ne changeaient point le fond des choses? Ricimer savait qu'il était et resterait maître en Occident.

Le candidat que l'empire d'Orient offrait à celui d'Occident n'était pas dans le monde romain un mince personnage comme Sévère ou un parvenu de mérite comme Majorien : on eût dit que Constantinople, flattée de la déférence que Rome lui témoignait, avait voulu faire un choix digne de toutes deux. Anthémius, gendre d'empereur, était lui-même de race impériale. Sa famille, originaire de Galatie, se rattachait à celle du grand Constantin; un de ses ancêtres Procope, cousin de Julien, avait en 336 disputé le trône d'Orient à Valens[1] ; son père et son aïeul tenaient le premier

---

1. ..........Prisca propago
Augustis venit a proavis.
Sidon. Apollin. *Carm.* II, v. 67.
— Cf. Amm. Marcell. XXVI, 10. — Zosim. IV, p. 736.

rang à la cour bysantine, et lui-même dès sa jeunesse joignait assez de distinction personnelle à son illustration et à sa fortune pour que le vieil et respectable empereur Marcien lui accordât la main de sa fille Euphémie[1]. Il fut dès lors comme le lieutenant de son beau-père, et à la mort de celui-ci il eût pu lui succéder sans beaucoup d'effort, quoiqu'un parti puissant se déclarât pour Léon; mais il préféra s'abstenir, et non content de se retirer devant son rival, Anthémius le servit généreusement[2]. Ce bon procédé établit entre eux une amitié sincère. Lors donc que les députés du sénat de Rome arrivèrent à Constantinople, Léon saisit avec bonheur l'occasion de rendre à son ancien protecteur service pour service, ou du moins trône pour trône : il le proposa au choix des Occidentaux.

Anthémius, en ce moment, commandait une flotte orientale en croisière dans la mer Égée[3], pour couvrir les côtes de la Grèce contre les déprédations de Genséric, de sorte que la négociation se fit à son insu; et quand un ordre de Léon le rappela subitement à Constantinople, tout se trouvait déjà convenu; il dé-

---

1. Evagr. II, 6. — Euphemiam Sidon. Apollin. *Carm.* II, v. 482.

2.  ............Sed vobis nulla cupido
    Imperii; longam diademata passa repulsam
    Insignem legere virum...
                              *Ibid.* v. 210 et seqq.

3.  ...........Quem modo nauticus urit
    Æstus, Abydenique sinus, et Sestias ora
    Hellespontiacis circumclamata procellis.
                              *Ibid.* v. 505 et seqq.

pendait de lui d'être empereur. Son consentement s'obtint sans grande peine ; mais l'idée de marier sa fille à Ricimer rencontra de sa part moins d'obéissance. Ce qu'on savait des affaires de l'Italie, ce qu'on racontait du terrible patrice et de ses cruautés, sans effrayer l'homme d'État, confiant en lui-même et résolu à la lutte, si la lutte se présentait, pouvait justement émouvoir le père, et c'est ce qui arriva. On peut croire aussi que la jeune Grecque, nourrie au palais de Constantinople, dans les délicatesses de l'Orient, n'envisagea pas sans répugnance cette union avec « un Barbare vêtu de peaux ; » comme si la fille et la petite-fille du grand Théodose n'avaient pas subi un sort pareil. l'une en épousant de son plein gré le Visigoth Ataülf, l'autre en se résignant à devenir la bru de Genséric. Il est vrai que Ricimer ne paraissait point d'humeur à se laisser adoucir comme le roi des Goths par la tendresse, et à prendre, aux genoux d'une belle Romaine, des leçons de respect pour Rome et d'enthousiasme pour la civilisation. Quoi qu'il en soit, Anthémius balança longtemps, et après son adhésion tardive il parlait encore de ce mariage comme d'un sacrifice que lui avait arraché l'intérêt des Romains [1]. Ces hésitations, ces paroles, mal interprétées par un homme ombrageux, purent jeter de la froideur entre le futur gendre et le beau-père.

Un grand projet de Léon se rattachait dans son esprit à l'élévation d'Anthémius et au rétablissement

---

1. Ennodius, *Vit. Epiphan.*, p. 339 et seqq.

de l'unité romaine, le projet de châtier Genséric, qui, maître absolu des mers de la Grèce et de l'Italie, tenait les deux moitiés de l'empire en état de blocus, détruisant leur commerce et promenant le ravage sur toutes leurs côtes. Affranchir la Grèce de la tyrannie des pirates vandales, les poursuivre dans leurs repaires, en Sardaigne, en Sicile, à Carthage surtout, brûler leurs vaisseaux dans leurs ports, les battre sur terre et les chasser enfin de l'Afrique, c'était un vœu que formait Léon, une idée qu'il méditait depuis longtemps, mais dont la réussite lui paraissait sinon impossible au moins, très-incertaine sans l'union des deux empires et la mise en commun des deux flottes. Anthémius, désireux de se faire, dès son début, le vengeur de Rome, s'était engagé de grand cœur dans cette alliance contre Genséric, et le projet ne rencontrait d'ailleurs aucune opposition de la part de Ricimer, ennemi personnel des Vandales et de leur roi [1].

Tout allait bien jusque-là; mais Léon, sous le prétexte de venir en aide à l'Italie, épuisée de soldats, fit accompagner Anthémius par une division de l'armée orientale [2], très-dévouée au nouveau prince. Ce n'était assurément pas un secours à dédaigner pour l'armée italienne recrutée de Barbares, où le sentiment romain avait besoin d'être fortifié : toutefois, dans la circonstance présente, cette division grecque ressemblait trop à une garde de sûreté, chargée de veiller sur le prince

---

1. Procop. *Bell. Vand.* I, 5, 6. — Theophan., p. 99. — Sidon. Apollin. *Carm.* ii, pass.
2. Cum ingenti multitudine exercitus copiosi. Idat., *Chron.*, p. 41.—Procop. *Bell. Vand.* I, 6.

grec, au milieu des troupes d'Occident. Bonne et prudente au fond, cette mesure laissait soupçonner une secrète défiance dont le patrice et ses soldats purent se trouver blessés. Au reste, ces deux hommes semblaient destinés à se froisser perpétuellement par le seul contact de leurs caractères. Ricimer en toutes choses était l'opposé d'Anthémius. Celui-ci, vif, impétueux comme un enfant de l'Asie, s'emportait souvent sans beaucoup de raison, et l'habitude d'être obéi l'avait rendu opiniâtre dans ses avis; Ricimer discutait peu, ne se fâchait point, mais ne comprenait jamais que sa volonté; et n'en souffrait point d'autre. Lorsque plus tard leur mésintelligence éclata au dehors, le gendre ne désignait plus le beau-père que par le sobriquet de *Galate furieux*[1], rejetant sur ce caractère irritable et qu'il savait exciter à propos, la responsabilité des catastrophes fatalement préparées par lui-même dans le secret de ses desseins.

Parti de Constantinople avec une suite brillante[2] et sa petite armée d'Orientaux, Anthémius aborda le 12 avril de l'année 467 au port de Classe, près de Ravenne, où Ricimer l'attendait. Les troupes d'Italie, réunies par les soins du patrice, le proclamèrent empereur à son débarquement. Anthémius arrivait avec le titre de César[3] que Léon lui avait conféré à son départ comme une désignation au choix des Occidentaux et un gage

---

1. Galata concitatus. Ennod., *Vit. Epiphan.*, p. 336.
2. Cum comitibus, viris electis. Idat., *Chron.*, p. 41.
3. Leo Anthemium, ex patricio Cæsarem ordinans, Romæ in imperio destinavit. Jornand. *De regn. succ.*, c. 46.

de *l'unanimité*[1] rétablie entre les deux moitiés du monde romain, la collation du titre d'auguste et l'investiture du manteau impérial du premier degré ayant été réservées au peuple et au sénat de Rome, d'un commun accord entre Ricimer et Léon. Ce retour à l'unité du monde romain, à la paix intérieure, au gouvernement légitime et régulier, après tant de bouleversements, semblait avoir donné aux Italiens une nouvelle vie. On voyait dans le mariage prochain de Ricimer avec la fille d'Anthémius, mariage désiré par le sénat dans un but politique, sollicité par Léon, consenti enfin par Anthémius, le gage assuré d'une longue paix; l'Italie renaissait à l'espérance, et les témoignages de la joie publique éclataient de toutes parts.

Différentes causes, et en premier ordre une sorte de peste [2] qui sévissait avec assez de rigueur sur le centre et le midi de l'Italie, arrêtèrent dans les murs de Ravenne Anthémius et la jeune fiancée de Ricimer. Ce retard dut contrarier le patrice : il ajouta surtout à l'impatience des habitants de Rome, qui avaient hâte de se constituer un gouvernement définitif, en plaçant sur les épaules du césar le manteau d'auguste, et sur la tête de la jeune grecque le *flammeum* des nouvelles mariées. Peut-être aussi qu'après avoir connu son futur gendre, et au moment d'engager irrévocablement sa

---

1. *Unanimitas.* Ce mot signifiait dans son acception politique, au temps de l'Empire, la reconnaissance mutuelle des deux empereurs, et par suite l'accord parfait des deux gouvernements, leur réunion sous une seule loi et une direction commune. On peut voir là-dessus le morceau que j'ai inséré dans la *Revue des Deux Mondes* du 1er mars 1857, sous le titre : *Arles et le tyran Constantin.*

2. Labb., *Concil.*, t. IV, p. 1236.

fille dans une fortune si chanceuse. Anthémius sentit renaître ses perplexités. Contraint de céder enfin aux appels réitérés du sénat, et à la nécessité de prendre un parti, il se mit en route sans attendre que la peste eût complétement cessé : Rome l'accueillit comme un sauveur. Sa promotion au rang d'auguste eut lieu vers le commencement du mois d'août[1] dans la plaine de Bontrote, à trois milles de la ville[2], au milieu d'un immense concours de peuple qui saluait de ses acclamations l'aurore du nouveau principat. Tant d'empressement calma l'esprit d'Anthémius; les inquiétudes du père se dissipèrent en lui avec les préoccupations de l'empereur; ne songeant plus dès lors qu'à poursuivre jusqu'au bout sa fortune, il fit succéder promptement la cérémonie des noces à celle de l'intronisation.

L'empereur grec[3] (c'est ainsi que beaucoup d'Occidentaux prirent l'habitude de le désigner, les uns par une simple constatation de son origine orientale, les autres dans une pensée d'hostilité ou de critique et comme pour faire de cette qualification un titre à la défaveur de l'Occident), l'empereur grec avait mis à profit ses loisirs forcés de Ravenne pour étudier un peu son empire. Parmi les affaires soumises à sa décision, il s'en trouvait une assez grave et assez embrouillée qui concernait la grande cité gauloise des

---

1. Idat., *Chron*, p. 44. — Cf. Tillem., *Hist. des Emp.*, t. VI, p. 344.
2. Cassiodor., *Chron.* — Vict. Tun. *Chron.* — Idat., *Chron.*, compte huit milles. — Cf. Cuspin., *in* Cassd., p. 453. — Tillem., *ub. supr.*
3. Græcus imperator. Sidon. Apollin., *Epist.* I, 6. — Græculus. Ennod., *Vit. Epiphan.*, p. 336.

Arvernes; et la cité, par une requête, demandait l'autorisation d'envoyer un député pour soutenir ses droits près du prince ou de son conseil privé. Il paraît que cette affaire, déjà jugée en première instance dans les Gaules, était alors portée en appel dans la métropole de l'empire. L'envoi des députations, ou, comme disait la loi romaine, des légations adressées au gouvernement par les provinces et par les villes, devait être préalablement autorisé [1], soit afin d'épargner le temps de l'empereur, soit afin de ménager l'argent des villes ou celui du trésor impérial, car ces légations, transportées par les chevaux et les voitures de la course publique et hébergées tout le long de la route aux frais de l'État, ne laissaient pas d'être une charge sur laquelle des administrateurs économes faisaient bien d'avoir les yeux. L'Auvergne avait choisi pour son représentant dans cette mission Sidoine Apollinaire, Lyonnais d'origine et de domicile, mais naturalisé Arverne en quelque sorte par son mariage avec une fille de l'empereur Avitus, qui était Arverne, comme on sait. Tout homme tant soit peu lettré, en Orient comme en Occident, connaissait au moins de nom le poète gaulois, en qui se résumait à cette époque l'honneur des lettres latines, et Anthémius crut être agréable à la Gaule en accordant une distinction particulière au plus célèbre de ses enfants. Non-seulement la requête des Arvernes fut approuvée, mais un rescrit particulier invita le poète à se rendre en droite

---

1. Cod. Theod. *De legat. et Decret. legat.*, t. IV, l. XII, tit. 12. — *Ibid.*, l. 32. *De cursu publico.*

ligne à Ravenne, sans attendre le départ de l'empereur pour la ville de Rome [1].

Caïus Sollius Apollinaris Sidonius était alors dans tout l'éclat d'une gloire littéraire mêlée aux événements politiques de son temps, et que rehaussait encore l'illustration de la naissance et des dignités. Né à Lyon dans les rangs d'une noblesse estimée la première des Gaules, fils et petit-fils de préfets du prétoire et de maîtres des milices [2], Sidoine avait reçu l'éducation des jeunes Romains de sa condition. Il avait étudié les lettres, plaidé au barreau, porté les armes, parcouru la carrière des emplois civils ; mais une vocation naturelle le ramena toujours à la poésie, qui, tout en satisfaisant le noble penchant de son âme, devint le marchepied de sa fortune. Sa réputation d'homme d'esprit, de correspondant épistolaire élégant et fin, de versificateur habile, était déjà bien établie en Gaule, lorsque Avitus, le personnage le plus important de l'Auvergne, ou pour mieux dire de toute l'Aquitaine, lui accorda la main de Papianilla, sa fille. Bientôt l'élévation inespérée du beau-père, devenu empereur après le meurtre de Maxime, conduisit le gendre, du petit théâtre où son renom littéraire était borné, sur la grande scène du forum romain. Il y prononça le panégyrique d'Avitus aux applaudissements du peuple et du sénat, charmés de ses vers, et Rome lui décerna

---

1. C'est ce qu'on peut induire des diverses circonstances relatées par l'auteur lui-même dans sa lettre à Héronius. *Epist.* I, 5.
2. Pater, socer, avus, proavus, præfecturis urbanis, prætorianisque, magisteriis palatinis, militaribus micuerunt. Sidon. Apollin., *Epist.* I, 3.—Greg. Tur., *Hist. Franc.*, II, 21.

l'insigne honneur d'une statue de bronze dans la bibliothèque Ulpienne [1], non loin de Claudien, qu'il n'égalait assurément point malgré ses saillies spirituelles et son ingénieuse facilité. Il devint dès ce moment le panégyriste obligé des empereurs ; ce fut un droit que sembla réclamer la puissance, et que Sidoine ne sut jamais refuser. En 458, non-seulement il chanta le vainqueur et le successeur d'Avitus, Majorien, qui du moins était grand par le mérite et par la clémence ; mais il poussa l'oubli de lui-même jusqu'à louer Ricimer, dont l'ingratitude et les noires trahisons avaient précipité la ruine de sa famille [2]. On le blâma, tout en pardonnant au besoin qu'avait le poëte de la faveur des puissants, à l'entraînement de sa vanité, à la légèreté innée de son caractère. Au fond, Sidoine était un homme droit, ami sincère de son pays, amoureux de la civilisation romaine, dont il était un des ornements, et par instinct opposé aux Barbares, qui lui apparaissaient comme un épouvantail pour la civilisation, pour les lettres, pour l'orthodoxie chrétienne ; cependant son jour de force et de courage n'était pas venu : Sidoine Apollinaire ne devait arriver au vrai patriotisme que par la religion.

La réception du « sacré mandement [3] » (expression officielle pour désigner la dépêche impériale) ne causa pas plus de joie à Sidoine que d'orgueil à la ville de

---

1.       Nil vatum prodest adjectum laudibus illud,
      Ulpia quod rutilat porticus ære meo.

                Sidon. Apollin. *Carm.* VIII. — *Id. Epist.* IX, 16.

2. Sidon. Apollin. *Carm.* V, v. 267 et seqq.
3. Sacra mandata, sacri apices.

Lyon, sa patrie; chacun voulut le voir, l'embrasser, lui souhaiter un bon voyage et un heureux retour. Sur la route, ce fut la même chose. Ses amis, ses proches le guettaient à chaque relais de la course publique, se disputant la faveur de l'héberger et ne le laissant partir qu'à grand' peine. Cet empressement lui fit perdre un temps précieux, qu'il dut regretter plus tard. « J'allais bien lentement, dit-il dans la lettre où il fait le récit de ce voyage, non pas que les chevaux fussent rares, mais les amis ne l'étaient pas assez[1]. » Dans les Alpes, autres embarras, autres délais; les routes se trouvèrent encombrées par une neige si épaisse qu'il fallut y creuser des tranchées[2]. Enfin il gagna les plaines de la Ligurie, puis Pavie, où finissait la voie de terre et commençait la voie fluviale. Un de ces bateaux, à la fois solides et légers, affectés aux transports publics et qu'on appelait *cursoriæ*, le prit à son bord, et les eaux du Tessin le versèrent rapidement dans celles du Pô.

Le Gaulois traversait alors pour la première fois les plaines et les fleuves de l'Italie septentrionale; tout était nouveauté, tout était enchantement pour lui. « L'Éridan m'entraînait, écrivait-il, quelques semaines plus tard à un de ses amis de Lyon, Héronius, son confident poétique et poète lui-même, et tout en voguant je contemplais ces sœurs de Phaéton aux larmes d'ambre que nous avions chantées si souvent la coupe en

---

[1]. Moram vianti non veredorum paucitas, sed amicorum multitudo faciebat. Sidon. Apollin., *Epist.* 1, 5.
[2]. Cavatis in callem nivibus, itinera mollita. *Id. ub. sup.*

main; mais en les voyant je ne pus m'empêcher de rire de nos folies [1]. Je coupai à leur embouchure le Lambro bourbeux, l'Adda azuré, l'Adige indomptable et le Mincio paresseux, fleuves dont les uns descendent des monts liguriens, les autres des collines euganéennes. Mon œil tâchait de sonder au passage leurs gouffres profonds et de les suivre au loin sous les berceaux de chênes et d'érables qui les recouvrent. De toutes parts s'élevait un doux concert d'oiseaux de rivière cachés sous des abris de roseaux, et dont les innombrables nids, suspendus à la pointe des joncs, se balançaient au moindre souffle comme des édifices aériens [2]. Nous arrivâmes bientôt à Crémone, cette fatale voisine de Mantoue, dont Virgile déplorait la proximité [3]. A Brixillum, nous devions changer de bateau; nos rameurs vénètes nous quittèrent pour faire place aux mariniers de la province émilienne. Nous ne fîmes qu'entrer et sortir, car Ravenne nous appelait, Ravenne, où nous nous dirigeâmes en droite ligne de toute la vitesse de nos rames. » Sidoine n'y trouva plus l'empereur, parti pour Rome plus tôt que lui-même n'avait pensé. Avant de se remettre en route pour gagner la ville de Romulus, le poëte gaulois eut tout le loisir de visiter en détail celle d'Honorius et de Valentinien III.

1. Cantatas sæpe comessaliter Phaetontiadas, et commentitias arborei metalli lacrimas risi. Sidon. Apollin. *Epist.* I, 5.
2. Nunc in juncis pungentibus, nunc et in scirpis enodibus, nidorum strues imposita nutabat. Id. ub. sup.
3. Cujus est Tityro Mantuano suspirata proximitas *Ibid.* — Virg. *Ecl.* IX, v. 29.

Cette honteuse capitale des derniers Césars, qui n'avaient rien trouvé de mieux pour protéger l'établissement d'Auguste que les lagunes de l'Adriatique et les bourbiers du Pô, Ravenne, ne lui causa que du dégoût. Son air malsain, les cloaques de ses canaux, d'où s'exhalait au mouvement des rames et sous la perche des bateliers une odeur empestée [1], ses maisons mal assurées sur un sol toujours détrempé, son manque absolu d'eau potable, tout cela lui déplut moins encore que les mœurs de ses habitants, cupides et dissolus, l'amollissement de ses soldats, la licence de son clergé. Cette aversion pour Ravenne ne le quitta plus, et il se venge du séjour forcé qu'il y fit par des épigrammes acérées et presque blessantes. Un Ravennate, originaire de Césennes, nommé Candidianus, lui ayant écrit, à quelque temps de là, qu'il le félicitait d'être à Rome, où du moins il pouvait voir le soleil, spectacle curieux pour un Lyonnais, Sidoine, prenant fait et cause pour sa chère ville de Lyon, n'épargne dans sa réponse ni le mauvais plaisant, ni Césennes, ni surtout Ravenne, dont il fait le tableau le moins flatté. En flagellant son ami Candidianus, il châtiait du même coup la prétention surannée des Italiens, qui ne voulaient voir au delà des Alpes qu'une terre sauvage et des Barbares.

« Tes félicitations, mon cher Candidianus, lui écrit-il, sont bien saupoudrées de sarcasmes. Tu te réjouis de ce que, devenu client de ton pays, j'aperçois enfin

---

1. Cloacali pulte fossarum discursu lintrium ventilata... Nauticis cuspidibus foraminato fundi glutino... Sidon. Apollin., *Epist.* I, 5.

le soleil, que nous connaissons à peine, nous autres buveurs des eaux de la Saône, et là-dessus tu me reproches les brouillards où vivent les pauvres Lyonnais, et notre jour, dont les vapeurs matinales se dissipent à peine en plein midi [1]. Tu m'oses dire cela, toi Césennate, qui as pour patrie un four plutôt qu'une ville! Tu nous as montré du reste quel cas tu fais de ses plaisirs en t'allant réfugier à Ravenne, entre les nuées de moucherons qui vous percent les oreilles et les grenouilles, vos concitoyennes [2], troupe bavarde et insolente qui mêle si agréablement la danse à ses coassements. Quelle ville ou plutôt quel marais que ton domicile! Toutes les lois de la nature y sont perverties. Des murs flottants et des eaux immobiles, des tours qui marchent et des navires à sec, des thermes à la glace et des maisons où l'on brûle, voilà Ravenne. Les vivants y meurent de soif, et les morts y nagent dans leurs fosses [3]. La vie qu'on y mène est aussi le renversement complet de ce qui se passe ailleurs. Là les voleurs veillent et les magistrats dorment; les clercs prêtent à usure comme des Syriens, et les Syriens psalmodient comme des clercs; les marchands entreprennent la guerre et les soldats le négoce; enfin les eunuques s'exercent aux armes, et les Barbares fédérés aux lettres [4]. La ville où tu as transplanté tes lares domestiques a pu trouver un territoire plus aisément

---

1. Diem quereris nobis matutina caligine obstructum, vix meridiano fervore reserari. Sidon. Apollin., *Epist.* I, 8.
2. Municipallum ranarum loquax turba circumsilit... *Id. ibid.*
3. Sitiunt vivi, natant sepulti... *Id. ub. sup.*
4. Student armis eunuchi, litteris fœderati. *Id. loc. cit.*

qu'un peu de terre[1]. Montre-toi donc plus clément
envers ces innocents Transalpins, qui se contentent
de jouir des bienfaits de leur ciel et ne cherchent pas
à s'en glorifier pour ravaler les autres. Adieu. »

Il en sortit le plus tôt qu'il put pour prendre, à travers les montagnes des Apennins, la route qui conduisait à Rome. La vue du Rubicon lui rappela son pays,
il se souvint que ce petit fleuve avait été la limite d'un
grand État fondé en Italie par les Gaulois, qui partagèrent pendant plusieurs siècles avec les races italiennes la domination des villes de l'Adriatique[2].
Arrivé sur le revers occidental de cette longue chaîne,
il se trouva gravement incommodé par l'air des marais de la Toscane, qu'il qualifie de pestilentiel[3], et
l'alternative de la chaleur du jour et des froids du soir
et du matin lui donna la fièvre. « La fièvre s'acharne
sur moi sans relâche, écrivait-il à Héronius; une
soif ardente me ravage jusque dans les retraites les
plus intimes du cœur, elle pénètre jusqu'à la moelle
de mes os. J'épuiserais, si j'en croyais mon désir, et
le lac Fucin, et le Clitumne, et l'Anio, et le Nar, et
le Tibre, et tous les cours d'eau que je traverse. »
Quand il atteignit Rome, il était exténué et prêt,
dit-il, à rendre l'âme. N'ayant point le courage

---

1. Tu vide qualis sit civitas... quæ facilius territorium potuit habere quam terram. Sidon. Apollin., *Epist.* 1, 5.

2. Ad Rubiconem ventum, qui... olim Gallis cisalpinis, Italisque veteribus terminus erat, cùm, populis utrisque, adriatici maris oppida divisui fuere. *Id. loc. cit.*

3. Pestilens regio Tuscorum, spiritu aeris venenatis flatibus inebriato... *Id. ibid.*

d'aller chercher un logement à l'intérieur de la ville et sentant le besoin de se reposer, il s'arrêta hors des portes, dans le faubourg qui touchait au mont Vatican. Sidoine était sincèrement chrétien, en même temps qu'il était avide d'émotions poétiques, et dès que sa faiblesse le lui permit, il courut au tombeau des apôtres saint Pierre et saint Paul, construit, comme on sait, au pied de la montagne, et y pria prosterné dans une sorte d'extase. Il nous raconte lui-même que, durant sa prière, il sentit une force vivifiante se glisser de proche en proche dans tous ses membres, et qu'il se releva guéri[1]. Cette petite scène nous peint au juste le poëte gaulois, souvent léger et sceptique dans la vie du monde, mais accessible comme chrétien aux sentiments les plus profonds et à toute la puissance de l'exaltation religieuse.

Sidoine comptait à Rome de nombreux amis; il avait connu, lors de son premier voyage, sous le règne de l'empereur Avitus, plus d'un haut personnage qui lui aurait ouvert son palais de marbre et se serait fait un honneur de l'avoir pour hôte; mais il n'en vit aucun. Il loua dans une auberge modeste un logement où il acheva sa convalescence[2]. Rome semblait sens dessus dessous; toutes les affaires étaient suspendues, les administrations vaquaient, et le palais impérial était inabordable : l'empereur Anthémius mariait sa

1. Ubi priusquam vel pomœria contingerem, triumphalibus apostolorum liminibus affusus, omnem protinus sensi membris male fortibus explosum esse languorem. Sidon. Apollin., *Epist.* 1, 5.
2. Conducti diversorii parte susceptus. *Id. loc. cit.*

fille au patrice Ricimer, et les fêtes avaient déjà commencé. Le Transalpin, comme il nous le dit lui-même, jugea à propos de se renfermer chez lui jusqu'à ce que toute cette agitation fût passée, partageant le temps des réjouissances entre un repos dont sa santé avait besoin et une correspondance qui nous est restée en partie.

« Me voici en plein tumulte de noces, écrivait-il à son ami Héronius. Le patrice Ricimer épouse la fille de notre prince toujours auguste, espérance donnée à la sécurité publique. Tu penses bien qu'au milieu de cette joie de chacun et de tout le monde, des ordres, des classes, des individus, ton Transalpin a préféré se cacher [1], et tandis qu'il trace pour toi ces lignes, il entend au loin l'écho des vers fescennins dont retentissent les théâtres, les marchés, les prétoires, les places, les temples, les gymnases, toute la ville enfin. Pour contraster avec ce bruit assourdissant, les études se taisent, les affaires se reposent, les juges sont muets, les audiences des légations sont remises indéfiniment; il n'y a plus de brigue d'aucune sorte, et ceux qu'amènent des procès sérieux n'ont plus qu'à promener leur impatience parmi les bouffonneries des histrions [2]. Déjà la vierge a été livrée par son père; l'époux a pris sa couronne, le consulaire sa robe palmée, les compagnes de l'épouse la cyclade d'usage [3]; le sénateur

---

[1]. In ista non modo personarum, sed etiam ordinum, partiumque lætitia, Transalpino tuo latere conducibilius visum. Sidon. Apollin., *Epist.* 1, 5.

[2]. Dum inter scurrilitates histrionum totus actionum seriarum status peregrinatur. *Id. ibid.*

[3]. Jam cyclade pronuba, jam toga senator honoratur. *Id. loc. cit.* —

se pavane sous sa toge, et le plébéien dépouille la vile casaque pour revêtir l'habit de fête. Néanmoins, la pompe des noces n'a point fait tout son fracas, il faut encore que l'épousée passe de la maison du père dans celle du mari [1]. Quand la fête sera terminée, je te tiendrai au courant de mes travaux, si toutefois la fin de la solennité doit clore aussi ces vacances très-occupées de toute une ville [2]. »

Le temps des affaires revint, et Sidoine fit ses visites. Il n'eut qu'à paraître pour retrouver de chauds amis ou de riches patrons empressés de le loger sous leur toit ; il choisit entre toutes la maison d'un ancien préfet de la ville, nommé Paulus, homme aussi savant que respectable. C'était une bonne fortune pour Paulus d'avoir sous sa main le poëte illustre dont il apercevait chaque jour la statue sur le forum de Trajan, dans le vestibule qui séparait la bibliothèque grecque de la bibliothèque latine [3], et dont il enviait sans doute la facile abondance ; c'était un égal bonheur pour le Gaulois de pouvoir s'entretenir avec son hôte de ses occupations favorites comme avec un juge compétent, car Paulus lui-même était poëte, ou du moins s'effor-

---

La cyclade était une robe arrondie par le bas et garnie d'un galon de pourpre : c'était le vêtement des matrones qui assistaient l'épousée le jour des noces.

1. Nondum tamen cuncta thalamorum pompa defremuit... Sidon. Apollin., *Epist.* 1, 5.
2. Istam totius civitatis occupatissimam vacationem. *Id. ibid.*
3.     Cùm meis poni statuam perennem
       Nerva Trajanus titulis videret,
       Inter auctores utriusque fixam
           Bibliothecæ.
                                    *Id* , *Epist.* ix, 16.

çait de l'être. On était alors dans cette période d'extrême décadence où la littérature, après avoir passé de l'inspiration à l'art, est descendue de l'art au métier. Une nouvelle rhétorique se crée ; la subtilité des pensées ne suffit plus ; il faut la recherche du style, les oppositions de mots, les contournements savamment agencés, les consonnances, les expressions techniques, l'obscurité enfin ; la littérature n'est plus que le jargon de quelques adeptes. Sidoine Apollinaire était expert en ce genre, mais il trouva son maître dans Paulus. L'un fit payer, l'autre paya son hospitalité par un échange de jeux d'esprit, d'épigrammes, de vers et de prose sur tous les sujets. « Mon hôte, disait Sidoine dans une de ses lettres à son confident Héronius, est bien le premier homme du monde en tout genre de savoir et d'art. Bon Dieu, comme il sait glisser une énigme dans une proposition, une figure de rhétorique dans un lieu commun, une coupe savante dans un vers ! Quel parfait mécanicien, et comme il fait œuvre de ses doigts [1] ! »

Cet habile homme était en même temps un fort bon homme, qui se prit de goût pour Sidoine, et s'attacha à rendre fructueux, pour l'Auvergne et pour lui, le séjour qu'il faisait dans la ville éternelle. On n'approchait plus d'Anthémius, qu'absorbaient tout entier les préoccupations de son gouvernement, et qui, suivant toute apparence, avait oublié avec l'affaire des Arvernes le député mandé par ses ordres à Ravenne.

---

1. Deus bone, quæ ille propositionibus ænigmata, sententiis schemata, versibus commata, digitis mechanemata facit ! Sidon. Apollin., *Epist.* I, 9.

Paulus chercha une combinaison qui pût lui rappeler l'un et l'autre, et obtenir à Sidoine une audience impériale que celui-ci souhaitait ardemment [1]. Il en parla à quelques familiers du palais, qui étaient aussi ses amis, et il s'organisa autour du Gaulois une petite conspiration innocente, dans laquelle après tout chacun devait trouver son compte, l'empereur comme le poëte, et les protecteurs comme le protégé.

Quoique Paulus fût bien en cour, il ne manquait pas d'hommes pour qui l'abord du palais était plus facile, et dont l'intervention, au point de vue des affaires, serait plus efficace près du conseil privé ou des bureaux de la chancellerie impériale. Après avoir passé en revue avec Sidoine tous les membres du sénat, Paulus arrêta son choix sur deux consulaires qui tenaient la tête de l'ordre illustre, et, suivant son expression, étaient, dans le rang des dignitaires civils, princes après le prince revêtu de la pourpre [2]. Il introduisit bientôt son ami près de ces deux personnages, qui mirent gracieusement au service des affaires d'Auvergne et du député de cette province leur immense crédit. Grâce à la familiarité qui s'établit entre eux, et dont Sidoine fit la confidence à son correspondant transalpin, nous pouvons nous représenter aujourd'hui deux types curieux d'hommes politiques, pris dans cette Rome prête à périr, qui se débattait si

---

1. Igitur per hunc primum, si quis quoquo modo in aulam gratiæ aditus, exploro... Sidon. Apollin., *Epist.* I, 9.
2. Fastigatissimi consulares qui in amplissimo ordine... facile post purpuratum principem principes erant. *Id. ibid.*

douloureusement sous l'étreinte d'un Barbare, mais où la vie sociale marchait toujours, comme le mouvement d'une machine puissante montée pour des siècles par un bras vigoureux.

Ils se nommaient Gennadius Aviénus et Cécina Basilius. Le premier descendait de Valérius Corvinus, le second de Décius, ou du moins ils prétendaient en descendre, ce qu'on leur accordait assez volontiers, car les peuples ne voient pas sans regret disparaître les noms historiques dont la gloire se confond avec celle de la patrie. Ce qui était plus incontestable que la généalogie d'Aviénus, c'était l'honneur insigne que lui avait fait en 452 le sénat romain en l'envoyant, de compagnie avec le pape saint Léon, vers Attila, maître de la haute Italie, pour détourner le roi des Huns de son projet d'attaquer Rome[1]. Basilius et lui, égaux en crédit, égaux en dignités, attiraient également tous les regards, et l'on ne parlait jamais de l'un sans penser aussitôt à l'autre. Tous deux étaient parvenus au consulat, la distinction suprême et le faîte des grandeurs. On notait cependant entre ces deux hommes, comparables par la fortune, de grandes différences de caractère et de considération. Le bonheur avait été pour beaucoup dans la carrière d'Aviénus, le mérite dans celle de son rival, et l'on disait malignement que les dignités accourues au-devant du premier avec un empressement plein de grâce avaient été enlevées

---

[1]. Suscepit hoc negotium cum viro consulari Avieno beatissimus papa Leo. Prosp. Aquit., *Chron.* ad ann. 452. — On peut voir ce récit dans mon *Histoire d'Attila*, t. I, c. 7.

par le second tardivement, mais toutes d'un seul coup[1].

Une foule de clients en station aux portes de leur demeure suivant l'ancien usage, les précédait, les flanquait, les suivait, dès qu'ils en avaient franchi le seuil ; c'était comme une tribu, comme une armée qui leur faisait cortège à travers la ville[2]. Cependant des sentiments bien divers agitaient l'un et l'autre camp ; les clients d'Aviénus n'avaient dans leur patron qu'une confiance timide, ceux de Basilius croyaient fermement en lui. Entouré de fils, de gendres et de frères qu'il poussait de son mieux, Aviénus rendait au favoritisme ce qu'il en avait reçu ; mais le soin réclamé par ses candidats domestiques ne lui laissait plus assez de temps ni de crédit pour s'occuper efficacement des autres[3]. Il promettait beaucoup et tenait peu. Basilius, tout entier à ses protégés, guettait l'occasion de les servir et ne la manquait pas : aussi préférait-on la clientèle des Décius à celle des Corvinus. Tous deux d'ailleurs étaient facilement accessibles, affables et sans faste. Près d'Aviénus, on obtenait sans trop de peine une familiarité protectrice ; près de Basilius, une protection réelle. Sidoine, après avoir étudié les deux caractères et pesé la double situation, fit son choix en homme sensé : il rendit au descendant

---

1. Dignitatem in Avieno jocunda velocitas, in Basilio sera numerositas prædicabatur. Sidon. Apollin., *Epist.* I, 9.

2. Utrumque quidem, si fors laribus egrediebantur, arctabat clientum prævia, pedisequa, circumfusa populositas. *Id. loc. cit.*

3. Cùm semper domesticis candidatis distringeretur, Avienus erga expediendas forinsecus ambientum necessitates, minus valenter efficax erat. *Id. ibid.*

de Valérius Corvinus les hommages d'un homme du monde et porta ses affaires chez Basilius.

Un jour que ce sénateur et lui parcouraient les pièces jointes à la requête des Arvernes, et dissertaient sur les chances favorables ou contraires d'une affaire qui présentait beaucoup de difficultés, Basilius s'interrompit tout à coup : « Voici. dit-il, les calendes de janvier qui approchent, et notre prince va prendre son consulat d'avénement. Allons, mon cher Sollius, à l'ouvrage[1] ! Si intéressant que soit tout ce fatras dont vous vous êtes chargé, il faut le quitter pour quelques instants ; il faut réveiller la vieille muse en faveur du nouveau consul[2], je l'exige de vous, mon ami. Malgré le peu de temps qui vous reste encore pour vous préparer, prenez en main votre lyre et rendez-nous des sons, ne fussent-ils que tumultuaires[3]. Je vous promets pour cela bon accueil près du prince, bonnes dispositions chez les autres, et je me charge du succès. Croyez-en mon expérience, cher Sollius, ce petit jeu peut amener des choses très-sérieuses[4]. » Basilius, en protecteur avisé, faisait sa cour à l'empereur en même temps qu'il servait son client : il procurait au début du nouveau règne un éclat littéraire qui n'avait pas manqué à ceux d'Avitus et de Majorien ; il fournissait enfin à Anthémius l'occasion ou le prétexte de verser sur un enfant de la Gaule quelque faveur

---

1. Ecce kalendæ januariæ... Eia, Solli meus. Sidon. Apollin., *Epist.* I, 9.
2. Exeras volo in obsequium novi consulis veterem musam... *Id. loc. cit.*
3. Vel tumultuariis fidibus... *Id. ibid.*
4. Si quid experto credis, multa tibi seria hoc ludo promovebuntur. *Id. ub. sup.*

extraordinaire qui glorifierait en même temps ce pays, et, pensait-il, la requête des Arvernes ne s'en trouverait pas plus mal. Sidoine comprit tout cela d'un mot et se mit au travail. Son hôte applaudit à une résolution qu'il avait sans doute préparée ; sans doute aussi il aida le poète de sa critique et de ses conseils, et les salles de la maison de Paulus retentirent nuit et jour de la cadence des hexamètres et du fracas des coupes à effet.

# CHAPITRE II

## SIDOINE APOLLINAIRE A ROME

Panégyrique d'Anthémius. — Sidoine, préfet de Rome. — Procès d'Arvandus, préfet du prétoire des Gaules. — Noce barbare à Lyon.

### 468 — 469

Le consulat gardait, au milieu de la décrépitude de Rome, quelque chose de ses splendeurs originelles. C'était toujours la suprême magistrature devant laquelle s'inclinait jusqu'à la puissance des césars, car on vit plus d'une fois des empereurs, jaloux de popularité, se mêler au cortége des consuls lors de leur entrée en charge, et suivre à pied leur litière : Adrien, Julien, Gratien, Théodose, à des époques et sous l'influence d'idées bien différentes, donnèrent ce spectacle à leurs contemporains [1]. Malheureusement les honneurs du consulat ne duraient qu'un jour, et dès le

---

1. In officio pedibus gradiendo cum honoratis. Amm. Marc. XII, 7. — Mixtus agmini togatorum præire cœpit pedes. Mamert. *in Grat. Act.* — Spartian. *Adrian.* — Ausone dit de lui-même dans le poëme sur son consulat :

>   Jam venit Augustus nostros ut comat honores,
>   Officio exornans, quos participare cupisset.
>
>                                                     Auson. *in Consulat.*

On appelait *officium* la visite et le cortége faits aux nouveaux consuls à leur entrée en charge. Plin., *Epist.* IX, 37.

lendemain tout rentrait dans l'ordre que des nécessités successives et fatales avaient imposé au monde romain. Ainsi réduite à la valeur d'un pur cérémonial et d'un hommage rendu au passé, l'entrée en charge des consuls ordinaires mettait encore en émoi tout le peuple de Rome.

Au matin des calendes de janvier, dès la première lueur du crépuscule [1], grands et petits quittaient leurs maisons pour aller saluer dans la sienne l'illustre personnage qui donnait son nom à la nouvelle année. Les sénateurs s'acheminaient en corps, précédés de licteurs qui écartaient avec leurs faisceaux [2] la foule amassée déjà dans les rues et sur les places. Les soldats sortaient de leurs casernes par longues files, sans armes ni insignes militaires, mais vêtus de robes blanches traînantes [3], dont les pans relevés devant et derrière se nouaient autour des reins comme une ceinture, et tenant un bâton blanc à la main. Les hommes qualifiés étalaient sur eux les marques de leur rang, la plèbe ses plus belles parures. Une litière, à six ou huit porteurs couverts de tuniques bariolées, stationnait près de la demeure du consul pour le conduire aux divers lieux marqués par le cérémonial, le cortége l'accompagnant à pied.

1. Matutino crepusculo Palatinm petimus. Mamert *in Grat. Act.*
2. Ægre remotis populi qui nos prægrediebatur agminibus. *Id. ibid.* — Cf. Claudian. III, *C. Honor.*
3. C'était le vieux costume gabien usité à Rome dans certaines cérémonies politiques ou religieuses.

......Cinctus imitata Gabinos.

Claudian, *ub. sup.*

On se rendait d'abord au Capitole, d'après l'usage immémorial, quoiqu'on n'y offrît plus de sacrifices ; puis à la curie, où le sénat prenant place quelques instants, faisait un simulacre de délibération ; et l'on gagnait de là le grand forum où le nouvel élu adressait au peuple du haut des rostres une harangue préparée. Au forum de Trajan, lieu ordinaire des affranchissements, des esclaves rangés sur le passage du cortège attendaient, le cœur gros d'espérance, l'heureux soufflet qui les rendrait à la liberté. C'était une petite scène dont les incidents, parfois comiques, égayaient les spectateurs. On riait de l'embarras de ces pauvres gens, de leur joie pleine d'inquiétude, de leur empressement à tendre la joue, et de la rougeur qu'y imprimaient les doigts du consul[1]. La journée se terminait soit au théâtre, soit au cirque, car il fallait toujours payer sa bienvenue à la populace de Rome par des divertissements coûteux qui souvent dérangeaient la fortune des magistrats. Quand le prince lui-même daignait revêtir la trabée consulaire, l'entrée en charge tirait un éclat tout particulier des panégyriques en vers et en prose qui s'y prononçaient, de l'affluence plus grande des assistants, enfin de la ma-

---

1. Manumittendis ex more inductis... Amm. Marc. XXII, 7.

    Tristis conditio pulsata fronte recedit ;
    In civem rubuere genæ...
                      Claudian. *Cons. Honor.*

Nam modo nos jam festa vocant, et ad Ulpia poscunt
Te fora, donabis quos libertate Quirites,
   Quorum gaudentes exceptant verbera malæ.
                  Sidon. Apollin. *Carm.*, II, ad fin.

gnificence du palais impérial, étincelant sous les feux de l'aurore.

La demeure des Césars, construite par Auguste, agrandie par ses successeurs, s'élevait, comme on sait, au sommet du mont Palatin; et des portiques de marbre dont elle était environnée, la vue embrassait Rome presque tout entière. En face et vers l'Orient, se montrait d'abord le Capitole « assis sur sa roche immobile[1], » ainsi que disaient les poëtes; au-dessous, dans la dépression de la vallée, on distinguait le Forum de la République, reconnaissable à sa tribune garnie de proues de navires; et plus à droite, les uns à la suite des autres, les forums de Jules-César, d'Auguste et de Trajan : l'œil se perdait au loin dans le labyrinthe de leurs colonnades. Au nord, l'amphithéâtre de Titus dressait au-dessus des îlots de maisons sa masse imposante, tandis qu'au midi les regards planaient sur le grand Cirque, le fastueux mausolée de Sévère et les aqueducs de Néron. Ce n'était sur tous les points de l'horizon que portes triomphales, colonnes, théâtres, jardins, et des thermes divisés en quartiers comme des villes, spacieux comme des provinces[2]. Une ligne de murailles crénelées suivant à l'est le cours du Tibre, et dessinant à l'ouest les nombreuses sinuosités des collines, servait d'encadrement à ce tableau.

Sa majestueuse beauté inspira plus d'une fois la

1. ...... Capitoli immobile saxum.
Virg. Æn., l. IX, v. 449.
2. Lavac in modum provinciarum exstructa. Amm. Marc., XVI, 10.

muse romaine; et les panégyristes le chantèrent comme une des pompes réservées au consulat des Césars. « Que cet aspect a de grandeur! s'écriait Claudien en célébrant le sixième consulat d'Honorius. Quel plus noble séjour pouvaient choisir les maîtres du monde? Sur ce mont, qui laisse le forum à ses pieds, il semble que la puissance elle-même s'élève, qu'elle sent mieux et fait mieux sentir sa force. Ne dirait-on pas que ces temples rangés en cercle tout à l'entour, sont autant de postes avancés[1] d'où les dieux veillent sur le prince? Je vois là bas, au-dessous des autels de Jupiter Tonnant, les géants suspendus à la roche Tarpéienne et l'or ciselé des portes du Capitole. Au faîte de ces monuments qui usurpent les plaines de l'air, un peuple de statues s'agite et voudrait s'élancer dans les nuages[2]. Que de colonnes d'airain! que d'arcs triomphaux chargés des dépouilles des nations! Partout l'éclat de l'or éblouit la vue, et son scintillement continuel fatigue nos prunelles tremblantes[3]. »

La scène avait bien changé depuis le jour où Claudien récitait ces vers en présence du fils de Théodose; et le poëte eût à peine reconnu cette Rome qu'il peignait si resplendissante. Deux fois la reine du monde

---

1. Tot circum delubra videt, tantisque Deorum
Cingitur excubiis...
Claudian. vi, Cons. Honor.

2. ...... Mediisque volantia signa
Nubibus...
Id. ub. sup.

3. ...... Acies stupet igne metalli,
Et circumfuso trepidans obtunditur auro.
Id. ibid.

avait été saccagée par les Barbares; l'or avait disparu de ses monuments; et le Capitole n'élevait plus vers le ciel que la moitié de son toit de bronze doré, l'autre moitié enlevée par Genséric figurait à Carthage parmi les trophées des Vandales[1]. Ce peuple de statues, descendu de ses piédestaux, gisait mutilé dans tous les recoins de la ville. Si loin que le regard pouvait s'étendre, on n'apercevait plus que débris de maisons, toits effondrés, amphithéâtres percés de brèches, colonnes noircies par la fumée. Partout on reconnaissait la trace des incendies allumés par les Goths, réveillés par les Vandales. Le palais des Césars lui-même présentait sur ses marbres déshonorés les signes de la dévastation. La croix seule brillait sans insulte. Du haut du mont Cœlius, la basilique de Latran, intacte et respectée[2], dominait toutes ces ruines, comme le Capitole d'une Rome nouvelle contre laquelle les Barbares ne prévaudraient point. Ces marques de l'abaissement de la patrie contristèrent sans doute plus d'un cœur romain, lorsqu'au matin du 1ᵉʳ janvier 468 le sénat et le peuple se pressaient sous le péristyle du palais pour saluer Anthémius consul. Un autre spectacle non moins douloureux les attendait au dedans, Ricimer partageant avec Anthémius les hommages de l'empire.

Ce fut dans une des salles, en présence de l'empe-

1. Jovis quoque Capitolini templum diripuit, ac mediam partem abstulit tecti. Procop. *Bell. Vand.* I, 5. — Theophan., p. 93.

2. C'était la tradition de Rome d'après Baronius, qui joint à l'église de St-Jean de Latran, celle de Saint-Pierre et de Saint-Paul. Les églises avaient été épargnées presque toutes par les Goths, lors du premier saccagement.

reur, du sénat et des plus illustres citoyens, que Sidoine Apollinaire, introduit par ses patrons, prononça le panégyrique qu'il venait de composer. On sait que ce genre d'ouvrage, lorsqu'il était en vers, consistait à encadrer dans une allégorie mythologique, autour de l'éloge du héros, des descriptions de lieux, de peuples, de batailles, des tableaux de mœurs, des digressions historiques ou philosophiques, en un mot tous les hors-d'œuvre élégants dont un talent facile et harmonieux pouvait couvrir la nudité du sujet. La poésie latine nous a laissé à cet égard, dans les panégyriques de Claudien, des modèles parfaits, que l'on admirait et imitait au v$^e$ siècle. Sans doute, au point de vue du goût, une saine critique littéraire condamne ce genre de composition, vide et guindé, qui n'échappe à la froideur que par une inspiration factice, à la platitude que par l'emphase, et qu'un grand talent fait seul tolérer; mais l'histoire n'a pas le droit de se montrer si sévère. Une grande partie de ce que nous savons sur les mœurs du v$^e$ siècle nous vient des panégyriques. C'est là surtout que nous avons pu étudier le côté barbare de l'histoire romaine, si l'on me permet une si bizarre alliance de mots. En effet, le panégyriste, obligé de parler du temps présent à des contemporains, est véridique quand même il travaillerait à ne pas l'être; ses réticences sont quelquefois des révélations; et Claudien, à ce seul titre, serait un historien précieux pour l'étude de son temps. Je dirai la même chose de Sidoine Apollinaire, fort inférieur comme poète à Claudien, mais mêlé plus que lui aux affaires publiques, et par cette raison plus digne encore d'être étudié. Or, des trois panégyriques que nous devons au poëte lyonnais, aucun ne présente un intérêt historique plus élevé que celui d'Anthémius; aucun ne fut prononcé dans des circonstances plus importantes : on peut même dire que, soit par le fond des idées, soit par une certaine hardiesse de langage, les vers d'Apollinaire furent le principal incident de la journée.

Pour les bien comprendre, il faut se mettre au point de vue de l'auditoire auquel ils étaient destinés. Ce que venait fêter la foule qui se pressait dans les rues de Rome et sous les portiques du palais, c'était le retour à l'unité, la reconstitution du monde romain dont *l'empereur grec* était la représentation et le gage; c'était aussi la paix intérieure que l'on aimait à croire assurée par le mariage de Ricimer. Cette pensée d'union fraternelle, de paix domestique, de réconciliation entre l'Orient et l'Occident se trouvait au fond de tous les cœurs; Sidoine en fait le thème de son panégyrique. Il la présente même sous un aspect curieux, digne de fixer l'attention de l'histoire, et sur lequel je donnerai quelques mots d'explication.

Rome n'avait jamais aimé Constantinople, en qui elle s'obstinait à voir une rivale plutôt qu'une fille. Les peuples dépendants de ces deux métropoles transformèrent les rivalités de ville en rivalités d'empire, et le fier sénat du Capitole n'épargna longtemps ni sa colère ni son dédain au sénat grec, qui l'avait dépouillé d'une moitié de ses conquêtes. La jalousie se tourna en humiliation amère pour l'Occident, lorsque celui-ci, entamé sur toutes ses frontières, se vit décliner rapidement, tandis que son rival, favorisé par une situation meilleure et mieux gouverné peut-être, restait paisible et florissant. Rome put même se plaindre que dans plus d'une circonstance Constantinople s'était garantie des invasions qui la menaçaient en les détournant sur l'Italie. Cette secrète désaffection des peuples avait permis à Ricimer d'opérer entre les deux gouvernements une séparation effective, sans que Rome s'en préoccupât beaucoup. Cependant les malheurs dont fut suivie cette rupture de l'unité, l'insolente tyrannie des Suèves, l'empoisonnement de Sévère après le meurtre de Majorien, et l'impossibilité de trouver un empereur aux conditions qu'y mettait le dictateur, ramenèrent l'Italie au sentiment de sa vraie situation. Rome tourna ses regards autour d'elle, et son isolement l'épouvanta. Ce fut alors que le sénat fit près de l'empereur d'Orient cette démarche qui lui valut Anthémius, démarche grave, insolite, douloureuse pour l'orgueil des Occidentaux, car elle contenait l'aveu de leur faiblesse, elle proclamait l'impuissance de Rome à se gouverner elle-même. Enfin, la fausse honte surmontée, on n'avait eu qu'à se féliciter de ce qu'on avait fait : la fille s'était montrée secourable à la mère ; elle lui donnait un empereur, une armée ; elle s'alliait avec elle pour la destruction de Genséric ; elle voulait enfin conquérir jusqu'à Ricimer lui-même à la concorde en l'attachant par un lien d'affection au raffermissement du monde romain. Voilà ce qui ressortait des derniers événements, ce que tout le monde sentait et disait.

et ce que nous retrouvons sous des formes tantôt allusives, tantôt directes, dans le panégyrique d'Apollinaire.

L'intention se révèle dès le début par cette apostrophe à Constantinople :

« Salut, s'écrie le poëte, salut appui des sceptres, reine de l'Orient, Rome de ton univers ! [1] Tu n'es plus seulement pour le Romain des contrées de l'aurore le siége vénéré de son gouvernement : en donnant un de tes fils pour prince à l'Occident, tu t'es rendue chère au peuple entier de Quirinus; oui, tu es vraiment la mère de l'empire [2]. La terre qui te porte soutient aussi le Rhodope et l'Hémus, terre de Thrace fertile en héros ! Là le froid endurcit les hommes; un berceau de neige reçoit l'enfant à sa naissance, et la glace raffermit ses membres délicats. A peine connaît-il le sein maternel; la veine d'un coursier le nourrit; il y suce au lieu de lait un sang fortifiant, et avec ce sang la passion de la guerre... Ainsi croissent les enfants de Mars !

« Mais toi qu'environnent, comme une double ceinture, les mers de l'Europe et de l'Asie, tu participes à l'un et à l'autre climat, et le souffle glacé des aquilons de Thrace s'adoucit sur ta plage aux tièdes haleines

1.  Salve sceptrorum columen, regina orientis,
    Orbis Roma tui !...
    Sidon. Apollin. *Carm.* II, v. 30.

2.  ...... Rerum mihi principe misso,
    Jam non Eoo solum veneranda Quiriti
    Imperii sedes, sed plus pretiosa quod exstas
    Imperii genitrix...
    *Ibid.* v. 31 et seqq.

que t'envoie Chalcédoine. Cependant Suse tremble à ton nom, et le Perse, fils d'Achémenès, prosterné et suppliant, abaisse devant toi le croissant de sa tiare. L'Indien, à la chevelure humide de parfums, travaille pour t'embellir ; désarmant à ton profit la gueule de ses nourrissons farouches, il en tire l'ivoire recourbé, et l'éléphant déshonoré va porter ses défenses en tribut aux rives du Bosphore. En vain ton peuple se déploie dans une vaste enceinte de murailles, il y est encore trop à l'étroit, et un môle immense est venu lui ouvrir une voie sur la mer : la mer s'indigne et les flots refoulés au loin mugissent contre une terre qu'ils ne connaissent pas... [1] Téthys d'un côté t'ouvre des ports et te sert de défense, de l'autre une contrée fertile t'entoure de ses moissons. Ville heureuse, qui es entrée en partage des triomphes de Rome ! Nous ne nous en plaignons plus. Que l'empire reste ainsi divisé : les plateaux de la balance se font équilibre ; tu les as rendus égaux en prenant nos poids ! [2] »

Anthémius, né dans les murs de Constantinople, y avait passé toute sa jeunesse. Cette circonstance fournit à l'auteur la matière d'un développement poétique : il nous décrit avec détail l'éducation que recevait au Ve siècle un noble romain dans la capitale de l'empire d'Orient. C'est une nomenclature méthodique des

1. ...... Itur in æquor
Molibus, et veteras tellus nova contrahit undas.
Sidon. Apollin. *Carm.* II, v. 58.

2. ...... Valeat divisio regni ;
Concordant lancis partes, dum pondera nostra
Suscipis, æquasti...
*Id. ibid.* v. 65.

auteurs qu'Anthémius avait étudiés ou du moins était censé avoir étudiés, pour devenir, comme il l'était, un parfait Romain de Byzance. Nous y voyons qu'un jeune Byzantin de noble extraction était tenu de savoir le latin tout aussi bien que le grec; et qu'en dépit de sa propension naturelle pour la littérature des Hellènes, la politique le dirigeait de préférence vers les lettres latines. L'histoire de Rome, devenue celle du monde entier, était son histoire nationale. Si Thucydide, Hérodote, Xénophon, restaient encore pour l'adolescent qui parlait leur langue un objet de noble curiosité; c'était dans Salluste, dans Tite-Live, dans Tacite, qu'il puisait la connaissance de son pays, leur étude assidue lui enseignait à devenir Romain. Anthémius aima surtout Tacite : « Tacite qu'on ne peut nommer sans le louer [1], » ajoute le poëte. Par une raison semblable, l'orateur privilégié dans la patrie de Démosthènes était Cicéron; Homère cédait le pas à Virgile, chantre de César et d'Énée; Plaute, en qui circulait la vieille séve latine, venait prendre place après Virgile; et le sceptre de la critique appartenait à Quintilien et à Varron [2]. On réservait la littérature grecque, pour une étude étrangère au génie latin, celle de la philosophie, dont l'enseignement était d'ailleurs professé sur une très-large base. Sidoine, à ce

1. ...... Tacitus nunquam sine laude loquendus.
Sidon. Apoll. *Carm.* II, v. 192.
2. Mantua quas acies, pelagique pericula lusit,
Smyrnæas imitata tubas : quamcumque loquendi
Arpinas dat consul opem: quo pondere Varro,
Quo genio Plautus, quo fulmine Quintillanus...
*Ibid.* v. 184 et seqq.

propos, passe en revue les divers chefs d'école, et tout en courant il parsème son énumération de quelques traits d'une mâle poésie : « L'âme de Socrate, dit-il, revit dans le Phédon ; on l'y voit méprisant des fers auxquels elle va échapper. La mort elle-même tremble devant ce glorieux coupable, et le bourreau qui lui tend le poison pâlit en contemplant sa sérénité [1]. »

Au sortir des classes, Anthémius fait ses premières armes sous son père ; il épouse ensuite Euphémie, fille de l'empereur Marcien. C'est alors que lui arrivent les grands commandements, et avec eux les occasions de se distinguer ; il combat les Goths, près du Danube, les Huns dans un vallon de la Thrace [2] ; le poëte nous raconte fort au long toutes ces guerres qui n'ont qu'un rapport indirect avec notre sujet. Je les omets pour arriver plus promptement aux affaires occidentales, partie délicate du panégyrique, celle qu'attendaient sans doute avec une égale anxiété Ricimer et l'empereur, le sénat de Rome et les délégués de Constantinople.

Le poëte aussi paraît comprendre la difficulté de sa tâche ; il suspend son récit pour se recueillir et appeler à son aide Apollon et les Muses, car plus sont graves les événements de ce monde, plus est épais le voile qui nous en dérobe les causes, plus le poëte a besoin du secours des immortels. « Apollon, s'écrie-t-il, remonte pour moi les cordes de ta lyre, assiste-moi !...

---

1. Cum tremeret mors ipsa reum, ferretque venenum
Pallida securo lictoris dextra magistro.
Sidon. Apollin. Carm. II, v. 180.

2. Ibid. v. 237-241.

Et vous, vierges de Castalie, daignez m'apprendre à quelle divinité propice nous devons Anthémius[1]; et par quelle mystérieuse influence l'union vient refleurir entre deux empires que la discorde avait séparés!... » Ces formules de mystagogue païen se reproduisent plusieurs fois dans les poëmes de Sidoine composés sur un plan mythologique, et dans lesquels on chercherait en vain l'empreinte d'une main chrétienne. Je fais cette remarque parce que Sidoine était non-seulement un chrétien de profession, mais un chrétien sincère et fervent qui croyait avoir été guéri de la fièvre quelques mois auparavant par l'intercession des apôtres, et que le jour n'était pas loin où on le verrait porter avec gloire et sainteté les insignes de l'épiscopat. Mais l'emploi du langage païen, considéré comme lieu commun poétique, paraissait encore à la fin du v⁰ siècle une nécessité de bonne littérature et de bon goût, malgré des inconvénients réels, puisque l'ancienne croyance nationale subsistait toujours plus ou moins déguisée, non-seulement dans les bas-fonds de la société romaine, mais à sa tête, dans le sénat de Rome. La poésie officielle surtout restait païenne en dépit du changement des mœurs, et faisait résonner aux oreilles des empereurs chrétiens, dans les cérémonies de l'État, des paroles que partout ailleurs on eût trai-

---

1. Nunc ades, o Pœan...
 Hic converte chelyn; non est modo dicere tempus
 Pythona exstinctum...
 Vos quoque, Castalides, paucis quo numine nobis
 Venerit Anthemius, gemini cum fœdere regni,
 Pandite...
 Sidon. Apollin. *Carm.* II, v. 307 et seqq.

tées de blasphèmes. Il fallait que Théodose entendit attribuer ses victoires à ce même Jupiter dont il avait renversé la statue et brisé les foudres magiques dans les défilés des Alpes Juliennes. On invoquait publiquement les dieux aux portes de leurs temples interdits : et le polythéisme chassé du culte public et des lois conservait un sanctuaire inviolable dans les formules de l'école.

La main des divinités ayant dessillé les yeux du poète, il touche de nouveau sa lyre et commence. « Sévère, dit-il, cédant aux lois de la nature venait d'augmenter le nombre des dieux[1] » (qu'on n'oublie pas que Ricimer était présent) ; l'Italie à cette nouvelle quitte les sommets de l'Apennin ; elle se dirige vers la grotte verdoyante, d'où le Tibre, couronné de roseaux et de mousse, épanche ses premières ondes. Ce n'est plus cette mère jeune et puissante que chantait le cygne de Mantoue : *Magna parens virum!* l'Italie de Sidoine est âgée et craintive. Affaiblie par le temps et par les chagrins, elle marche à pas lents appuyée sur un orme couronné de pampres, son bâton de vieillesse[2] : plus de casque, plus de cuirasse[3] ; ces

---

1. Auxerat Augustus naturæ lege Severus
Divorum numerum ..
    Sidon. Apollin. *Carm.* II, v. 317.
2. Segnior incedit senio, venerandaque membra
Viticomam retinens baculi vice flectit ad ulmum.
    *Ibid.* v. 327-328.
3. Non galea conclusa genas, nec sutilis illi
Circulus impactis loricam texuit hamis,
Sed nudata caput...
    *Ibid.* v. 321 et seqq.

armes sont trop lourdes pour des membres épuisés.
Mais dans sa caducité même, l'Italie est toujours féconde, l'abondance suit ses traces [1] ; la terre où elle
pose le pied se couvre de fruits et de fleurs, et des
ruisseaux de vin jaillissent autour d'elle. A son aspect, le Tibre étonné laisse tomber son urne et sa rame;
il veut se prosterner, il veut parler, mais elle le pré-
vient par ces mots :

« Je viens réclamer ton concours, écoute-moi bien;
car nos intérêts sont communs. Le chef qui nous
gouvernait n'est plus : va trouver Rome, engage-la
par tes prières, par tes pleurs, s'il le faut, à suivre
désormais de meilleurs conseils. Dis-lui qu'elle se
défasse enfin de cet orgueil qui nous perd, qu'elle
daigne se faire aimer davantage [2]. Apprends-lui quels
secours elle doit implorer, dans quelle partie de
l'univers elle doit chercher un autre chef. Tous ceux
qu'elle a pris dans mon hémisphère ont vu la fortune de l'empire crouler sous eux : qu'elle s'adresse
aujourd'hui à l'Orient !

« Combien d'ennemis m'assiégent de toutes parts!
D'un côté, le Vandale me presse et revient chaque
année nous rendre les maux que nous fîmes jadis à
Carthage. Par un bizarre renversement des choses, le
Caucase, transplanté sous le ciel de Libye, sert au-
jourd'hui d'instrument aux fureurs de cette ville ja-

---

1.     Sed tamen ubertas sequitur...
*Ibid.* v. 329.

2.     .............. Fastuque remoto
Hoc unum præstet, jam plus dignetur amari.
Sidon. Apollin. *Carm.* II, v. 343.

louse. Sans doute Ricimer est là, mais il est seul...
L'invincible Ricimer, chargé de toutes nos destinées,
repousse lui seul et avec des troupes qui sont à lui les
pirates errants dans nos campagnes[1]; mais à peine les
a-t-il chassés, qu'ils reviennent : maîtres d'éviter le
combat, ils le rendent éternel, et, fugitifs, ils semblent
poursuivre leur vainqueur. Comment souffrir un ennemi
qui nous refuse à la fois la paix et la guerre? Car, ne
nous abusons point, il ne traitera jamais avec Ricimer, qu'il abhorre, et si tu tiens à savoir les raisons
de sa haine, je te les dirai.

« L'orgueilleux Genséric fait sonner bien haut le
nom d'un père incertain : la seule chose certaine, c'est
qu'il est né d'une femme esclave[2], or, pour se trouver
le fils d'un roi, il faut qu'il proclame l'adultère de sa
mère. De là vient sa noire jalousie contre Ricimer : il
lui envie sa naissance, parce que deux royaumes l'appellent à régner, les Suèves du côté de son père, les
Goths du côté de sa mère. Il se souvient aussi que
dans les veines du guerrier qui me défend coule le
sang de Vallia, ce roi fameux, terreur des Vandales et
de leurs frères les Alains, celui qui leur infligea un si
rude châtiment dans les champs de Tartesse, et cou-
vrit de leurs cadavres les roches de Calpé. Mais, sans

---

1. Præterea invictus Ricimer, quem publica fata
Respiciunt, proprio solus vix Marte repellit
Piratam per rura vagum...
   *Ibid.* v. 352 et seqq.
2. Incertum crepat ille patrem, cum serva sit illi
Certa parens...
   Sidon. Apollin. *Carm.* II, v. 361.

remonter aux anciennes déroutes, le pirate aurait-il oublié son désastre récent près d'Agrigente, quand Ricimer lui prouva qu'il était vraiment le petit-fils de ce roi goth qui ne vit jamais que le dos des Vandales? La victoire de Ricimer égale à nos yeux celle de Marcellus, à qui nous dûmes la Sicile...

« Oui, la crainte de Ricimer arrête tous ces Barbares, prêts à faire irruption sur nos frontières[1]. Si l'Ostrogoth se contient encore en Pannonie, c'est qu'il le craint; si le Frank incapable de repos reste enchaîné au bord du Rhin, c'est qu'il le craint. Et quand l'ennemi perpétuel, le Vandale, et son compagnon l'Alain sont venus me piller, me déchirer jusque dans les entrailles, qui m'a vengée? C'est lui. Pourtant Ricimer n'est qu'un homme; seul, il peut retarder mes malheurs, il ne saurait les conjurer. Il nous faut un prince armé, qui ne commande pas la guerre, mais qui la fasse, qui marche lui-même devant nos étendards, et, nous rendant nos anciens droits sur les mers, fasse régner notre pavillon où l'on ne connaît plus que celui des Barbares[2]. »

Ce discours mis dans la bouche de l'Italie nous dévoile les influences fatales qui troublaient ce malheureux pays : passions de Romains contre Romains, de Barbares contre Romains, de Barbares contre Bar-

---

1. *Ibid.* v. 377 et seqq.
2. ............... Modo principe nobis
Est opus armato, veterum qui more parentum,
Non mandet, sed bella gerat; quem signa moventem
Terra vel unda tremant...
                Sidon. Apollin. *Carm.* II, v. 383 et seqq.

bares; tempêtes soufflant de tous les points de l'horizon pour s'abattre en commun sur l'Occident. Le poëte met à nu ce que cette situation a de plus sensible, de plus irritable, et il ne craint pas d'y toucher. Il proclame au nom de la patrie ce qu'on attend du nouveau prince; il lui enseigne son devoir, et ce devoir, c'est de régner en maître, de ne souffrir à son côté que des sujets, de restituer à l'empire ses propres armées, et de tenir lui-même le drapeau de Rome. Adressé à l'empereur en face de Ricimer, un tel conseil n'était point sans courage, de quelques flatteries que le poëte sût l'envelopper pour adoucir le dictateur. Que demandait-il en effet, sinon la fin de la dictature? Ce morceau nous signale encore un des grands dangers de l'empire dans cette immixtion de rivalités barbares aux affaires romaines. Enfin Rome elle-même y reçoit, pour sa dureté et son orgueil, des leçons d'une juste sévérité. « Consulte les temps, lui dit le poëte, laisse-là ton faste hors de saison et ne vis plus toujours dans le passé; retiens ta domination qui t'échappe; rattache par la concorde les deux moitiés du monde romain nécessaires l'une à l'autre; sache te faire aimer! » C'était le cri de tout l'Occident.

Le dieu du Tibre va donc trouver le génie de la ville éternelle; la déesse Rome[1] reposait au milieu de ses vieux symboles, Mars, les jumeaux Romulus et Rémus, la louve Ilia; elle entend de la bouche du fleuve, son client, les conseils que lui adresse l'Italie. Son cœur s'émeut au récit de tant de maux; et couvrant d'un

1. Dea Roma.

casque sa tête chargée de tours, revêtant sa cuirasse d'écailles[1], elle s'élance dans l'air qui la transporte aux rivages de l'Océan-Indien. Là, dans un palais de cristal et d'or, au milieu des fleurs et des parfums, siége, sur un trône de pourpre, la lampe du jour à la main, l'Aurore, génie de l'empire d'Orient. A l'aspect de Rome, l'épouse de Tithon s'effraie ; mais Rome la rassure par des paroles où elle entremêle le reproche aux caresses, car la démarche qu'elle fait semble douloureuse à son cœur[2].

« Ne crains rien, lui dit-elle, ce n'est pas la guerre qui m'amène ici[3] ; je ne viens ni emprisonner l'Araxe sous mes ponts, ni faire boire aux soldats italiens les eaux du Gange. Artaxate avec ses campagnes peuplées de tigres, le royaume de Porus, l'Hydaspe et Bactres, et les remparts de Sémiramis ne trembleront point au bruit de mes clairons ; je n'ambitionne point le palais des Arsacides, et ne veux point donner le mot d'ordre aux portes de Ctésiphon. Cet hémisphère ne m'appartient plus, je te l'ai cédé ; mais aussi n'ai-je pas mérité par là que tu protéges ma vieillesse[4] ?

1.  ............... Laxatos torva capillos
    Stringit, et inclusæ latuerunt casside turres.
    Sidon. Apollin. *Carm.* II, v. 331-332.
2.  ...... Paulum illa silens, atque aspera miscens
    Mitibus, hæc cœpit...
    Sidon. Apollin. *Carm.* II, v. 439.
3.  ............ Venio (desiste moveri,
    Nec multum trepida) non ut...
    *Ibid.* v. 441.
4.  ...... Totum hunc tibi cessimus axem,
    Et nec sic mereor nostram ut tueare senectam ?
    *Ibid.* v. 452.

« Le pays que bornent le Tigre et l'Euphrate est aujourd'hui ton patrimoine : il fut jadis le mien. je l'avais payé du sang de Crassus. Tu possèdes l'Arménie et le Pont : demande à Sylla ce qu'ils m'ont coûté. Te parlerai-je de la mer Égée, de ses îles et de ses rivages ? Tu règnes sur la Crète, que Métellus m'a conquise ; sur la Cilicie, que me soumit le grand Pompée ; sur les Isaures et les Syriens, domptés par Servilius avec l'épée de mes légions. Crédule que j'étais, j'ai transporté à ton profit le testament d'Attale ! Je t'ai abandonné l'antique Étolie et l'Épire, et les campagnes arrosées par l'Achéloüs ; tu dictes des lois à l'Illyrie et à la Macédoine, et les descendants de Paul-Émile vivent encore dans mes murs[1] ! L'Égypte t'ouvre ses greniers comme si tu avais gagné la victoire d'Actium ; la Judée t'obéit comme si Vespasien et Titus avaient été tes généraux. Et puisque tu domines la terre des Doriens, et l'Achaïe, et l'isthme heureux qui sépare les deux mers de la Grèce, raconte-moi, je te prie, quel Mummius byzantin t'a donné Corinthe ! Tu es riche, et tu vois affluer dans tes ports les marchandises de l'île de Chypre, conquête des Catons : je suis pauvre, et n'ai gardé des Catons que leur gloire[2].

« Mais laissons de côté le passé et ses regrets : si tu

---

1. ..... In Illyricum specto te mittere jura,
Ac Macetûm terras; et habes, tu, Paule, nepotes.
Sidon. Apollin. *Carm.* II, v. 468.

2. ............... Tibi Cypria merces
Fertur · pugnaces ego pauper laudo Catones.
*Ibid.* v. 471.

veux assoupir nos vieilles querelles, accorde-moi Anthémius. Qu'il règne sur mon univers, comme Léon sur le tien ! Que le divin Marcien, dont l'astre brille aujourd'hui dans les cieux, contemple sa fille Euphémie revêtue de la pourpre qu'ont portée ses ancêtres ! Fais plus, et qu'une alliance privée raffermisse l'alliance publique ! Que Ricimer devienne le gendre de mon empereur[1] ! Leur noblesse est pareille, et si la vierge de Byzance est de sang royal, le défenseur de l'Italie l'est aussi. Consens à cet hyménée, l'Afrique recouvrée sera la dot... »

Alors l'épouse de Tithon fait entendre ces courtes paroles : « O ma mère, le sacrifice que tu me demandes est grand ! Mais prends, emmène avec toi ce chef dont l'assistance m'était si chère, seulement montre-toi plus douce envers moi, et tenons mieux les rênes du gouvernement en ne les séparant plus[2] ! » C'était la moralité du poëme et celle de la situation.

Les deux déesses se donnent la main : Anthémius devient empereur d'Occident. Ricimer épouse sa fille, et de grands préparatifs d'armes vont effrayer Genséric dans Carthage. « O prince, ajoute le poëte en terminant, je renvoie à une prochaine époque la suite de mes chants. Quand tu seras consul pour la troisième

---

1. Adjice præterea privatum ad publica fœdus :
Sit socer Augustus genero Ricimere beatus.
*Ibid.* v. 483-484.

2. Duc, age, sancta parens, quanquam mihi maximus usus
Invicti summique ducis, dum mitior exstes,
Et non disjunctas melius moderemur habenas.
Sidon. Apollin. *Carm.* II, v. 516 et seqq.

fois [1] et que ton gendre le sera pour la seconde, mon audace croissant avec vos succès, je dirai en quel nombre sont tes vaisseaux et tes soldats, et tout ce que tu auras accompli de grandes choses, et en combien peu de temps. » Vœux superflus ! ce chant devait être le dernier du poëte, et le sort ne réservait point à son héros un troisième consulat.

C'est ainsi que le député de la cité gauloise des Arvernes se trouva mêlé par hasard à une des dernières catastrophes de l'empire d'Occident. Les conseils, les encouragements, les leçons qu'il adressait aux Romains sous une enveloppe mythologique, furent accueillis avec faveur. On applaudit aux beaux vers dont le poëme brille par intervalles ; on applaudit peut-être davantage aux mauvais, qui chatouillaient le faux goût du siècle. Le succès dut être bien grand près de l'empereur et près du sénat, puisque le jour même Anthémius consul signait un rescrit qui nommait Sidoine Apollinaire préfet de Rome [2].

Sa préfecture ne présenta rien de remarquable qu'un incident de nature grave, à la vérité, et qui compromit un instant sa responsabilité de magistrat. Les arrivages de blé ayant manqué à raison des hostilités ouvertes entre les flottes romaine et vandale, la gêne des subsistances se fit sentir dans la ville ; déjà la

---

1.    Si mea vota Deus produxerit, ordine recto,
    Aut genero bis, mox aut te ter consule dicam.
*Ibid.* v. 542-543.
Anthémius avait été une première fois consul en Orient.
2. Sidon. Apollin., *Epist.* I, 9. — *Ibid.* IX, 16.

multitude s'agitait, et la peur gagna Sidoine : « Je tremble que la faim du peuple romain n'éclate par quelque tonnerre sous la voûte de l'amphithéâtre, écrivait-il à un de ses amis, et que la disette publique ne soit attribuée au malheur de mon administration[1]. » On voit qu'il s'agissait là de sa gloire et peut-être de sa vie : les éléments vinrent à son secours. Cinq transports sortis de Brindes avec un chargement de blé et de miel, ayant franchi sans obstacle le détroit de Sicile, furent amenés par les vents du côté d'Ostie[2]. Sidoine, averti à temps, dépêcha un homme de confiance pour mettre la main sur ces bâtiments et leur faire remonter le cours du Tibre : l'apparition des navires calma l'effervescence populaire. L'alimentation de Rome était devenue le soin principal et presque unique des préfets de la ville dans ces derniers temps, et ce soin ne leur permettait pas toujours de dormir en paix. Symmaque nous raconte que, durant sa préfecture, il faisait le guet du haut des collines du Tibre, pour apercevoir le premier les bienheureux navires qui devaient tirer ses administrés d'une disette, et lui d'une mortelle inquiétude[3]. Si les difficultés étaient déjà grandes du temps de Symmaque, elles le devinrent bien davantage lorsque les Vandales eurent enlevé au

---

1. Vereor autem, ne famem populi romani theatralis caveæ fragor insonet, et infortunio meo publica deputetur esuries. *Id. Epist.* I, 10.

2. Comperi naves quinque Brundusio profectas cum speciebus tritici ac mellis ostia Tiberina tetigisse. Sidon. Apollin. *Epist.* I, 10.

3. Ager autem qui me interim tenet, Tiberim nostrum juncto aquis latere prospectat. Hinc libens video quid frugis æternæ urbi in dies accedat, quid romanis horreis Macedonicus adjiciat commeatus. Symmach. *Epist.* III, 55.

peuple romain le premier de ses greniers, Carthage, et que leurs flottes purent bloquer le second, Alexandrie.

Quant à l'affaire pour laquelle Sidoine était venu en Italie, et dont il ne parle plus dans ses lettres, on peut croire qu'elle se termina comme il l'avait souhaité. Le crédit d'un préfet de Rome valait bien à cet égard le patronage de Gennadius ou la science de Cécina. Généreux et expansif comme un poëte, Sidoine s'empressa de mettre sa nouvelle fortune au service de ses compatriotes transalpins, et non-seulement il secondait leur ambition quand ils en montraient, mais il les aiguillonnait, il les poussait à briguer les charges publiques, persuadé que la patrie gauloise trouverait son compte dans le travail et le succès de ses enfants. Il pensait aussi, non sans raison, qu'une des plaies de ce siècle, c'était le découragement ou la nonchalance des gens de bien, qui laissait le champ libre aux intrigues des aventuriers politiques.

Sidoine avait en Gaule un ami de jeunesse nommé Eutropius, qui, dégoûté du spectacle du monde, était allé s'enterrer dans un coin de sa province, où il partageait son temps entre la culture de ses domaines (il était du reste fort riche) et l'étude du philosophe Plotin. Pendant une partie du jour, Eutropius menait la vie d'un vrai paysan, labourant, semant, fauchant de ses mains, et pendant l'autre celle d'un sophiste, ce qui ne l'empêchait pas d'étaler dans sa demeure rustique une galerie d'images représentant ses aïeux, tous gens titrés et décorés à leur époque des plus hautes dignités de l'empire[1]. Sidoine blâmait cette vie, qu'il traitait de lâche; il écrivit de Rome à Eutropius pour le gourmander, le tirer de sa torpeur et l'appeler vers lui. Oubliant le goût des vieux Romains pour la charrue, il demande à son ami s'il croit honorer cette galerie d'images, toutes vêtues de la toge des sénateurs, en se faisant le compagnon de ses bouviers[2], ou bien si ces hommes sévères, dont l'activité avait servi l'État aux dépens de leur repos, n'auraient pas flétri son oisiveté philosophique, ou plutôt sa paresse et son abandon de la patrie. « Allons! ajoute-t-il, secoue-moi ce sommeil humiliant pour ton nom; viens t'enrôler à mes côtés dans la milice palatine[3], et joins-moi une préfecture à la philosophie. C'est un dicton de nos provinces qu'une bonne année dépend encore plus d'un bon magistrat que d'une bonne récolte[4] : voilà pourquoi je te désire. N'as-tu pas honte de n'avoir aperçu qu'une fois dans ta jeunesse Rome, le domicile des lois, le gymnase des lettres, le centre des dignités, la tête du monde, la patrie de la liberté; Rome, notre ville à tous, et la seule dans l'univers qui ne tienne pour étrangers que les Barbares et les esclaves[5]? » Les aiguillons du poëte

1. Senatorii seminis homo, qui quotidie trabeatis proavorum imaginibus ingeritur. Sidon. Apollin. *Epist.* i, 6.
2. Et nunc proh pudor ! si relinquare inter bussequas rusticanos, subulcosque ronchantes... *Id. ibid.*
3 Quo te... a profundo domesticæ quietis extractum, ad capessenda militiæ palatinæ munia vocem. Sidon. Apollin. *Epist.* i, 6.
4. Certe creber provincialium sermo est, annum bonum de magnis non tam fructibus, quam potestatibus æstimandum. *Id. Epist.* iii, 6.
Domicilium legum, gymnasium litterarum, curiam dignitatum, verticem mundi, patriam libertatis, in qua unica totius orbis civitate soli Barbari et servi peregrinantur. *Id. Epist.* i, 6.

tirèrent le philosophe de sa solitude : il vint à Rome, oublia Plotin, s'enrôla, comme disait son ami, dans la milice palatine, devint fonctionnaire, et donna un sage et utile préfet au prétoire des Gaules[1]. Quant à Sidoine, sorti de charge à l'expiration de l'année 468, il reçut d'Anthémius le titre de patrice[2], titre simplement honorifique dans ce cas, mais qui était pour un Romain de ce temps le couronnement d'une vie passée au service de l'État.

Cette même année 468 vit naître en Gaule une affaire très-grave, étrangère à Sidoine, mais à laquelle il vint se mêler fort inconsidérément. Cette grande préfecture avait à sa tête en ce moment un Gaulois nommé Arvandus, qui l'avait administrée déjà une première fois pendant quatre années[3] avec une sorte de popularité, et que Ricimer avait replacé sur son siége lors du dernier interrègne, soit pour être agréable à la province, soit pour se délivrer de toute inquiétude à cet égard, pensant avoir fait choix d'un homme habile et expérimenté. Une telle faveur mit le comble à la présomption, déjà fort grande, d'Arvandus ; il se crut un de ces personnages avec lesquels les gouvernements sont obligés de compter dans les temps difficiles, et il afficha très-haut son importance. C'était un homme d'une légèreté incroyable, facile dans ses relations,

---

1. *Id. Epist.* III, 6.
2. *Vit. Sidon.* ap. P. Sirmond.
3. Au moment de son procès, Arvandus avait été préfet cinq ans en cumulant ses deux préfectures. — Privilegiis geminæ præfecturæ quam per quinquennium repetitis fascibus rexerat, exauguratus. Sidon. Apollin. *Epist.* 1, 7.

mais sans sûreté, prodigue de paroles qu'il se souciait peu de tenir et d'un argent qui ne lui appartenait pas, du reste infatué de lui-même et traitant avec un hautain mépris les conseillers et les conseils. Déjà criblé de dettes pendant sa première préfecture, il s'abîma tout à fait dans celle-ci[1], ne s'épargnant aucune folle dépense. Bientôt une armée de créanciers fondit sur lui, le harcelant sans relâche et mettant pour ainsi dire le prétoire des Gaules en état de blocus. Le préfet chercha d'abord à les apaiser au moyen de quelques détournements de deniers; puis, les dépenses continuant, les exactions se multiplièrent et s'étendirent à tout. Arvandus espérait que la préoccupation actuelle des esprits et les catastrophes à venir déroberaient aux yeux ses méfaits, et lui assureraient l'impunité. Le scandale de ses dilapidations devint bientôt si criant, qu'au défaut de l'autorité centrale les notables de la province commencèrent à se consulter pour dresser contre Arvandus une accusation de péculat. Sur ces entrefaites, le gouvernement romain se constitue ; Anthémius arrive d'Orient, et le préfet des Gaules se voit menacé d'un jugement criminel, ou tout au moins d'une disgrâce.

Dans cette situation, Arvandus prêta l'oreille aux insinuations qui, de la part du roi des Visigoths, Euric, et de ses ministres, assiégeaient incessamment la fidélité des fonctionnaires romains, grands ou petits. Les allées et venues de certains personnages suspects d'in-

---

1. Onere depressus æris alieni. Sidon. Apollin. *Epist.* I, 7.

telligence avec les Barbares ayant alarmé les bons citoyens, on observa le préfet, on épia toutes ses démarches, et un jour on parvint à intercepter une lettre sans signature, mais écrite au nom d'Arvandus de la main de son secrétaire et destinée au roi des Goths[1]. Dans cette pièce, remplie d'excitations à la révolte, le correspondant d'Euric lui conseillait d'abord de ne point reconnaître l'empereur grec (c'est ainsi qu'il désignait Anthémius, récemment débarqué), puis de lui déclarer la guerre. Il lui démontrait aussi la nécessité de tomber avant tout sur le petit État breton armoricain, en qui la domination romaine trouvait un auxiliaire utile et dévoué[2]. Enfin il s'efforçait de prouver à un homme qui ne rêvait que conquêtes et invasion de la Gaule, qu'en toute sécurité de conscience et d'après le droit des nations, il pouvait se partager ce pays, quand il lui plairait, avec le peuple des Burgondes[3]. D'autres avis, d'une audace non moins criminelle, venaient compléter ceux-ci, provocations dangereuses, capables non-seulement de stimuler l'ambition d'un roi belliqueux, tel qu'était celui de Toulouse, mais de lever les scrupules du Barbare le plus débonnaire. La lettre interceptée resta secrète entre les mains de ceux qui la possédaient jusqu'à ce que le moment fût venu d'en faire usage, de sorte qu'Arvandus put supposer ou

---

1. Hæc ad regem Gothorum charta videbatur emitti, pacem cum Græco imperatore dissuadens. Sidon... Apollin. *Epist.* I, 7.
2. Britannos supra Ligerim sitos impugnari oportere demonstrans. Sidon. Apollin. *Epist.* I, 7.
3. Cum Burgundionibus jure gentium Gallias dividi debere confirmans. *Id. loc. cit.*

qu'elle était perdue pour tout le monde, ou qu'elle était arrivée à son adresse.

Une province mécontente de ses magistrats, fût-ce son gouverneur ou président, fût-ce même le préfet du prétoire, pouvait demander leur mise en accusation et la poursuivre au siége du gouvernement romain, devant les tribunaux institués pour connaître des crimes publics. C'était l'assemblée représentative de la province, le conseil provincial, comme on l'appelait, qui formulait cette demande, après mûr examen; puis une députation choisie par le conseil se rendait à Rome pour soutenir devant le tribunal compétent les dires de la province, articuler les preuves, assurer le châtiment du magistrat prévaricateur. Une constitution d'Honorius, rendue en 418, avait réglé la composition et la tenue du conseil des sept provinces gauloises, qui siégeait dans la métropole d'Arles, et remplaçait l'assemblée générale des trois Gaules depuis que le territoire transalpin avait été démembré par les Barbares[1]. Soit que l'époque fixée pour sa session ordinaire et annuelle fût arrivée, soit que le gouvernement central, à la réquisition des notables habitants, eût accordé une session extraordinaire, le conseil des sept provinces se réunit dans la métropole d'Arles, à l'effet d'examiner la conduite d'Arvandus. Les faits de péculat étaient patents, nombreux; les accusateurs avaient les mains pleines de pièces d'une évidence irrécusable : Arvandus fut donc

---

1. *Const. Honor. Agric. Præf. Gall.* ap. D. Bouq. *Script. Rer. gall. et franc.*, t. I, p. 766.

dénoncé à l'empereur par un vote unanime ; mais l'étonnement fut grand lorsque quelques membres du conseil produisirent la lettre interceptée, où chacun put reconnaître par ses yeux l'écriture du secrétaire du préfet. On s'écria de toutes parts qu'il y avait là trahison infâme et crime de lèse-majesté, et que ce second chef d'accusation devait être joint au premier. On fit venir le secrétaire, qui confessa sans hésiter que la lettre avait été écrite de sa main, mais sous la dictée de son maître[1]. Aussitôt un décret de double accusation fut rendu pour crime de péculat et crime de lèse-majesté ; mais on s'engagea par serment à garder le silence sur le second grief dans la crainte qu'Arvandus, se voyant découvert, ne se sauvât chez les Visigoths : le même silence fut imposé au secrétaire sous les menaces les plus terribles. Cela fait, on nomma, pour porter le décret à Rome et soutenir l'accusation devant les juges, trois citoyens notables entre tous, Tonantius Ferréolus, de Lyon, ancien préfet du prétoire des Gaules, l'Arverne Thaumastus, de la famille Avita et parent de Sidoine Apollinaire, et Pétronius, d'Arles, qui passait pour un jurisconsulte consommé[2]. Arvandus, qui crut jusqu'au bout qu'il ne s'agissait que d'une action de péculat, qui pensait d'ailleurs s'être mis à couvert de toutes les preuves, manifestait à peine quelques inquiétudes, quand il se vit arrêter

1. Interceptas litteras deferebant, quas Arvandi scriba correptus dominum dictasse profitebatur. Sidon. Apollin. *Epist.* I, 7.
2. Legati provinciæ Galliæ Tonantius Ferreolus præfectorius... Thaumastus quoque, et Petronius maxima rerum verborumque scientia præditi. *Id. ibid.*

et embarquer pour l'Italie sous la garde de ses propres soldats [1].

Le préfet des Gaules, tant sa légèreté était grande, ne réfléchit pas un seul moment à sa situation. Tout le long de la route, on l'entendit plaisanter sur lui-même et sur ses accusateurs, et la traversée, très-souvent orageuse des bouches du Rhône aux côtes de la Toscane, s'étant passée sans accident, il répétait à tout propos : « Doutez-vous maintenant de mon innocence, quand vous voyez les éléments s'apaiser en ma faveur et m'obéir comme des esclaves [2] ? » A son entrée dans Rome, on le remit à la garde de Flavius Asellus, comte des largesses sacrées, et, en considération de sa dignité, le Capitole lui fut assigné pour prison [3]. Il attendit là fort doucement et en pleine quiétude d'esprit que les députés gaulois arrivassent à leur tour dans la métropole impériale : ils ne tardèrent pas beaucoup, et après les visites et les préliminaires d'usage le procès s'instruisit devant un tribunal de dix membres, chargé alors de connaître des accusations capitales contre les sénateurs [4].

C'était dans les premiers mois de l'année 469, et Sidoine, sorti de sa préfecture, n'avait pas encore quitté Rome. Il avait connu Arvandus au delà des

---

1. Prius cinctus custodia, quam potestate discinctus, captus, destinatusque pervenit Romam. Sidon. Apollin. *Epist.* i, 7.

2. Illico tumens, quod prospero cursu procellosum Tusciae littus enavigasset, tanquam sibi bene conscio ipsa quodam modo elementa famularentur. *Id. loc. cit.*

3. In Capitolio custodiebatur ab hospite Flavio Asello... qui adhuc in eo praefecturae nuper extortae dignitatem venerabatur. *Id. ibid.*

4. Decemviri. *Id. ub. sup.*

Alpes, et faisait profession d'amitié pour lui. La double accusation sous le poids de laquelle le magistrat gaulois était amené en Italie, l'ardeur extrême que manifestaient les provinces transalpines, le choix de leur députation, où figuraient des personnages considérables, amis ou parents de Sidoine, tout cela semblait conseiller à l'ex-préfet de Rome non pas de renier son ami, mais de mettre la plus grande réserve dans sa conduite entre l'accusateur et l'accusé. Cette réserve était simple et naturelle de la part d'un homme honnête que devaient révolter les crimes dont on chargeait Arvandus ; mais Sidoine, vaniteux et inconséquent, vit surtout dans ce procès l'occasion de jouer un rôle et de montrer son crédit. « Arvandus est mon ami, se disait-il, et je prouverai que Sidoine dans la prospérité n'abandonne point ses amis malheureux [1]. » Sous l'empire de ce sentiment plus orgueilleux que tendre, il se proclama le patron d'Arvandus et se crut un héros. Le pire de tout cela, c'est qu'il ne se faisait pas d'illusion sur la probité de son ami, dont il qualifie l'administration de dévastatrice [2]. « Je me dois à moi-même de lui rester fidèle, » répétait-il à tout venant, et il ajoutait par une flatterie déguisée sous un faux semblant de liberté : « Je montrerai que sous un bon prince on peut aimer un accusé de lèse-majesté et le dire [3]. » Du moins eût-

---

1. Amicus homini fui... Sed quod in amicitia steti, mihi debui. Sidon. Apollin. *Epist.* I. 7.
2. Præfecturam primam gubernavit cum magna popularitate, consequentemque cum maxima populatione. *Id. ibid.*
3. Hic quoque cumulus accedit laudibus imperatoris, quod amare palam licet et capite damnatos. *Id. ub. sup.*

il pu ne se faire ni le conseil de l'accusé, ni le révélateur de la partie secrète de l'accusation, ni l'instigateur d'un mensonge, mais il ne sut s'abstenir de rien.

De compagnie avec un certain Auxanius, jurisconsulte de Rome, qui paraît avoir été l'un des conseils d'Arvandus, il alla trouver l'ancien préfet des Gaules et l'entretint de cette lettre interceptée dont l'accusation ne parlait qu'avec mystère, se proposant d'en faire usage à l'improviste, pour surprendre l'accusé et l'accabler de son propre aveu. C'était en effet là le plan de Ferréolus et de ses deux collègues : la lettre ainsi que les circonstances qui l'avaient fait tomber entre leurs mains étant tenues sous un profond secret, afin d'agir instantanément et énergiquement sur l'accusé et sur les juges. On se bornait à dire qu'il y avait dans cette lettre une accusation de lèse-majesté portée par Arvandus contre lui-même, et que les jurisconsultes qui l'avaient vue regardaient la condamnation comme assurée[1]. Auxanius et Sidoine n'en savaient pas davantage. « Arvandus, lui disaient-il, écoute-nous : prends bien garde au piége qu'on veut te tendre; abstiens-toi de tout aveu, quel qu'il soit[2]. Le silence et une dénégation absolue peuvent seuls te sauver. » Cette prudence n'était point du goût d'Arvandus. Tantôt souriant de pitié, tantôt s'emportant contre ses amis avec une colère dédaigneuse : « Retirez-vous, s'écriait-il, épargnez-moi de si lâches avis;

---

1. Hanc epistolam læsæ majestatis crimine ardenter jurisconsulti interpretabantur. Sidon. Apollin. *Epist.* I, 7.
2. Suademus nil quasi leve fatendum. *Id. ibid.*

hommes dégénérés, indignes de pères qui se sont illustrés dans les affaires, laissez-moi les miennes, où vous n'entendez rien[1] : vous n'êtes que de vils procureurs. Arvandus a pour lui sa conscience, et cela lui suffit. Il permettra peut-être à ses avocats de plaider sur les prétendus faits de concussion[2]; quant à l'accusation de lèse-majesté, il la réserve pour lui et ne s'en inquiète guère. » Tel fut le succès de la démarche de Sidoine, juste récompense de sa vaniteuse sollicitude. Il sortit de la demeure d'Arvandus triste et humilié, comme un médecin qui voulait sauver un fou et que le fou a jeté à la porte : c'est lui-même qui nous fournit cette comparaison[3].

Une coutume des temps républicains, conservée malgré de si nombreuses révolutions, voulait que les accusateurs d'un magistrat, les députés d'une province pillée, d'une ville blessée dans son honneur ou dans son intérêt, se présentassent à Rome dans un attirail fait pour exciter la pitié, et visitassent ainsi leurs juges et les hauts fonctionnaires dont le patronage pouvait les servir. La députation gauloise eut soin de se conformer à l'usage : on la voyait traverser les rues et les places en habit de deuil, la chevelure négligée, le visage triste et sévère, attirant sur elle par l'humilité de

---

1. Abite degeneres, inquit, et præfectoriis patribus indigni : mihi, quia nihil intelligitis, hanc negotii partem sinite curandam. Sidon. Apollin. *Epist.* 1, 7.
2. Vix illud dignabor admittere, ut advocati mihi in actionibus repetundarum patrocinentur. *Id. ibid.*
3. Discedimus tristes, et non magis injuria quam mœrore confusi. Quis enim medicorum jure moveatur, cum desperatum furor arripiat...? *Id. ub. sup.*

son maintien la commisération ou du moins la sympathie publique[1]. Arvandus au contraire affichait à tous les regards une impudente sécurité. Mis en liberté provisoire, il semblait avoir pris domicile au Forum ; c'est là qu'on l'apercevait chaque jour, vêtu d'une robe blanche élégamment drapée, courant à droite et à gauche, échangeant des saluts, interpellant les passants[2], et provoquant tout le premier les félicitations sur son acquittement prochain. Parfois il interrompait sa promenade pour entrer dans les boutiques qui garnissaient la place, marchandait des bijoux, faisait déployer des étoffes de soie, donnait son avis sur quelque belle pièce d'orfèvrerie, touchait à tout, contrôlait, estimait tout[3], et, entremêlant son dialogue de déclamations contre les temps et les lois, se plaignait des juges, du sénat, du prince lui-même, qui ne prenait point souci de le venger avant de l'avoir entendu[4].

Cependant arrive le jour du procès, et dans la curie, transformée en cour de justice, les décemvirs prennent place sur leur tribunal, le sénat étant au grand complet. Bientôt on appelle les parties : l'accusé et ses défenseurs devaient être introduits dans la salle par un côté, les accusateurs par l'autre. Arvandus

---

1. ...Cum accusatores semipullati atque concreti, et ab industria squalidi præripuissent reo debitam miserationem sub invidia sordidatorum... Sidon. Apollin. *Epist.* i, 7.

2. Inter hæc reus noster aream capitolinam percurrere albatus : modo subdolis salutationibus pasci, modo crepantes adulationum bullas audire... *Id. ibid.*

3. ...Modo serica, et gemmas et pretiosa quæque trapezitarum involucra rimari, et quasi mercaturus inspicere, prensare, depretiare, devolvere... *Id. ub. sup.*

4. Quod se non prius quam discuterent ulciscerentur. *Id. loc. cit.*

s'élance le premier, et se présente avec un front rayonnant, bien peigné, bien poncé, tandis que les trois Gaulois, à moitié vêtus de noir et le visage triste et pâle[1], attendaient modestement l'huissier des décemvirs. Avant l'ouverture de l'audience, on autorise ceux des comparants qui étaient de rang préfectoral à prendre place sur les bancs. Aussitôt Arvandus, montant précipitamment les degrés, court avec une effronterie maladroite s'asseoir presque au milieu de ses juges[2]; Ferréolus au contraire, et ses deux collègues, bien que les égaux d'Arvandus en dignité, vont se ranger à l'extrémité des derniers bancs, faisant voir par là que, s'ils étaient sénateurs, ils n'oubliaient point pour cela leur rôle d'accusateurs et de députés[3] : tout le monde applaudit à leur sage réserve. Sur ces entrefaites, les débats sont ouverts, et les députés debout exposent l'objet de leur mission; ils lisent d'abord le décret provincial qui les institue, passent à l'énumération des griefs, spécifient les faits de péculat, articulent les preuves, et arrivent enfin à la lettre qui était le coup secret de l'accusation. La lecture en est à peine commencée, qu'Arvandus s'écrie brusquement et sans provocation que c'est lui qui l'a dictée[4]. « Cela est de toute évidence, répondent les députés, c'est Arvandus qui a dicté cette lettre infâme. » Lui, comme

---

1. Procedit noster ad curiam paulo ante detonsus, pumicatusque, cum accusatores... Sidon. Apollin. *Epist.* I, 7.
2. Arvandus jam tunc infelici impudentia, concito gradu, mediis prope judicum sinibus ingeritur. *Id. ibid.*
3. Ita ut non minus legatum se quam senatorem reminisceretur. *Id. ibid.*
4. Arvandus necdum interrogatus se dictasse proclamat. *Id. ub. sup.*

frappé de vertige, demande quel crime contiennent ces pages, et répète deux ou trois fois qu'elles sont bien de lui [1]. « O juges, dit alors un des accusateurs en élevant la voix, vous entendez l'aveu du coupable; il se reconnaît criminel de lèse-majesté [2]. » Cette scène parut faire sur les juges une profonde impression.

La lecture de la lettre ayant été achevée, on cita les textes de lois qui définissaient le crime de lèse-majesté, qui en précisaient les circonstances, qui en établissaient les peines. Ce fut alors qu'Arvandus se repentit, mais trop tard, de sa loquacité inqualifiable; il pâlit en entendant la loi comme à la découverte d'une chose nouvelle et inattendue. Ce préfet du prétoire des Gaules, vieilli dans les honneurs, ignorait à ce point le droit de son pays, qu'il croyait l'application des lois de lèse-majesté bornée aux attentats contre le prince et à l'usurpation de la pourpre [3]. Le commentaire de Ferréolus ou de Pétronius le tira de son erreur, son enivrement se dissipa; toute cette poussière de futilité et de confiance en soi-même tomba pour ne laisser voir qu'un abattement misérable. Il demandait grâce, il suppliait, et les bras étendus vers l'assemblée il conjurait tout le monde de l'épargner. C'était un triste spectacle que celui de cet homme couvert d'or et de soie, de ce suppliant si soigneusement paré, qu'attendaient la prison publique et

---

1. Bis terque repetita confessione... Sidon. Apoll., *Epist.* 1, 7.
2. Reum læsæ majestatis confitentem teneri... *Id. ub. sup.*
3. Sero cognoscens posse reum majestatis pronuntiari etiam eum, qui non affectasset habitum purpuratorum. *Id. ibid.*

pour le moins les latomies et les ergastules d'esclaves[1].
Les décemvirs prirent du temps pour délibérer et prononcer le jugement. Toute audition de témoins devenait inutile par la reconnaissance de la lettre; le crime était constant, il entraînait la peine de mort, et la mort fut décrétée.

Un sénatus-consulte, rendu sur la proposition de Tibère, accordait au condamné à la peine capitale un délai de dix jours entre l'arrêt et l'exécution; ce délai avait été successivement étendu à trente : c'était un bénéfice que tout condamné pouvait invoquer, et qu'Arvandus réclama du fond de sa prison. Ces trente jours d'attente furent pour lui une longue et cruelle torture qui lui mettait sous les yeux jusque dans ses rêves le croc, les gémonies, le lacet et l'horrible figure du bourreau[2]. Ici encore Sidoine Apollinaire vint à son secours. Soit mécontentement de l'indocilité de son ami, soit plutôt vergogne de jouer devant le sénat le rôle de patron d'un tel homme dans une telle cause, l'ancien préfet de Rome n'avait point voulu assister au jugement, et sous un prétexte quelconque il avait quitté la ville; mais après la condamnation il écrivit à l'empereur pour obtenir en faveur du coupable, sinon une grâce entière, du moins celle du dernier supplice, et à son retour à Rome il fit près d'Anthémius les plus pressantes démarches : il réussit. Arvandus, après

---

[1]. Quis enim super statu ejus nimis inflecteretur, quem videret accuratum delibutumque latomiis, aut ergastulo inferri ? Miser nec miserabilis... Sidon. Apollin. *Epist.* 1, 7.

[2]. Uncum et gemonias, et laqueum per horas turbulenti carnificis horrescens... *Id. ibid.*

avoir vu ses biens confisqués (ce n'était pas ce qui le tourmentait le plus), fut frappé du bannissement perpétuel : « Il eût dû mourir de honte, il a la force de vivre[1], » dit à ce sujet son protecteur, qui ne l'épargne pas trop dans ses lettres. Tout le monde blâma Sidoine[2] de sa nouvelle intervention, moins excusable encore que la première, puisqu'elle sauvait de la mort un traître avéré, un grand coupable, dont la punition eût été salutaire à ses pareils. Qu'importait l'exil à cet homme qui calculait si bien le déclin de l'empire et croyait à sa chute prochaine? Du lieu de son bannissement, il attendrait chaque jour, l'œil fixé sur la mer, qu'un vaisseau d'Arles ou de Carthage vînt lui apporter sa délivrance avec la nouvelle que Rome n'était plus. Dans l'espérance de ces traîtres qui trafiquaient de la patrie au profit des Barbares, un tel châtiment, c'était l'impunité.

Sidoine lui-même dut regretter amèrement sa faiblesse, lorsque rentré en Gaule, il vit s'agiter autour de lui cette multitude de Gaulois, agents des Visigoths, dont l'issue de ce procès sembla redoubler l'audace. Il quitta Rome vers le milieu de 469, quand déjà l'aspect des affaires devenait plus sombre, et regagna Lyon, le cœur plein de tristes pressentiments. Il y tomba juste au milieu d'une fête barbare qui ne contribua pas à l'en distraire ; c'était le mariage d'un

---

1. Hoc infelicius nihil est, si post tot notas inustas contumeliasque, aliquid nunc amplius quam vivere timet. Sidon. Apollin. *Epist.* I, 7.

2. Invidia mihi conflata, cujus me paulo incautiorem flamma detorruit. *Id. ibid.*

prince frank nommé Sigismer, avec la fille du roi Burgonde qui avait dans cette ville sa résidence et le siége de sa domination. Sidoine vit le jeune fiancé arriver près d'une des portes où le reçurent en grand apparat les officiers burgondes.

Sigismer était un homme de haute taille et d'apparence vigoureuse, à la face sanguine, aux cheveux d'un rouge ardent qui tombaient en boucles sur ses épaules[1]. Il avait pour vêtement une tunique serrée, de soie blanche brodée d'or, recouverte d'un manteau de pourpre, et le harnais de son cheval étincelait d'or et de pierreries. A son entrée dans la ville, il sauta à bas de sa monture et gagna à pied, par honneur pour son beau-père, le prétoire où celui-ci l'attendait[2] : son cortège en fit autant. Les nobles franks défilèrent ainsi dans les rues de Lyon en tenue de guerre complète : justaucorps bariolé effleurant à peine le jarret, sayon vert garni de franges rouges, jeté sur le dos en guise de manteau, et jambards de cuir non tanné fixés au-dessous du genou et au-dessus de la cheville, laissant le mollet découvert[3]. Leurs bras robustes restaient nus jusqu'au coude. De la main droite, ils portaient une lance munie de crocs, et une de ces haches de jet, à double tranchant, arme nationale des Franks; l'autre main soutenait un bouclier d'or, à rebords d'argent, qui pro-

1. Coma rubore, cute concolor... Sidon. Apollin. *Epist.* IV, 20.
2. Pedes et ipse medius incessit, flammeus cocco, rutilus auro, lacteus serico... *Id. ibid.*
3. ... Quorum pedes primi perone setoso talos ad usque vinciebantur; genua, crura, suræque sine tegmine... *Id. ub. sup.*

tégeait leur flanc gauche[1] ; un long sabre pendait aux courroies de leur ceinturon[2]. L'air retentissait au loin du cliquetis de l'acier. Le prétoire où les reçut le roi burgonde n'était autre que l'ancien palais des empereurs romains, celui d'Auguste, de Claude, de Sévère, bâti non loin de l'autel consacré jadis par la Gaule au génie de Rome et des Césars. Des hôtes royaux, chevelus et armés, qui n'entendaient point le latin et commandaient aux Romains en langue germanique, y tenaient maintenant leur cour, y donnaient leurs fêtes, y célébraient leurs mariages. Sidoine n'avait quitté les Barbares en Italie que pour les retrouver au delà des Alpes : ils étaient partout.

Ce spectacle lui pesait. Sans se mêler à la fête plus que ne l'exigeaient les devoirs de son rang, il partit pour l'Auvergne résolu d'y finir sa vie, dans sa chère retraite d'Avitacum, entre son lac et son bois de pin sillonné de cascades, entre sa bibliothèque et une société élégante qui s'occuperait d'études plutôt que d'affaires. Mais il n'y trouva point cette paix qu'il rêvait. D'autres grandeurs, d'autres agitations qui ne sont point de mon sujet le vinrent chercher dans sa solitude, pour le rejeter bon gré malgré sur la scène du monde.

---

1. Lanceis uncatis securibusque missilibus dextræ refertæ, clypæis lævam partem adumbrantibus... Sidon. Apollin. *Epist.* IV, 20.
2. Penduli ex humero gladii balteis supercurrentibus... *Id. ibid.*

## CHAPITRE III

**EXPÉDITION CONTRE GENSÉRIC**

---

Aventures de l'impératrice Eudoxie et de ses filles. — Genséric veut donner Olybrius pour empereur à l'Italie. — Défaite de la flotte romaine près de Carthage. — Ricimer fait assassiner Marcellinus.

468 — 469

Un grand malheur attaché aux gouvernements faibles, c'est qu'ils ne s'appartiennent pas à eux-mêmes : amis, ennemis, voisins, tout le monde se croit le droit d'intervenir dans leurs affaires domestiques, de se jouer de leurs institutions, de leur dicter jusqu'au choix des maîtres qui les régissent. Ce malheur, Rome l'éprouvait après l'avoir fait sentir si longtemps et si rudement au reste de l'univers. C'était aujourd'hui le tour des Barbares de faire des césars à la pointe de l'épée chez cette maîtresse des nations qui avait fait et défait tant de rois barbares. Plusieurs fois, depuis moins d'un siècle, les Franks, les Alamans, les Burgondes, surtout les Goths s'étaient arrogé ce droit insolent, soit en opposant dans les Gaules des tyrans de leur façon aux empereurs légitimes, soit en faisant proclamer par intimidation dans le sénat les candidats qu'ils préféraient. On avait vu tout récemment encore l'empereur Avitus se munir du suffrage des Visigoths avant d'aller briguer en deçà des Alpes ceux de Rome et de l'Italie. Il n'y eut pas jusqu'au plus implacable ennemi du nom romain, Genséric, jusqu'au peuple le plus acharné à la destruction de l'empire, les Vandales, qui ne prétendissent aussi lui choisir un maître : prétention d'autant plus odieuse dans la circonstance que le titre invoqué par Genséric en faveur de son protégé dérivait du sac de Rome.

Le Vandale Ghiseric ou Gheiseric, que nous nommons communément Genséric, bâtard d'une esclave et d'un roi, petit, laid et boiteux[1], meurtrier de sa belle-sœur et de ses neveux, qu'il avait fait jeter dans une rivière une pierre au cou, pour se débarrasser de toute compétition de famille. Genséric était, parmi les Barbares et suivant les idées politiques du ve siècle, un homme de génie[2]. Au souffle de cet Annibal germain, Carthage avait repris ses deux vieilles passions, l'amour de la piraterie et la haine de Rome. Excitée par la barbarie vandale, la barbarie indigène, s'était réveillée sur le sol africain, et l'œuvre des Romains s'éteignait rapidement. Et ce n'était pas seulement aux hommes civilisés, aux fils des colons de l'Italie, que Genséric avait déclaré la guerre; il la faisait aux villes elles-mêmes; enlevant leurs portes, démantelant leurs murailles, détruisant leurs monuments; et tenant

1. On trouve son nom sous les formes de Gizerichus, Geiserichus, Gensericus, Γεζέριχος, Γινζέριχος. — Statura mediocris et equi casu claudicaris. Jornand. *R. Get.*, c. 36.
2. Mortalium omnium solertissimus. Procop. *Bell. Vand.*, 2, 5. = Jorn., c. 36.

perpétuellement suspendues sur elles les menaces de pillage ou d'extermination. Aussi leurs habitants se dispersaient, les uns passaient la mer, les autres se réfugiaient dans les montagnes ; plusieurs grandes cités restèrent désertes. Le catholicisme partageait avec la civilisation ces haines féroces de Genséric et de son peuple, qui eussent voulu l'écraser d'un seul coup, afin de le remplacer par l'arianisme. La persécution vandale rappela aux catholiques épouvantés les ères maudites des Décius, des Galérius et des Néron. Ce furent pour les églises des profanations inouïes et sauvages, pour les prêtres des martyres inconnus. Les Italiens virent un jour aborder dans un de leurs ports un navire à demi consumé que le vent poussait devant lui : on y trouva, revêtu de ses habits pontificaux, l'évêque de Carthage lancé en pleine mer sur un brûlot par les Vandales, et sauvé par la tempête. Sans la vitalité surhumaine dont se montra douée dans ses périls la grande église des Cyprien et des Augustin, cette civilisation originale et féconde de l'Afrique romaine, mélange d'éléments latins et puniques, qui avait brillé d'un si vif éclat sur le christianisme et sur les lettres, disparaissait sans retour.

Tel était au dedans le gouvernement de Genséric. Au dehors, la nouvelle Carthage devint, grâce à lui, aussi redoutable que l'ancienne : on ne navigua plus en sûreté dans les mers de l'Italie et de la Grèce ; et aucun port ne fut à l'abri de ses insultes. Les îles Baléares, la Corse, la Sardaigne, la Sicile elle-même, soumises par ses flottes, reprirent le pavillon carthaginois comme au temps d'Amilcar[1]. On eut dit que l'histoire du monde remontait le cours des siècles; mais Genséric donna un spectacle que les siècles précédents n'avaient point vu, celui d'une armée partie de Carthage campant sur le Forum et maîtresse de Rome pendant quatorze jours[2].

La foi vandale valait d'ailleurs la foi punique, si même elle ne la surpassait point en astuce. Nul roi barbare ou civilisé ne fut plus fourbe que Genséric; c'est là le caractère de sa supériorité sur ses contemporains et sa gloire dans la tradition germaine : « Il était, dit Jornandès, sobre de paroles et profond de pensées, calculateur incomparable quand il s'agissait de provoquer les nations, toujours prêt à semer des germes de discordes et à susciter des haines. » A la fourberie réduite en système, il joignait une avarice insatiable; l'or était sa seule passion, gagner son seul désir, entasser sa seule volupté. Tout autre sentiment lui était inconnu; on vantait sa tempérance, et il ne céda jamais ni à la pitié ni à l'amour[3]. C'est cette froideur naturelle, cette absence d'entraînements et de faiblesses, cette impassibilité dans la destruction, qui firent comparer Genséric à une divinité malfaisante

---

1. Totius Africæ ambitum obtinuit; necnon et insulas maximas, Sardiniam, Siciliam, Corsicam, Ebusum, Majoricam, Minoricam et alias multas... Vict. Vit., l. 1, p. 5. — Cf. Procop. Bell. Vand., 1, 5. — Sidon. Apoll. Panégyr. Anthem., Carm., II. — Cassiod. Variar., IV. Epist. Theodor.

2. Procop., I, 5. — Evagr. Hist. ecclesiast. II, 7, p. 298. — Cf. Tillemont. Hist. des Emp., tom. VI.

3. Erat Gizerichus jam Romanorum clade in urbe notissimus... animo profundus, sermone rarus, luxuriæ contemptor, ira turbidus, habendi cupidus, ad sollicitandas gentes providentissimus, semina contentionum jacere, odia miscere paratus. Jorn. R. Get., 36.

et lui valurent le renom du plus grand des Barbares[1].

Si la grandeur de ces sombres héros du ve siècle consistait dans leur séparation de l'humanité, Genséric serait effectivement au-dessus d'Attila, qui, après tout, avait les penchants bons ou mauvais d'un homme, chez qui l'orgueil nourrissait la passion de la guerre, qui ravageait le monde pour le plaisir de vaincre, d'humilier ses ennemis, de rendre son nom redoutable, de sentir les nations sous ses pieds. Ces instincts dans le roi des Huns dominaient l'amour du pillage et du vol; il avait l'âme d'un conquérant sauvage, Genséric celle d'un pirate[2]. Le premier eût voulu posséder l'univers, le second le dépouiller. Les cruautés du fils de Moundzukh et ses dévastations avaient souvent pour mobiles la vanité, le besoin de frapper les imaginations : s'il eût pris Rome, il n'en aurait fait qu'un monceau de cendres; il en aurait déraciné jusqu'aux fondements, heureux d'attacher son nom à la ruine d'une ville qui osait se dire éternelle; mais il suffit de la prière d'un prêtre pour l'arrêter[3]. Aucune prière ne fléchit Genséric aux portes de Rome, et quand il s'y fut introduit furtivement à l'aide de la trahison, il ne la détruisit point, il la pilla à loisir, chargeant sur sa flotte jusqu'aux portes de bronze et au toit des temples[4], puis il regagna précipitamment l'Afrique

---

1. Quo nihil inter Barbaros fuit illustrius. Procop. *Hist. Goth.*, III, 1.
2. C'est, en effet, le nom qu'on lui donnait. Cf. Sidon. Apoll. *Panegyr. Anthem.*, Carm. II, v, 354.
3. Prosp. Aquit. *Chron.* ad. ann. 452.—Voir mon *Histoire d'Attila*, tom. I, c. 7, p. 221.
4. Voir ci-dessus, c. 2.

comme un voleur qui met à l'abri son larcin. Lorsqu'en 450 il vint proposer au roi des Huns de se jeter en commun sur l'Italie, il choisissait bien son allié. Attila aurait revendiqué pour son lot la gloire des batailles et de l'épouvante, Genséric l'argent.

Dans le butin emporté de Rome par les Vandales, figurait celle qui leur en avait ouvert les portes, Eudoxie, femme de Maxime et veuve de Valentinien III. Le pirate l'emmenait avec ses deux filles, Eudocie et Placidie[1], non pour les dérober au juste ressentiment d'une ville qu'elles n'avaient pas craint de sacrifier à leurs vengeances domestiques, mais pour tirer d'elles plus tard une bonne rançon[2]; car il supposait que veuve et nièces d'empereurs, et petites-filles du grand Théodose, elles devaient posséder des biens considérables soit en Occident, soit en Orient. La même idée de spéculation lui fit emmener aussi et réduire en captivité tout ce qu'il put saisir dans Rome de jeunes filles et de jeunes garçons appartenant à des familles patriciennes, entre autres Gaudentius, fils de l'illustre et infortuné Aétius[3].

Quoique mère de deux enfants nubiles, Eudoxie était encore dans tout l'éclat de cette beauté fatale qui lui valut l'amour et les folles confidences de Maxime, et Attila, si elle fût tombée entre ses mains, l'aurait envoyée probablement sur les bords de la Théisse gros-

---

1. Procop. *Bell. Vand.*, I, 5.—Prisc., *Excerpt. leg.* c. 7. Ed. Nieb.—Evagr. *Hist. ecclesiast.*, II, 7. — Idat. *Chron.*, p. 41.

2. Non officio, sed spe divite inductus... Procop. *Ibid.*

3. Aëtii filium, Gaudentium nomine, secum ducit. Idat. *Chron.* ad. ann. 455.

sir le troupeau de ses concubines ; mais Genséric ne lui accorda pas un regard. Il eut soin de marier, dès son débarquement à Carthage, l'aînée des deux princesses à son fils Hunéric[1], qui devait être son successeur ; puis il calcula par quel moyen il obtiendrait des Romains la dot de sa bru et le rachat des deux autres. En vertu du principe que le bien de l'esclave est la chose du maître, il se mit à réclamer aussi les propriétés d'Aétius au nom de Gaudentius, son captif[2]. Entrant en pourparlers, d'un côté, avec le sénat de Rome, de l'autre avec l'empereur d'Orient, il déclara que si l'on tardait à restituer ce qu'on lui retenait contre tout droit, il irait le reprendre, l'épée et la torche en main, dans tous les ports d'Italie et de Grèce[3]. Payer au Barbare cette sorte de tribut ou le lui refuser et lui laisser en compensation l'impératrice et sa fille non mariée, étaient deux actes d'une égale ignominie : Rome préféra le second, qui du moins la vengeait ; mais l'héritier du trône d'Orient ne put rester insensible au malheur de la postérité de Théodose[4]. Il essaya tout pour obtenir amiablement la liberté des princesses : il offrit à Genséric son alliance et la paix, il le menaça d'une expédition en Afrique ; mais avances ou menaces, rien ne toucha le Vandale : « Que nous

---

1. Eudociam matrimonio junxit cum Honorico filiorum majori natu... Procop. *Bell. Vand.*, 1, 5.
2. Idat. *Chron.*, p. 41. — Prisc. *Excerpt. legat.*, c. 42.
3. Non alias bellum positurum minatus est nisi sibi Valentiniani et Aëtii bona traderentur. Prisc. *Ibid.*
4. Indignabatur Marcianus quod Augustæ tanta contumelia affectæ fuissent. Evag., *Hist. ecclesiast.*, II, 7.

fassions la paix ou la guerre, répondait-il imperturbablement, il me faut la dot de ma belle-fille avec la rançon de sa mère et de sa sœur. »

Ces débats durèrent sept ans : ce furent sept années de désastres pour le commerce du monde entier [1]. Enfin une nouvelle combinaison, sortie du génie de Genséric, mit fin à la captivité d'Eudoxie et de sa seconde fille. Celle-ci, lorsqu'elle habitait encore la maison paternelle et qu'elle n'était qu'un enfant, avait été fiancée à un jeune Romain de l'illustre maison des Anices, nommé Olybrius [2]. Rien n'égalait en noblesse cette fière maison Anicia, de qui l'on avait pu dire qu'en prenant au hasard parmi ses membres, on trouvait toujours un consul [3] : mais la bravoure n'était plus au $v^e$ siècle l'attribut des noms patriciens, et quand les troupes vandales entrèrent dans Rome, Olybrius, au lieu de protéger sa fiancée ou de partager les infortunes d'une famille qui allait être la sienne, quitta la ville et s'enfuit à Constantinople [4]. Il paraît pourtant qu'ils s'aimaient, et Placidie garda en Afrique un souvenir fidèle de son fiancé. Confident de cet amour, Genséric se mit en relation avec Olybrius et le prit pour intermédiaire des réclamations qu'il adres-

1. Hanc belli renovandi occasionem singulis annis usurpabat. Prisc Excerp. legat., c. 42. — Quoties ver redierat, nunc Siciliam, nunc Italiam populabundus vexabat... Illyricum quoque omne et Peloponesum eique adjacentes insulas, aliaque græci nominis invasit. Procop. Bell. Vand., I, 5.

2. Uxor erat Olybrii clari in Romano senatu... Procop. Bell. Vand., 1, 2. — Il résulte des faits de l'histoire qu'elle n'était que fiancée ; ce fut plus tard qu'elle se maria à Constantinople, par les soins de Marcien.

3. Claudian. Cons. Olyb. — Olybrius inter senatores romanos nobilissimus habebatur. Evag. Hist. ecclesiast., II, 7.

4. Capta urbe Roma, Constantinopolim se receperat. Evag. Ibid.

sait à l'empereur Léon, lui promettant la liberté et la main de Placidie, si, par ses bons offices, il le mettait en possession des biens de la sœur. Olybrius s'employa tout entier à cette négociation, qui réussit par son entremise. On liquida ce qui restait de la succession de Valentinien III et de Grata-Placidia, soit en Orient, soit en Occident ; les biens immeubles furent vendus, on joignit au produit de cette vente tout ce qu'il y avait encore de meubles, d'étoffes, de bijoux, d'objets d'art appartenant à cette maison, et le tout, transporté par un navire romain à Carthage, fut livré au roi des Vandales en échange de l'impératrice et de sa fille. Eudoxie reçut à Byzance un accueil digne de son ancienne condition, et Placidie épousa Olybrius [1].

Alors s'ouvrit le second acte de cette tragi-comédie qui se jouait entre Genséric et l'empire romain. A peine les noces d'Olybrius et de Placidie venaient-elles de se terminer, que des messagers arrivèrent de Carthage à l'empereur Léon et au sénat de Rome. Les lettres dont ils étaient porteurs conseillaient aux deux gouvernements de choisir pour empereur d'Occident Olybrius, voisin de la pourpre par sa noblesse et gendre du dernier césar héritier du nom de Théodose; « d'ailleurs, ajoutait Genséric, il est par sa femme le beau-frère de mon fils, et avec lui vous aurez la paix [2]. Que si vous le refusiez, quoique le plus noble d'entre

---

[1]. Prisc. *Exc. leg.*, c. 42. — Procop. *Bell. Vand.*, 1, 5. — Evag. *Hist. ecclesiast.*, II, 7. — Idat. *Chron.*, p. 41.

[2]. Multo studio precibusque Olybrium ad id imperium commendabat, ob necessitudinem quam cum eo habebat per Placidiam Olybrio nuptam. Procop. *Bell. Vand.*, 1, 5.

vous, par quelle raison agiriez-vous de cette manière, sinon parce qu'il est mon parent. Il me resterait alors à venger l'insulte que vous m'auriez faite gratuitement. » On pense bien qu'un double refus suivit ce message impudent soit à Constantinople, soit à Rome; Genséric accomplit sa menace, et les déprédations vandales recommencèrent de plus belle [1]. La Méditerranée fut infestée de pirates enlevant les plus gros navires qui osaient s'exposer, pénétrant dans les moindres recoins, et criant à ceux qu'ils pillaient et brûlaient : « Faites Olybrius empereur d'Occident ! » C'était le temps des grands embarras de l'Italie, Majorien venait d'être assassiné, et Sévère, à peine assis sur le trône impérial, commençait à chanceler déjà. A sa mort, Genséric redoubla de sollicitations, tandis que le lâche Olybrius, qui était entré dans ses vues, semait l'argent à pleines mains pour se créer un parti. Jamais le monde n'avait assisté à un plus déplorable spectacle : deux rois barbares, l'un généralissime des troupes romaines, l'autre le plus cruel ennemi de Rome, bloquant pour ainsi dire le sénat par terre et par mer pour lui dicter la loi, et l'un lui refusant, l'autre lui imposant un empereur. Ricimer et Genséric se retrouvaient en présence avec leur haine de race et leur inimitié héréditaire [2], et se disputaient le droit de disposer du trône des césars, comme naguère la possession d'Aléria ou d'Agrigente.

1. Hac spe dejectus ira flagrantior, multo quam ante crudelius cuncta imperii vastat. Procop. *Bell. Vand.*, 1, 5.
2. Sidon. Apoll. *Carm.*, II.

On ne peut douter que la honte d'une pareille situation n'eût influé sur les résolutions de la ville de Rome, lorsqu'en 466 elle supplia Léon de lui choisir un empereur; Ricimer, de son côté, coupa court aux intrigues d'Olybrius en agréant le choix fait par Léon. Dans cet état de choses, la première pensée des deux princes, le premier désir des deux empires fut de s'affranchir d'une odieuse dépendance; car Genséric, avec la connivence de Romains encore plus odieux que lui, pouvait empêcher tout ordre, tout gouvernement de s'établir en Occident. Léon aurait tenté à lui seul une descente en Afrique, si le bon accord heureusement revenu et l'amitié personnelle d'Anthémius ne lui eussent garanti le concours de l'Italie[1].

On prépara donc en commun une expédition dans laquelle naturellement le premier rôle échut à l'empire d'Orient, comme au plus riche, au mieux fourni de vaisseaux et de soldats, et à celui qui avait eu l'idée de la guerre. A l'aspect des armements qui s'exécutaient de toutes parts, on ne craignait pas de proclamer cette expédition la plus formidable qu'on eût jamais vue dans les eaux de la Méditerranée[2]. En effet, au jour marqué pour le départ de la flotte orientale, le port de Constantinople, réputé le plus vaste de l'ancien monde, réunissait onze cent treize navires de haut bord, montés par sept mille marins et disposés pour

1. Ut arma adversus Vandalos conjuncta moveret, Leo præmiserat in occidentem, imperatoremque ipsum creaverat... Procop. Bell. Vand., I, 6.
2. Collectis ex omnibus Orientis maribus classe... cui parem nullam habuisse unquam Romani dicebantur. Id. ibid.

recevoir, soit immédiatement, soit en route, à des stations déterminées, une armée de plus de cent mille hommes [1]. Quarante-sept mille livres pesant d'or venant des contributions publiques, et dix-sept mille tirées de l'épargne du prince, outre sept cent mille livres d'argent étaient destinées par Léon aux dépenses de la campagne [2] : le gouvernement occidental, suivant toute apparence, devait pourvoir aux frais de sa flotte et de son armée. Ce ne fut pas tout : Léon eut l'habileté d'intéresser le petit état de Dalmatie à une entreprise que ne pouvait répudier sans crime et sans honte aucune province de l'empire, fût-elle actuellement séparée, si elle avait conservé dans sa scission une ombre de sentiment romain.

L'histoire de ce petit état, démembré de la Romanie occidentale, est assez curieuse pour que nous nous y arrêtions quelques instants. Durant les troubles qui suivirent en Italie la mort d'Aétius, un des officiers dévoués à ce grand général, Marcellinus [3], dont il a été déjà question, secouant l'obéissance de Valentinien qu'il ne voulait plus servir, se retira en Dalmatie et entraîna cette province dans sa révolte [4]. On ignore d'ailleurs quel lien existait entre Marcellinus et la Dal-

1. Ad centum, ut tradunt, virorum millia. Procop. *Bell. Vand.*, I, 6.
2. Centenaria M CCC, sive auri pondo CXXX millia impendisse fertur. *Id. loc. cit.* — Suid., p. 1126. — Evag., *Hist. eccl.*, II, 16.
3. On trouve le nom de ce personnage sous les deux formes, Marcellinus et Marcellianus.
4. Erat in Dalmatia Marcellianus vir animo probo, inter Aetii quondam amicos : Aëtio e vita sublato, imperatoris jussa detrectans aliisque suo exemplo defectionis auctor, nemine contra ire auso, Dalmatiam tenuit. Procop. *Bell. Vand.*, I, 6.

matie, s'il était lui-même Dalmate, s'il avait administré
ce pays comme gouverneur militaire, ou si sa renommée
seule lui avait attiré l'attachement d'une nation belliqueuse et fière, car Marcellinus joignait à la droiture du
caractère les talents d'un général consommé, et beaucoup d'Occidentaux voyaient en lui le vrai successeur
d'Aétius. Sous ce chef habile et résolu, la Dalmatie,
séparée de la communauté romaine et constituée en
état indépendant, sut se faire respecter de son ancienne métropole[1].

Cet homme, en révolte contre le gouvernement
de l'Italie, avait au fond le cœur tout romain; il
le montra sous les règnes d'Avitus et de Majorien
en venant se joindre aux expéditions alors dirigées
contre les Vandales. Sa présence en Sicile fut même
signalée par quelques exploits brillants[2]; mais Ricimer le repoussait toujours. Ricimer, son ancien compagnon d'armes et son ennemi, s'interposait entre
le gouvernement romain et lui chaque fois qu'ils voulaient se rapprocher, et le chef dalmate mécontent se
retira au milieu de son peuple, décidé à oublier cette
Rome dont un Barbare écartait les Romains. Pourtant
Léon réussit à l'apaiser[3]; Marcellinus consentit à faire
partie de la nouvelle expédition; il livra sa flotte, sa
petite armée, sa personne, pour le service de l'empereur d'Occident, et reçut en récompense le titre de

---

1. ... Novatis rebus et provincialibus ad defectionem protractis Dalmatiæ dominatum invaserat, nemine se offerente, qui conferre manum auderet.
Procop. *Bell. Vand.*, 1, 6.

2. *Id. ibid.*

3. Marcellianum Leo blanditiis conciliatum pepulit... *Id. ub. sup.*

patrice[1]. Ricimer n'osa pas s'opposer de vive force à des arrangements que tout le monde semblait désirer, mais il en conçut une sourde et profonde colère : laisser s'introduire dans les affaires du gouvernement occidental un homme d'un tel mérite et d'une telle popularité, c'était abdiquer son pouvoir, et il se promit bien de ne le pas souffrir longtemps. Il s'abstint, sous divers prétextes, de toute coopération personnelle à la guerre qui allait s'ouvrir; Anthémius l'imita. Empereur et patrice restèrent donc en Italie face à face, occupés de leurs communes affaires, et uniquement soucieux, l'un de veiller sur son trône, l'autre d'observer son maître.

La voix publique en Occident décernait à Marcellinus la conduite de la guerre; mais les intrigues du palais de Constantinople, et peut-être au fond l'orgueil des Orientaux, ne tardèrent pas à la démentir. Sur les marches du trône d'Orient se trouvait un personnage nommé Basilisque, frère de l'impératrice Vérine, femme de Léon, esprit épais et infatué de lui-même, qui, favorisé par le hasard dans quelques commandements importants, se regardait comme le premier général de l'empire, et répétait complaisamment que Léon sans lui aurait cessé de régner. A force de se croire ainsi la sauvegarde du trône, il en vint à y convoiter une place, à ne voir que disgrâce et noire ingratitude dans les honneurs dont il était comblé, et à se rapprocher des ennemis de l'empereur[2]. Le frère

1. Marcell. Com. *Chron.*
2. Procop. *Bell. Vand.*, 1, 6. — Theophan., p. 100.

de l'impératrice devint le confident, l'instrument, le complice de quiconque haïssait le prince ou conspirait dans l'ombre contre son autorité. L'empire de Constantinople, comme celui de Rome, avait alors un tuteur en la personne d'Aspar, barbare alain ou goth (les historiens ne sont pas d'accord), patrice d'Orient et généralissime des armées impériales. L'influence que cette haute position lui donnait, Aspar, lors du décès de l'empereur Marcien, l'avait mise au service de Léon, qui lui dut incontestablement la couronne [1] : nous dirons plus tard à quelles conditions.

La bonne intelligence ne fut pas de longue durée entre le protégé et le protecteur, et Aspar prit vis-à-vis de son nouveau maître une attitude arrogante qui se changea peu à peu en hostilité déclarée. Heureux de trouver pour ses intrigues un point d'appui dans la famille impériale, il stimula les rancunes et l'ambition de Basilisque. La guerre qui allait commencer pouvait, en cas de réussite, jeter un grand éclat sur le règne de Léon et fortifier sa puissance personnelle, ce qui cadrait mal avec les desseins du Barbare : aussi désirait-il qu'elle ne réussît point, et il ne trouva rien de mieux, pour la faire échouer, que d'en procurer le commandement à Basilisque. Des ressorts mis en jeu avec adresse, surtout la vanité de l'impératrice Vérine, aiguillonnée à propos, menèrent le petit complot à bonne fin, et, malgré les répugnances de Léon, Ba-

---

1. Procop. *Bell. Vand.*, 1, 6. — Jornand. *Regn. success.* 14. — Theodor. Lect., *Hist. eccl.*, I. — Theophan., p. 100. — Zonar., p. 40. — Manass., p. 58.

silisque fut nommé généralissime. Il en reporta naturellement le mérite à Aspar, lequel exigea de lui pour récompense qu'il ménageât par tous les moyens possibles les Vandales et leur roi [1]. Feignant de ne voir dans cette guerre si nationale qu'une querelle religieuse, suscitée par la ferveur catholique de Léon, il recommandait à Basilisque de ne point pousser à bout une nation arienne [2]. « Je suis arien comme les Vandales, lui disait-il, et je sais de bonne part que ce commencement de persécution contre nos croyances a pour but moi et les miens ; si l'empereur est vainqueur en Afrique, sa fureur se tournera bientôt contre nous. » Appuyées sur ce singulier raisonnement, les recommandations d'Aspar n'en étaient pas moins absolues et impératives, et Basilisque dut promettre de ménager l'ennemi qu'il était chargé de combattre. Aspar s'en remettait pour le reste à l'ignorance et à la cupidité bien connues du généralissime ; il s'en remettait aussi à l'habileté de Genséric, auquel il opposait un aussi indigne adversaire. La nomination de Basilisque rejeta donc Marcellinus au second rang ; mais Anthémius le chargea du moins de la conduite des troupes occidentales.

Le plan de campagne concerté entre les deux empires était d'ailleurs hardiment conçu. La flotte occidentale, formant l'aile droite de l'expédition, devait, sous la conduite de Marcellinus, partir d'Italie, des-

---

1. Additur Aspar cum metueret, ne, si de Vandalis contingeret victoria, Leo de imperii potestate liberius uteretur, monuisse Basiliscum, Gizericho Vandalisque parceret. Procop. *Bell. Vand.*, I, 6.
2. Procop., *ub. sup.* — Théod. Lect., *Hist. eccl.*, I. — Théophan., p. 110.

cendre dans l'île de Sardaigne, en chasser les Vandales[1], et rallier ensuite sur les côtes de la Sicile le gros de la flotte orientale. Celle-ci se partageait en deux divisions dont la moins forte, composant l'aile gauche et confiée à un officier de grande expérience nommé Héraclius, devait toucher au port d'Alexandrie, y prendre les garnisons de l'Égypte, de la Thébaïde et de la Cyrénaïque, et attaquer ensuite Tripoli[1], qu'on espérait enlever sans combat. Une fois maître de la place, Héraclius laissant ses vaisseaux à l'ancre dans le port, marcherait par terre sur Carthage[2], pendant que Basilisque, avec la division principale, menacerait cette ville du côté de la mer, en combinant son mouvement avec la marche de son collègue.

L'exécution fut prompte et décisive aux deux ailes. Marcellinus, heureusement débarqué en Sardaigne, eut bientôt balayé l'île de ce qu'elle contenait de Vandales[3] et rétabli le drapeau romain. Non moins heureux dans son coup de main sur Tripoli, Héraclius enleva la ville et vit accourir à lui, d'un bout à l'autre de la province tripolitaine, les anciens sujets romains et les indigènes attachés aux souvenirs de Rome[4]. Basilisque de son côté, avec l'escadre du centre, dispersa la flotte vandale qui voulut couvrir contre lui l'approche de la Sicile : tout semblait assurer la victoire

---

1. Marcellinus, in Sardiniam missus parentem tunc Vandalis... Procop. *Bell. Vand.*, I, 6.
2. Relictis ibi navibus, terrestri itinere Carthaginem petens... *Id. ub. sup.*
3. Haud ægre, exactis Vandalis, insula potitus est. Procop. *ub. sup.*
4. Procop. *loc. cit.* — Theophan., p. 101. — Suid., p. 1196.

aux Romains. Genséric lui-même le crut; saisi d'une terreur panique, il courut se renfermer dans le port de Carthage, où rien d'ailleurs n'était prêt pour soutenir un siége. Si Basilisque l'avait suivi, si des troupes de débarquement, profitant du premier moment de surprise, étaient venues montrer aux Carthaginois les aigles romaines, la ville se rendait[1]; Genséric semblait s'y attendre. Plongé dans un morne abattement, il promenait au loin ses regards, interrogeant la pleine mer, au moment où les voiles de Basilisque parurent à l'horizon; lorsqu'il les vit s'éloigner de la direction de Carthage et pousser au large du côté de l'orient, le roi vandale sentit qu'il était sauvé. Avec l'espérance se réveillèrent en lui la ruse, l'audace et les ressources inépuisables de son génie[2].

La ville de Carthage était bâtie, comme on sait, au fond du vaste golfe que forment, à gauche le cap Zibib, alors nommé promontoire d'Apollon, à droite le cap Bon, qu'on appelait *Hermœum*, c'est-à-dire promontoire de Mercure. A l'ouest de ce dernier, dans une anse voisine de sa pointe. une petite ville consacrée jadis à Mercure dont elle portait encore le nom, offrait aux navires un mouillage d'étendue médiocre et de plus exposé aux vents les plus dangereux de ces parages. Du bourg de Mercure à Carthage, on comptait deux cent quatre-vingts stades, environ quatorze

---

1. Si recta petiisset Carthaginem, poterat eam impetu capere, Vandalisque vi omni exutis servitutem imponere. Procop. *Bell. Vand.*, I, 6.
2. Procop., *ub. sup.* — Theophan., p. 101. — Candid., p. 18. — Jornand. *Regn. success.*, 14.

de nos lieues. C'est dans ce mouillage que Basilisque vint jeter l'ancre [1], soit par impéritie, soit peut-être par une prudence excessive dans la circonstance actuelle, afin de s'enquérir de la marche d'Héraclius et de sonder par lui-même les dispositions des habitants. Il était à l'ancre depuis quelques heures seulement, lorsqu'arriva dans son camp un officier vandale porteur d'un message de Genséric. Le message était humble et semblait respirer le plus complet abattement : « Le roi des Vandales, repentant des offenses qu'il avait faites aux Romains, promettait, disait-il, de se soumettre à l'empereur Léon et de vivre en paix avec lui ; mais, tout en se reconnaissant vaincu, il devait consulter son peuple sur les conditions de la paix : quelque délai était nécessaire pour prendre à cet égard un parti, et il demandait à Basilisque cinq jours de trêve, au bout desquels il lui ferait connaître la résolution commune [2]. » L'envoyé, prenant ensuite à part le général romain, lui remit, au nom de son maître, une somme considérable [3], qui était comme une première marque de la reconnaissance du roi, un premier acheminement vers une paix que les Vandales paraissaient souhaiter avec ardeur. Basilisque se souvint des instructions d'Aspar, et l'armistice fut conclu.

1. Basiliscus vero universam classem ad oppidulum appulit, stadiis non minus CCLXXX, Carthagine dissitum, cui ex vetusto fano Mercurii datum est Mercurii nomen. Procop. *Bell. Vand.,* I, 6.
2. Gizericus per caduceatores Basiliscum rogavit, ut prœlium in diem ab illo quintum rejiceret : hoc interim spatio re deliberata, se confecturum promisit, quæ maxime e sententia forent imperatoris. *Id. loc. cit.*
3. Fertur etiam grandem auri summam misisse, insciente exercitu Basilisci, itaque has inducias emisse. *Id. ibid.*

Il passa les cinq jours de trêve dans la plus complète inaction, jouissant d'avance d'une victoire qui lui coûtait si peu, et se proposant bien de ménager encore Genséric dans le débat des conditions de la paix. Étudier le pays, se mettre en relation avec les habitants, il n'y songea plus. S'il s'enquit du sort d'Héraclius et de sa division, on l'ignore; mais assurément il ne chercha pas à savoir ce qui se passait du côté de Carthage, car la moindre information à ce sujet l'eût tiré de sa quiétude. Il était en effet question, dans la grande métropole des possessions vandales, non de soumission, mais d'attaque. Genséric réparait à force ses navires, disposait des brûlots, ramassait dans cette intention les moindres barques de la côte, armait tous ses sujets vandales ou maures [1], et la confiance qu'il avait recouvrée lui-même par le succès de sa ruse animait jusqu'au dernier de ses soldats. Habile à prévoir les variations de temps ordinaires dans ces contrées, il avait calculé que la direction du vent, jusqu'alors favorable aux opérations d'une flotte venant sur Carthage, ne tarderait pas à changer au désavantage des Romains [2], qui étaient à l'ancre dans une crique peu spacieuse et mal garantie.

Sa prévoyance ne fut pas trompée. Dans la cinquième journée de la trêve, le vent changea brusquement, et se mit à souffler avec force de Carthage sur

1. Gizericus, cum subditos, quoad ejus facere poterat, omnes armasset, illis majores naves implevit : vacuas ac celeres cymbas præsto jussit esse. Procop. *Bell. Vand.*, I, 6.
2. Quæ quidem præstitit, ea spe ductus, fore ut, secundus ventus hoc temporis intervallo oriretur. *Id. loc. cit.*

le promontoire de Mercure. Aussitôt le roi vandale fit appareiller, et à la tombée de la nuit il sortit du port avec deux flottes, la première de vaisseaux de haut bord, bien fournis d'armes et garnis de troupes, la seconde de petits navires et de barques sans équipage et remplis de matières combustibles, l'une remorquant l'autre[1]. Ils s'avancèrent ainsi avec précaution et dans le plus grand silence comme pour une surprise, précaution d'ailleurs superflue, car Basilisque n'avait ni vedette de terre, ni garde de mer, et quand les Vandales approchèrent du port de Mercure, l'armée romaine, campée sur ses vaisseaux, était plongée dans le sommeil[2].

Au signal donné par Genséric, la flotte vandale se range en demi-cercle, et les brûlots, détachés de leurs amarres, sont livrés à la mer et aux vents qui les portent sur la flotte romaine. Les premiers vaisseaux atteints par le feu le communiquent aux autres ; les voiles et les cordages s'enflamment, et la lueur d'un immense incendie éclaire tout à coup le golfe et la pleine mer. Cette lueur sinistre tire les Romains de leur assoupissement. En un instant, les ponts sont encombrés par une foule désordonnée ; on se presse, on se heurte, des cris de surprise et d'épouvante se mêlent au sifflement du vent et au pétillement du bois qui s'embrase[3]. Dans ce mouillage trop étroit pour une

---

1. Simul ut secundi venti flavere, Vandali, attollere vela, naves educere, quæque earum hominum vacuæ erant, in hostem trahere... Procop. Bell. Vand., I, 6.
2. Theophan., p. 100.
3. Ita grassante incendio, romana classis tumultu, ut res ferebat, misceri,

si vaste flotte, les vaisseaux romains, serrés et comme collés les uns aux autres, ne peuvent se mouvoir et manœuvrer pour éviter le péril. En vain marins et soldats, s'encourageant au travail, repoussent avec des perches les brûlots que le flot amène, l'incendie éclate du côté où l'on ne songe pas à le combattre. Dominé par une peur aveugle, chacun pourvoit à son salut sans s'inquiéter de celui des autres : tout vaisseau romain atteint de la flamme est coulé bas sans plus de pitié qu'un brûlot ennemi [1]. L'escadre vandale mit le comble à la confusion en s'avançant jusqu'à la portée du trait et faisant pleuvoir sur cette flotte en désarroi une grêle incessante de dards et de flèches. Le feu, l'eau, le fer assaillent de tous côtés les Romains, qui n'ont plus que le choix de leur mort.

Basilisque, détrompé de ses rêves, parvint à s'enfuir à la faveur de l'obscurité; plusieurs l'imitèrent [2]; d'autres, plus courageux, affrontèrent la ligne des Vandales et la rompirent après une lutte désespérée. Au nombre de ceux-ci se trouvait le lieutenant de Basilisque, Jean, surnommé Daminec [3], homme comparable aux anciens Romains, et fait pour accomplir les plus grandes choses, si le sort lui eût donné un autre chef. Enveloppé par les vaisseaux africains, il les atta-

---

et confremere clamore insano : cui vento murmuranti ac flammis crepitantibus respondebat. Procop., *Bell. Vand.*, 1, 6.

1. Contis laborant amoliri tum naves igniferas, tum suas, aliarum contactu periclitantes, sine modo modestiaque... *Id. ibid.*

2. Zonar, p. 42. — Manass., p. 60.

3. Primas tulit Joannes Basilisci legatus, proditionis illius minime consors. Procop. *Bell. Vand.*, 1, 6. — La chronique de Malala lui donne le surnom de *Damonicus*, Δαμονικός.

que lui-même à l'abordage, tue ce qui lui résiste et culbute les Vandales à la mer ; mais le nombre croissant des ennemis le force à la retraite, et il voit le navire qu'il monte envahi à son tour par les Barbares. Dans cette extrémité il s'approche du bord tout en combattant, et d'un regard jeté en arrière, il semble sonder l'abîme béant sous ses pas. En vain le second fils de Genséric, nommé Ghenz ou Ghenzo, qui se trouvait là et avait admiré le courage du Romain, devinant sa pensée, lui crie d'une voix forte d'arrêter, qu'il lui garantit la vie sauve [1]. « La vie! répond celui-ci avec dédain ; sache que Jean ne tombera jamais vivant entre les mains des chiens! » Cela dit, il s'élance tout armé dans la mer et disparait[2]. Les fugitifs se rallièrent en Sicile ; mais quand Basilisque passa en revue ce qui lui restait d'hommes et de vaisseaux, on constata que la flotte et l'armée étaient réduites de plus de moitié[3].

Tout n'était pourtant pas perdu ; Marcellinus venait d'arriver de Sardaigne en Sicile avec la flotte d'Occident, et sous son habile direction la guerre pouvait renaître. Les Occidentaux, habitués à compter beaucoup sur ce général, objet de l'affection populaire, se berçaient peut-être de cette espérance, quand un officier de ses troupes, qui l'approchait souvent, lui ten-

---

1. Precibus quidem talem virum Genzo Gizerici filius revocabat, dans ipsi fidem ac salutem offerens... Procop., *Bell. Vand.*, I, 6.
2. Nunquam venturum Joannem in manus canum... armatus in mare se dejicit. *Id. ub. sup.*
3. Cf. Theophan., p. 100. — Zonar, p. 42. — Manass., p. 60. — Cedren., p. 330.

dit une embûche et le tua[1]. On prétendit que cet homme était un familier de Ricimer chargé d'observer son chef, et de démontrer au besoin par un coup de poignard que l'armée occidentale n'avait confiance que dans le Suève; et que toute expédition non ordonnée ni conduite par lui était sûre d'échouer. Si l'on en croit les historiens, cette nouvelle mit le comble à la joie de Genséric; elle suffit également pour arrêter la marche d'Héraclius sur Carthage. Le prudent général évacua la Tripolitaine, où il n'avait plus rien à faire, et l'armée d'Anthémius rentra en Italie [2].

Ainsi se termina cette entreprise, commencée sous de si beaux auspices et pour une si juste cause. La perte de soixante mille soldats, les ressources de l'État dissipées, une dette accablante pour les populations de l'Orient et l'avilissement du nom romain, voilà quel en fut le résultat. Basilisque, rentré en fugitif à Constantinople, n'osa ni paraître devant l'empereur, ni se montrer en public; il alla se cacher comme un coupable dans l'asile de Sainte-Sophie [3]. Un grand exemple eût été nécessaire en de si grands maux, et Léon le devait aux ambitieux et aux lâches dont les intrigues troublaient son règne; mais l'impératrice Vérine intervint encore, et Basilisque en fut quitte

---

1. Interiit alicujus legatorum suorum dolo. Procop. *Bell. Vand.*, 1, 6. — Marcell. Comit. *Chron.* — Cf. Phot., *Biblioth.*, c. 242, p. 1048.

2. Procop. *Bell. Vand.*, 1, 6. — Cedren., p. 330. — Theophan., p. 100. — Evagr., *Hist. eccl.*, 11, 16.

3. Revectus Byzantium Basiliscus, asylum petiit, jacuitque supplex in aede, quæ magno Christo Deo sacra est, et Sophiæ templum dicitur a Byzantinis. Procop. *Bell. Vand.*, 1, 6.

pour aller vivre tranquillement en Thrace, dans la ville d'Héraclée, où il put rêver de nouvelles lâchetés et se prêter à de nouveaux complots.

En Occident, les Barbares, qu'avait d'abord intimidés cet immense appareil, ainsi que le bon accord rétabli entre les deux moitiés de la Romanie, reprirent toute leur audace. On en vit en Espagne un exemple singulier. Les Suèves, qui étaient venus témoigner de leur attachement à l'empire par une ambassade solennelle au moment des préparatifs de la campagne, n'en eurent pas plus tôt connu l'issue, qu'ils se jetèrent sur Lisbonne, dont un habitant leur ouvrit les portes [1] ; puis ils envoyèrent en Italie comme leur ambassadeur chargé de les justifier, le traître qui leur avait livré la ville [2]. C'était un défi insolent qu'ils adressaient à Rome dans ses revers. A l'intérieur de l'empire, et surtout en Italie, la disparition de Marcellinus acheva de dissiper les illusions dont on se berçait depuis deux ans. La main invisible qui venait de frapper l'homme destiné peut-être à sauver Anthémius était évidemment la même qui avait dirigé le poignard contre Majorien et préparé le poison de Sévère. Ricimer était toujours là, terrible, implacable ; rien n'avait changé en Occident.

1. Idat. *Chron.*, p. 43. — Isidor. *Chron. Goth.*, p. 44.
2. Idat. *Chron.*, p. 45. — Ce traître se nommait Luside.

# CHAPITRE IV

**CHUTE D'ANTHÉMIUS**

Première brouillerie entre le gendre et le beau-père. — Saint Épiphane les réconcilie. — Seconde brouillerie. — Ricimer assiége Rome. — Mort d'Anthémius. — Mort d'Olybrius et de Ricimer.

470 — 472

Anthémius aussi ne répondait pas complétement aux espérances de son début. Honnête, éclairé, charitable et au fond chrétien très-orthodoxe, il avait apporté en Occident, avec les habitudes d'un patricien grec, et l'esprit léger qui distinguait sa nation, le goût des subtilités métaphysiques, des doctrines bizarres, de la thaumaturgie, en un mot de toutes ces spéculations sophistiques si courues au-delà des mers, et réputées en deçà curiosités irréligieuses et condamnables. Suivant l'usage des nobles byzantins, il entretenait dans sa maison, parmi ses clients et ses parasites, de graves représentants des sciences à la mode, philosophes à longue barbe ou à besace, rhéteurs, sophistes, hérésiarques chargés de disputer devant lui et de traiter pour son agrément toutes les questions accessibles à l'esprit humain. Deux de ces hommes qui possédaient son affection particulière, mais qu'il eut dû prudemment laisser à Constantinople, vinrent s'installer à ses côtés dans le palais des césars. Le premier était un sophiste nommé Sévère, dont il s'engoua jusqu'à le faire consul en 470[1] ; le second un chrétien, de l'hérésie de Macédonius, qui s'appelait Philothée. Leur présence et leurs actes ayant exercé une assez fâcheuse influence sur la popularité de l'empereur grec en Italie, je dirai quelques mots de l'un et de l'autre.

Sévère né dans la ville de Rome, l'avait quittée fort jeune pour aller étudier en Orient les sciences occultes, qu'on honorait alors bien gratuitement du nom de philosophie, et il s'était fixé près d'Alexandrie[2], foyer principal de ces folles spéculations. Là, le disciple devint maître, et sa maison, remplie de livres et de curiosités naturelles ramassées de toutes parts, fut visitée par les thaumaturges de tous les pays. Il y vint jusqu'à des brahmes de l'Inde, qui pratiquèrent chez lui, à la grande stupéfaction des Égyptiens, les rites étranges et les austérités plus bizarres en usage sur les bords du Gange et de l'Indus[3]. Sévère avait adopté pour monture un cheval dont le poil jetait de vives étincelles et comme des éclairs quand on le frottait[4], phénomène qui passa aisément pour merveilleux. Cette recherche des choses extraordinaires dénotait d'habitude un

---

1. Quem ipse consulem designat. Damasc. ap. Phot., c. 242, p. 1040.
2. Juxta Alexandriam... Damasc. ap. Phot., *loc. cit.*
3. Venerunt ad Severum Brachmanni, et proprio hospitio, illos et debito cultu suscepit. *Ibid.*, p. 1041.
4. Hujus equus... tractatus, scintillas e corpore multas et magnas ejecit... Id. *ub. sup.*

païen livré à la magie, et en effet Sévère était païen. Lorsque Anthémius l'eut amené à Rome, le thaumaturge se mit à enseigner, sous l'autorité du prince et avec une liberté inaccoutumée en Occident, les doctrines mystérieuses où se réfugiait le polythéisme expirant, ce qui accrédita le bruit que l'empereur lui-même était païen, ou du moins penchait secrètement pour le culte aboli [1]; et que ce mystagogue, avec ses formules magiques et ses affiliations, était l'instrument dont il voulait user pour rendre à la ville du Capitole son ancienne splendeur avec ses anciens dieux [2]. Sévère, n'avait garde de démentir des imputations si flatteuses pour son orgueil; s'attachant au contraire à les justifier par des actes et des propos qui compromettaient son maître, il poussa au comble l'aigreur des esprits. Tel était l'hôte favori du palais d'Anthémius.

Son compagnon, Philothée, n'inspirait guère moins de frayeur aux chrétiens occidentaux pour qui l'arianisme n'était pas seulement une hérésie, mais une religion antinationale, à cause de son adoption par presque tous les Barbares. Il appartenait à l'école des pneumatochiens, qui considéraient le Saint-Esprit, non comme une personne de la Trinité distincte du Père et du Fils, mais comme une énergie divine répandue dans toute la nature; opinion moitié philoso-

---

1. Anthemium Romæ Imperatorem gentilem et cum Severo, qui idola adoraret, sensisse... et inter se occulta consilia agitasse de execrabili idolarum cultu redintegrando. Damasc. ap. Phot., c. 242, p. 1041.

2. Spem faciente Anthemio, Romam eversam, iterum per ipsum erigendam. *Id. loc. cit.*

phique et moitié chrétienne, dérivée d'Arius et de Platon, condamnée formellement en 381 par le Concile de Constantinople, mais toujours professée en Orient comme doctrine théosophique. S'appuyant sur la même amitié et le même crédit[1], Philothée prêchait dans Rome à tout venant ses dogmes en horreur aux orthodoxes, suscitait des disputes, appelait à son aide tout ce que la ville renfermait de chrétiens dissidents, et les engageait à tenir des assemblées où l'on discuterait tous les dogmes[2]; l'inquiétude gagna l'église romaine. Non-seulement le pape Hilaire adressa là-dessus à l'empereur des observations particulières; mais il l'interpella publiquement dans l'église de Saint-Pierre, et lui fit promettre avec serment, en présence des fidèles, qu'il n'autoriserait point de pareilles nouveautés dans la ville des apôtres[3]. Ces faits qui n'avaient réellement que peu d'importance, en prirent beaucoup dans l'esprit du peuple, parce qu'ils venaient d'un Grec, et qu'ils choquaient les mœurs occidentales.

Anthémius fit un meilleur emploi des lumières et de la libéralité de son esprit en améliorant les lois. Il arrivait fréquemment, dans l'état de trouble où vivait la société romaine, que des biens dévolus au fisc impérial, à titre de déshérence, étaient reconnus plus

1. Ejus familiaritate suffultus... *Epist. Pap. Gelas*, II, ad Dardan. Concil. ap. Labb., tom. IV.
2. Cum nova concilia divisarum sectarum in urbem inducere vellet... *Ibid*.
3. Apud beatum Petrum apostolum palam ne id fieret, clara voce, constrinxit, in tantum, ut non ea facienda, cum interpositione juramenti, idem imperator promitteret. *Ub. sup.*

tard appartenir à des maîtres certains qu'on en avait dépouillés. Quand ces biens se trouvaient encore entre les mains de l'État, la restitution pouvait s'en faire aisément sous un prince équitable; mais lorsqu'ils avaient été concédés à des tiers par la libéralité des empereurs, la chose présentait plus de difficulté. Une loi de Constantin prononçait que, dans ce cas, la donation subsisterait, sauf au prince à dédommager les intéressés comme bon lui semblerait. Frappé de l'injustice de cette décision, Anthémius consulta Léon sur la convenance qu'il y aurait à la réformer. La question se posait entre le droit de la propriété et le respect dû aux actes du prince; Léon n'hésita pas à se prononcer en faveur du premier. Il jugea que les particuliers devaient être reçus à poursuivre la restitution de leur bien, nonobstant toute donation qui en aurait été faite par un empereur. « En effet, dit-il (et ce sont les termes de la loi), l'équité et la justice devant toujours accompagner les actions des souverains, rien ne convient mieux à la majesté du prince que de conserver à chacun ce que le droit commun lui assure [1]. Un bon prince ne se croit permis que ce qui est permis aux simples particuliers; il ne doit pas transformer en droit une libéralité contraire aux lois, de peur que l'un ne se réjouisse d'être enrichi de ce qui ne lui appartient pas, et que l'autre

---

1. Neque enim aliud imperatoriæ majestati, cui semper debet æquitas inhærere, et vigere justitia, videtur accommodum, quam commune jus omnibus reservare subjectis et nihil amplius bonis licere principibus, nisi quod liceat privatis. L. impp. Leon. et Anthem. *de Bon. Vac.*, tit. III, C. Th. Nov.

ne pleure de se voir privé de ce qui est légitimement à lui[1]. » Nobles paroles qui caractérisent bien la législation du temps, empreinte généralement d'un grand esprit d'équité, comme si la société près de se dissoudre songeait à fortifier le droit individuel. L'humanité, chassée des faits par la spoliation et la violence, cherchait un asile dans les lois.

Cependant le mauvais succès de l'expédition d'Afrique et avant tout l'assassinat de Marcellinus jetèrent entre le beau-père et le gendre de nouveaux ferments de discorde. Avec ce caractère irascible qui gâtait les bonnes qualités d'Anthémius, avec le sombre et cruel ressentiment qu'inspirait à Ricimer la moindre offense, les querelles sur de pareils sujets purent devenir des injures irréparables que la tendresse de l'épouse et de la fille ne suffit plus à pacifier. L'histoire oublie même, dans ce déchirement de la famille impériale, la jeune Byzantine dont l'union avec Ricimer avait semblé le gage infaillible de la paix. Aucun contemporain ne la mentionne plus, soit que, forcée de choisir entre un père et un mari, elle se fût rangée du côté du père, soit qu'une destinée plus heureuse, en l'enlevant prématurément au monde, lui eût épargné le triste spectacle dont l'empire allait être témoin. Des confidences faites imprudemment au dehors envenimèrent les divisions intérieures, qui se transformèrent en divisions politiques. Anthémius,

---

1. Ut nemo se alienis et illicitis ditatum lætetur, nemo bonis propriis defleat esse privatum. L. ead. *de Bon. Vac.*, tit. III, C. Th. Nov.

avec peu de mesure, exprimait publiquement son regret d'avoir pris un Barbare pour gendre; on l'entendit plus d'une fois reprocher à l'Italie ce sacrifice de son sang, qu'il avait fait pour la sauver[1]; Ricimer. avec plus d'habileté, exploitant les préjugés de l'Occident contre l'Orient, ne désignait plus l'empereur que par les surnoms de *Galate* et de *Petit-Grec*[2], qu'on répétait autour de lui pour lui plaire. Le peuple, les soldats, le sénat étaient partagés, mais l'armée penchait en majorité pour le patrice. Un jour enfin, Ricimer quitta Rome et se retira dans Milan[3], près des campements des fédérés barbares; Anthémius, resté à Rome avec les corps de l'armée qu'il supposait fidèles, et dont le principal était celui qu'il avait amené d'Orient, demanda des renforts au maître des milices des Gaules. Cette brusque séparation, accompagnée de pareilles circonstances, parut la fin des hésitations mutuelles. Tout le monde se dit que la guerre civile commençait.

L'émotion fut grande, surtout en Ligurie, où devaient se ressentir les premiers effets de la rupture. Les villes se concertèrent; elles tinrent conseil, et il fut décidé qu'une députation de la noblesse ligurienne[4] irait à Milan demander audience à Ricimer, lui faire entendre la prière de l'Italie, et lui arracher, s'il était possible, une promesse de paix. Admis près

---

1. Quem (Ricimerem) etiam (quod non sine pudore et regni et sanguinis nostri dicendum est) in familiæ stemma copulavimus. Ennod., *Vit. Epiphan.*, p. 336. Ed. Schott.
2. Galata, Græculus. *Id. ibid.*
3. Patricium Mediolani ea tempestate residentem... *Id. ub. sup.*
4. Fit collectio Ligurum nobilitatis. *Id. loc. cit.*

du patrice, les députés l'abordèrent dans une attitude suppliante, prosternés la face contre terre, et tous pleurant à chaudes larmes [1]. « Que la modération vienne de vous! lui disaient-ils d'une commune voix; ouvrez le chemin à la concorde! » Ricimer les releva avec bienveillance. Habile à déguiser ses sentiments, il leur parut dans ses explications aussi désireux de la paix qu'ils pouvaient l'être eux-mêmes, aussi effrayé des conséquences de sa rupture avec son beau-père, aussi disposé à saisir tous les moyens d'accommodement. « N'insistez pas près de moi, qui ne veux et n'ai voulu que la paix, leur dit-il; c'est à Rome qu'il faut vous adresser, afin d'obtenir que là-bas on en fasse autant. Mais qui osera se charger d'une telle ambassade [2]? qui essaiera de ramener à la raison un Galate furieux, surtout quand ce Galate est un prince? Celui qui ne sait pas modérer sa colère, plus on le prie, plus il éclate [3]. — Donnez-nous seulement votre consentement à la paix, lui répondent les Liguriens, et nous nous chargeons du reste. Nous avons à Pavie un homme, élevé récemment à l'épiscopat, devant qui s'inclineraient jusqu'aux bêtes les plus sauvages [4]. Lui montrer une bonne œuvre à faire, c'est le gagner à son désir sans qu'il soit besoin de le prier. Son visage reflète son âme et

---

1. Flexis genibus soloque prostrati, pacem orabant. Ennod., *Vit. Epiphan.*, p. 336.
2. Quis, ait, potissimum hujus legationis pondus excipiet? *Id. ibid.*
3. Quis est, qui Galatam concitatum revocare possit, et principem? Nam semper cum rogatur exuberat, qui iram naturali moderatione non terminat. *Id. ub. sup.*
4. Est nobis persona nuper ad sacerdotium Ticinensis urbis ascita, cui et belluæ rabidæ colla submittant... *Id. loc. cit.*

inspire le respect. Tout catholique le vénère, tout Romain l'aime ; un Grec même l'aimerait, s'il eût mérité de le voir [1]. Parlerons-nous de son éloquence? L'enchanteur thessalien qui enchaîne les serpents ne connaît pas de charmes plus puissants que ceux qui découlent de ses lèvres [2] : on ne peut lui rien refuser. Son auditeur lui appartient dès qu'il parle, et nulle défaite n'est possible, si on lui permet de répliquer. »

Ce fut dans ces termes, fortement empreints d'exagération et de recherche suivant le goût du temps, que les nobles Liguriens proposèrent à Ricimer d'accepter l'évêque de Pavie pour négociateur entre Anthémius et lui. Fidèle au rôle qu'il s'était tracé d'avance dans cette circonstance décisive, et qui consistait à se donner d'abord toutes les apparences de la modération, afin de gagner, s'il se pouvait, les Italiens à sa cause, Ricimer n'eut garde de repousser l'intervention d'un prêtre que l'Italie vénérait. « Cet homme merveilleux dont vous me parlez m'est déjà connu, répondit-il aux envoyés, et sa plus grande merveille selon moi, c'est qu'il n'a que des admirateurs et des amis [3]. La nouveauté de sa fortune, contre l'habitude, ne lui a, que je sache, suscité aucun envieux. Allez donc vers lui ; priez l'homme de Dieu de venir me voir, et joignez, s'il le faut, mes

1. Quem venerari possit quicumque, si est catholicus, et Romanus amare ; certe si eum videre mereatur et Græculus. Ennod., *Vit. Epiphan.*, p. 336.

2. Si ad sermonem illius veniamus, nunquam sic diras aspides, verborum digitis, incantator Thessalus violentis poterit evocare carminibus. *Id. ub. sup.*

3. Detulit ad me hunc hominem, quem exponitis, fama gloriosum, et in hoc magis, ad miraculum mihi est, quod omnes habeat laudatores... *Id. loc. cit.*

prières aux vôtres ¹. » L'audience finie, la députation, sans perdre un instant, se mit en route pour Pavie, ou plus exactement *Ticinum*, car Pavie portait encore dans le vᵉ siècle ce nom, emprunté au Tessin, qui en baigne l'extrémité occidentale : elle n'adopta que plus tard celui de *Papia* ou *Pavia*, sous lequel elle devint la capitale fameuse des Lombards et du royaume frank d'Italie.

Cet évêque, que les peuples venaient chercher pour en faire l'arbitre des princes, n'était point un fier patricien comme Ambroise, rompu aux affaires dans les préfectures du prétoire, ni, comme Augustin, un rhéteur expérimenté et sûr de sa parole, ni, comme Jérôme, un écrivain irrésistible, remplissant le monde de sa science et de ses débats ; c'était un prêtre grandi dans l'église à l'ombre de l'autel, et qui ne connaissait guère du monde que l'enceinte de Pavie, où il était né. On racontait des prodiges de cette vie obscurément passée aux yeux du siècle, mais qu'avaient illuminée, aux yeux de l'église, de rares vertus rehaussées par de grands talents. Une auréole éclatante répandue autour de son berceau, lorsqu'il était encore dans les langes, avait annoncé sa vocation future, assurait-on, et c'était alors que son père l'avait nommé Épiphane, c'est-à-dire le révélé, promettant de le consacrer au service de Dieu aussitôt qu'il serait en âge ². A huit

---

1. Ite ergo et rogate hominem Dei, ut ambulet : jungite meas etiam preces. Ennod., *Vit. Epiphan.*, p. 336.
2. Dum esset in crepundiis lactantis infantiæ, fulsisse ejus cunabula superno lumine videre complurimi. *Ibid.*, p. 323.

ans, Épiphane était lecteur dans l'église épiscopale de Pavie[1], à douze ans, notaire du vieil évêque Crispinus, autrement son secrétaire, chargé de recueillir, au moyen de signes abrégés qu'on appelait notes, les discours et les délibérations, et de tenir les registres de l'évêché. Ordonné sous-diacre à dix-huit ans, il reçut pour occupation principale l'administration des biens ecclésiastiques. Ce fut l'école modeste où se formèrent cette intelligence pratique des affaires et ce don céleste de la persuasion qui firent plus tard d'Épiphane l'ambassadeur en quelque sorte obligé des princes et des peuples.

Pavie, devenue plus tard une cité si vaste et si renommée, était alors une fort petite ville, qui ne comptait que deux églises[2] desservies par un clergé peu nombreux. Les chefs de ce clergé, assistants ordinaires de l'évêque, étaient : l'archidiacre Sylvestre, gardien des vieilles traditions et de la vieille discipline[3], mais meilleur pour le conseil que pour l'action; un noble Gaulois, nommé Bonosus, excellent prêtre, de qui l'on disait ce mot touchant, « que si la Gaule était la patrie de son corps, le ciel était celle de son âme[4]; » enfin Épiphane, le plus utile des trois, quoique le plus jeune. C'était sur lui que tombaient la plupart des travaux, et il y en avait de rudes dans cette société en dissolution, qui se rattachait à l'église comme à la seule co-

---

1. Annorum ferme octo lectoris ecclesiastici suscepit officium. Ennod., *Vit. Epiphan.*, p. 323.
2. Major et minor. *Ibid.*, p. 351.
3. Ennod., *ub. sup.*, p. 331.
4. Gallus quidem prosapia, sed coelestis indigena. *Id. loc. cit.*

lonne capable de soutenir l'édifice prêt à crouler. Fallait-il aller trouver le magistrat et plaider devant lui la cause de l'église ou celle des pauvres, c'était Épiphane qu'on en chargeait. Une famille commençait-elle à se désunir, ou la zizanie à pénétrer parmi les citoyens; était-il besoin de suivre ou de prévenir un procès, l'esprit de conciliation arrivait avec Épiphane. Les mœurs de ce jeune homme étaient irréprochables. Toujours maître de ses penchants, il imposait aux autres, par sa modération et sa souveraine équité, la puissance qu'il exerçait sur lui-même. Il donna un jour de son mépris des injures et de son sang-froid un exemple éclatant qu'on se plaisait souvent à rappeler.

L'église de Pavie possédait sur les bords du Pô des terres qu'elle avait à défendre à la fois contre les érosions du fleuve et contre les empiétements des voisins. Le Pô, à chaque crue, changeait la configuration de la rive, donnant à l'un, prenant à l'autre[1], et ce n'était qu'à force de visites, de mesurages contradictoires et aussi de contestations, que les riverains parvenaient à reconnaître et à fixer les limites de leurs patrimoines. Or l'église comptait dans son voisinage un adversaire avide, injuste, emporté, toujours prêt à défendre ses fausses prétentions par la violence. Au milieu d'un débat pendant lequel Épiphane avait opposé la plus froide raison aux emportements de Burco[2] (c'était le nom de cet adversaire), celui-ci, devenu furieux, leva son

---

1. Flexuose serpens fluvius largitur in compendio alterius, quod furatur ab altero. Ennod., *Vit. Epiphan.*, p. 327.
2. De hujus prædii finibus, antiqua, cum clericis, Burco quidam lite certabat. *Id. ibid.*

bâton sur le mandataire de l'église et le frappa si fort à la tête que le sang jaillit [1]. Le jeune homme, qui était agile et vigoureux, se contenta de lui saisir le bras et de le désarmer sans lui faire aucun mal ; mais les témoins de cette scène odieuse accoururent, armés à leur tour, et Burco n'aurait pu échapper à la mort, si sa victime n'eût intercédé pour lui [2]. On vit Épiphane, libre de ressentiment, comme si cette cause n'eût pas été la sienne, opposer sa tête ensanglantée entre ses vengeurs et l'indigne qui l'avait si grossièrement outragé.

Arrivé au terme de l'âge et sentant la mort approcher, Crispinus prit avec lui Epiphane, et tous deux se rendirent à Milan, près du métropolitain : « Mes jours sont comptés, lui dit l'évêque, je vous recommande ma ville et mon église; je vous recommande encore celui-ci, à qui je dois d'avoir vécu jusqu'à ce moment, faible que j'étais et chargé d'années [3]. » Il visita ensuite l'un après l'autre les hauts personnages de Milan, où résidait la fleur de la noblesse ligurienne, les suppliant de ne point contrarier, quand le moment serait venu, l'élection d'Épiphane, qu'il se choisissait pour successeur, mais de favoriser plutôt près des citoyens de Pavie l'accomplissement de

---

1. Sanctum virum ita fuste percussit, ut sanguis protinus ebulliret. Ennod., *Vit. Epiphan.*, p, 327.

2. Omnium... in furorem versæ mentes : Burco ad exitium poscebatur, et in tanta hominum multitudine nemo placidus, nisi qui injuriam fuerat passus, inventus est. *Id. ub. sup.*

3. Commendo civitatem, commendo ecclesiam, commendo hunc, cujus labori, et gratias debeo, quod usque ad hoc tempus vixi et grandævus, et debilis. *Ibid.*, p. 331.

son désir. « Mes enfants, leur répétait-il, je m'en vais, moi[1]; et ce jeune homme, plein de vigueur et d'âme, a de longues années à courir (Épiphane avait alors vingt-sept ou vingt-huit ans). Il y a bien longtemps déjà que je ne suis évêque que par lui; il était ma tête, mes jambes, mes yeux, ma parole, ou plutôt nous étions un évêque à nous deux[2]. » A Pavie, de pareilles recommandations eussent été inutiles, on y connaissait trop bien Épiphane.

Au bout de quelque temps, Crispinus mourait, et le jeune homme, élu à Pavie, ordonné à Milan, prit sa place. Il se montra sous la mitre épiscopale ce qu'il avait été dans les plus humbles fonctions de l'église, calme, ferme, juste et charitable pour les autres, dur envers lui-même jusqu'aux pratiques les plus austères; simple de cœur, mais gardant comme un dépôt sacré la dignité de l'épiscopat; sobre de paroles, mais d'une éloquence irrésistible dès qu'il avait rompu le silence. Tel est le portrait que nous en a tracé un homme qui fut élevé près de lui, comme lui-même l'avait été près de Crispinus, et qui lui succéda également sur le trône des évêques de Pavie[3]. Sa réputation fut bientôt aussi grande hors de sa ville que dans son troupeau. Il n'y eut pas d'affaires privées ou publiques sur lesquelles

---

1. Ecce, filii, jam me ætas compellit ad transitum... Ennod., *Vit. Epiphan.*, p. 331.
2. Cujus ambulavi pedibus, tenui aliquid manibus, vidi oculis, ordinavi sermone; duo videbamur intuentibus, cum unus per concordiam fieret ex duobus. Id. loc. cit.
3. Il se nommait Ennodius, et nous lui devons, outre la biographie de son maître, l'éloge du grand Théodoric et d'autres ouvrages pleins d'intérêt pour l'histoire.

on ne le consultât, pas de magistrat dont le tribunal fût plus fréquenté du pauvre et du riche, pas de loi mieux exécutée qu'une décision d'Épiphane. Voilà ce qui fit que les notables de la Ligurie, voyant la guerre civile près d'éclater, songèrent naturellement à lui comme au conciliateur de tous les différends.

Épiphane les écouta dans un profond silence, et, sans paraître étonné de leurs propositions, il leur dit brièvement : « Ce sont là de graves affaires, bien au-dessus de mon expérience et de mes forces ; néanmoins ce que vous désirez sera fait. Quoi que ma patrie me demande, mon devoir est de ne lui rien refuser[1]. » Prenant aussitôt congé d'eux, il partit pour Milan, vit le patrice et reçut ses explications[2]. Le rusé Barbare protesta sans doute qu'il n'avait jamais voulu que la paix, qu'il la voulait encore, et que ce n'était pas lui qui la rompait le premier ; il prit le ciel à témoin de son horreur pour cette guerre qu'il provoquait depuis deux ans, et qu'en réalité il avait rendue inévitable. A la suite de ces protestations et de ces serments, il engagea le prêtre à en porter l'assurance à Rome[3], se réservant le droit de proclamer plus tard que le Galate furieux, incapable d'entendre la raison, n'avait voulu écouter ni ses explications sincères, ni les conseils d'un homme par la bouche duquel la grâce céleste semblait

---

1. Quamvis tantæ rei necessitas probatissimæ personæ pondus inquirat, et titubet sub gravi fasce portitor immaturus ; affectum tamen, quem debeo patriæ, non negabo. Ennod., *Vit. Epiphan.*, p. 337.
2. Ad Ricimerem patricium perrexit, a quo semel visus et electus est. *Id. ibid.*
3. Mandato legationis ordine... Romam... *Id. ub. sup.*

parler. Quelles que fussent la perspicacité d'Épiphane
et son habitude de lire au fond des cœurs, il accepta
les engagements de Ricimer comme des armes qu'on
pourrait invoquer au besoin contre lui ; il jugeait d'ailleurs avec raison qu'en de telles crises la chose importante était de gagner du temps, afin de laisser aux
événements une chance pour de nouvelles combinaisons, et aux passions humaines le loisir de se calmer.

On entrait alors en carême, et, désireux de présider
lui-même aux préparations de la fête de Pâques dans
son église, l'évêque voulut accomplir son voyage aussi
promptement que possible ; mais, quelque hâte qu'il
mît, sa renommée le devançait toujours. Partout le
peuple accourait pour le saluer ; les paysans se pressaient sur les routes, les gens des villes aux approches
des stations ; nul ne doutait du succès de sa démarche.
Une paix ainsi demandée paraissait une paix accordée.
Aussi, quand la nouvelle de sa mission parvint au palais impérial, Anthémius s'était montré embarrassé et
soucieux. « Je reconnais bien là Ricimer et ses ruses,
s'était-il écrié ; tout est calcul chez lui jusqu'au choix
de ses ambassadeurs[1]. A-t-il blessé quelqu'un par ses
offenses, il l'achève par des supplications qu'on ne
peut repousser[2]. Cependant qu'on introduise près de
moi l'homme de Dieu lorsqu'il se présentera : s'il me
demande des choses possibles, je l'exaucerai ; s'il
m'en demande d'impossibles, je ferai en sorte qu'il

1. Callida mecum Ricimer, et in legationibus suis, arte decertat. Ennod.,
Vit. Epiphan., p. 338.
2. Tales dirigit, qui supplicatione expugnent, quos ille lacessit injuriis.
Id. loc. cit.

m'excuse[1]. » Puis, comme répondant à des doutes intérieurs, il avait ajouté : « Non, non, ce qu'on me proposera au nom de Ricimer, je ne pourrai pas l'accepter : je connais trop bien cet homme : il est insatiable dans ses désirs, sans raison ni justice dans ses conditions[2]; mais que le prêtre qu'il m'envoie soit néanmoins admis, sa présence me sera agréable. » A l'arrivée d'Épiphane, un détachement de la garde palatine alla l'attendre près des portes de la ville, et lui fit cortége à travers les rues[3]. Rome entière était debout. On voulait toucher ses vêtements, on l'arrêtait dans sa marche pour embrasser ses genoux; on n'entendait de tous côtés que ce cri poussé vers le ciel : « Saint évêque, conseille, ordonne[4] ! »

Introduit devant le prince, qui le reçut avec tous les honneurs dus aux envoyés publics, assis sur son trône, vêtu de la pourpre, et le diadême au front, il obtint la permission d'exposer son message. Il le fit dans un discours préparé dont son disciple Ennodius nous a conservé le sens, sinon les paroles, et ce discours est tel qu'on pouvait l'attendre d'un homme si prudent dans une négociation si délicate. Épiphane laisse discrètement de côté les griefs domestiques d'Anthémius, ces plaies de famille qu'on irrite en les touchant ; il n'excuse ni n'accuse Ricimer, et ne s'érige point en juge

---

1. Perducite tamen ad me hominem Dei : qui si possibilia precatur, admittam; si difficilia, supplicabo, ne excusationem meam gravetur accipere. Ennod., *Vit. Epiphan.*, p. 338.
2. Cujus scio votorum intemperantem esse personam, et in conditionibus proponendis rationis terminum non tenere. *Id. loc. cit.*
3. Egrediuntur officia Palatina tota urbe... *Id. ub. sup.*
4. Jube, rogaris, audiebat episcopus. *Id. ibid.*

entre le beau-père et le gendre. Il n'est point seulement l'ambassadeur du patrice, il est celui de l'Italie ; il vient solliciter du prince l'oubli de ses ressentiments, au nom du Dieu des miséricordes ; il vient demander au Romain la paix qu'un Barbare propose.

« Prince vénérable, lui dit-il, il a été réglé dans les suprêmes desseins de l'ordonnateur céleste que celui à qui était confié le soin d'un si grand empire reconnût, comme nous l'enseigne la foi catholique, pour son maître et son modèle, le Dieu d'amour et de merci ; ce Dieu par qui la furie des guerres se brise contre les armes de la paix[1], qui foule aux pieds l'orgueil, qui fait prévaloir la concorde et la rend victorieuse du courage même. C'est ainsi que David, tenant sous sa main son ennemi désarmé, est devenu plus illustre par le pardon qu'il ne l'eût été par la vengeance. Ainsi encore les rois, à qui appartient le gouvernement du siècle, ont appris, par un art divin, à se laisser fléchir aux supplications[2]. En effet, exercer l'autorité avec miséricorde, c'est l'élever au-dessus de la terre, c'est l'égaler presque à la domination du ciel.

« L'Italie, confiante en vos sentiments, ô prince, et le patrice Ricimer m'ont envoyé vers vous, moi si petit[3], vers vous si grand, pour vous prier au nom de ces saintes vérités, conjecturant sans doute qu'un Romain accorderait la paix, don précieux de Dieu, quand

---

1. Per quem bellorum furorem pacis arma confringunt. Ennod., *Vit. Epiphan.*, p. 339.
2. Sic præfecti sæculorum, reges et domini, supplicantibus indulgere cælesti arte didicerunt. *Id. ibid.*
3. Parvitatem meam... *Id. ub. sup.*

un Barbare la demande[1]. Ce sera dans les annales de votre vie un triomphe signalé d'avoir vaincu sans verser le sang, et puis je ne sais quelle guerre est plus belle que la lutte de la bonté contre la colère, quel plus noble succès peut être ambitionné que celui d'amener, à force de bienfaits, la fierté d'un Goth intraitable à rougir d'elle-même[2]. Croyez-moi bien, vous ferez sentir plus fortement à Ricimer sa propre défaite en cédant à la première demande d'un homme qui n'a jamais supplié.

« Songez encore, prince très-auguste, aux incertitudes de la guerre. Quel qu'en soit l'événement, ce que chacun de vous deux aura perdu sera perdu pour votre empire, tandis que si Ricimer est votre ami, ce qu'il possède est à vous, vous en êtes les maîtres communs[3]. Réfléchissez enfin qu'il s'est donné sur vous un grand avantage en offrant la paix. »

Après ces mots, l'évêque garda le silence. Le prince aussi se taisait comme embarrassé de sa réponse et de l'attention favorable dont les paroles d'Épiphane avaient été l'objet. Tirant bientôt de sa poitrine un profond soupir[4], il commença en ces termes :

« Mes sujets de plainte contre Ricimer ne sauraient

---

1. Indubitanter conjiciens, quod pacem Romanus Deo munus tribuat, quam precatur et Barbarus. Ennod., *Vit. Epiphan.*, p. 339.

2. Simul nescio quæ species fortior possit esse bellorum, quam dimicare contra iracundiam, et ferocissimi Getæ pudorem onerare beneficiis. *Id. ibid.* — Le mot *Geta*, Goth, est pris ici pour désigner un barbare en général.

3. Nam quæcumque apud Ricimerem, si amicus est, salva sunt, cum ipso a vobis patricio possidentur... *Id. ibid.*

4. Alto trahens verba suspirio ita orsus est. *Id. ub. sup.*

s'expliquer[1], ô saint pontife. Il ne m'a servi de rien jusqu'ici de l'avoir comblé de bienfaits : mes bienfaits, je les ai poussés jusqu'à cet excès (j'en rougis pour l'empire et pour mon sang) de le recevoir dans ma famille, me sacrifiant à la république, sans m'inquiéter du blâme ou de la haine des miens[2]. Lequel des césars, mes prédécesseurs, a jamais consenti à mettre sa propre fille au nombre des présents qu'il fallait payer à un Gète couvert de peaux pour assurer la tranquillité publique[3] ? Mais nous ne savons pas épargner notre sang quand il s'agit de conserver celui des autres. Qu'on n'aille pas croire pourtant que ce sacrifice nous ait été imposé par une crainte personnelle : dans notre préoccupation du salut de tous, nous n'avons pas encore appris à trembler pour nous ; toutefois nous croyons qu'un empereur ne mérite guère la gloire du courage, s'il ne sait pas trembler un peu pour les autres[4].

« Mais je veux mettre à nu devant vous, vénérable père, la perversité de celui dont vous me parlez ; ses efforts ont été en sens inverse des miens ; plus je me suis montré son bienfaiteur, plus il s'est montré mon

---

1. Quamvis inexplicabilis mihi, sancte antistes, adversus Ricimerem causa doloris sit.... Ennod., *Vit. Epiphan.*, p. 340.

2. Quem etiam (quod non sine pudore et regni et sanguinis nostri dicendum est), in familiæ stemma copulavimus, dum indulsimus amori Reipublicæ, quod videretur ad nostrorum odium pertinere. *Id. ub. sup.*

3. Quis hoc veterum retro principum fecit unquam, ut inter munera, quæ pellito Getæ dare necesse erat pro quiete communi, filia poneretur ? *Id. loc. cit.*

4. Solum pro nobis timere non novimus. Bene enim compertum est apud nos, perire imperatori laudem suæ virtutis, qui pro aliorum cautela non metuit. *Id. ibid.*

ennemi[1]. Par combien de manœuvres et de guerres n'a-t-il pas cherché à troubler la république ! N'a-t-il pas soufflé chez les nations étrangères la haine de Rome et la furie de la destruction ? Ne les a-t-il pas aidées dans leurs entreprises ? Et quand il n'a pas pu nous nuire directement, il suggérait à d'autres le moyen de le faire. Et nous lui donnerions la paix ! Et sous le voile d'une menteuse amitié nous soutiendrions cet ennemi domestique que ni l'alliance jurée, ni les liens de parenté n'ont pu contenir dans le devoir ! C'est avoir pris l'avance sur un adversaire que de connaître son âme, et le sentir votre ennemi, c'est déjà l'avoir vaincu, car la haine dévoilée perd l'aiguillon empoisonné dont elle s'armait dans l'ombre [2]. Mais si un personnage aussi respectable que vous, très-saint pontife, se porte médiateur et caution, lui qui saura lire au fond de cette âme perverse les complots dont elle est capable saura également les réprimer quand ils apparaîtront à ses yeux ; alors je n'ose plus refuser une paix que vous-même aussi vous demandez.

« Pourtant s'il vous trompait, comme il a fait de tant d'autres ; si cette démarche n'était qu'une feinte pour profiter de votre bonne foi et la rendre complice de ses trahisons... Oh ! qu'il recommence la guerre avec ce crime de plus, il la recommencera blessé à

---

1. Quoties a nobis majoribus donis cumulatus est... toties gravior inimicus apparuit. Ennod., *Vit. Epiphan.*, p. 340.
2. Grandis cautio est adversarii animum cognovisse ; et cum hostem protinus sensisse, superasse est. Perdunt semper deprehensa odia stimulos, quos occultata conceperant. *Id. loc. cit.*

mort[1] ! En tout cas, je remets dans vos mains et ma personne et la république ; la grâce que j'avais résolu de refuser à Ricimer, même suppliant, même prosterné à mes pieds, je vous la donne. Je crois agir sagement en dirigeant, d'après l'avis d'un bon pilote, le navire incertain de sa route et battu par la tempête[2]. Et d'ailleurs comment se refuser à vos prières, quand on voudrait avoir prévenu jusqu'à vos moindres désirs ? » — « Grâces soient rendues au Dieu tout-puissant qui a fait descendre sa paix dans le cœur du prince, son vicaire sur la terre[3] ! » s'écria le vénérable prêtre, les bras levés vers le ciel et l'âme tout émue. L'assistance était troublée comme lui.

Afin de rendre plus irrévocables les paroles qu'il venait de prononcer, Anthémius voulut les confirmer par serment[4] ; puis l'évêque se retira. Aucune prière ne put le retenir plus longtemps à Rome ; il lui tardait d'aller reprendre dans son église, avec la direction de son troupeau, les austérités auxquelles il se soumettait d'habitude durant la semaine sainte. On n'était plus qu'à vingt jours de la solennité de Pâques, mais Épiphane fit une telle diligence qu'il rentrait dans sa ville le quatorzième à l'improviste[5], ayant laissé sur la

1. Certamen jam vulneratus adsumat. Ennod., *Vit. Epiphan.*, p. 341.
2. Profunda enim deliberatione compendiis nostris in hac parte consulimus, si in incertis procellarum erroribus navem ex boni gubernatoris ordinatione flectamus. *Id. ub. sup.*
3. Gratias omnipotenti Domino, qui pacem suam principis menti inseruit, quem ad instar superni dominatus vicarium potestatis suæ voluit esse mortalibus. *Id. loc. cit.*
4. Accepto etiam pro concordiæ firmitate ab Anthemio sacramento. *Id. ibid.*
5. Tanta tamen iter celeritate confecit, ut quarto decimo die improvisus... Ticinum ingrederetur... *Id. ub. sup.*

route, fatigués ou malades, une partie de ceux qui l'avaient accompagné. Pavie célébra en même temps son retour et la conclusion de la paix. La bonne nouvelle passant rapidement de ville en ville, la Ligurie tout entière fut dans la joie, et le nom d'Épiphane se mêlait aux actions de grâces qui s'élevaient de toutes parts vers le ciel. Milan eût voulu féliciter son ambassadeur, et elle l'invita à venir dans ses murs recevoir les témoignages de la reconnaissance publique[1]; mais Épiphane ne revit ni Milan ni Ricimer. Quant au patrice, si l'on en croit l'auteur contemporain que nous suivons dans ce récit, il ne fut pas le moins étonné et du succès du saint évêque et de la promptitude de ce succès : il se flattait d'avoir rendu la paix impossible[2].

Forcé de mettre bas les armes, le patrice eut recours à ses manœuvres ordinaires, si nettement qualifiées par Anthémius dans sa réponse à l'évêque de Pavie. Toute cette barbarie qui des Pyrénées aux Alpes noriques, maîtresse des montagnes et de leurs défilés, tenait l'Italie comme emprisonnée dans ses serres, commença bientôt à remuer. Ce furent d'abord les compatriotes de Ricimer qui, renouvelant leurs courses en Pannonie, ou les continuant en Espagne[3], semblèrent donner le signal d'un pillage universel. Euric, réconcilié avec l'empereur depuis un an, reprit la

---

1. Evocabatur reverendus pontifex, ut diu exspectatum Mediolanensibus præstaret aspectum... Ennod., *Vit. Epiphan.*, p. 342.
2. Lætæ urbis tripudia attonito Ricimeri indicarunt pacem factam. *Id. ub. sup.*
3. Jornand, *De reb. get.* — Idat., *Chron.*, p. 45. — Isid., *Chron. g.*, p. 719.

guerre sans raison ni prétexte[1], et ravagea plus cruellement que jamais les provinces centrales de la Gaule. Il n'y eut pas jusqu'aux Franks qui, descendant de leurs cantonnements, depuis l'Escaut jusqu'à la Basse-Loire, ne vinssent déchirer l'empire; ils tuèrent un comte romain appelé Paulus et enlevèrent Angers d'assaut[2]. Comme pour mettre le comble au désordre, une tentative d'usurpation eut lieu en Italie de la part d'un certain Romanus, homme de naissance patricienne, dont nous ne savons que le nom : un souffle malfaisant amoncelait à plaisir toutes les tempêtes sur le trône d'Anthémius, qui put reconnaître encore une fois ce que valait la paix de Ricimer. Romanus, saisi et remis aux mains des décemvirs, fut puni du dernier supplice[3]. Quant à la Gaule, abandonnée sans secours aux dévastations d'Euric, soupçonnant d'ailleurs ses principaux fonctionnaires de connivence avec le roi barbare, elle suppliait Anthémius de lui donner pour patrice et généralissime un noble Arverne en qui elle mettait sa confiance[4], Ecdicius, beau-frère d'Apollinaire et fils de l'empereur Avitus ; mais Anthémius, occupé de ses propres embarras et peu soucieux du reste, promettait et ne décidait rien.

Dans cette extrémité la Gaule fit appel à sa propre

---

1. Rupto dissolutoque fœdere antiquo... Sidon. Apollin., *Epist.* VII, 6.
2. Greg. Tur., *Hist. franc.*, II, 18.
3. Romanus patricius, imperatoriam fraudulenter satagens arripere dignitatem, præcipiente Anthemio, capite cæsus est. *Hist. Miscell.*, XV, 1, ap. Muratori, *Script. rer. Ital.*, t. I.
4. Te exspectat palpitantium civium extrema libertas. Sidon. Apollin., *Epist.* II, 1.

énergie ; les nobles armèrent leurs clients, les citadins se formèrent en milices ; on élut des chefs, et par des correspondances, par une police spontanée et volontaire, par des ligues formées entre les personnes et entre les villes, on se mit en mesure d'arrêter d'une part le progrès des Goths, de l'autre la trahison des fonctionnaires. Sidoine, enlevé de nouveau au repos de ses livres, se trouva l'un des chefs les plus ardents et les plus accrédités de ce mouvement patriotique, qui avait pour but de conserver la Gaule aux Romains, en dépit de leur inertie et de leurs fautes. Chargé d'enrôler pour la cause de la patrie tout ce qu'il restait en Gaule de cœurs généreux et de mains dévouées, il écrivait à un de ses amis : « Accours à nous, toi et tous ceux qui te ressemblent ; venez assister la malheureuse Auvergne, menacée dans sa liberté. Si la république est sans force, si nous n'avons aucun secours à attendre, si, comme il ne paraît que trop vrai, le prince Anthémius est réduit à l'impuissance, aidez-nous au moins de vos conseils. La noblesse arverne doit-elle s'expatrier ou se faire couper les cheveux, pour aller s'enterrer dans les cloîtres? Vous nous aiderez à choisir entre ces deux partis, les seuls qui nous restent[1]. »

L'Italie était perdue, si les Burgondes, qui tenaient pour la cause de l'empire[2], s'étaient déclarés contre

---

1. Si nullæ a republica vires, nulla præsidia, si nullæ, quantum rumor est, Anthemii principis opes : statuit, te auctore, nobilitas, seu patriam dimittere, seu capillos. Sidon. Apollin. *Epist.* II, 1.
2. Burgundionum gens vicina, Romanis in eo tempore fœderata... Jorn., *De reb. get.*, 47.

lui, et ils l'eussent fait sans doute tôt ou tard à l'instigation de Ricimer ; mais heureusement pour Anthémius une guerre domestique vint les détourner de la guerre étrangère. Il éclata entre leurs quatre rois, qu'on appelait par plaisanterie les tétrarques[1], une de ces divisions, si cruelles dans les familles royales barbares, et qui ne s'apaisaient que par le meurtre des pères et l'extermination des enfants. On vit plus tard chez les Franks l'exemple de ces haines de bêtes féroces entre proches parents ; on le voyait alors chez les Visigoths, qui se prétendaient les plus civilisés des Germains, et dont le trône pourtant ne se transmettait plus que de fratricide à fratricide. La guerre de famille prit encore chez les Burgondes un plus haut degré d'atrocité ; les tétrarques s'assaillirent mutuellement, et leur lutte, avec des vicissitudes diverses, se prolongea pendant plus de dix ans, au milieu d'horreurs qui révoltèrent les Barbares eux-mêmes[2]. En 470, Chilpéric et Godomar, coalisés contre Gondebaud, le chassèrent de sa résidence royale, et le forcèrent à se réfugier au delà des Alpes, avec quelques fidèles partisans. Accompagné de sa petite troupe, Gondebaud[3] se rendit près de Ricimer, dont il était neveu, et aux côtés duquel nous le retrouvons en 472. Les exilés

1. Tetrarcham nostrum... Sidon. Apollin. *Epist* v, 7,
2. Greg. Tur., *Hist. franc.*, II, 28. — Cf. Sidon. Apollin., ap. P. Sirm., *Not.*, p. 57.
3. On trouve le nom de ce personnage sous les formes diverses de *Gundobaldus, Gondobadus, Gundibaltus, Gundilarus*. — Gundibarum ejus (Ricimiri) nepotem. *Hist. miscell.*, xv, ap. Murat., *Script. rer. Ital.*, t. I.— Jean Malala l'appelle Γουνδαϐάριος, et le fait maître des milices des Gaules. — Tillemont, *Hist. d. Emp.*, VI, et Lebeau, *Hist. d. B. E.*, VII, p. 47. Note de S. M.

burgondes apportèrent sous le drapeau du patrice des bras vigoureux et une conscience qu'aucun scrupule ne troublait.

Tandis que la paix rétablie par l'autorité personnelle d'Épiphane allait ainsi se minant elle-même, une révolution importante s'accomplissait à Constantinople. Cette révolution, qui présentait un étrange rapport d'analogie avec ce qui se passait alors en Occident, mit toute l'Italie en émoi, et poussa, comme par un souffle fatal, les deux parties adverses à des événements décisifs. L'influence très-réelle et très-grande qu'elle exerça sur le dénouement des affaires occidentales m'oblige à en exposer ici brièvement l'origine et les phases principales.

J'ai déjà parlé d'Aspar, cet Alain, premier patrice de la Romanie orientale, dont les conseils firent échouer en 469 l'expédition d'Afrique : son mauvais vouloir contre Léon ne se borna pas là. Fils d'un Ardabure déjà tout-puissant au temps de Théodose II, il avait reçu de son père le pouvoir dont il jouissait, et il voulait le transmettre à ses enfants ; c'était comme une dynastie barbare placée à côté du trône électif de Constantinople, et destinée à le dominer. Au moment où Marcien mourut, Aspar, maître des troupes, les fit pencher pour la candidature de Léon, qui lui dut en grande partie la couronne[1] ; mais le protecteur n'avait point entendu rendre un service gratuit, et Léon s'était engagé, par avance et sous la foi du serment, à nommer

---

1. Procop., *Bell. Vand.*, I, 6. — Theophan., p. 100. — Zonar., p. 40. — Manass., p. 58. — Prisc., *Hist.*, 12.

césar un des fils du patrice[1], dès que lui-même serait devenu auguste. Quand il le fut, il s'effraya justement de sa promesse. Les trois fils d'Aspar, Ardabure, Patricius et Herménaric, joignaient à leur qualité de Barbares qui les écartait du trône impérial, celle d'Ariens qui ne servait pas à les en rapprocher; ils se montraient en effet ariens passionnés[2], quoique peu convaincus au fond, ce qui les faisait soupçonner de vouloir jouer un rôle dans l'Église, avec l'appui des barbares. Leur élévation au rang de césar devait donc rencontrer, de la part du peuple de Constantinople et du clergé surtout, une opposition dangereuse à braver; puis lequel choisir des trois? Ardabure, l'aîné, avait la réputation d'un soldat courageux et d'un général habile; mais il était cruel, plein d'un mépris affecté pour les croyances catholiques et cynique dans son impiété. On raconte qu'un jour, pris d'un accès de colère féroce, il avait bandé son arc contre le vénérable stylite Siméon, et fait mine de tirer le saint sur sa colonne[3] comme un oiseau sur son arbre. Un pareil sacrilége s'excluait lui-même de la compétition, et Herménaric[4], le plus jeune des frères, était à peine adolescent. Voilà les objections que Léon s'adressait à lui-même et qu'il opposait tout d'abord aux récri-

---

1. Procop., *B. V.*, I, 6.— Niceph., xv, 27.— Candid., 16.— Evagr., II, 16.
2. Arianus cum ariana prole. Marc. Com., *Chron.* — Procop., *B. V.*, I, 6.
3. Ardaburius... arcum suum tetendit, sanctum volens transfigere. Anton., *Vit. S. Simeon. Styl.* n° 24, ap. Bolland, 5 januar.
4. Ermenarichus. Candid., *Hist.*, p. 18. — Hermenericus. Marcel. Com., *Chron.* —Herminericus. Cassiod., *Chron.* — *Chron. Alex.*, p. 746.—Armericus. Damasc. ap. Phot.

minations d'Aspar. Restait Patricius, dont le choix présentait moins d'obstacles, soit que ce second des fils du patrice eût quelques bonnes qualités, soit qu'il ne fût barbare qu'à demi, ayant eu pour mère une Romaine, comme semblerait l'indiquer son nom latin, et ce fut sur lui qu'Aspar concentra tous ses efforts. Léon, sans nier ses engagements, les éludait sous mille prétextes, et cherchait à gagner du temps, balancé lui-même entre le remords de sa conscience et sa répugnance à un acte qu'il jugeait mauvais pour la religion et funeste pour lui-même. Aspar se crut joué, et somma avec hauteur le prince de payer ce qu'il appelait sa dette. Un jour, dans un mouvement d'impatience, il saisit Léon par son manteau impérial et lui cria d'une voix émue : « Empereur, il n'est pas permis à celui qui porte cet habit de vouloir manquer à sa parole ! — « Non, repartit vivement Léon ; mais il n'est pas plus permis à qui que ce soit de le vouloir forcer le poing sur la gorge, et de le traiter comme un esclave [1] ! »

Au fond, la promesse de l'empereur devait l'emporter sur toutes les considérations politiques : Léon se croyait obligé, quelles qu'en pussent être les conséquences, à l'acte qui lui répugnait tant. Il essaya de faire reculer Aspar en exigeant pour suprême condition que Patricius, dont il déclarait faire choix, abjurerait l'arianisme : il se trompait, la condition fut acceptée. Poussé dans ses derniers retranchements, il parla de

---

1. « Imperator, inquit, hac veste indutum mentiri nefas est. » Cui ille respondit : « Etiam cogi et instar mancipii trahi nefas est. » Zonar., xiv, 1.

fiancer le futur césar à sa seconde fille, Léoncie, encore enfant. C'était un nouveau délai qu'il se ménageait malgré ses scrupules; mais en attendant il se hâta de marier sa première fille, Ariadne, à un personnage qui prenait alors beaucoup d'importance à Constantinople. Ariadne n'était point née sur la pourpre. comme disaient les Grecs, c'est-à-dire que Léon l'ayant eue avant son principat, elle n'avait qu'un rang inférieur à celui de sa sœur. Ce personnage, devenu si subitement gendre de l'empereur, était un Isaurien nommé Trascalissée[1], lequel avait répudié ce nom d'une physionomie assez étrange pour prendre celui de Zénon, qu'un autre Isaurien avait rendu célèbre sous le règne de Théodose II. Laid de visage et difforme de corps, sans autre génie que l'intrigue, et plus hardi dans un complot que sur un champ de bataille, Trascalissée, ou plutôt Zénon, appartenait à une famille puissante en Isaurie. Grâce à sa nombreuse parenté, il disposait du peuple de ces montagnes, race turbulente, belliqueuse, presque sauvage et la seule en Orient qui fournît des soldats capables de tenir tête aux fédérés barbares. La garde palatine en était remplie, et Zénon qui la commandait reçut la dignité de patrice. Il fut dès lors évident pour tout le monde, pour Aspar surtout, que Léon prenait ses précautions contre son ancien protecteur, et une lutte sourde, mais persévérante, semblable à celle de Ricimer contre Anthémius, s'établit entre l'empereur et

---

1. Τρασκαλισσαῖος : *Sacra Aug. Verin.*, ap. Théophan., p. 111. — Candide le nomme *Tarasicodisas* et Agathias *Tarasiscodiseos*.

le grand patrice d'Orient. On eût cru assister à la même tragédie jouée en même temps, sous des noms différents, des deux côtés de la Méditerranée.

Patricius fut enfin proclamé césar et fiancé à la jeune Léoncie[1] ; mais on blâma Léon, et en quelques lieux le mécontement public alla jusqu'à l'émeute. Ce fut une grande humiliation pour cette famille altière des Ardabures. Elle s'en prit à l'empereur des répugnances du peuple, et le patrice Aspar, levant le masque, se mit à conspirer presque ouvertement. On découvrit qu'il tentait sous main la fidélité des Isauriens, l'appui le plus sûr du prince, et l'on put juger à l'attitude et aux propos insolents de ses fils qu'ils nourrissaient une espérance prochaine de révolution. Ces bruits arrivèrent de toutes parts à Léon, que l'on commençait à plaindre, et on les accompagna d'avis officieux, d'avertissements, de prophéties, qui tous lui conseillaient la vigueur et la célérité. Les exhortations de ce genre, assez mal déguisées sous des formes mystiques, retentissaient jusque dans les églises et dans les cloîtres. « J'ai eu une vision, disait un solitaire alors très-renommé, Marcel, abbé des Ascémètes ; je prenais un peu de repos après la prière de la nuit, quand la vision se dressa devant moi. J'aperçus un lion et un dragon qui combattaient ensemble, et le dragon, d'une grandeur prodigieuse, tourmentait le lion, l'enlaçait violemment de sa queue et cherchait

---

1. Cæsare generoque Leonis principis appellato. Marcel. Comit., *Chron.* — Theophan., p. 100. — Cedren., p. 390. — Niceph., xv, 27.

à l'étouffer[1]. Le lion le fouettait de la sienne, en poussant des rugissements d'angoisse ; toutefois ses efforts étaient vains, parce qu'il ne portait aucun coup mortel au dragon. Je le vis enfin perdre ses forces avec son sang, s'abattre et rester sans mouvement[2] ; mais tout à coup il se relève, il se dégage des replis du monstre, le terrasse, l'étrangle, et le laisse inanimé ventre contre terre[3]. » La vision du solitaire était bien transparente, et personne n'eut besoin de lui en demander l'explication : le nom même de l'empereur signifiait lion, et celui d'Aspar avait une grande analogie avec le mot grec qui désignait un serpent venimeux.

Un dénouement ne pouvait tarder, de quelque côté qu'il vînt : Aspar se laissa devancer. Un jour qu'il entrait dans le palais, seul et sans précaution parce qu'il n'apercevait aucun signe menaçant, les eunuques s'approchèrent de lui comme pour lui faire cortége, et, découvrant aussitôt des armes cachées sous leurs longues robes, ils l'assaillirent, le percèrent d'outre en outre et l'abandonnèrent sur le pavé, nageant dans son propre sang[4]. Ardabure et Patricius, à la même heure, étaient saisis par des soldats dans un lieu où

---

1. Pugnabant inter se Leo et Draco ; sed draco quidem cum esset ingenti magnitudine, cauda leonem verberabat et torquebat... *Vit. S. Marcell.*, § 34, ap. Sur. 29 déc., p. 354.

2. Humi totus jacebat, afflictus et imbecillis. *Vit. S. Marcell.* ub sup.

3. Dein cum se paululum recreasset... magno et vehementi impetu in draconem insiliit, eumque pronum in ventrem prostravit. *Vit. S. Marcell.* ub. sup.

4. Spadonum ensibus in palatio vulneratus... Marcel. Comit., *Chron.* — Jornand., *De Reg. Succ.*, 14. — Procop., *Bell. Vand.*, I, 6. — Evagr., II, 16. — *Chron. Alex.*, p. 746. — Candid., *Hist.*, p. 18. — Damasc. ap. Phot. *Cod.*, c. 242. — Vict. Tunn., *Chron.*

ils délibéraient avec leurs complices. Ardabure, qui essaya de résister, fut mis en pièces [1]. Patricius blessé, mais non mortellement, parvint à s'échapper [2], et Léon se contenta de le bannir, après avoir rompu ses fiançailles avec Léoncie, qui n'était point encore sa femme [3]. Un grand trouble suivit ces exécutions. Tout ce qu'il y avait à Constantinople de comtes et d'officiers barbares accoururent en armes autour du palais, comme pour en faire le siége. Soit respect, soit crainte, ils n'osaient y pénétrer; lorsqu'un comte Goth nommé Ostro ou Ostrowi, força la porte avec d'autres fédérés, poussa audacieusement jusqu'aux appartements intérieurs, et y déchargea son carquois. Les gardes répondirent de leur côté; on en vint aux mains, et la demeure du grand Théodose fut transformée en un lieu de carnage. Contraints de fuir, puis chassés, pied à pied de la ville, Ostrowi et ses compagnons allèrent exciter la révolte parmi les tribus ostrogothiques établies, comme fédérées, dans un canton de la Thrace [4].

Telle fut la nouvelle qui arriva de Grèce à Rome dans les derniers mois de l'année 471; elle y causa presque autant d'émotion que l'événement lui-même en avait pu produire à Constantinople. Léon l'annonça de sa propre main à son collègue, avec l'empressement et la joie d'un triomphateur; sa lettre voulait dire sans trop d'ambages : « Je me suis défait de ces hommes,

---

1. *Chron. Alex.*, p. 746.
2. Cæsar, excepta plaga, inopinato salvus evasit, vixitque... Candid., *Hist.*, p. 18.
3. Nicephor., xv, 27. — Zonar., p. 39. — Theophan., p. 101.
4. *Chron. Alex.*, p. 746. — Theophan., p. 181. — Mal., p. 92, 93.

afin que personne ici n'ose élever sa puissance en face de la mienne. » A cette leçon assez intelligible pour Anthémius, Léon joignait une proposition d'alliance, en offrant à son collègue d'Occident, pour le fils qu'il avait laissé en Grèce, la jeune Léoncie, relevée de ses obligations de fiancée[1] : ligue singulière entre deux empereurs qui se passaient mutuellement le glaive pour dégager les approches du trône impérial contre les entreprises de leurs patrices barbares. La plus redoutable barbarie n'était plus à la frontière, elle était au sein de l'empire, à la tête des armées romaines, aux côtés même des empereurs.

La leçon, puisque c'en était une, ne fut pas perdue pour le césar d'Occident ; mais elle profita plus encore à Ricimer, qui, peu désireux de jouer jusqu'au bout le rôle d'Aspar, se hâta de devancer son maître. Il commença par se réconcilier avec Genséric, lui promettant le trône occidental pour son protégé Olybrius, si Olybrius était homme à y porter hardiment la main. Le rapprochement de ces deux ennemis, qu'on pouvait croire irréconciliables, s'accomplit sans bruit, à l'insu de Léon comme à celui d'Anthémius, et l'Italie en eut le premier indice par l'apparition d'Olybrius, au commencement de l'année 472. Depuis près de dix ans que ce descendant des Anices avait épousé Placidie, il vivait avec elle à Constantinople, paisiblement et obscurément, faisant des charités, dotant des églises, et revenu, en apparence, de ses anciens rêves d'ambition. Les excitations réunies de Genséric et de Rici-

---

1. Niceph., xv. 27. — Zonar., p. 39.

mer réveillèrent dans son âme un feu mal éteint. Sollicité par ce dernier de se rendre sans éclat et sans retard en Italie, il prit ses mesures pour que Léon, confiant dans ses protestations pacifiques, n'empêchât point et même en quelque sorte parût ordonner son départ[1]; mais, dès son débarquement sur les côtes de l'Adriatique, Olybrius courut rejoindre le patrice. Celui-ci l'accueillit comme un candidat à l'empire, le présenta à ses soldats, et le fit enfin proclamer auguste dans les derniers jours de mars[2]. La guerre était déclarée. Anthémius réunit autour de lui tout ce qu'il conservait de troupes fidèles dans l'armée d'Italie; elles se trouvèrent peu nombreuses, et sans les renforts que le Goth Bilimer, maître des milices des Gaules, lui amena d'Arles, au risque de livrer à un coup de main des Visigoths la métropole des provinces transalpines[3], l'empereur n'eût pu tenir la campagne. Il chargea ce Barbare de la garde de Rome, de sa propre défense, et de la protection du trône impérial.

Ricimer se mit en marche, traînant derrière lui l'indigne césar qu'il avait fait de moitié avec Genséric. Ni la Ligurie, ni la Toscane, n'essayèrent de l'arrêter. On eût dit qu'à la vue d'une guerre dans laquelle se résumaient toutes les fureurs publiques et privées, les populations italiennes, glacées d'effroi, laissaient pas-

---

1. *Chron. Alex.*, p. 321.—*Hist. Misc.*, xv. 2. ap. Muratori, *Script. r. ital.*, I.
2. Evagr., II, 16.—Vict. Tun.— Cassiod., *Chron.*—Jornand., *R. Get.*, 45. — Cf. Tillemont, *Hist. des Empereurs*, tom. VI, p. 360.
3. Bilimer Galliarum dux, cognita adversus Anthemium conspiratione Ricimirii, Anthemio ferre præsidium cupiens... *Hist. Miscell.*, xv, 2.

ser librement, comme un instrument de la fatalité, ce gendre qui allait tuer son beau-père, ce patrice assassin de tant d'empereurs. Dans l'intérieur de Rome, la plupart des habitants restaient attachés à Anthémius; toutefois les fauteurs de Ricimer imposaient par leur ton menaçant, et la ville semblait divisée en deux camps[1]. Ricimer vint prendre position près du Pont Milvius[2], et entoura la ville d'une ligne de blocus. Pendant deux mois, toute entreprise de vive force fut vigoureusement repoussée; mais les subsistances étant interceptées, la famine se fit sentir, et à sa suite le découragement et les maladies[3]. Bilimer voulut tenter une action décisive, il offrit la bataille au delà du pont d'Adrien, près du tombeau qui renfermait les cendres de cet empereur; après une lutte acharnée, il fut battu et tué[4]. Ricimer, poursuivant les fuyards à la pointe de l'épée, pénétra dans la ville, et s'empara de deux quartiers où ses troupes se fortifièrent.

Ce fut dès-lors une guerre de quartier à quartier, de rue à rue, de maison à maison. Le pavé était encombré de cadavres qui pourrissaient sur les places, et dont l'air était infecté. Du haut du mont Palatin, Anthémius pouvait suivre chaque jour les progrès de son ennemi et l'affaiblissement de ses défenseurs. Quand il jugea sa cause perdue sans ressource, il résolut d'évacuer la ville en faisant une trouée dans la

---

1. Divisa Roma est, et quidam favebant Anthemio, quidam vero Ricimirii perfidiam sequebantur. *Hist. Miscell.*, xv, 2.
2. Apud Anicionis pontem castra composuit... *Ibid.*
3. Præter famis morbique penuriam. *Ub. sup.*
4. Apud Adriani pontem, prælium committens, superatus est... *Loc. cit.*

ligne de siége, probablement par la route d'Ostie, avec l'espoir d'atteindre cette ville, et de se réfugier sur la flotte; mais Ricimer se tenait sur ses gardes, Anthémius fut tué pendant cette retraite [1]. Sa mort arriva le 11 juillet. Quelques mots d'un chroniqueur donneraient à penser que Ricimer le frappa de sa propre main [2], et plus d'un historien l'a répété depuis; le fait n'est point vraisemblable : Ricimer se contentait de désigner ses victimes; les exécuteurs dévoués ne lui manquaient pas. Rome fut mise au pillage, et le patrice n'épargna que ceux qui dès le commencement du siége s'étaient déclarés pour lui [3]. C'était le troisième saccagement que la ville éternelle éprouvait depuis soixante ans; mais ce dernier lui venait d'un général romain et d'une des armées de l'empire.

Olybrius s'installa dans le palais désert et dévasté. Le sénat tremblant vint le reconnaître à cette même place où quatre années auparavant il complimentait Anthémius sur son deuxième consulat; le beau-père et le gendre sur leur concorde. Il paraît que durant les derniers jours du siége, les sénateurs, afin d'épargner à la métropole du monde occidental une ruine complète, suggérèrent au malheureux empereur la résolution de partir, et l'y décidèrent peut-être malgré lui. Cette conduite, prudente assurément dans des circonstances si désespérées, donna lieu, en Orient, à

---

1. Vict. Tun., *Chron.* — Evagr., II, 16. — Cassiod., *Chron.*— Gelas. pap. ap. Labb. *Concil.* IV, p. 1238. — Jorn., *de r. Get.*, 45.
2. Anthemium gladio trucidavit. *Hist. Miscell.*, XV, 3.
3. Exceptis duabus regionibus in quibus Ricimirius cum suis manebat; cætera omnia prædatorum sunt aviditate vastata. *Hist. Miscell.*, *loc. cit.*

des interprétations malveillantes : les Byzantins y virent une trahison du sénat de Rome contre un prince qui lui venait de Constantinople, et au bout de plusieurs années, le successeur de Léon, s'en plaignait encore avec amertume[1]. Ricimer ne profita pas longtemps de sa victoire. Quarante jours après son beau-père, il mourait lui-même, en proie à des souffrances cruelles que les historiens du temps, habituellement peu retenus dans leurs conjectures, n'attribuent pourtant point au poison[2]. Ce ne fut pas la main des hommes, mais celle de Dieu qui frappa ce monstre souillé de sang, dans la joie du plus odieux de ses forfaits. Le 23 octobre de cette même année, soixante-cinq jours après la mort de Ricimer, trois mois et douze jours après celle d'Anthémius, arriva le tour du nouveau césar, qui, dit-on, mourut à Rome, de mort naturelle[3]. La même destinée avait fait disparaître presque à la fois tous les acteurs de ce lugubre drame, les vainqueurs après le vaincu, les bourreaux après la victime.

Il en resta cependant un, le plus obscur et le dernier venu, ce roi Gondebaud, neveu de Ricimer, que celui-ci, à ce qu'il semble, avait pris pour lieutenant dans la dernière guerre. Après la mort du patrice, et par reconnaissance pour sa mémoire, Olybrius avait trans-

---

1. Zeno his, qui venerant, hæc responsa dedit senatoribus : illos, quem ab Oriente accepissent imperatorem, Anthemium occidisse. Malch., *Hist.*, I, 3.
2. Excruciatus languoribus, et ipse interiit. *Hist. Miscell.*, XV, 1.
3. Morte propria. *Hist. Miscell.*, XV, 5. — Cf. Ennod., *Vit. Epiphan.*, p. 343. — Cassiod., *Chron.* — Procop., *Bell. Vand.* — Marcell. Comit., *Chron.* — Jornand., *R. Get.*, 46.

féré son titre à Gondebaud, avec le commandement général des armées romaines[1]. Ainsi, quand Olybrius lui-même alla rejoindre ses aïeux dans les tombeaux des Anices, l'empire d'Occident, sa capitale, son sénat, ses armées restèrent entre les mains d'un petit roi burgonde chassé de ses états, et qui ne possédait d'autre titre au gouvernement des Romains que d'avoir été le neveu de leur tyran.

1. Gundibarum ejus nepotem, patricium effecit. *Hist. Miscell.*, xv, 4.

## CHAPITRE V

### TABLEAU D'UNE PROVINCE ROMAINE SUR LE DANUBE

Misère et anarchie des provinces du Danube. — Saint Séverin, apôtre et réformateur du Norique. — Il y fonde une sorte de gouvernement. — Monastères de Favianes et de Passau. — Autorité du saint dans les villes romaines et chez les peuples barbares. — Ses relations avec les rois ruges Flaccithée et Fava.

454 — 472

Sur le revers occidental du mont Kalenberg (le Cettius des anciens), au penchant d'une riante vallée parsemée de vignobles, on montre les vestiges d'un vieil ermitage non loin duquel s'élèvent deux villages et deux églises qui portent le nom de saint Séverin. Quelques rares pèlerins se rendent encore par tradition à ces ruines qui attiraient au moyen âge un immense concours de fidèles, accourus des deux rives du Danube, pour visiter le sol jadis foulé par le grand apôtre du Norique[1]. Il y a quatorze cents ans, comme aujourd'hui, ces coteaux étaient plantés de vignes,

---

1 Ejus loci (cellæ S. Severini *ad Vineas*) haud obscurum monumentum est, vicus ad montem Cettium plane ad vineas situs, quem hodie quoque *Sieverin* appellant. Imo geminæ ejusdem nomenclationis villæ in eadem valle cettiensi, quæ ad Heiligenstadium se demittit collocatæ, nomen retinent ex Severino, quorum altera Sivering superius, altera Sivering inferius appellatæ. *Austria sacr.*, t. I, c. 14, p. 73. — Cf. Otto Frigens., IV, 30. — Le moyen âge décerna à S. Séverin le titre d'*Apôtre du Norique*, sous lequel l'Église le vénère aujourd'hui.

ainsi que le témoigne leur vieille dénomination latine, *ad Vineas*[1]; mais vers le milieu du vᵉ siècle, époque où commencent nos récits, la guerre avait détruit les cultures, dispersé les habitants, et transformé la riante vallée en désert. Telle qu'elle était pourtant, elle devint le siége d'un gouvernement dont l'action embrassa quatre provinces entières, et ne dura pas moins de vingt-huit ans : étrange gouvernement, à la fois consenti et absolu, sans autre sanction que le nom de Dieu, sans autre code que les préceptes de la charité; despotisme volontaire, qui eut pour Capitole une cellule, et pour tyran un moine! L'histoire de cette administration singulière se rattachant par un lien étroit aux événements de l'Italie, je l'exposerai avec quelque détail. Le lecteur y trouvera le tableau des misères qui, de province à province, parcouraient alors tout l'empire d'Occident; il y verra en outre un curieux exemple de ces gouvernements de passage, nés spontanément des besoins d'un ordre quelconque, entre le régime romain qui s'en allait, et la domination barbare qui n'était pas encore arrivée.

Dans l'année qui suivit la mort d'Attila, et au plus fort des terribles guerres que se livraient alors sur la rive droite du Danube les fils et les capitaines du conquérant, un personnage inconnu avait paru en Pannonie. Il venait d'Orient[2] et se nommait Severinus. Quand les Pannoniens désertaient à l'envie leur

---

1. In locum remotiorem secedens, qui *ad Vineas* vocabatur... cellula parva... Eugip., *Vit. S. Severin.*, nº 11, ap. Bolland, 8 januar.

2. De partibus Orientis adveniens... *Id. ibid.*, nº 7.

patrie inondée de sang, Séverin accourait pour l'habiter ; et comme si ce qui effrayait les autres avait au contraire de l'attrait pour lui, il se dirigea vers un canton troublé entre tous, vers cette frontière de la Pannonie et du Norique, où les Barbares les plus féroces semblaient s'être donné rendez-vous[1].

Son accoutrement dénotait une profonde misère, et ne lui valut d'abord sur son passage que méfiance et dureté. La petite ville d'Astures [2], où il se proposait de séjourner, fut sur le point de lui fermer ses portes. Astures était un entrepôt commercial important et riche, situé sur le Danube, à l'entrée de ce long défilé qui serpente entre le fleuve et les derniers escarpements du Cettius, l'étranger n'y trouva pas un toit pour s'abriter. Toutes les maisons se fermèrent devant le mendiant et le vagabond. Il courait risque de mourir de faim et de froid, si le portier de l'église, presque aussi pauvre que lui, ne l'eût reçu dans un coin de l'enclos qu'il occupait près du temple [3]. C'est au fond de ce misérable réduit que Séverin entreprit l'œuvre étonnante qui, de son vivant, l'égala aux princes du siècle, et lui valut, après sa mort, la vénération de l'Église avec le respect de l'histoire.

Séverin pouvait avoir alors trente ans. A la pureté de son accent latin, on le reconnaissait aisément pour un Italien ou du moins pour un Romain lettré des pro-

---

1. Ad Norici Ripensis oppida, Pannoniæ superiori vicina, quæ Barbarorum crebris premebantur incursibus. Eugip., *Vit. S. Severin.*, n° 4.
2. Asturis oppido morabatur. *Id. ub. sup.*—Astura, Austurum. Cf., *Notit. Imp.* T. II, p. 752, ed. Edv. Bœkiny. Bonn., 1853.
3. Ad hospitium... ab ecclesiæ custode susceptus. *Id. loc. cit.*

vinces occidentales[1] ; et ses manières affables sans familiarité, son maintien digne en même temps que modeste, le ton de sa parole, tout enfin trahissait en lui les habitudes d'une condition élevée. Mais un profond mystère entourait et entoura toujours son origine, sa famille, sa vie passée : il ne s'en ouvrait avec personne, pas même avec ses plus chers disciples. On put conjecturer seulement par quelques mots échappés à sa réserve habituelle, que cédant tout jeune encore à une invincible passion pour la vie contemplative[2], il avait quitté son pays natal, et parcouru l'Orient dont il énumérait les principales villes ; qu'après de longs trajets sur terre et sur mer, et de grands périls surmontés miraculeusement[3], il avait reçu, par une révélation expresse de Dieu, l'ordre de revenir en Occident, et qu'alors il s'était mis en route pour le Norique[4]. Voilà tout ce qu'on sut jamais de lui. Voulait-on en apprendre davantage, il détournait la conversation par des moqueries pleines de gaieté, auxquelles succédaient au besoin des paroles sévères, capables d'arrêter court et de faire rougir d'elle-même la curiosité la plus indiscrète.

L'anecdote suivante fera connaître jusqu'où cet homme singulier poussait l'amour du mystère ou plu-

---

1. Loquela ipsius testabatur hominem omnino latinum. Eugip., *Vit. S. Severin.*, n° 4.
2. Ad quamdam Orientis solitudinem fervore perfectioris vitæ profectum... *Id. ibid.*
3. Nonnullos Orientis urbes nominans, et itineris immensi pericula se mirabiliter transisse significans. *Id. ub. sup.*
4. Atque inde post ad Norici oppida... divina compulsum revelatione venisse. *Id. loc. cit.*

tôt l'oubli de lui-même et l'humilité. A une époque où son nom et le bruit de son œuvre étaient répandus dans toute l'Italie, un prêtre italien de haut parage, Pirménius, gouverneur de l'empereur Augustule, alors déposé, s'étant réfugié en Pannonie, y vivait avec familiarité près du saint et de ses disciples. Un jour, dans le laisser-aller de la conversation, s'adressant à Séverin, il ne craignit pas de lui dire : « Veuille nous raconter, très-vénérable seigneur, de quelle province de l'Empire la providence de Dieu daigna t'envoyer pour illuminer ces contrées[1]. » — « Si tu me prends pour un esclave fugitif, répondit Séverin en riant, prépare vite une rançon pour le jour où mon maître réclamera ma tête; » puis reprenant le ton triste et solennel qui lui était plus ordinaire, il ajouta : « Patrie, naissance, famille, qu'est-ce que cela? sinon des choses sous lesquelles se déguise l'orgueil, et qu'il vaut mieux taire. Pour juger un homme qui sert Dieu, qu'importe le rang qu'il tiendrait ici-bas? Ce qu'il faut connaître, c'est celui qu'il tiendra là-haut. Sache pourtant que ce même Dieu qui t'accorda la faveur d'être prêtre, m'a ordonné, à moi, de venir dans ces régions assister des hommes qui souffrent[3]. » Après ces mots il se tut, et Pirménius ne répliqua

---

1. « Domine sancte, de qua provincia Deus his regionibus tale lumen donare dignatus est ? » Eugip., *Vit. S. Severin.*, n° 4.

2. Cui vir Dei faceta primum hilaritate respondit : « Si fugitivum putas, para tibi pretium quod pro me possis, cum fuero requisitus, offerre. » *Id. ub. sup.*

3. « Verum tamen scito quia Deus, qui te sacerdotem fieri præstiterit, ipse me quoque periclitantibus his hominibus interesse præcepit. » *Id. loc. cit.*

point. « Depuis ce temps, ajoute le biographe du saint qui était aussi son disciple, nul n'osa aborder devant lui un pareil sujet [1]. »

La mission que Séverin croyait avoir reçue du ciel, et qu'il venait accomplir dans le pays le plus malheureux et le plus désorganisé de l'Occident, seul et sans autre appui que son inébranlable conviction, était d'une nature à la fois politique et religieuse. Elle consistait à réveiller, sous le stimulant énergique de la pénitence, une société que gagnait déjà le froid de la mort, à y ramener la charité bannie des âmes par l'égoïsme, à commander le patriotisme au nom de Dieu, en un mot à faire régner la loi religieuse là où la loi humaine n'avait plus de force. Ce n'était pas la première fois, qu'au milieu des convulsions du monde romain et dans le but d'arrêter sa dissolution imminente, on essayait de substituer un gouvernement de Dieu au gouvernement des hommes, dont les conditions se trouvaient fatalement brisées. Plus d'une fois, sur d'autres points de l'empire, des réformateurs, l'Évangile en main, avaient présenté ce moyen de salut à des populations qui voyaient crouler autour d'elles toutes les institutions sociales, et ne menaient plus qu'une vie précaire, sous l'épée ou la menace des Barbares. Dans les situations désespérées, le sens moral des sociétés s'altère comme celui des hommes; et de même que l'individu ne peut supporter au delà d'une certaine mesure l'inquiétude et le chagrin sans

---

[1]. Tali memoratus presbyter responsione conticuit, nec quisquam ante vel postea beatum virum super hac parte percontari præsumpsit. Eugip., *ub. sup.*

que sa raison chancelle ; ainsi les sociétés en proie à des calamités dont elles n'entrevoient ni l'adoucissement ni le terme, s'affaissent sur elles-mêmes et s'égarent. Une sorte de vertige les saisit. Elles marchent à tâtons comme dans une nuit profonde : la notion du bien et du mal s'est obscurcie en elles avec la conscience du devoir. Tantôt on les voit, s'attachant à la terre avec fureur, invoquer ce que l'enivrement des sens renferme de plus poignant, afin d'épuiser en quelques heures une vie sans lendemain. Tantôt, c'est au ciel qu'elles s'adressent dans leur désespoir ; elles appellent à leur aide, pour s'étourdir ou se sauver, les superstitions les plus folles ou les plus féroces, la magie, les tortures volontaires, le meurtre ; puis, quand ces emportements fiévreux viennent à cesser faute d'aliment, le calme qui leur succède est celui du tombeau : la mort morale est consommée.

La Bretagne, la Gaule, l'Espagne, avaient donné ou donnaient encore au monde, dans quelques-unes de leurs provinces, ce funèbre spectacle d'une société agonisante. Ici, comme dans quelques cités d'Espagne, des populations, emportées par une rage de bêtes fauves, se ruaient les unes sur les autres pour s'entredévorer. Là, comme à Trèves, des hommes indignes de ce nom, nobles, décurions, magistrats, attendaient le sac de leur ville, à table, couronnés de fleurs et la coupe en main, heureux de confondre leur sang avec le vin des amphores brisées[1]. Ailleurs, d'autres folies, d'autres hontes, d'autres crimes. A Cuculles, dans le

---

1. Ad hoc postremo rabida vini aviditate perventum est, ut principes urbis

Haut-Norique, une partie des habitants, reniant le christianisme comme une religion impuissante, et franchissant d'un bond tous les degrés d'un paganisme honnête, s'était mise à pratiquer des sacrifices humains, pour apaiser la destinée[1]. Quand l'homme est descendu à ce point de dégradation, il ne lui reste pas plus de pitié pour les autres que d'énergie pour lui-même. Les liens sociaux deviennent un vain mot ; il n'existe plus ni communauté civile, ni loi, ni patrie. Ces symptômes de mort morale venaient d'éclater avec violence dans les provinces du Haut-Danube, exposées à l'invasion barbare. « L'excès de leurs vices et de leurs crimes, nous dit un contemporain, consommait leur ruine. Sans force et sans appui mutuel, elles penchaient prêtes à tomber, comme penche une moisson coupée à la racine, et que le moindre vent doit abattre[2]. »

Séverin se fit le médecin de ces inexprimables souffrances. Ses deux remèdes furent la pénitence qui réhabilite l'homme, et la charité qui, le rapprochant de son semblable, devient le meilleur fondement de la vie sociale. A peine installé chez le portier de l'église d'Astures, il se mit à parcourir la ville en prêchant l'abstinence aux riches et quêtant pour les pauvres des vêtements et du pain ; surtout il appelait au repen-

ipsius ne tunc quidem de conviviis surgerent, cum jam hostis urbem intraret. Salv., *de Gubern. Dei*, l. 6.

1. Pars plebis infandis sacrificiis adhærebat. Eugip., *Vit. S. Severin.*, n° 19.

2. Jam peccatorum consummatio Pannoniis minabatur excidium : jam succisa radice, subjectæ regionis illius status in pronum deflexerat. Ennod., *Vit. Anton.*, p. 382.

tir, à la prière. au jeûne, un peuple livré aux dissipations les plus insensées. Il lui montrait des messagers de la colère céleste, dans ces Barbares qui rôdaient nuit et jour autour de ses murailles. C'était un étrange spectacle que ce pauvre nourri par un pauvre, mendiant pour les indigents; que ce misérable moine adressant des leçons et des menaces aux grands de la terre. et s'établissant en régulateur de leur vie. La sienne était soumise à des privations presque incroyables. Il ignorait ce que c'était que lit ou chaussures; il couchait par terre sur un cilice, marchait nu-pieds dans la neige[1], et ne mangeait qu'un peu d'herbe une fois par jour. Quand on lui reprochait l'exagération de ses austérités, il répondait : « Je les supporte, et Dieu m'en donne la force, afin que je vous serve d'exemple[2]. »

Le clergé n'était point à l'abri de ses remontrances et non sans raison, car il participait à la dissolution de la société civile, et les mœurs des ecclésiastiques se ressentaient fort de ce relâchement général que Séverin venait conjurer. Mais si les laïques ne l'écoutaient guère, le clergé eût jeté volontiers aux poissons du Danube le nouveau Jonas avec ses prophéties et son cilice. Il annonça un jour dans l'église d'Astures que la colère de Dieu, arrivée à son comble, allait éclater par un coup prompt et terrible, à moins d'une pénitence sincère, immédiate, et il supplia l'évêque. le clergé et le peuple de s'humilier sans plus de retard

1. Eugip., *Vit. S. Severin.*, n° 7.
2. *Id. ibid.*

dans la cendre et les larmes : « Les Barbares sont à vos portes, leur répétait-il; et attendent pour faire irruption jusque dans vos foyers un signal d'en haut que votre repentir peut encore détourner[1]. » Il alla même, dit-on, jusqu'à indiquer le jour et l'heure précis où la ville devait être saccagée[2]. Un rire d'incrédulité railleuse accueillit seul ses avertissements. « Eh bien donc, s'écria-t-il tout hors de lui, je pars, j'abandonne à sa perte inévitable une ville opiniâtre qui veut périr[3]. » Il partit, secouant comme l'Apôtre la poussière de ses pieds; et les habitants d'Astures délivrés de ce censeur incommode, se plongèrent avec un redoublement d'ardeur dans leurs dissipations accoutumées.

Au sortir de cette ville rebelle, Séverin se dirigea vers Comagènes[4], grande cité fortifiée, bâtie au pied même du mont Cettius. Il eut quelque peine à se faire admettre par les habitants qui pensaient avoir déjà dans leurs murs assez de mendiants; mais une fois admis, il paya largement son hospitalité par des services utiles à la sûreté de la place : toutefois ses appels à la pénitence n'y trouvèrent pas plus qu'ailleurs des oreilles et de cœurs dociles. Sur ces entrefaites Astures fut prise et saccagée. Profitant d'un jour où les habi-

---

1. Quadam die ad ecclesiam processit ex more : tunc presbytero, clero et civibus requisitis, cœpit tota mentis humilitate prædicere, ut hostium insidias imminentes orationibus ac jejuniis et misericordiæ fructibus inhiberent. Eugip., *Vit. S. Severin.*, n° 7.
2. Diem et horam imminentis excidii prodens... *Id. loc. cit.*
3. « De contumaci, ait, oppido et citius perituro festinus abscedo. » *Id. ibid.*
4. Inde ad proximum, quod Comagenis appellabatur oppidum, declinavit. *Id. ub. sup.*

tants ne se gardaient point (c'était probablement quelque fête à demi païenne dont les réjouissances se terminaient dans l'ivresse), les Barbares aux aguets accoururent, enfoncèrent les portes, firent main basse sur tout, tuèrent tout ce qui se rencontra devant eux. Le vieux portier de l'église, plein de foi dans l'infaillibilité de son ancien hôte, s'était tenu prudemment sur ses gardes, et réussit à s'échapper ; il s'enfuit à son tour à Comagènes[1]. On ne saurait peindre la joie qu'il éprouva en revoyant celui dont les avertissements l'avaient sauvé. Racontant ce qui s'était passé sous ses yeux dans Astures, les bonnes œuvres de Séverin et sa parole méconnue, puis confirmée si fatalement, il le proclamait avec enthousiasme un saint et un prophète. La naïve croyance de cet homme entraîna tous les autres. Ce fut comme un feu qui réchauffa la ville ; et les habitants de Comagènes, saisis d'une secrète appréhension, commencèrent à écouter des instructions qu'ils avaient jusqu'alors dédaignées.

Ces événements firent du bruit, et, dans tout le Norique, on ne s'entretint plus que du prophète arrivé d'Orient, de ses austérités surhumaines, de la sagesse de ses discours, de la sureté de ses prédictions. On accourut de toutes parts pour le voir et l'entendre ; on lui demanda son avis sur les choses publiques ; on le consulta aussi sur les choses privées, et l'on se trouva toujours bien de ses conseils, marqués au coin de la sagacité et de l'expérience. Bientôt les magistrats, non contents de le consulter à distance, l'invi-

---

1. Senex tanti hospitis susceptor... Eugip., *Vit. S. Severin.*, n° 7.

tèrent à venir dans leurs murs ; elles se disputèrent la faveur de le posséder, ne fût-ce qu'un jour : persuadées, dit son disciple et biographe Eugippius, que sa présence était la meilleure sauve-garde contre tous les périls[1]. Favianes fut une des premières à l'appeler ; voici dans quelle circonstance.

Les dévastations journalières des Barbares dans la zone riveraine du Danube détruisant jusqu'aux sources de la production, ces belles plaines si renommées pour leur fertilité ne nourrissaient plus leurs habitants : il fallait emprunter une partie de l'alimentation des villes à des cantons mieux garantis soit du passage continu des Barbares, soit de leurs incursions soudaines. Les vallées de l'Inn et de l'Ens, la première surtout, étaient devenues le grenier du Bas-Norique. Or, une année, par l'effet d'un hiver précoce, ce grenier se trouva bloqué avec tout ce qu'il contenait ; l'Inn ayant gelé avant l'époque ordinaire, la flottille de bateaux chargés de grains, à la destination du Danube, resta emprisonnée dans les glaces[2]. L'inquiétude aussitôt gagna les villes riveraines dont les approvisionnements étaient en grande partie épuisés ; les denrées se resserrèrent et la disette se fit sentir ; puis le froid continuant à sévir, on vit s'avancer à grands pas la famine[3]. La ville de Favianes était une des moins préparées à un pareil événement, grâce à

---

1. Unicum sibi remedium affore crediderunt, si hominem Dei... invitarent. Eugip., *Vit. S. Severin.*, n° 9.

2. Rates plurimæ in littore Danubii, quæ multis diebus crassa Eni fluminis glacie fuerant congelatæ... Eugip., *ibid.*

3. Civitatem... sæva fames oppresserat. *Id. ub. sup.*

l'imprévoyance des habitants, et à l'incurie, ou plutôt à l'impuissance des magistrats. Ce n'est pas qu'on y manquât de blé ; mais quand il eût fallu s'entendre pour assurer une sage répartition de ce qu'on possédait, personne ne commandait, ou plutôt personne ne voulait obéir. Nulle police dans la ville, nul ordre dans les marchés; chacun dissimulait de son mieux sa provision particulière; et ce qu'on mettait en vente, ou ce que le peuple découvrait dans ses recherches inquisitoriales, était follement gaspillé : l'anarchie aggravait la famine.

Dans ce désarroi des pouvoirs civils, les habitants songèrent à Séverin comme au seul homme qui pût apporter à leurs maux un remède efficace, par ses bons conseils, par son autorité, enfin par le pouvoir surnaturel qu'on lui supposait. Les magistrats, qui partageaient cette confiance, le conjurèrent de venir, et il y consentit[1]. Sa présence rétablit le calme tout aussitôt. A défaut des secours directs du ciel, l'homme de Dieu, comme on l'appelait, apportait du moins avec lui la prévoyance humaine et la charité. Il ordonna d'abord aux habitants de déclarer ce que chacun d'eux possédait de grains, et de mettre leurs provisions en commun, afin que les pauvres y eussent une part; ceux-ci dès lors ne pillèrent plus et les marchés furent tranquilles. C'était au nom de Dieu que Séverin commandait, et faisait exécuter ses ordres. Il s'en fallait néanmoins que les déclarations des dé-

1. Favianis habitatores... ex oppido Comagenis hominem Dei religiosis precibus invitarunt. Eugip., *Vit. S. Severin.*, n° 9.

tenteurs de blé fussent toutes sincères ; plusieurs continuèrent à cacher leurs réserves, les uns par crainte de manquer, les autres par calcul, et afin de vendre plus cher lorsque le besoin serait devenu plus grand.

Au nombre de ces riches sans entrailles se trouvait une veuve nommée Procula, femme de haute lignée, qui avait su dérober à la connaissance de tout le monde un grand amas de blé enfoui dans sa maison. Sa surprise fut grande, lorsque Séverin, à qui la chose fut révélée[1] secrètement, l'apostropha ainsi en public : « Procula, comment se peut-il qu'issue, comme tu l'es, de nobles parents, tu te sois faite la servante de ta cupidité ? L'apôtre saint Paul nous enseigne que l'avarice est la servitude des idoles ; et toi, tu es devenue volontairement l'esclave de l'avarice [2]. Écoute pourtant ce que j'ai à te dire. Grâce au Seigneur qui a pris pitié de ses enfants, tu ne sauras bientôt plus que faire de ce que tu conserves si soigneusement, à moins que plus humaine pour les poissons que pour les hommes, tu ne jettes dans le Danube ce même blé que tu refuses à tes semblables[3]. Reviens donc à toi, tandis qu'il en est encore temps ; et distribue aux pauvres quelque chose de ce que tu oses bien accaparer quand le Christ a faim. C'est à toi-même que tu viendras en aide,

---

1. Beatus Severinus divina revelatione cognovit quamdam viduam nomine Proculam, fruges plurimas occultasse. Eugip., *Vit. S. Severin.*, n° 9.

2. « Cur, nobilissimis orta natalibus, cupiditatis te præbes ancillam, et extas avaritiæ mancipium, quæ est, docente Apostolo, servitus idolorum ? » *Id. ibid.*

3. « Ecce Domino famulis suis misericorditer consulente, tu quid de male partis facias non habebis, nisi forte frumenta diu denegata in Danubii fluenta projiciens, humanitatem piscibus exhibeas, quam hominibus denegasti. » *Id. loc. cit.*

bien plus qu'aux autres[1]. » Procula, qui se croyait à l'abri du soupçon, fut frappée comme d'un coup de foudre en entendant ces paroles; elle court en toute hâte chez elle, déterre son blé, le fait porter au marché et en distribue une part aux indigents[2]. Quelques jours après, l'Inn était en plein dégel, et les convois de grains descendaient le Danube, assez nombreux pour ravitailler toute la contrée[3]. Séverin en avait-il été informé à temps? On aima mieux croire qu'il devait à une révélation divine le fait dont il s'était servi avec tant d'à-propos. En tout cas, la famine avait été conjurée par son intervention, et les habitants de Favianes lui vouèrent une reconnaissance qui ne se démentit jamais. Séverin, de son côté, prenant leur ville en affection, résolut de s'y fixer.

La situation de Favianes convenait d'ailleurs au projet qu'il méditait, celui de relier ensemble les points importants des provinces de Norique et de Rhétie, afin de les faire concourir, sous sa direction, à une œuvre commune de défense et de charité. Située sur le Danube, à quarante lieues seulement de Passau, et en communication facile avec la plupart des autres villes par le fleuve et ses affluents, Favianes offrait un point presque central à des combinaisons qui embrasseraient Comagènes, Passau, Lauréacum, Tiburnie,

---

1. « Quamobrem subveni tibi potius quam pauperibus, ex his quæ adhuc tu æstimas, Christo esuriente, servare. » Eugip., *Vit. S. Severin.*, n° 9.
2. Quibus auditis, magno mulier pavore perterrita, cœpit servata libenter erogare pauperibus. *Id. ibid.*
3. Rates... quæ glacie fuerant congelatæ, Dei imperio mox solutæ, ciborum copias fame laborantibus detulerunt. *Id. ub. sup.*

Joppia et les localités inférieures. Comme un conquérant qui procède à la soumission graduelle d'un territoire, Séverin se choisit un quartier général, d'où son action pût rayonner aisément et rapidement à travers le vaste pays qui s'étendait du mont Cettius au Danube, et du Danube aux Alpes.

Les villes du Norique et de la Rhétie présentaient toutes plus ou moins, comme Astures et Favianes, le spectacle de la plus violente anarchie. Partout le mécanisme administratif était suspendu ou brisé. Les hauts fonctionnaires militaires et civils, lieutenants impériaux, présidents des provinces, ducs des limites, faisant retraite devant l'invasion barbare, avaient regagné l'Italie avec la plus forte partie des garnisons, de sorte que le gouvernement restait tout entier dans la main des magistrats municipaux. Tout rapport régulier de ces magistrats avec le gouvernement central cessa bientôt par le fait des Barbares, qui occupant de proche en proche les vallées supérieures des Alpes, formèrent comme un cordon de blocus entre les provinces du Danube et l'Italie. Aussi n'arrivait-il plus de Ravennes ou de Rome ni instructions, ni décisions; et les administrations locales ne relevant plus que d'elles-mêmes, l'ordre des juridictions étant bouleversé, rien n'assura plus l'exécution des lois administratives ou civiles.

Dans l'ordre militaire, ce fut encore pis. Ce qu'il restait de soldats des anciennes garnisons, s'était disséminé dans les villes fermées et les châteaux, pour y servir de noyau à la résistance des habitants; mais chacun de ces petits corps agissait à sa guise ; il n'existait entre eux ni entente mutuelle, ni autorité commune. Par suite de l'interruption des rapports avec la métropole, le soldat ne toucha plus sa paie exactement, bientôt il ne la reçut plus du tout : autre cause d'embarras et de désordre. La garnison de Lauréacum ennuyée de ces retards, envoya quelques soldats réclamer en Italie sa solde arriérée [1]. Ces soldats passèrent les Alpes sans encombre et parvinrent à se faire payer des trésoriers militaires ; mais à leur retour, ils furent dévalisés par les Barbares, qui les tuèrent [2] et les jetèrent dans l'Ens. Leurs cadavres roulés par les eaux jusque sous les murs de la ville [3], apprirent à la garnison le mauvais succès de son ambassade. De pareils faits devaient se renouveler souvent. Dans ces circonstances, il fallut que les villes, sous peine de voir leurs défenseurs mourir de faim, pourvussent elles-mêmes aux distributions de vivres et à la solde ; et de là de nouvelles difficultés entre les habitants et les soldats [4]. Ceux-ci ne trouvaient jamais la prestation suffisante, et se dédommageaient en pillant ; plusieurs désertèrent aux Barbares, d'autres se firent voleurs. Appelant à eux des paysans affamés et des vagabonds de toute nation, ils donnèrent naissance aux Scamares [5],

---

1. Surrexerunt quidam (milites) ad Italiam, extremum stipendium commilitonibus allaturi. Eugip., *Vit. S. Severin.*, n° 28.

2. Quos in itinere peremptos a Barbaris... *Id. ub. sup.*

3. Nuntiatum est corpora præfatorum militum fluminis impetu ad terram fuisse delata. *Id. ibid.*

4. Multorum milites oppidorum pro custodia limitis, publicis stipendiis alebantur. Qua consuetudine desinente... *Id. loc. cit.*

5. Latrones quos vulgus Scamaros appellabat. Eugip., *Vit. S. Severin.*, n° 7.

brigands organisés, assez forts pour tenir la campagne contre des troupes régulières, livrer des batailles rangées, et traiter de puissance à puissance avec les généraux romains. Ainsi se formèrent ces terribles bandes si redoutées du paysan pannonien, et que l'histoire nous peint comme un nouveau peuple barbare, sorti du sein même de la civilisation.

Les villes seules conservaient une ombre d'organisation, les campagnes n'en avaient plus : elles vivaient au jour le jour. Leur population, à l'approche d'un danger, se réfugiait dans les enceintes fortifiées avec son bétail et ses meubles ; et, le péril passé, elle retournait à ses travaux. Bien souvent elle trouvait sa moisson faite par les Barbares, ses greniers dégarnis, ses cabanes réduites en cendres. A défaut de pouvoirs légaux régulièrement institués, des pouvoirs de fait s'établissaient dans les villes, où régnait sans contrôle tantôt le bon sens, tantôt le caprice du peuple. L'autorité supérieure tombait le plus ordinairement aux mains du chef militaire représentant de la force matérielle, quelquefois aux mains de l'évêque représentant de la force morale ; parfois aussi l'une et l'autre force venaient se cumuler sur la même tête : l'évêque ceignait l'épée et le tribun prenait la crosse. C'est ce qu'on vit dans Favianes où le peuple promut à l'épiscopat son commandant militaire, le tribun Mamertinus[1], pour prix de ses bons services. Mamertinus

— On peut consulter au sujet de ces bandes de brigands, ce que j'ai dit dans mon *Histoire d'Attila, de ses fils et de ses successeurs*, t. I, p. 288.

1. Mamertinum... tunc tribunum qui post ordinatus est episcopus. Eugip., *Vit. S. Severin.*, n° 10.

était un brave officier, énergique contre les Barbares, sévère pour ses soldats, doux pour les habitants; homme d'ailleurs juste et pieux, mais qui, on peut bien le croire, n'avait jamais touché un livre de liturgie. Il devint dans la circonstance un excellent évêque. Sollicité bien des fois d'accepter ce titre, Séverin s'y refusa toujours[1] ; il ne voulut pas même être prêtre, soit par humilité, soit plutôt parce que le dessein qu'il avait formé concordait mal avec les devoirs étroits et la subordination du sacerdoce.

Partout où Séverin était appelé et consulté, partout où il prenait lui-même l'initiative des avis, sa première prescription était pour les pauvres et les prisonniers, de quelque nation qu'ils fussent : il voulait qu'on leur assurât avant tout la nourriture et le vêtement. En effet, l'égoïsme, ainsi que je l'ai dit, était la plaie profonde qui rongeait au cœur cette société si malade. La pitié éteinte dans les âmes y laissait la place libre pour tous les instincts pervers; et tandis que le riche ne songeait qu'à jouir, le pauvre courait se joindre aux Scamares, et arrachait, à la pointe de l'épée, le pain qu'on ne lui offrait pas. Le plus pressant de tous les besoins était donc de rapprocher des hommes qui ne pouvaient se passer les uns des autres. D'accord avec les principaux des villes, Séverin institua au profit des indigents un impôt du dixième des récoltes et du dixième des vêtements[2]. Quand les villes

1. Episcopatus quoque honorem ut susciperet postulatus, præfinita responsione conclusit, sufficere sibi dicens quod solitudine desiderata privatus... Eugip., *Vit. S. Severin.*, n° 10.
2. Pro decimis autem dandis, quibus pauperes alerentur. Norici quoque presbyteros missis exhortabatur epistolis. *Ibid.*, n° 25.

résistaient, le saint éclatait en reproches et en prédictions sinistres qui ne manquaient guère de se réaliser, car les populations les plus désunies étaient aussi les plus exposées aux entreprises des Barbares. Peu à peu cette taxe prit un caractère d'obligation non-seulement morale, mais civile, à laquelle personne n'essaya plus de se soustraire.

Le blé provenant des collectes était recueilli dans des greniers, les vêtements dans des magasins, placés les uns et les autres sous la garde de Dieu, et administrés, dans chaque lieu, suivant les besoins. Séverin avait établi près de ses diverses résidences, un de ces dépôts dont il était lui-même le dispensateur, et qu'il fit régir par ses disciples, quand il eut des monastères. Situés généralement hors des villes, quelquefois dans des endroits tout à fait déserts, ils devinrent l'objet d'un respect religieux ; ni Romains, ni Barbares, n'osaient y porter la main, les voleurs mêmes craignaient d'y toucher ; et les hommes chargés de convoyer la dîme, étaient sacrés comme la dîme elle-même. La contrée riveraine du Danube, la plus ravagée et la plus misérable de toutes, eut aussi la plus large part dans les secours de cette bienfaisance organisée. Les villes du Haut-Norique et de la Rhétie se firent un devoir de contribuer à ses provisions de vêtements et de vivres, malgré l'éloignement. Malheur à qui se montrait indifférent : le châtiment n'était pas loin ! On racontait que les habitants de Tiburnie tardant à envoyer leur contribution vivement réclamée par le saint, celui-ci s'était écrié avec impatience : « Ils la gardent donc pour les Barbares[1] ! » et qu'en effet, la ville avait été prise et pillée par les Goths, quelques semaines après. Ainsi, l'imagination populaire entourait de la protection immédiate du ciel ces œuvres d'une active et sainte charité. Chaque jour quelque histoire étonnante, quelque récit merveilleux venaient encourager les bons, et effrayer les méchants ou les tièdes : un seul fera juger de tous les autres.

Une année, le Haut-Norique n'avait pas fourni à temps sa collecte de vêtements ; on était déjà en plein hiver[2], et le froid sévissait avec une rigueur inaccoutumée. Quand la collecte fut réunie, il fallut encore la transporter à la cellule du saint : c'était un rude voyage à entreprendre, car les montagnes qui séparent le Haut-Norique de la vallée du Danube, difficiles à franchir en toute saison, offraient alors des passages vraiment dangereux. Cependant un citoyen, nommé Maxime, consentit à le faire par dévouement[3] ; il loua plusieurs hommes de peine, qui chargèrent les bagages sur leur dos[4], et se mit en route avec eux. La petite troupe gravit d'abord sans trop d'embarras les pentes méridionales de la chaîne jusqu'à son sommet, mais arrivée là et tandis qu'elle cherchait un gîte, une bourrasque mêlée de neige l'assaillit avec tant de vio-

---

1. Dilatam eorum oblationem prædixit Barbaris offerendam. Eugip., *Vit. S. Severin*, n° 25.
2. Media hieme .. *Ibid.*, n° 37.
3. Maximus Noricensis... ad beatum Severinum... intrepida devotione venire contendit. Eugip., *loc. cit.*
4. Conductis plurimis comitibus, qui collo suo vestes captivis et pauperibus profuturas... bajularent. *Id. ub. sup.*

lence, qu'elle fut forcée de s'arrêter. Les voyageurs se réfugièrent sous un grand arbre dont les rameaux pendants leur servirent d'abri[1]; la nuit vint sur ces entrefaites, et, la fatigue aidant, ils s'endormirent. A leur réveil, ils s'aperçurent que la neige qui n'avait cessé de tomber pendant toute la nuit, formait autour d'eux une muraille circulaire et qu'ils étaient emprisonnés au fond d'une fosse[2]. Ils s'en dégagèrent non sans peine, mais comment retrouver leur chemin? La moindre erreur au milieu de ces abîmes pouvait les perdre sans retour. Ils commençaient à désespérer, quand un ours énorme, sorti d'une caverne, se mit à marcher à pas lents dans la direction qu'ils devaient prendre[3] : ils examinèrent ses traces, et reconnaissant sous la neige les indices d'une route frayée, ils le suivirent avec confiance comme un envoyé du ciel. Grâce à ce conducteur d'un nouveau genre, Maxime et ses compagnons échappés aux périls de la montagne, atteignirent sains et saufs avec leurs fardeaux l'ermitage du saint. Voilà ce qu'on racontait dans toute la Pannonie; et il n'eût pas été prudent de soutenir devant les paysans du Norique que cet ours s'était trouvé là par hasard, qu'il n'avait pas cheminé comme un guide attentif à quelques pas des voyageurs; qu'en-

---

1. Per totam noctem... eos ramis magnæ arboris vallatos... Eugip., *Vit. S. Severin*, n° 37.

2 Nix tanta confluxit, ut eos... velut ingens fovea, demersos includeret. *Id. ibid.*

3. Ingentis formæ ursus e latere veniens, viam monstraturus apparui, qui se tempore hiemis speluncis abditare consuevit, et mox cupitum r s iter. *Id. ub. sup.*

fin il ne les avait pas dirigés pendant un trajet de deux cent milles, jusqu'à la porte du solitaire[1].

L'intelligence de Séverin, éminemment pratique, s'étendait aux besoins les plus divers d'une société; on eût dit qu'il avait tout vu, tout expérimenté; et quand la nécessité se présentait, il savait dresser une embuscade militaire ou préparer un coup de main, avec la même dextérité qu'il présidait aux exercices d'un cloître. La merveilleuse prescience dont il était doué lui faisait en toutes choses, et sans hésitation, rencontrer le parti le plus opportun. Une petite scène dont Favianes fut témoin donnera l'idée de ce jugement prompt et sûr qui pouvait facilement passer près du peuple pour un don surnaturel, et imprimait à ses moindres avis une autorité irrésistible et presque divine.

Une troupe de brigands barbares fondit un jour sur la banlieue de cette ville, assez loin des remparts pour ne point donner l'éveil à la garnison : c'était une bande nombreuse, bien armée, résolue à tout, et qui signala sa présence par d'horribles dévastations. Les maisons furent pillées, le bétail enlevé, les colons traînés en servitude avec leurs femmes et leurs enfants[2]. Tout cela se fit si subitement, si lestement, que la nouvelle n'en parvint à Favianes que par quelques fugitifs qui brisèrent leurs chaînes, quand les voleurs

---

1. Per ducenta fere millia, non ad sinistram devians, non ad dextram... Eugip., *Vit. S. Severin*, n° 37.

2. Inopinata surreptione prædones Barbari, quæcumque extra muros hominumque pecudumque repererant, duxere captiva. *Id.*, n° 10.

s'étaient déjà remis en marche, chargés de butin. Ces malheureux, comme toujours, allèrent d'abord trouver Séverin : « Homme de Dieu, lui dirent-ils en embrassant ses genoux, rends-nous nos frères que des brigands emmènent ; délivre nos femmes et nos enfants de la plus odieuse des servitudes. »

Le moine leur fit exposer de point en point ce qui était arrivé, il s'enquit du nombre des bandits, de la route qu'ils avaient prise, de la quantité de bagages qu'ils traînaient à leur suite ; quand il sut tout, il rassura les paysans : « Ayez foi en Dieu, leur répétait-il, ceux que vous pleurez vous seront rendus. » Sans perdre un moment, il se rend près de Mamertinus qui commandait la garnison de la ville, ainsi que je l'ai dit plus haut, et lui raconte ce qu'il vient d'apprendre. « De combien de soldats peux-tu disposer pour assaillir ces brigands et délivrer leurs prisonniers, demande-t-il au tribun[1] ? » — « Je n'ai, répond celui-ci, qu'une poignée d'hommes et encore ces hommes sont-ils à peine armés ; pour mon compte, je ne me hasarderais pas en tel équipage contre de pareilles forces ; mais si tu l'ordonnes, vénérable père, je partirai avec assurance, car tes prières m'obtiendront la victoire[2]. » — « Tu dis vrai, répliqua Séverin ; qui a Dieu pour soi, ne s'inquiète ni du nombre ni de la bravoure des hommes ;

---

1. Mamertinum percunctatus est, utrum aliquos secum haberet armatos, cum quibus latrunculos sequeretur. Eugip., *Vit. S. Severin*, n° 10.

2. Milites quidem habeo paucissimos, et ideo non audeo cum tanta hostium multitudine confligere. Quod si tua Veneratio præcipit, quamvis auxilium nobis desit armorum, credimus tua nos fieri oratione victores. *Id. ub. sup.*

au nom de ce Dieu, pars à l'instant, marche hardiment, si tes soldats manquent d'armes, l'ennemi leur en fournira. Réserve-moi seulement les Barbares qui tomberont en ton pouvoir : je les demande comme ma part de butin [1]. »

Le tribun écouta le plan d'attaque combiné par Séverin d'après le récit des paysans ; il l'approuva, réunit sa petite troupe, à laquelle se joignirent quelques habitants, et se mit en route. A deux milles de la ville, coulait une petite rivière appelée Dicuntia [2], dont le cours sinueux baignait une vaste prairie avant de se perdre dans le Danube. On eût dit ce lieu fait exprès pour une halte ; et, d'après l'heure de la journée, le saint conjecturait que les bandits s'y arrêteraient, soit pour partager le butin, soit pour manger les provisions qu'ils avaient enlevées. Mamertinus s'y dirigea en toute hâte, et surprit effectivement les voleurs au milieu d'une véritable orgie, les uns mangeant et s'enivrant, les autres déjà ivres et dormant sur l'herbe. Leurs armes dispersées gisaient çà et là dans la prairie. A l'apparition du tribun, tous ceux qui purent se sauver le firent sans essayer de combattre [3] ; et l'on n'eut qu'à détacher les fers des captifs romains pour les passer au cou des autres. Le retour de Mamertinus

---

1. Etiamsi inermes sunt tui milites, nunc ex hostibus armabuntur; nec enim numerus aut fortitudo humana requiritur, ubi propugnator Deus per omnia comprobatur... Hoc autem ante omnia servaturus, ut ad me quos ex Barbaris ceperis, perducas incolumes. Eugip., *Vit. S. Severin*, n° 10.

2. Exeuntes igitur secundo milliario, super rivum qui vocatur Dicuntia... *Id. ibid.*

3. Latrones inveniunt, quibus in fugam conversis... arma omnium tulerunt. *Id. ub. sup.*

dans Favianes fut un véritable triomphe. Soldats et paysans rapportaient, avec les dépouilles reconquises, une provision d'épieux et de dards suffisante pour armer la ville entière. Le tribun, suivant sa promesse, fit conduire devant Séverin tous ses prisonniers barbares[1]; Séverin leur donna la liberté. « Allez retrouver vos complices, leur dit-il, et racontez-leur ce que vous avez vu. Un peuple que Dieu protége n'a rien à craindre de ceux qui l'attaquent : l'ennemi se croyait vainqueur, il est vaincu, et ses propres armes servent à l'accabler. Dieu a pris cette cité sous sa garde ; que vos pareils n'en approchent jamais[2] ! » La leçon avait été rude ; et les Scamares se mirent à redouter le saint, tout autant que les Romains le vénéraient.

Les jours et les nuits de Séverin se consumaient dans ce rude labeur, quand, tout à coup, un trouble intérieur le saisit ; il se dégoûta de cette vie d'agitation ; et la passion de sa jeunesse, la solitude, lui fit sentir de nouveau ses aiguillons les plus acérés. Il la revit se dresser incessamment devant lui avec ses charmes austères, les jeûnes prolongés, les veilles, les longues prières, l'anéantissement de l'âme, seule à seule, en face de Dieu. Il n'y sut pas résister ; le moine, encore une fois, succomba à la tentation du désert. Un jour, il disparut de Favianes, se dérobant soigneu-

---

1. Cæteros vero vinctos, ad Dei famulum, ut præceperat, adduxerunt captivos. Eugip., *Vit. S. Severin*, n° 10.
2. Ite et vestris denuntiate complicibus, ne aviditate prædandi ultra huc audeant propinquare ; nam statim cœlestis vindictæ judicio puniuntur, Deo pro suis famulis dimicante... *Id. loc. cit.*

sement à toutes les recherches; et lorsqu'on le retrouva, il habitait, dans cette vallée du mont Cettius dont j'ai parlé, près du canton des Vignes, une cellule qu'il s'était construite de ses propres mains[1]. Il y resta quelque temps, malgré toutes les instances, puis on le vit rentrer à Favianes, disant que Dieu l'avait chassé du désert, et lui ordonnait de revenir parmi les hommes; qu'il avait même reçu d'en haut le commandement exprès de fonder un monastère près de cette ville[2].

Son retour fut célébré comme un bonheur public. Dans l'espoir de le fixer pour toujours, on se mit à bâtir le monastère qu'il désirait; chacun se fit un devoir d'y contribuer, le riche de sa bourse, le pauvre de ses bras, et la sainte maison s'éleva presque soudainement, par une sorte de miracle. Elle fut placée, suivant sa volonté, à peu de distance des murs de Favianes, dans une petite anse du Danube, munie d'un port naturel où plusieurs barques pouvaient se tenir à l'ancre pour le service du monastère. Là même, au milieu de ses disciples, il se fit une vie à part, remplie d'austérités que lui seul osait affronter[3], et de temps en temps, si le besoin de la solitude le ressaisissait plus irrésistiblement, il se sauvait au mont Cettius, dans son ermitage des Vignes. C'est

---

1. Cellulam solito more fundaverat. Eugip., *Vit. S. Severin*, n° 11.
2. Ad oppidum remeare divina revelatione compellitur, ita ut quamvis eum quies cellulæ delectaret, Dei tamen jussis obtemperans, monasterium haud procul a civitate construeret. *Id. ibid.*
3. Ad sanctum habitaculum... sæpius secedebat ut oratione... *Id. ub. sup.*

ainsi qu'il vécut et mourut, ballotté entre deux penchants contraires également impérieux, l'extrême activité parmi les hommes, et l'extrême repos en face de Dieu.

Son monastère se peupla rapidement de jeunes hommes, qu'attirait la réputation du fondateur, et qui se firent avec ardeur et humilité les instruments de ses travaux. Séverin obtint de si bons fruits de ce premier établissement, qu'il alla en fonder un second dans la ville de Passau, la plus importante du Norique occidental [1]. Ce second monastère fut appelé le *petit*, par opposition à celui de Favianes qui fut toujours le plus considérable, et se nomma le *grand*. A partir de ces deux fondations, l'action du réformateur sur les provinces danubiennes prit la forme et la régularité d'un gouvernement. Les relations avec le haut Danube et les vallées de l'Inn et de l'Ens se concentrèrent à Passau, celles de la région orientale à Favianes; et de ces deux centres partirent dès lors les avertissements et les ordres. La communication de l'un à l'autre avait lieu par le Danube [2]. Cette nouvelle organisation obligea Séverin à partager desormais son temps entre Passau et Favianes, mais cette dernière ville et le grand monastère furent toujours sa résidence privilégiée. A Passau comme à Favianes, il eut besoin d'une de ces retraites où il s'enfermait de temps à autre, et d'où il rapportait de si salutaires et si fécondes inspi-

---

1. Patavis appellatur oppidum inter utraque flumina, Œnum videlicet atque Danubium, constitutum... Eugip., *Vit. S. Severin*, n° 27.
2. Danubii navigationibus descendebat. *Ibid.*, n° 30.

rations; il se construisit une seconde cellule dont on croit retrouver l'emplacement près d'Instadt[1].

C'était parmi les laïques, paysans ou citadins, que Séverin trouvait surtout obéissance à ses volontés et foi dans sa mission ; ils formaient ses croyants et son peuple. Quant au clergé, soit jalousie d'autorité, soit rancune des remontrances que le saint ne lui ménageait guère, il le regardait de mauvais œil, et sauf quelques évêques, ses partisans sincères et déclarés[2], le missionnaire rencontra, parmi les ecclésiastiques, plus d'opposition que de concours. Dans une œuvre comme la sienne, dans une réforme de la société par la religion, il eût fallu que le premier rôle incombât au clergé qui devait l'exemple au peuple : or, je l'ai dit, le relâchement des mœurs y avait pénétré comme partout. Séverin gardait donc ses plus grandes sévérités pour les clercs ; il leur prêchait incessamment la pénitence, et n'abordait leurs églises qu'avec le cortège des retraites, des jeûnes, des macérations de toute espèce. Aussi, beaucoup d'entre eux ne le voyaient arriver qu'avec terreur ; et à peine était-il installé, qu'on soupirait après son départ. Un jour qu'il quittait Passau pour aller, à la requête de la ville, négocier une sorte d'arrangement commercial avec le roi des Alamans, comme l'évêque et son clergé l'accompagnaient jusqu'au baptistère, un des prêtres lui adressa ce singulier adieu : « Allez, saint homme, et partez vite,

---

1. Bolland, 8 januar. Not. ad *Vit. S. Severin.*—Tillem., *Mémoires ecclésiast.*, XVI, p. 174.
2. Eugip., *Vit. S. Severin, pass.*

afin que nous nous remettions de tant de jeûnes et de veilles dont votre présence nous a gratifiés [1]. »

La négociation de Séverin n'aboutit point; et pendant son absence, Hunimond, roi des Suèves, qui guettait l'occasion d'entrer à Passau, surprit une porte au moment où les habitants étaient occupés aux champs pour les travaux de la moisson. Il pilla la ville tout à son aise, ainsi que l'église. Ce même prêtre dont l'humeur joviale s'était si grossièrement épanouie dans le baptistère, lors du départ du saint, ayant essayé de s'y cacher, fut découvert et tué par les Barbares [2]. Sa fin tragique parut à tout le monde une punition de son impiété. Dans une autre ville, les habitants ayant reçu de Séverin la recommandation d'émigrer sans retard et de transporter ailleurs leurs familles, parce que les Hérules allaient venir, un prêtre se moqua publiquement du prophète et de ses avis. Non-seulement il refusa de partir, mais il retint le plus d'habitants qu'il put et jusqu'au messager porteur des lettres du saint. Les Hérules arrivèrent sur ces entrefaites, et le prêtre incrédule fut pendu [3].

Tout cela, comme on le voit, se passait en face des Barbares, et, pour ainsi dire, sous leur épée; de sorte que le travail de réforme poursuivi par Séverin n'était guère que la moitié de sa tâche. Il lui fallait en outre

---

[1]. Perge, quæso, sancte, perge velociter, ut tuo discessu parumper a jejuniis et vigiliis quiescamus. *Vit. S. Severin.*, n° 30.

[2]. Presbyterum quoque illum qui tam sacrilege contra famulum Christi in baptisterio fuerat locutus, ad eumdem locum confugientem... peremerunt. Eugip., *Ibid.*, n° 31.

[3]. *Ibid.*, n° 32.

protéger contre des ennemis toujours aux aguets cette société qu'il tentait de régénérer, et obtenir la paix des Barbares, pour les provinciaux romains, pour son œuvre, pour lui-même enfin. Peut-être cette seconde moitié du travail renfermait-elle plus de difficultés et de périls que la première ; en tous cas, elle fit éclater dans le réformateur, avec plus d'évidence encore, les dons singuliers que la providence lui avait départis, et cette attraction irrésistible qu'il savait exercer sur les hommes. Ce furent surtout ses relations avec les peuples et les rois barbares, qui firent de Séverin au v<sup>e</sup> siècle un personnage politique ; c'est par elles aussi que sa vie se trouve liée à l'histoire de l'empire d'Occident. Un coup d'œil jeté sur les vallées du haut et du moyen Danube, à l'époque qui suivit immédiatement la dissolution des bandes d'Attila, fera mieux comprendre et le caractère de ces relations et l'influence qu'elles purent avoir dans les événements de l'Italie.

Les conquêtes d'Attila avaient eu pour effet de concentrer sur la rive septentrionale du Danube toutes les forces de l'univers barbare ; sa mort licencia cette armée de peuples, et la victoire du Nétad, en donnant gain de cause aux Germains contre les Huns, livra aux premiers le pays compris entre la chaîne des Karpathes et celle des Alpes. Les vallées du Danube et de ses affluents ne présentèrent d'abord qu'un affreux pêle-mêle de nations se heurtant, se croisant pour se faire une place tantôt sur une rive, tantôt sur l'autre ; peu à peu ce chaos s'organisa, et quand tout fut rassis, voici le spectacle qui frappa et put épouvanter à bon droit les regards des Romains.

Au nord du grand fleuve, et dans l'espèce de cirque que forment les Karpathes par le rapprochement de leurs extrémités, les Gépides ravisseurs de l'ancien royaume d'Attila, campaient dans la ville du conquérant, sur les ruines de son palais de planches. Les Ostrogoths campaient en face, sur la rive droite et s'étendaient au loin. Divisés en trois corps de nation sous trois rois, Théodémir, Valémir et Vidémir, frères par l'affection non moins que par le sang, ils occupaient les deux provinces pannoniennes depuis le cours sinueux de la Save jusqu'au versant oriental du mont Cettius. Théodémir l'aîné et le plus puissant, dressait ses tentes aux environs du lac Pelsod[1], près de la ville actuelle de Vienne. Valémir dans les campagnes qu'arrose la Save, et Vidémir, le plus jeune, s'était fixé dans l'intervalle avec la fraction la moins nombreuse des tribus gothiques; tel était le domaine des Ostrogoths.

Le sort des armes avait donné pour voisins aux Gépides, sur la rive gauche du Danube et à l'ouest des Karpathes, le peuple des Ruges, inférieur en force aux deux premiers, bien qu'encore redoutable. Maître de la vaste plaine que traverse la Morawa, il y avait placé son quartier général ainsi que la demeure de ses rois. C'était là la *terre des Ruges*, le *Rugiland*[2] proprement dit; mais sa suprématie se prolongeait de l'autre

---

1. Ad lacum Pelsodis, apud Vindobonam. Jornand. *r. Get.*
2. Rugiland. Paul. Diac. *de Gest. Langob.*, 1, 19. Al. Ruguland.

côté du Danube, sur le Bas-Norique, dont il avait fait, pour ainsi parler, une colonie ruge. Sous le prétexte de garantir cette province romaine des incursions des autres Barbares, il s'y arrogeait un droit de protectorat bien lourd pour les habitants, pillait les campagnes à merci, et se faisait payer la rançon des villes. Plus loin encore à l'occident et des deux côtés du fleuve on trouvait trois petits peuples, les Hérules, les Turcilinges et les Scyres, cantonnés sur la lisière des Ruges. En rapport d'origine avec ces derniers, et venus comme eux des contrées qui avoisinent la Baltique, les Hérules et les Turcilinges leur étaient en quelque sorte subordonnés ; ils vivaient sous leur patronage ; et grâce à ces alliances qu'un besoin mutuel entretenait, les Ruges pouvaient tenir tête aux grandes nations barbares dont ils étaient environnés.

De ce nombre étaient, au nord-ouest, les Thuringiens ; au sud-ouest, les Alamans et les Suèves. Ceux-ci, maîtres des Alpes rhétiennes et fiers de leur puissance, dirigeaient leurs courses tour à tour sur les deux versants, infestant tantôt le Norique, tantôt la Haute-Italie. Le Thuringien, au contraire, blotti dans la forêt hercynienne comme au fond d'un repaire, ne paraissait que pour piller, et ne ménageait pas plus, dans ses dévastations rapides, les campements germains que les villes romaines. Au milieu de ces nations à demeures fixes ou à peu près fixes, on voyait errer des tribus de Saxons et de Franks, amenées des rivages de l'Océan du nord par le reflux de l'invasion hunnique[1]. Tous ces peuples, grands ou petits, n'avaient d'autre moyen de subsister que l'épée, la lance ou la hache. Toujours en guerre les uns contre les autres, toujours en quête de butin et toujours affamés, ils s'arrachaient la dépouille des provinciaux romains, bouleversant et ruinant à qui mieux mieux la contrée qui devait les nourrir.

Cette diversité de races créait dans leurs rapports avec les Romains une diversité correspondante, chacun de ces représentants de la barbarie germanique ayant en quelque façon sa barbarie particulière qu'il fallait étudier et connaître à fond, soit pour l'adoucir, soit pour la repousser. « De même que chez les bêtes des forêts, la férocité varie suivant les espèces, dit à ce sujet un contemporain, ainsi chez ces barbares, la cruauté prenait une forme différente suivant leur caractère, leurs habitudes, et surtout leur superstition[2]. » La plupart, affiliés au culte d'Odin, comme les Franks, les Saxons, les Thuringiens, les Hérules, pratiquaient des sacrifices humains[3], mais de diverses manières. Les uns n'immolaient que leurs ennemis et leurs prisonniers; les autres égorgeaient de préférence leurs compatriotes et même leurs plus proches parents[4]. Pour quelques-uns la seule victime agréable à la divinité étant une victime sans

1. Eugip., *Vit. S. Severin*, passim. — Franci, Heruli, Saxones... Ennod., *Vit. Anton.*, p. 382.
2. Multiplices crudelitatum species, belluarum more, peragebant... *Ibid.*
3. Quæ nationum diversitas superstitiosis mancipata culturis, deos suos humana credebat cæde mulceri. Ennod. *Loc. cit.*
4. Qui ut in gratiam redirent cum Superis suis, propinquorum consueverant mortes offerre. *Id. ibid.*

tache, ils versaient avec délices le sang des êtres réputés innocents[1], celui des enfants, des vierges consacrées et des prêtres ; et l'habit sacerdotal devenait une sorte de désignation à leurs abominables sacrifices[2].

Rien de pareil, il est vrai, ne se passait chez les Ruges déjà convertis au christianisme ; mais ce peuple était grossier, avare et cruel. On disait de lui en parodiant le mot fameux d'un empereur romain, « qu'un Ruge croyait avoir perdu sa journée, quand, par hasard, il l'avait passée sans crime[3]. » Le Suève, enorgueilli de son importance en Italie, depuis l'élévation de Ricimer, affichait avec ses égaux une hauteur, avec ses inférieurs une dureté insupportables. Si l'Alaman montrait plus de bonhomie, son apparente douceur n'excluait ni la duplicité, ni les instincts cupides, ni l'indifférence à verser le sang. Quant à l'Ostrogoth, il jouait dans son cantonnement de Pannonie un double rôle d'où il tirait un double profit : défenseur des Romains vis-à-vis des races barbares, comme ami et fédéré de l'empire, et patron des races barbares vis-à-vis de la Romanité, il avait toujours une raison de piller d'un côté ou de l'autre, et n'y manquait jamais. Telles étaient les nations au milieu desquelles Séverin devait accomplir la réforme des provinciaux romains ; et mieux eût valu pour lui bien souvent habiter parmi les loups et les ours du mont Cettius.

1. Cessare confidebant iram cœlicolum innocentis effusione sanguinis. Ennod., *Vit. Anton.*, p. 382.
2. Quoscumque tamen religiosi titulus declarabat officii, hos quasi sereniores hostias immolabant. *Id. ibid.*
3. Diem putabant periisse, qui illos sine facinore, casu aliquo interveniente, fugisset. *Id. loc. cit.*

Sur le haut Danube, et pour la protection du Norique occidental et de la Rhétie, Séverin avait surtout affaire aux Alamans, aux Suèves et aux Hérules ; sur le moyen Danube, il devait compter avec les Ruges, les Scyres, les Turcilinges et plus rarement avec les Ostrogoths. Dans son monastère de Favianes, les Ruges l'assiégeaient en quelque sorte ; ils le tenaient sous leur main ; sa vie dépendait de leur caprice. Ce fut avec eux aussi qu'il forma ses premières et plus étroites relations. Ce peuple, ainsi que je l'ai dit, était chrétien, mais chrétien de la secte d'Arius, devenue dans le monde romain le christianisme des Barbares : Séverin ne chercha point à le convertir au catholicisme, ouvertement du moins. Il sentait bien qu'en face d'un clergé ombrageux, exclusif, persécuteur, tel qu'était le clergé arien chez les Germains, il compromettrait gravement son œuvre en la présentant sous une couleur religieuse, et que donner l'exemple du prosélytisme, ce serait attirer sur sa propre religion les plus terribles représailles. Il se borna donc à prêcher la tolérance aux Ruges, en leur en donnant l'exemple. Seulement, dans de rares occasions, lorsqu'ils venaient lui confier comme à un oracle leurs espérances ou leurs chagrins, il leur disait en soupirant : « Ce sont là des choses de la terre : que ne me consultez-vous préférablement sur la question de votre salut[1] ? » Le saint n'allait pas plus loin. En effet, sa mission, telle qu'il la concevait, regardait les Romains et non les

---

1. Eugip., *Vit. S. Severin*, n° 12. — Cf. Tillem., *Mém. ecclés.*, t. XVI.

Barbares : Dieu l'avait suscité, disait-il, pour soutenir cette société agonisante et la sauver peut-être[1] ; là s'arrêtaient son utilité et ses devoirs. Les peuples le comprirent ainsi, et la tradition en attachant à son nom le titre d'*Apôtre du Norique,* chrétien depuis plusieurs siècles, voulut honorer en lui l'apostolat de la charité plutôt que celui de la foi.

La charité fut encore son grand moyen de séduction près des Barbares. Ses magasins de vivres et de vêtements s'ouvraient au Ruge aussi bien qu'au Romain, pourvu qu'il fût captif ou pauvre; le voleur même et le Scamare, qui recouraient à lui, ne le quittaient point sans soulagement. Cette pitié qui ne faisait acception d'aucune misère, rendit ces dépôts tellement sacrés pour tout le monde, que plus d'une fois les Barbares eux-mêmes se firent gloire d'y contribuer. Séverin, durant les longs voyages de sa jeunesse et ses retraites fréquentes au désert, avait appris à connaître la vertu des plantes et leur emploi dans les maladies du corps; il connaissait mieux encore les maladies de l'âme ainsi que les remèdes qui les apaisent. Quelques cures heureuses faites au nom de Jésus-Christ lui attirèrent un grand nombre de malades : il devint le médecin des Ruges[2]; quelques bons avis donnés à propos dans leurs affaires temporelles mirent en lumière son expérience et sa sagesse : il devint leur conseiller, comme il était celui des Romains.

1. Ad illam divinitus venisset provinciam, ut turbis tribulantium frequentibus interesset. Eugip., *Vit. S. Severin.*, n° 17.
2. Universa Rugorum gens ad Dei famulum frequentans cœpit opem suis postulare langoribus. *Ibid.*, n° 13.

A partir de ce moment, la demeure du solitaire présenta le bizarre spectacle de gens désespérés ou mourants qu'on apportait à bras ou sur des chariots, et qu'on déposait en travers de sa porte, pour qu'il pût en sortant les voir ou les toucher [1]. Les parents se tenaient près de là suppliant et pleurant. La guérison d'un jeune Ruge de haute condition, dont on préparait déjà l'enterrement [2], nous dit l'auteur des actes, mit Séverin en contact direct avec la famille royale de ce peuple, et créa, entre lui et le roi Flaccithée, des rapports de grande intimité, qui sont devenus un des faits importants de l'histoire.

Flaccithée, roi de cette nation sauvage, était un homme simple et débonnaire, qu'un penchant instinctif portait vers le saint, et qui s'attacha à lui dès qu'il l'eut connu. Il en fit son ami, son confident, son guide : chose étrange [3] ! le roi barbare n'eut plus rien de caché pour le Romain qui voulait relever ses frères de leur abaissement sous les Barbares, tant le réformateur savait inspirer de respect. Flaccithée ressentait-il quelque inquiétude secrète? était-il survenu quelque incident grave dans le Rugiland, un armement chez les Suèves ou les Sarmates, des troubles dans une des villes romaines, une attaque de soldats ruges dans la campagne? Il traversait le Danube sur sa barque, et venait trouver Séverin, soit au monastère

---

1. Vidua mater ad sanctum virum vehiculo filium deduxit, ante januam monasterii projiciens desperatum. Eugip., *Vit. S. Severin.*, n° 13.

2. Cui jam parabant exequias. *Ibid.*, n° 11.

3. Is ergo beatissimum Severinum in suis periculis tanquam cœleste consulebat oraculum. *Id.*, n° 12.

de Favianes, soit à la cellule du mont Cettius. Celui-ci, de son côté, quittait tout pour l'entendre.

Dans leurs longues conversations, le Romain éclairait par ses conseils l'esprit du Barbare et cherchait à le diriger. Il essayait de faire descendre des idées de paix et de mansuétude dans une âme ouverte jusqu'alors aux seuls instincts violents. Les Ostrogoths étaient un des sujets les plus ordinaires de leurs discours. Voisin incommode ou redoutable[1], ce peuple limitrophe des Ruges par le Cettius, avait toujours un pied dans leurs affaires : tantôt comme barbare vis-à-vis d'une autre nation barbare inférieure en force, tantôt comme fédéré de l'empire exerçant un droit de police sur les terres romaines. Les Ruges plusieurs fois avaient essayé de secouer le joug ; mais la guerre leur fut toujours contraire. Flaccithée craignait donc, plus que toute chose au monde, les Ostrogoths et leur politique artificieuse, et quoiqu'il eût quelque lien de parenté avec Théodémir, l'aîné des rois Amales, il les regardait comme des ennemis personnels, que rien ne désarmerait jamais. Séverin ne ressentait guère plus de penchant pour cette nation altière, arienne zélée et persécutrice des catholiques : entre elle et les Ruges ariens, il prenait parti pour ces derniers qui du moins se montraient tolérants.

Un jour, le roi ruge entra tout agité dans sa cellule, et s'asseyant silencieusement près de lui, il se mit à

---

1. Habens (Rex Flaccitheus) Gothos ex inferiore Pannonia vehementer infensos, quorum innumera multitudine terrebatur. Eugip., *Vit. S. Severin.*, n° 12.

sangloter en versant des larmes. « Oh! oui, répétait-il d'une voix entrecoupée, les Goths me haïssent et veulent ma mort[1]! » Alors il raconta comment, fatigué de leur voisinage, il avait résolu d'émigrer en Italie avec son peuple, et comment ayant demandé aux rois goths qui tenaient en leur puissance la route des Alpes juliennes, un libre passage sur leurs terres, il n'avait reçu d'eux qu'un refus insolent[2]. « Je ne le vois que trop, s'écriait-il avec désespoir : ils me tueront! » Séverin fut touché des angoisses de cet homme qu'il aimait, et songeant en ce moment qu'un abîme les séparait aux yeux de Dieu, il ne put s'empêcher de lui dire : « Flaccithée, si nous étions tous deux serviteurs de la foi catholique, je m'étonnerais que ton cœur n'ait souci que de ce monde terrestre, et que tu ne me consultes pas plutôt sur la vie éternelle; mais puisque l'affaire dont tu m'entretiens nous intéresse presque également, je consens à te répondre. Écoute et grave bien mes paroles dans ton esprit[3]. — Sache qu'il n'a point été donné aux Goths de disposer de toi ni de ton royaume. Ne t'inquiète ni de leur bonne ni de leur mauvaise fortune[4], ils ne resteront pas longtemps tes voisins[5]; et ce sont eux qui quitteront ce

---

1. Dum vehementissime turbaretur, deflebat se a Gothorum principibus... occidendum. Eugip., *Vit. S. Severin.*, n° 12.
2. Se ad Italiam transitum postulasse, a quibus... hoc ei denegatum... *Id. loc. cit.*
3. Si nos una catholica fides annecteret, magis me de vitæ perpetuitate debuisti consulere; sed quia de præsenti tantum salute sollicitus, quæ nobis est communis, interrogas, instruendus ausculta. *Ibid.*
4. Gothorum nec copia, nec adversitate turbaberis... *Id. ibid.*
5. Eis discedentibus... *Id. ub. sup.*

pays, tandis que toi, tu régneras paisiblement dans ton Rugiland.—Pourtant, que mes humbles avertissements deviennent ta règle. Aime la paix même avec les petits; n'écrase pas le faible ; ne t'enorgueillis point de ta force. L'Écriture a dit : « Malheur à celui qui se confie dans l'homme, et éloigne Dieu de son cœur? » Apprends à éviter les embûches, non à les dresser[1]; c'est ainsi que tu mériteras de mourir tranquillement dans ton lit[2]. » Le roi ruge recueillait avidement ces paroles, comme si elles fussent tombées du ciel. L'annonce du prompt départ des Goths l'avait rempli d'une joie qu'il ne dissimulait point, et dans sa bonne humeur, il promit par serment au saint de ne rien entreprendre désormais sans son assentiment ; puis tout réconforté, il remonta dans sa barque et gagna le Rugiland.

A quelque temps de là, se présenta une aventure sur laquelle il ne manqua pas de consulter le saint ; et bien lui en prit. Une troupe de voleurs et de barbares réunis s'était mise à parcourir le Bas-Norique, pillant de préférence les maisons et les terres qui appartenaient aux Ruges. Elle manœuvrait de manière à attirer Flaccithée sur la rive droite du Danube, ne laissant apercevoir qu'une partie de ses forces et bravant avec affectation le roi ruge sur l'autre rive. Flaccithée était hors de lui. Il eût voulu franchir le Danube sans délai, et balayer ces brigands; mais fidèle à la pro-

---

1. Disce igitur insidias cavere, non ponere... Eugip., *Vit. S. Severin.* n° 12.
2. In lectulo tuo pacifico fine transibis... *Id. ibid.*

messe qu'il avait faite, il envoya consulter Séverin. « Ferais-je bien de passer le fleuve? lui fit-il demander[1]. — Si tu le passes, tu es mort, répondit laconiquement celui-ci : trois embuscades sont dressées en trois lieux différents, pour te prendre et te tuer[2]. » Flaccithée ne quitta point le Rugiland; et bientôt deux captifs, échappés aux brigands, lui confirmèrent la vérité de ces paroles[3]. L'expédition n'avait pour but que d'attirer les Ruges au delà du fleuve, afin de surprendre et d'enlever le roi : c'était un adieu que les Goths prêts à quitter la Pannonie, ainsi que Séverin l'avait annoncé, adressaient à leur voisin Flaccithée. Le roi ruge dut manifestement son salut à la protection du solitaire. Dès lors aussi, sa reconnaissance n'eut plus de bornes; et pendant tout le temps de sa vie, que rien ne vint plus troubler, il répétait perpétuellement à ses fils : « Obéissez à l'homme de Dieu, si vous voulez, à mon exemple, régner en paix et vivre longuement. »

Toutefois, l'homme de Dieu ne retrouva pas chez tous les membres de la famille royale des Ruges les bons sentiments que le chef lui portait. Le vieux roi avait deux fils, Féléthée, surnommé Fava, son futur successeur au trône, et Frédéric, puîné de Fava. Simple et débonnaire comme son père, mais d'un

---

1. Ad virum Dei misit protinus consulendum... Eugip., *Vit. S. Severin.*, n° 13.

2. Si eos secutus fueris, occideris : cave ne amnem transeas, et insidiis, quæ tibi tribus locis paratæ sunt, improvida morte succumbas. *Id. loc. cit.*

3. Captivorum duo ab ipsis hostium sedibus fugientes, ea per ordinem retulerunt, quæ a beatissimo viro erant prædicta. *Id. ibid.*

caractère plus faible, Fava, qui cherchait à l'imiter en tout, montrait à Séverin le même respect et la même affection sincère [1]; il n'en était pas ainsi de Frédéric. Tous les vices du Barbare semblaient avoir pris domicile dans le cœur de ce jeune homme, avare, cruel, astucieux [2]. Humble devant le saint jusqu'à la bassesse, et son ennemi secret, il épiait sournoisement l'heure où, débarrassé de toute contrainte, il ferait main basse sur les dépôts du monastère, cette aumône de la charité qui paraissait à ses yeux éblouis un trésor inépuisable. Séverin démêla aisément son caractère et ses projets; et l'épiant à son tour et l'admonestant, il le contenait par la crainte des châtiments terrestres, le seul frein que pût sentir cette nature grossière et perverse.

A la mort du vieux roi, Fava hérita du Rugiland et de ses dépendances romaines, sauf quelques villes du Norique riverain qui furent laissées à Frédéric. Malgré son attachement réel pour Séverin et son désir d'imiter Flaccithée, Fava n'écoutait pas toujours le saint. Une influence domestique puissante venait, à chaque instant, paralyser ses bonnes intentions, l'influence de sa femme Ghisa, que l'histoire nous dépeint comme un être malfaisant et vraiment diabolique [3]. Jalouse de l'ascendant du saint sur l'esprit de son mari, elle le haïssait plus encore que Frédéric; et tan-

---

1. Feletheus rex, qui et Fava, paternam secutus industriam, sanctum virum cœpit... frequentare consiliis. Eugip., *Vit. S. Severin.*, n° 15.
2. *Id.*, n° 54.
3. Conjux feralis et noxia, nomine Gisa... impia... crudelissima... *Id.*, n°s 15-48.

dis que celui-ci cherchait à le ruiner en cachette, elle l'attaquait de front, avec la hardiesse d'une femme passionnée. Elle se plaisait à le blesser dans ses sentiments les plus chers, à le gêner, à l'entraver dans l'accomplissement de son œuvre ; puis elle s'arrêtait tout à coup, attendant si le châtiment ne viendrait pas la frapper ; car, avec toute son audace, elle était craintive et crédule à l'excès. Un jour, pour contrarier les recommandations du solitaire qui prêchait à Fava la tolérance, elle se mit à rebaptiser ou faire rebaptiser par ses prêtres de malheureux catholiques tombés en son pouvoir[1]. Séverin se plaignit, elle se moqua de ses plaintes. Le saint outré prit à partie le mari lui-même, le menaçant de la vengeance céleste, s'il ne mettait fin à ces sacriléges : Fava dut intervenir en maître ; Ghisa humiliée se soumit, mais sa méchanceté ne fit que changer d'objet.

Transplantée brusquement au sein de la civilisation romaine, cette fille des forêts n'avait point vu sans une surprise mêlée d'envie le spectacle des campagnes du Norique, les riches moissons, les vignes, les fruits des vergers, et surtout le produit des arts étalé dans les villes. Elle eût voulu emporter avec elle tout cela dans son Rugiland. Pour y réussir autant que possible, elle imagina de faire enlever, à main armée, des troupes de colons romains, qu'elle établissait sur ses domaines au delà du Danube[2]. Elle attirait aussi de

---

[1]. Etiam rebaptizare quosdam est conata catholicos. Eugip., *Vit. S. Severin.*, n° 15.
[2]. Quosdam etiam Romanos Danubio jubebat abduci. *Id. ibid.*

l'autre côté du fleuve, par l'appât de gros salaires, les artisans des villes qui, une fois sous sa main, pouvaient dire adieu à leur patrie. Attachés de force les uns à la glèbe d'un champ, les autres au travail d'un ergastule, ces malheureux étaient traités en esclaves. Séverin réclama énergiquement contre ces attentats qui frappaient des personnes libres et arrachaient au sol romain des familles entières, mais Ghisa, pour le braver, poursuivait ses pratiques aux portes mêmes du monastère. Débarquant un jour avec des soldats dans la banlieue de Favianes, elle ramassa tout ce qu'il s'y trouvait de paysans et de laboureurs, les fit mettre aux fers, et présida elle-même à leur embarquement [1]. Séverin, averti aussitôt, envoya prier la reine de relâcher ces hommes sur lesquels elle n'avait aucun droit [2] : « Serviteur de Dieu, répondit-elle avec colère au messager, comme s'il eût été Séverin en personne, contente-toi de prier pour toi-même, caché dans ta cellule, et qu'il me soit permis, à moi, de disposer de mes esclaves comme bon me semble [3] ! » Cette scène rapportée au solitaire l'émut profondément : « Ah! dit-il, si ma confiance en Dieu ne me trompe point, cette femme fera bientôt, en dépit d'elle-même, ce que sa perversité me refuse [4]. »

1. Cum quadam die in proximo Favianis vico veniens, aliquos ad se transferri Danubio præcepisset, vilissimi scilicet ministerii servitute damnandos... Eugip., *Vit. S. Severin.*, n° 15.
2. Verum illa facibus fœminei furoris exæstuans... *Id. ibid.*
3. Ora, inquit, tibi, serve Dei, in tua cellula delitescens ; liceat nobis de servis nostris ordinare quod volumus. *Id. loc. cit.*
4. Necessitate compelletur explere quod prava voluntate despexit. *Id. lub. sup.*

Sous cette enveloppe sauvage, se cachait pourtant une coquetterie féminine : Ghisa voulait être belle, et dans ce moment même, elle faisait fabriquer une parure royale sous ses yeux et suivant son goût. Les ouvriers orfévres chargés de ce labeur travaillaient dans un hangar voisin de la chambre de la reine[1]. On les y tenait enfermés depuis le lever jusqu'au coucher du soleil, sans communication avec le reste du monde; et nul n'avait le droit de les visiter que Ghisa et son jeune fils nommé Frédéric, comme le frère, du roi. Frédéric, enfant de six à sept ans, venait jouer de temps en temps au milieu de ces hommes qu'il divertissait par sa gentillesse[2]. Or, le soir même du jour où les colons de Favianes avaient été transplantés de force dans le Rugiland, les ouvriers orfévres, à bout de souffrances, délibéraient ensemble sur leur propre sort. « Sommes-nous donc esclaves ici, se disaient-ils, et devons-nous renoncer à l'espoir d'une vie libre? Mieux vaudrait mourir que de traîner perpétuellement des jours misérables au fond de cet ergastule[3] ! » Passant alors en revue tous les moyens qui s'offraient à eux de briser leur chaîne, ils en trouvèrent un dont la réussite leur sembla certaine et qu'ils résolurent d'expérimenter sans délai. Le jeune Frédéric, étant entré dans le hangar, pour s'y livrer à ses jeux habituels, les orfévres fermèrent la porte derrière lui, et

---

1. Pro fabricandis regalibus ornamentis clauserat arcta custodia. Eugip., *Vit. S. Severin.*, n° 15.

2. Admodum puerulus... pueruli motu concitus... *Id. ibid.*

3. Quippe cum sibi nullam spem vitæ promitterent, macerati diuturnis ergastulis... *Id. loc. cit.*

après l'avoir fermée, ils la barricadèrent fortement en dedans. Saisissant alors l'enfant par le milieu du corps, ils firent mine de le tuer, et l'un d'eux lui appliqua sur la poitrine la pointe d'une épée nue [1]. Aux cris de terreur poussés par son fils, la mère accourut, et elle put apercevoir par les fentes de la cloison Frédéric se débattant contre ces furieux. « Reine, lui dirent les ouvriers à travers la porte, ne tente point de pénétrer ici malgré nous, autrement ton fils est mort. Nous te le rendrons, si tu nous rends la liberté, et si tu jures de nous laisser partir sains et saufs sur-le-champ [2]. »

Au fond Ghisa était bonne mère : ce spectacle la rendit comme folle ; elle déchira ses vêtements [3] et se mit à courir de tous côtés en poussant des cris lamentables. Le nom de Séverin revenait sans cesse dans ses discours désordonnés : « Serviteur de Dieu, lui disait-elle, comme s'il eût été présent à ses yeux, ton Dieu est donc toujours là pour venger tes moindres offenses; car voici qu'il me frappe jusque dans le fruit de mes entrailles [4] ! » Elle envoya de l'autre côté du Danube des messagers chargés d'aller, au grand galop de leurs chevaux, trouver le solitaire, en quelque endroit qu'il fût, et obtenir de lui son pardon et la vie de son fils.

---

1. Tunc aurifices infantis pectori gladium imposuere... Eugip., *Vit. S. Severin.*, n° 15.

2. Si quis ad eos absque juramenti præsidio ingredi conaretur, parvulum regium transfigerent... *Id. loc. cit.*

3. Vestibus dolore conscissis... *Id. ibid.*

4. O serve Dei Severine, sic a Deo tuo illatæ vindicantur injuriæ! Hanc mei contemptus ultionem, effusis genibus postulasti, ut in mea viscera vindicares. *Id. ub. sup.*

Elle n'attendit pas la réponse du saint pour mettre les colons romains en liberté. Quant aux ouvriers orfévres, échangeant le jeune Frédéric contre un sauf-conduit en bonne forme, ils purent regagner tranquillement leurs foyers[1]. Quelques jours après, Ghisa, toute pâle encore d'effroi, venait en compagnie de son mari et de son fils, à la cellule du solitaire le remercier et lui demander sa bénédiction[2]. Tels étaient ces esprits farouches qui ne connaissaient de frein à leurs passions que celui d'une peur superstitieuse. En parlant de Ghisa, de Fava et de Frédéric, j'anticipe un peu sur l'ordre des dates, mais j'avais besoin d'expliquer par quelques faits saillants la nature des rapports qui s'établirent entre Séverin et les Barbares du Norique, Ruges, Scyres, Turcilinges, Hérules, futurs dominateurs de l'Italie.

Du temps que Flaccithée vivait encore, une troupe de soldats ruges qui allaient chercher du service au midi des Alpes, passant près de la cellule de Séverin, se détourna de sa route pour le visiter et le saluer[3]. La cellule était basse, et l'un des visiteurs, d'une taille au-dessus de l'ordinaire, ne put en franchir la porte qu'en se baissant, et se tenir debout sous le toit qu'en courbant la tête. C'était un homme assez jeune,

---

1. Aurifices protinus accipientes sacramentum ac dimittentes parvulum, pariter et ipsi dimissi sunt. Eugip., *Vit. S. Severin.*, n° 15.

2. Ad servum Dei properans cum marito, monstrat filium quam fatebatur illius orationibus de mortis confinio liberatum, promittens se ejus nequaquam ultra jussionibus obviam ituram. *Id. ibid.*

3. Quidam Barbari cum ad Italiam pergerent, promerendæ benedictionis, ad eum intuitu diverterunt. *Id. ibid.*, n° 14.

d'un air martial, et dont la physionomie intelligente et hardie contrastait avec son misérable accoutrement de peaux de mouton sales et déchirées. « Tu es grand, et pourtant tu grandiras encore[1], » lui dit Séverin, en fixant sur lui un de ces regards qui semblaient percer l'avenir. Le Barbare recueillait avec avidité les paroles du saint, comme si elles eussent répondu à une consultation intérieure, et il tressaillit quand celui-ci ajouta en le congédiant : « Poursuis ta route, va en Italie sous les peaux grossières qui te couvrent ; le temps n'est pas loin où le moindre des cadeaux que tu distribueras à tes amis, vaudra mieux que tout le bagage qui fait maintenant ta richesse[2]. » Ce soldat s'appelait Odoacre[3], fils d'Édecon. Il rejoignit ses compagnons de voyage, et se dirigea plein de joie vers l'Italie, conservant, dans le secret de son cœur, comme un gage assuré de sa fortune, les paroles d'un prophète que l'événement n'avait jamais démenti.

1. Dum se, ne humile tectum cellulæ suo vertice contingeret, inclinasset, a viro Dei, gloriosum se fore cognovit. Eugip., *Vit. S. Severin*. — Le texte latin *se gloriosum fore* me paraît devoir être rendu par une périphrase, ainsi que je l'ai fait. Les paroles du saint à Odoacre étaient évidemment à double entente ; elles s'appliquaient en même temps à l'élévation de sa taille et à la grandeur future de sa destinée. C'est ce que j'ai essayé de rendre dans ma traduction.
2. Vade, inquit, ad Italiam, vade vilissimis nunc pellibus coopertus, sed multis citra præmia largiturus. *Ub. sup.*
3. Odovacer, Odoacer, Odobagar, Odovachar, Otochar. — Odovachar... pater ejus Aedecon. Anonym. Vales., p. 716.

## CHAPITRE VI

**GLYCERIUS. — ÉMIGRATION DES OSTROGOTHS**

Odoacre accueilli par Oreste entre dans la garde des empereurs. — Quel était cet Oreste. — Glycerius, empereur. — Les Ostrogoths quittent la Pannonie. — Théodémir et son fils Théodoric l'Amale envahissent la Macédoine; Vidémir, l'Italie. — Glycerius fait passer en Gaule les Ostrogoths. — Mécontentement des Gaulois. — Népos arrive d'Orient, bat Glycerius, et le fait ordonner évêque de Salone.

### 473 — 476

Odoacre et ses compagnons trouvèrent aisément en Italie l'emploi de leurs bras. La mâle tournure et la haute taille des guerriers ruges étaient faites pour attirer l'attention des recruteurs romains; ils rencontraient d'ailleurs, à la cour de Ravenne, un protecteur né de quiconque, ayant appartenu aux bandes d'Attila, désirait entrer au service de Rome. Ce protecteur n'était autre que le Pannonien Oreste, ancien secrétaire du roi des Huns[1], devenu officier supérieur dans la garde des empereurs d'Occident.

---

1. Consulter, au sujet d'Oreste, Priscus, *Excerpt. Leg.* — On peut voir aussi ce qui en est dit dans le 1er volume de mon *Histoire d'Attila, de ses fils et de ses successeurs.*

## GLYCERIUS EMPEREUR.

De tous les aventuriers romains ou barbares que produisit le v<sup>e</sup> siècle, ce siècle des grands aventuriers de l'ancien monde, aucun n'offrit dans sa vie de plus étranges contrastes que cet Oreste, sorti de la tente d'Attila, pour aller fermer, sur le trône impérial d'Occident, en la personne de son fils, la succession de Jules César et d'Auguste. Né à Pettau, en Illyrie, d'une famille honnête de provinciaux, il s'était allié à une plus illustre, en épousant la fille du comte Romulus, personnage considérable, même hors de sa province, et honoré de plusieurs missions par les Césars de Ravenne. Avec une merveilleuse souplesse d'esprit, que n'embarrassaient guère les scrupules de conscience, Oreste savait toujours accommoder son patriotisme aux vicissitudes de sa patrie. Romain au temps où la Pannonie était romaine, Barbare lorsque les Huns l'occupèrent, mais prêt à redevenir Romain au premier retour de fortune, il servit loyalement, à mesure qu'elles se présentèrent, toutes les causes que lui imposa la nécessité. Attila n'eut pas de ministre plus fidèle, l'empire de plus dangereux adversaire, tant que dura la domination des Huns [1]. Mais à la mort du conquérant, il regarda ses engagements comme rompus, et refusant de prendre part aux luttes de ses compagnons d'armes, il vint avec sa famille et ses trésors se fixer en Italie [2], où il dépensait noblement la part qu'il avait touchée dans le pillage de l'empire.

---

1. Voir l'ambassade de Maximin dans Priscus, *Excerpt. Legat.*
2. Anonym. Vales. ad Amm. Marcell., p. 716.

Ainsi rendu à sa première situation, le secrétaire d'Attila se montrait un bon et utile Romain. Sa profonde connaissance des mœurs et des intérêts barbares le fit rechercher par les ministres des empereurs et par les empereurs eux-mêmes. Il se glissa dans leur intimité, fut bientôt de tous leurs conseils, et obtint un commandement dans le corps des domestiques, poste envié et réellement important, en ce qu'il servait de marchepied à tout.

Par suite de ses aventures mêmes et des relations de sa vie passée, Oreste pouvait rendre à l'empire des services de plus d'un genre; mais le plus important de tous se trouvait, en quelque sorte, entre ses mains. La question de vie ou de mort, pour la Romanie occidentale, était alors dans la composition de ses armées; non pas qu'il s'agît encore, comme sous Marc-Aurèle ou Probus, d'y combiner avec prudence l'élément national et l'élément étranger, de manière à garantir toujours la prééminence au premier; le temps des simples tempéraments n'était plus, et le gouvernement d'Occident se résignait à ne plus compter sous ses enseignes que des soldats étrangers. La question était de décider si ces soldats étrangers formeraient, au sein de l'Italie, une armée ou un peuple. Sans doute, le recrutement des mercenaires barbares dans un seul peuple, par l'intermédiaire d'un chef ou roi de ce peuple, généralissime romain, offrait de grands avantages de facilité et de cohésion; mais Ricimer en Italie, Aspar à Constantinople, avaient mis à nu les inconvénients d'un pareil système, qui amenait comme conséquence inévitable, la dépendance des empereurs et l'abaissement de l'autorité impériale devant le patriciat barbare. Le remède à ce mal, remède bien impuissant encore, consistait à changer le mode de recrutement, au moins pour une portion des troupes, à diviser les commandements, à créer entre les chefs des rivalités de position, en un mot à détruire, au profit de l'empereur, cette unité et souvent cette hérédité du gouvernement militaire, qui faisait la force des patrices barbares, entrepreneurs d'armées romaines.

Dans la Romanie orientale, Léon avait accompli ce travail avec succès. En composant sa garde de recrues isauriennes opposées aux fédérés goths de Théodoric le Louche et d'Aspar, et remettant le commandement de cette garde à l'Isaurien Zénon, devenu son gendre, il avait su se préserver lui-même, et chasser des abords du trône la dynastie militaire des Ardabures, maîtresse de l'Orient depuis un demi-siècle. L'Occident, il est vrai, ne comptait, parmi ses populations sujettes de l'empire, rien de comparable pour l'énergie guerrière aux sauvages tribus de l'Isaurie ; mais à défaut de Romains on pouvait opposer les barbares aux barbares, et combiner, pour la garde des empereurs, un système d'enrôlement qui échappât à l'action de Ricimer. Il semble que ce fut là l'idée d'Anthémius, et peut-être la cause immédiate de sa ruine. On voit en effet, vers cette époque, des corps entiers et en particulier celui des domestiques se recruter de Ruges, d'Hérules, de Scyres, de Turcilinges, d'Alains, enrôlés individuellement ou par petits groupes isolés ; et ces bandes de race différente, soumises au commandement d'officiers romains, formèrent, suivant toute apparence, ce qu'on appela *les nations*[1]. Ce ne fut plus, comme l'armée de Ricimer, une masse homogène, un peuple que son roi louait à l'empereur : mais une troupe stipendiée directement par l'empereur, et qui lui resta fidèle quand la guerre éclata entre son patrice et lui. Telle est, en effet, la transformation qu'on voit s'opérer sourdement dans la milice romaine sous le règne d'Anthémius. Oreste semblait fait exprès pour la diriger, lui qui connaissait si bien les intérêts, les mœurs, les alliances ou les inimitiés des Barbares, et que ceux-ci regardaient presque comme un homme de leur sang. On peut supposer qu'il fut d'abord employé par Anthémius à des missions de ce genre, et que l'aventurier pannonien dut à cette utilité toute particulière sa faveur marquée à la cour, et un poste dans le corps des domestiques. Le scribe qui avait tenu le registre des armées d'Attila devint le recruteur en chef de la garde des Césars.

Grâce à cette circonstance et à l'engouement dont les recrues ruges, hérules et turcilinges furent dès lors l'objet, Odoacre entra d'emblée dans le corps des domestiques, en qualité de doryphore ou porte-lance[2]. Oreste l'attacha à son service personnel ; il le prit pour

1. *Gentes*, — Diversarum gentium auxiliarii. Jorn. *R. Get.*, 46. — Turcilingorum, Scirorum, Herulorum turbae. *Id. Regn. succ.* — Odovacer rex gentium. *Ibid.* — Aliquanto ante Romani, Sciros, Alanos, et alias quasdam gentes gothicas (barbaras) in societatem adsciverant. Procop. *Bell. goth.*, I, 1.
2. Ἐς τοὺς βασιλέως δορυφόρους τελῶν. Procop. *Bell. goth.*, I, 1.

écuyer, nous dit la tradition[1]. Le fils d'Édécon assista dans cette situation modeste aux guerres civiles qui amenèrent la chute d'Anthémius, suivie si promptement de la mort de Ricimer et de celle d'Olybrius, son digne protégé. Ces guerres durent offrir au doryphore plus d'une occasion de montrer sa vive intelligence et son audace : il s'acquit dans la milice palatine, ennemie des Suèves, une popularité qui faisait déjà de lui un personnage important, quand il n'était encore que simple soldat.

Le nouvel interrègne ouvert par la mort d'Olybrius trouva l'Italie plus faible et plus découragée qu'elle n'avait jamais été. Le neveu de Ricimer, Gondebaud, devenu patrice d'Occident par succession, homme sans crédit comme sans mérite, et presque inconnu des Italiens, n'avait ni le talent de les gouverner, ni même l'ambition de le vouloir. Tout son désir était de prendre une bonne revanche de ses frères, par sa rentrée triomphante dans le petit royaume galloburgonde d'où ceux-ci l'avaient chassé. L'œil attaché sur la Gaule, qu'il tourmentait de ses intrigues après l'avoir déchirée par ses armes, il épiait l'occasion d'y reparaître, se repaissant à l'avance d'idées de vengeance et de sang. Tel était le dictateur chargé par Olybrius des destinées de la Romanie occidentale, et pour le moment en quête d'un empereur. Il n'était guère fait pour inspirer confiance aux prétendants ; et plus de quatre mois s'écoulèrent sans qu'il s'en présentât un seul.

---

1. Arniger. Antiq. docum. ap. Cochlæ. *Vit. Theodor. M. cum not. Periskiœld.* Stockholm. 1699.

dans ce pays où le plus obscur non moins que le plus illustre se croyait prédestiné au rôle de César. Gondebaud, à bout de patience apparemment, finit par prendre le commandant des gardes du dernier empereur, le comte Glycerius[1], qui reçut la pourpre comme un avancement de grade. Proclamé d'abord à Ravenne par ses soldats, il le fut successivement par tous les autres corps militaires, sans opposition ni hésitation[2], soit indifférence politique, soit plutôt que l'absence de tout concurrent eût prévenu les cabales et les divisions dans l'armée.

Glycerius était Italien, et, suivant toute vraisemblance, de la province de Ligurie, où une famille de ce nom avait marqué dans les charges publiques. Un Glycerius, cinquième successeur de saint Ambroise, gouvernait en 438 l'Église de Milan avec une double réputation de beauté et de sainteté. Son portrait placé dans la galerie des évêques de cette métropole, offrait le bizarre spectacle d'une figure de vierge candide et rosée, coiffée d'une tiare et armée d'un sceptre en guise de bâton pastoral[3]. Pavie paraît avoir été le berceau de cette maison des Glycerius ; et lors de

---

1. Glycerius, domesticus, à Patricio Gundibaro, imperator efficitur. *Hist. Miscell.*, xv, 5. — Apud Ravennam. Jorn. *R. Get.*, 45.

2. Totius voluntate exercitus. *Hist. Miscell.*, xv, 5.

3.
> Suffusus minio, perque optima facta rubescens
> Virginei vultûs, Glycerius sequitur...
> Candentem crocea gestans aspergine frontem,
> Læta verecundis tinxerat ora notis.
> Adeptus sceptrum tribuit quod testis imago...
>
> Ennod. *Carm. de Venerab. Glycerio, Episc.*

l'avénement du nouveau prince, sa mère résidait sur les terres de cette cité, probablement au milieu des domaines de la famille. Quant à lui, l'histoire et les contemporains l'ont jugé diversement : les uns lui reconnaissent un certain mérite [1] qui eût pu suffire dans une situation modeste, les autres en parlent comme d'un usurpateur et d'un tyran misérable [2]. Au fond, Glycerius était un personnage médiocre, instrument d'un plus médiocre encore. L'assentiment unanime de l'armée en sa faveur entraîna le sénat et la ville de Rome, mais des protestations s'élevèrent de plusieurs villes, particulièrement de celles de Ligurie. Pavie se distingua entre toutes par son ardente opposition qui prit, sur quelques points du diocèse, les allures d'une guerre civile. La mère de l'élu de Gondebaud fut insultée dans sa résidence, et probablement le domaine des Glycerius mis au pillage.

Un pareil attentat, punissable en tout pays d'un châtiment exemplaire, appelait ici la peine capitale, une mère d'empereur étant, comme l'empereur lui-même, protégée par la loi de Majesté. Déjà le magistrat de la province, après avoir rétabli l'ordre, faisait la recherche des coupables, pour les livrer au bourreau, lorsque Épiphane intervint. Effrayé des sévices qui allaient fondre sur son troupeau, car beaucoup avaient trempé dans le crime, l'évêque de Pavie se mit en route pour

---

1. Ἀνὴρ οὐκ ἀδόκιμος. Théophan. *Chron.*
2. Qui sibi tyrannico more regnum imposuisset. Jorn. *Regn. succ.* — Plus præsumptione quam electione Cæsar effectus. *Id. R. Get.*, 45.
3. Ennod. *Vit. Epiph.*, p. 343.

Ravenne, dans l'appareil d'un suppliant. Il alla trouver le prince, et, au nom du pardon des injures, il demanda au fils irrité la grâce de ceux qui avaient outragé sa mère. Les paroles du prêtre et la solennité de sa démarche touchèrent Glycerius qui se laissa fléchir, et dépêcha au magistrat un ordre de suspendre l'enquête[1] : mesure que suivit de près une amnistie des coupables. Cet acte de clémence inaugurait heureusement un règne que la faveur publique n'encourageait guère ; mais tout l'honneur en fut reporté à l'évêque Épiphane, dont l'autorité protectrice grandissait avec les malheurs de l'Italie. Glycerius ne gagna donc rien ou presque rien à sa mansuétude vis-à-vis de ses sujets, tandis qu'au dehors il éprouvait tous les déboires attachés à une position illégitime. L'empereur d'Orient refusa de le reconnaître, comme il avait refusé de reconnaître son prédécesseur. Depuis la chute d'Anthémius, il n'y avait plus d'empereur d'Occident aux yeux de la chancellerie byzantine. L'unanimité rompue devenait de plus en plus difficile à rétablir ; Constantinople accusait Rome de violer à plaisir la constitution romaine, et de vouloir tout abîmer dans sa ruine.

Cependant, une des prédictions de Séverin semblait sur le point de s'accomplir, celle qui avait annoncé au roi Flaccithée le prochain départ des Ostrogoths. Une grande agitation régnait dans leurs cantonnements,

---

1. Supplicante sancto viro, illatam matri à ditionis suæ hominibus concessit injuriam ; cum apud illum reverentia præfati sacerdotis esset etiam decessore sublimior. Ennod. *Vit. Epiph.*, p. 343.

de la Save au mont Cettius, et du moyen Danube aux
Alpes Juliennes : hommes, chevaux, bétail se croisaient
en tout sens sur les routes encombrées de chariots ;
on rassemblait des vivres ; on réparait les tentes ; tout,
en un mot, décelait le projet d'une émigration générale.
En présence de ces préparatifs, les peuples voisins se
demandaient avec appréhension sur quel point de
l'Orient ou de l'Occident la terrible tempête irait
s'abattre ; et Flaccithée, confiant dans les paroles du
saint qui lui avait promis un règne paisible et une
mort naturelle, se tenait prêt à tout événement. L'émotion
gagna jusqu'aux tribus sarmates campées de
l'autre côté du Danube. Mais avant d'aborder le récit
de cette émigration dont les suites furent si considérables
pour l'Italie et pour la Gaule, j'exposerai le plus
brièvement que je pourrai les raisons qui, après avoir
amené les Ostrogoths en Pannonie, les poussèrent à
quitter ce pays, et à se mettre en recherche de nouvelles
demeures.

J'ai déjà dit comment cette nation, séparée des fils
d'Attila et victorieuse des Huns à la journée du Nétad,
était venue, sous la conduite de ses trois rois
Théodémir, Valémir et Vidémir, planter ses tentes
en Pannonie. Elle ne s'inquiéta alors ni du droit qu'elle
avait de s'établir ainsi sur les terres d'autrui, ni de ce
qu'en pouvait penser l'empereur d'Orient, maître de
cette province. Les scrupules lui arrivèrent plus tard,
lorsqu'ayant épuisé la contrée et manquant d'argent,
elle convoita les subsides annuels dont jouissaient les
Barbares alliés de l'empire et admis dans sa fédéra-

tion. Un jour donc, les rois Ostrogoths s'avisèrent qu'ils ne possédaient pas légitimement les provinces de Haute et Basse Pannonie, et envoyèrent une ambassade à Constantinople[1] pour demander, avec une concession régulière des deux territoires, ce titre de fédérés du peuple romain, auquel se joignait d'ordinaire l'octroi d'une bonne pension. La demande eut peu de succès près de l'empereur Marcien, qui régnait alors en Orient. Déjà résigné à la perte de ses deux provinces, il se montra peu soucieux de pensionner encore ceux qui les lui avaient enlevées, et déclinant, sous divers prétextes, la soumission tardive des Ostrogoths, il promena leurs envoyés de délais en délais, et finit par les congédier.

Malheureusement pour lui, ceux-ci avaient appris à Constantinople comment se traitaient ces sortes d'affaires. Ils y avaient rencontré un homme de leur nation, chef d'une mince peuplade cantonnée en Thrace depuis un siècle, lequel, louant ses armes à l'empereur ou aux ennemis de l'empereur, suivant l'occasion, vivait grassement de l'argent des Romains, et se posait à la cour en personnage important. Ce chef ostrogoth n'avait point, comme Théodémir et ses frères, l'honneur d'appartenir à la race royale des Amales; ce n'était qu'un aventurier, créature et soutien d'Aspar, dont il avait épousé une parente éloignée. Son nom était Théodéric[2] ou Théodoric, fils de

---

1. Missa legatione ad imperatorem. Jorn. *R. Get.*, 52.
2. Vident Theodericum Triarii filium, et hunc de genere gothico, alia tamen stirpe non Amala procreatum, omnino florentem cum suis. Jorn. *R. Get. loc. cit.*

Triar, et on le désignait habituellement par le sobriquet de *Louche*, à cause d'un œil crevé qui le rendait difforme. Le Louche, au service de l'empereur, pour le moment, recevait du trésor impérial un très-fort subside. Placé aux portes de la métropole, dont il tenait pour ainsi dire la clef, il y faisait le calme ou l'orage, mêlé aux intrigues et aux complots, leurrant de son appui tous les ambitieux, et tirant plus de profit encore de ses trahisons que de sa fidélité.

Il se peut que Théodoric, fils de Triar, prenant en pitié ces ambassadeurs qui venaient solliciter humblement par faveur ce qu'il possédait par violence, eût contribué à les faire éconduire comme des gens stupides et de peu de valeur; en tout cas, Théodémir et ses frères, tombèrent dans un véritable accès de rage au récit de leurs envoyés. L'infériorité où on les plaçait vis-à-vis du fils de Triar fut ce qui les blessa le plus, dans les procédés de la politique romaine. Se voir refuser, à eux, les descendants des rois amales, ce qu'on accordait bénévolement à un pareil aventurier, leur parut le comble de l'injure; et prenant aussitôt les armes, ils se jetèrent sur la Mésie qu'ils ravagèrent, et de là passant en Thrace, ils menacèrent jusqu'aux approches de Constantinople[1]. En supputant ce que leurs dévastations coûtaient à l'empire, la chancellerie byzantine pensa qu'on gagnerait davantage à les pensionner, et Léon, successeur de Marcien sur le trône impérial, entra en pourparlers avec eux.

1. Illico furore commoti arma arripiunt... Statim Imperator, animo mutato... Jorn. *R. Get.*, 52.

On négocia sur les ruines qu'ils venaient de faire. Non-seulement ils furent admis pour l'avenir aux subsides des fédérés, mais on donna à leur admission un effet rétroactif antérieur à leur demande, en faisant courir leur pension du jour de leur établissement sur le Danube. C'est ainsi que les Ostrogoths devinrent fédérés de l'empire. Ils s'engagèrent de leur côté à ne plus sortir de leur cantonnement, à ne prendre les armes que pour le service de l'empereur, à n'avoir d'amis que ses amis, d'ennemis que ses ennemis : toutefois, ils stipulèrent une exception en faveur de Genséric[1] qui, après avoir été l'instigateur d'Attila dans sa guerre contre les Romains, reportait ses efforts sur les rois goths, espérant faire renaître, par leur moyen, l'occasion qui avait failli au roi des Huns.

A ces conditions ordinaires des traités de fédération, Léon joignit une clause spéciale essentielle à ses yeux, c'est que Théodémir, l'aîné des Amales, et le représentant de la royauté ostrogothique au dehors, lui livrerait son fils en garantie de la foi jurée[2]. Théodémir n'était point marié légitimement suivant la loi des Goths, mais il avait eu de sa concubine favorite Ereliéva, outre plusieurs autres enfants, un fils nommé Théodoric, qui entrait alors dans la huitième année de son âge[3]. C'était l'otage que réclamaient

---

1. Malch., *Excerpta de legat.*
2. Quamvis de Erelieva concubina, bonæ tamen spei puerulus. Jorn. *R. Get.*, 52. — *Aliàs*, Arilieva.
3. Qui jam annorum septem incrementa conscendens, octavum intraverat annum. Jorn. *R. Get.*, 53. — Ce nom se trouve dans les sources latines et grecques sous les formes de *Theuderichus, Theodericus, Theodoricus,*

les Romains. Théodémir aimait tendrement cet enfant ; et sa tendresse faillit tout remettre en question. Il allait répondre par un refus, quelles qu'en pussent être les conséquences, lorsque les Ostrogoths alarmés lui députèrent son frère Valémir qui, des bords de la Save où il résidait, se transporta au quartier royal du lac Pelsod. Dans les conseils de sa famille, comme dans ceux de l'armée, Valémir exerçait une influence décisive par la sagesse de ses idées unie au don de persuader, et la confiance dont l'avait jadis honoré Attila augmentait son autorité personnelle. Il fit valoir énergiquement près de son frère l'intérêt du peuple ostrogoth, son désir et leur propre responsabilité comme rois : l'intérêt du peuple ne devait-il pas parler plus haut à leurs cœurs que les sentiments de famille, même les plus chers [1] ? Théodémir, cédant à ses remontrances, lui remit l'enfant, que celui-ci courut immédiatement livrer aux délégués impériaux [2]. Cette circonstance consignée sur les registres publics, donna lieu à une erreur des écrivains grecs qui prirent le jeune Théodoric pour un fils de Valémir : la plupart, en effet, attachent à son nom cette qualification, au moyen de laquelle ils le distinguent de l'autre Théodoric, fils de Triar. L'enfant était aimable et gracieux, disent les historiens ; il plut à Léon, qui le fit

Θευδέριχος : et dans les sources germaniques sous celles de *Theodric*, *Dietrikh*, *Thiodrek*, *Thiudrikr*. — *Thiod*, *theod*, peuple ; *rikh*, puissant.

1. Quem dum pater cunctatus daret, patruus Valemir extitit supplicator, tantum ut pax firma inter Romanos Gothosque maneret. Jorn. R. Get., 52.
2. A Valamire ejus patruo obsidem (imperator) accepit. Hist. Miscell., xv, ap Mur., 1.

élever dans son palais, comme un membre de la famille impériale[1]. C'est là que le futur roi d'Italie apprit des Romains eux-mêmes l'art de les vaincre avec celui de les gouverner.

Le traité de fédération fut, dans la main des Ostrogoths, une arme à deux tranchants qui les rendit également redoutables aux Barbares et aux provinciaux romains. Les peuples barbares, voisins de leurs quartiers, mettaient-ils le pied en Pannonie, en Dardanie. en Mésie, ou s'aventuraient-ils, comme les Suèves, dans quelque course lointaine en Dalmatie : les Goths les laissaient d'abord piller, puis fondant sur eux à l'improviste, ils les dispersaient et leur enlevaient leur butin, qui passait dans le trésor des Amales ; c'est ainsi qu'ils défendaient l'empire. Pareillement quand les guerriers ruges, hérules ou alamans, partaient pour quelque longue expédition hors de leurs villages, les Goths accouraient incontinent, surprenaient le camp mal gardé, emmenaient captifs les enfants et les femmes, puis venaient pour ces services signalés, réclamer de l'argent aux provinciaux. Si l'argent tardait, ils se payaient eux-mêmes par le sac de quelque ville. Plus ce prétendu patronage devint lucratif, plus les Goths se montrèrent chatouilleux sur l'honneur romain. Germains, Huns, Sarmates, en un mot tous les Barbares des deux rives du Danube eurent affaire à eux, les uns après les autres. Les Alamans et les Ruges subirent plus d'un désastre ;

---

[1]. Quia puerulus elegans erat meruit gratiam imperialem habere. Jorn. R. Get., 52.

les Suèves virent leur puissance brisée, les Hérules furent presque détruits[1]. Le tour des Sarmates arrivait, dès que le Danube, gelé profondément, pouvait donner passage aux chariots et aux cavaliers[2]. Plus d'une fois, leurs tribus furent pourchassées et traquées dans les hautes vallées des Carpathes. Ce métier enrichit grandement les Goths; mais leurs richesses restaient stériles, et la débauche dissipait bientôt ce qu'avait procuré la violence.

Tous ces peuples, poussés à bout, se coalisèrent enfin, et entrèrent en Pannonie où ils rendirent à leurs persécuteurs ravages pour ravages. Le sort fut souvent égal entre eux et les Goths. Dans une bataille livrée non loin des bords de la Save, comme le roi Valémir parcourait le front de ses troupes pour les animer, le cheval qui le portait s'abattit et l'entraîna dans sa chute. Il n'eût pas le temps de se relever; les escadrons ennemis lui passèrent sur le corps, et il resta à terre, écrasé sous le sabot des chevaux et transpercé de coups de lances[3]. Déjà les Goths, rompus dans leurs lignes, se dispersaient, quand la vue du cadavre de leur roi, leur rendit le courage; ils se rallient, reprennent pied, et par un effort désespéré, rentrent en possession du champ de bataille. Cette journée, célèbre dans les fastes des Barbares danu-

---

[1]. Jorn. *R. Get.*, 53 et seqq.

[2]. Istius modi fluvius ita rigescit, ut in silicis modum vehat exercitum pedestrem, plaustraque et triaculas, vel quidquid vehiculi fuerit... Jorn. *R. Get.*, 55.

[3]. Rex eorum Walemir dum equo insidens ad cohortandos suos ante aciem curreret, proturbatus equus corruit sessoremque suum dejecit; qui mox inimicorum lanceis confossus... Jorn. *Ibid.*, 53.

biens, fut marquée par l'extermination des Scyres : il ne survécut de ce peuple qu'un faible débris qui, honteux de se montrer encore au nord des Alpes, finit par émigrer en Italie[1]. Une nouvelle coalition de Suèves, de Ruges, de Gépides et de Sarmates, revint l'année suivante en Pannonie, appelant les Amales à une dernière lutte qui se décida près de la rivière Bollia. La victoire resta aux mains des Goths. « La « plaine, inondée du sang des ennemis, dit l'historien « Jornandès dans un style presque aussi sauvage que « les exploits de ses héros, ressemblait à une mer de « pourpre[2], au-dessus de laquelle s'élevaient, comme « autant de collines, des monceaux d'armes et de ca- « davres. On compta plus de dix mille morts. Ce spec- « tacle remplit les Goths d'une joie inexprimable, car « ils avaient vengé, par un massacre sans pareil, le « meurtre de leur roi et l'injure de leur nation[3]. »

La mort de Valémir apporta une sorte de révolution chez les Goths. Valémir était l'homme héroïque parmi les Amales, et quand ses frères se furent partagé les tribus dont il était chef, Théodémir, à qui échut la plus grosse part, sentit le besoin d'un auxiliaire jeune et actif. D'ailleurs la perte du frère qu'il avait le plus aimé laissait un grand vide dans ses affections. Il voulut revoir ce fils, dont il s'était séparé avec tant de re-

---

1. Jorn. R. Get., 55.
2. Adeo est campus inimicorum corruentium cruore madefactus, ut rubrum pelagus appareret. Jorn., loc. cit., 54.
3. Quod Gothi cernentes ineffabili exultatione lætantur, eo quod regis sui Walemiris sanguinem et suam injuriam, cum maxima inimicorum strage, ulciscerentur. Id. ibid.

grets, et qui vivait depuis dix ans, loin de lui, à Constantinople ; il le redemanda avec instance à Léon. Celui-ci, occupé de ses armements contre Genséric (il préparait alors la malencontreuse expédition que fit échouer la venalité de Basilisque), ménageait avant tout les Ostrogoths dont il connaissait l'alliance étroite avec les Vandales, et qui pouvaient créer, au sein de l'empire, une diversion funeste à ses projets. Quel que fût donc son désir de garder sous sa main, à tout événement, un otage aussi précieux que Théodoric, il n'osa rejeter la prière du roi Amale, et faisant contre fortune bon cœur, il lui renvoya son fils chargé de présents.

Le premier-né d'Ereliéva avait grandi loin d'elle et de son père ; parti enfant, il revenait homme, accomplissant déjà, nous dit Jornandès, sa dix-huitième année [1]. Si nous en croyons la tradition conservée dans les poèmes germaniques du moyen âge, Théodoric avait des yeux d'un bleu verdâtre auxquels ses sourcils noirs donnaient un singulier éclat, une figure agréable et riante, une épaisse chevelure rousse retombant en boucles sur ses épaules, un visage lisse et sans barbe [2]. Sa taille, sans être celle d'un géant, dépassait la stature habituelle des hommes ; et on pouvait comparer à des troncs d'arbres ses bras robustes et

1. Jam adolescentiæ annos contingens, expleta pueritia, octavum decimum peragens annum. Jorn., *R. Get.*, 55.
2. Oculos habebat cæsios superciliis nigricantibus decoros, haud parum gratiæ conciliante etiam coma, quam prolixam atque eximiam alebat, in rutilantes cinnos globulos que implexam. Barba vero nusquam ei crescebat, p. 241. — Cf. Ruszmann, *Deutsche Heldensage*, Hanover, 1857. *Wilkin, Sag.*, ap. Cochlae. *Not.*

rigides que personne n'eût fait fléchir malgré lui[1]. Nul parmi les plus adroits ne savait comme lui maîtriser un cheval indompté, porter un coup de lance, atteindre de la flèche ou du javelot un but à peine saisissable au regard. Il rapportait de la Rome orientale, avec la connaissance des faiblesses et des vices des Romains, celle des arts propres à les combattre : ses études n'allaient pas plus loin. Théodoric resta toujours complétement illettré[2]; et plus tard, quand il fut parvenu à la plus haute fortune, il ne put jamais, quelque désir qu'il en eût, apprendre à écrire son nom. Il se servit, pour signer, d'une plaque d'or évidée, dont il remplissait les blancs au moyen d'une plume ou d'un pinceau. Mais si quelque chose de rétif, inhérent à sa nature barbare, empêcha le jeune Amale d'arriver au degré d'instruction le plus commun chez les peuples civilisés, il possédait en revanche une rare intelligence, l'instinct de ce qu'il ignorait, et ce génie politique qui lui fit apprécier dans les sciences des Romains une puissance supérieure à la prééminence militaire qu'ils avaient perdue. Cette intuition, ces jugements, encore obscurs dans l'âme de Théodoric, s'y développèrent graduellement, avec les circonstances de sa vie; ils le rendirent plus tard un chef sans égal entre tous, un souverain qui sut combiner, dans le double intérêt de sa domi-

---

1. Lacerti stipitis in molem crassi, ac lapidis instar obfirmati. *Wilk.* S., *Ibid.*

2. Rex Theodoricus inlitteratus erat, et sic obruto sensu ut in decem annos regni sui quatuor litteras edicti sui discere nullatenus potuisset. Anonym. Vales. in Amm., p. 722. — Qui litteras ne auditu quidem attigerat... Procop., *Bell. Goth.*, I.

nation et de la grandeur de son peuple, les forces de la civilisation avec celles de la barbarie.

Pour le moment, il ne regardait pas si loin. Rendu à la vie barbare, il s'y retrempa avec bonheur; et son ardeur juvénile se communiquant aux bandes ostrogothes qui s'engourdissaient sous de vieux rois, sembla les rajeunir à leur tour. Tout ce qu'il y avait d'adolescents aventureux dans l'armée de Théodémir se groupa autour du jeune homme et lui forma comme une clientèle qui ne compta pas moins de six mille lances[1]. A la tête de cette milice à qui la prudence n'était guère plus connue que la peur, Théodoric se jeta dans un série d'aventures, glorieuses pour le nom des Goths, mais parfois compromettantes pour leur sûreté. Ses expéditions avaient lieu, la plupart du temps, à l'insu de Théodémir, qui ne les apprenait que par le succès : une seule fera juger de toutes les autres.

Parti une nuit des bords du lac Pelsod avec son armée de fidèles, Théodoric gagna le Danube qu'il passa à la nage, puis se dirigea à pas de loup vers le camp du roi sarmate Babaï, dressé sur la rive droite, à peu de distance du fleuve[2]. La surprise réussit : Babaï, encore endormi, fut égorgé sous sa tente; ses femmes, ses enfants, ses trésors furent enlevés, et la bande victorieuse rentra au quartier des Goths, traî-

---

1. Ex populo amatores sibi clientesque consociavit, pæne sex millia. Jorn., R. Get., 55.
2. Inscio patre, emenso Danubio, super Babaï Sarmatarum regem discurrit... familiamque et censum deprædans... Id., loc. cit.

nant triomphalement à sa suite un immense butin. Nul n'eut le courage de blâmer un si beau et si utile fait d'armes, accompli, disait-on, pour venger l'honneur romain ; car Babaï, tout récemment, avait battu un général de l'empereur d'Orient, et mis la Dacie au pillage. C'était bien jusque-là ; mais le vengeur du nom romain ne restitua point aux provinciaux de la Dacie le fruit des larcins de Babaï, et quelque temps après, ayant recouvré sur ces mêmes Sarmates la forte place de Singidon, boulevard de l'empire du côté de la Save, il y mit une garnison ostrogothe et refusa de la rendre à l'empereur [1]. Tels furent les premiers faits d'armes de ce barbare élevé à Constantinople : ils offrent comme un avant-goût de toute sa vie. Le futur maître de l'Occident se développait ainsi dans des coups de main hardis et fructueux ; la discipline barbare se taisait devant les monceaux de butin, et les joies secrètes du père ne laissaient plus de place aux sévérités du roi.

Au train dont marchaient les choses, il n'y eut bientôt plus rien à piller dans le voisinage ; et la guerre ne nourrissant plus les Goths, vint le mécontentement, puis le dénûment et la faim. « Les vivres et le vêtement commencèrent à leur manquer, dit l'historien de ce peuple, et ils se prirent à maudire la paix [2]. » Des plaintes éclatèrent de toutes parts contre les rois,

1. Non Romanis reddidit, sed suæ subdidit ditioni. Jorn., *R. Get.*, 55.
2. Minuentibus deinde hinc inde vicinarum gentium spoliis, cœpit et Gothis victus vestitusque deesse : et hominibus quibus dudum bella alimoniam præstitissent pax cœpit esse contraria. *Id. ibid.*, 56.

et un jour enfin une multitude affamée se porta vers la demeure de Théodémir, à grand fracas d'armes et de cris : « Nous voulons partir, disaient les mutins ; conduis-nous où tu voudras [1] ; mais partons ! » La position était grave. Théodémir appela près de lui son frère Vidémir ; et les deux rois se mirent à délibérer sur la résolution la meilleure dans la circonstance. Pour plus de sûreté, ils consultèrent les sorts, à la manière de leur nation : les sorts prononcèrent qu'ils devaient partir. Toutefois, comme un départ en masse de tout le peuple ostrogoth, par les mêmes routes et vers les mêmes lieux, pouvait rendre l'émigration difficile et même périlleuse, il fut convenu qu'ils se diviseraient et emmèneraient leurs tribus chacun dans une direction différente. L'Italie et la Grèce se trouvent presque à égale distance sous leur main, ils pouvaient choisir. Théodémir exhorta son frère à prendre l'Italie, dont il aurait bon marché, ajoutait le vieux roi, car les barbares ne connaissaient que trop bien l'impuissance où était tombée cette reine du monde. Lui, comme le plus fort, jetait son dévolu sur l'empire le plus fort : avec son peuple qui dépassait de beaucoup celui de Vidémir, il affronterait les armées de l'Orient [2], et envahirait la Grèce. Tel fut l'arrangement des rois amales. Restaient les préparatifs du départ ; on y pourvut, et en quelques semaines, la nation se trouva tout entière sur pied.

1. Cum clamore magno accedentes orant, quacumque vellet ductaret exercitum. Jorn., R. Get., 56.
2. Qui, accito germano, missaque sorte, hortatus est... Ipse vero seu fortior ad fortius regnum accederet. Id. ibid.

Théodémir partit le premier. Du lac Pelsod, il se dirigea vers la Save, qu'il franchit sans opposition. Il avait pris soin de signifier d'avance aux soldats des garnisons romaines et aux colons sarmates installés le long du fleuve, qu'au moindre obstacle de leur part, ils seraient exterminés jusqu'au dernier[1]. Romains et Sarmates se le tinrent pour dit; et convaincus d'ailleurs que toute résistance serait insensée contre une pareille multitude, ils se blottirent, ceux-ci dans leurs camps palissadés, ceux-là dans leurs châteaux, et les Goths passèrent sans leur faire de mal. Des bords de la Save, Théodémir marcha droit sur Naïsse, métropole de la Dacie méditerranée, et la clef de l'Illyrie orientale; il l'enleva par surprise et s'y fortifia. La patrie du grand Constantin devint la place d'armes d'un de ces rois germains qu'il exposait aux bêtes dans le cirque de Trèves, pour l'amusement de la soldatesque romaine. Là, le roi goth s'associa son fils[2], qui partageait avec lui les fatigues de la campagne; il lui assigna même un commandement particulier. Théodoric, placé à l'avant-garde avec l'élite de la jeunesse, fut chargé d'éclairer la marche, tandis que Théodémir et le gros de l'armée attendraient dans Naïsse ou le signal d'avancer, ou le moment d'opérer la retraite.

Fier de cette confiance, Théodoric se jeta hardiment vers le groupe de montagnes qui sépare l'Illyrie de la Grèce : le camp d'Hercule, situé sur la première

---

1. Sarmatis militibusque interminans bellum, si aliquis obstaret ei. Jorn., *R. Get.*, 56.
2. Filio suo Theoderico consociatus adstat. *Id., ub. sup.*

terrasse des monts dardaniens, tomba d'abord en son pouvoir ; puis le château de Trajan avec un trésor qui renfermait, suivant toute apparence, les caisses militaire et administrative de la province. L'avant-garde des Goths touchait alors au pied de la double chaîne qui couvre à l'est la Thrace, à l'ouest la Macédoine ; elle était maîtresse de la voie militaire de Dardanie en Thrace, par le défilé de Succques, mais comme cette voie passait sous la forte place de Sardique, Théodoric craignit de trouver le passage interrompu. Il se détourna brusquement, laissant à gauche le Rhodope, et à travers les monts dardaniens, qu'il gravit par des sentiers à peine battus[1], il arriva en Macédoine, lorsqu'on l'attendait en Thrace. Les villes effrayées se livrèrent à lui sans résistance. De Macédoine il passa en Thessalie ; et la main de cet enfant adoptif de la Grèce entassa, sur les chariots des Goths, les dépouilles de Larisse et d'Héraclée[2].

Thessalonique restait à piller, mais cette ville n'était point de celles qu'on enlève par un coup de main ; et Théodoric ne songea point à l'attaquer avant sa jonction avec Théodémir. Celui-ci, en effet, s'était mis en route à la nouvelle des succès de son fils. Ne conservant sur ses derrières qu'une poignée d'hommes restés dans Naïsse[3], et suivant le chemin frayé par son avant-garde, il se trouva bientôt transplanté

---

1. Nonnulla loca Illyrici inaccessibilia sibi tunc primum pervia facta sunt. Jorn., R. Get., 57.
2. Heracliam et Larissam civitates Thessaliæ, primum præda capta... Id. ibid.
3. Paucis ad custodiam derelictis. Id., loc. cit.

en Grèce avec tout son peuple. L'attaque de Thessalonique lui causa un tout autre souci que celle de Naïsse ou d'Ulpiana. Défendue du côté de la mer par son golfe, du côté de la terre par une haute muraille qu'entouraient de larges fossés, cette capitale de la Grèce péninsulaire contenait une population nombreuse enrichie par le commerce, et décidée à vendre chèrement sa vie et ses biens. Une garnison choisie y était arrivée de Constantinople, et le patrice Clarianus, qui la commandait, passait pour un général non moins énergique que prudent. Les Goths, voyant à quelles gens ils avaient affaire, se bornèrent à bloquer la ville; mais leurs courses ruinaient la campagne. Dans cette situation, qui n'était bonne pour personne, Clarianus essaya de négocier [1], et des pourparlers s'ouvrirent entre les Goths et les Romains. « Pourquoi, disaient ceux-ci, vous qui êtes fédérés de l'empire, avez-vous quitté vos cantonnements? Quel tort vous a fait l'empereur?» Théodémir fit valoir la détresse de son peuple en Pannonie. « Son cantonnement des bords du Danube se trouvant épuisé, il lui en fallait un autre, sous peine de mourir de faim : la nécessité était une maîtresse impérieuse contre laquelle aucun attachement ne prévalait, et il en coûterait plus cher aux Romains de détruire les Goths que de les nourrir!»

L'empire le crut ainsi. Clarianus ayant reçu de Léon le pouvoir de traiter avec Théodémir d'un nou-

---

1. Missâ legatione ad Theodomir regem... Jorn., *R. Get.*, 55.—Jornandès prétend que Clarianus eut peur des travaux de circonvallation des Ostrogoths, ce qui est peu croyable, vu l'inhabileté de ces barbares dans l'art d'assiéger les places.

vel établissement, on lui assigna, dans la partie septentrionale de la Macédoine, une contrée montueuse appuyée sur les dernières élévations des monts de Dardanie, à leur point d'intersection avec le Rhodope. Elle renfermait les cantons de Céropelles, Europe, Médiana, Pétina, Berrhée et quelques autres, désignés sous l'appellation collective de Sium [1]. Des officiers romains, après l'avoir régulièrement délimitée, en firent la remise aux Goths, qui s'y installèrent. Moins fertile que la Pannonie et bien moins convenable pour un peuple agriculteur, ce cantonnement plaisait mieux à des barbares dont le pillage était la seule industrie. Entre Byzance et Thessalonique, placées à portée de leur épée, les rois amales s'empressèrent de renouveler un serment de fidélité qui vaudrait suivant les circonstances; ils offrirent même à Léon de lui prêter main-forte, à l'instant même, contre Théodoric le Louche, alors brouillé avec lui. De pareilles avances étaient toujours du goût des empereurs; et, suivant les procédés de la politique byzantine, les Ostrogoths de Macédoine devinrent une milice impériale opposée aux Ostrogoths de Thrace qui, de leur côté, devaient tenir ceux-ci en respect [2]. Nous laisserons dans cette situation Théodémir et son fils; et, revenant sur nos pas en Pannonie, nous suivrons l'émigration de Vidémir à travers les Alpes italiques.

L'émigration de Vidémir avait succédé presque

1. Inito fœdere, cum Gothis, romanus ductor loca eis jam sponte quæ incolerent tradidit, id est Ceropellas, Europam, Medianam, Petinam, Berheum, et alia quæ Sium vocantur. Jorn., R. Get., 55.

2. Malch. pass. — Jorn., ub. sup.

immédiatement à celle de son frère ; et tandis que la première colonne des tribus gothiques pénétrait en Dardanie, l'autre s'acheminait, par la vallée de la Drave, ver les passages du Haut-Norique [1]. Les Ostrogoths de Vidémir ne rencontrèrent pas devant eux, comme leurs frères, de grasses campagnes bien approvisionnées, ou de riches villes mal défendues ; ils parcoururent d'âpres territoires dévastés par la guerre, de pauvres bourgades vaillamment gardées, et des routes infestées de barbares. Le départ des Goths avait été reçu comme une délivrance dans toute la vallée du Danube. Leurs voisins si longtemps opprimés, saisissant avec bonheur l'occasion d'une revanche, se jetaient de côté et d'autre sur leur passage : Sarmates, Ruges, Hérules, Turcilinges, naguère tremblants à leur nom, les insultaient, les traquaient, les harcelaient dans leur marche. Les Ruges laissèrent alors déborder tout ce qu'ils amassaient depuis vingt ans de colère et de haine contre ces insolents dominateurs. A chaque pas, la colonne de Vidémir était arrêtée par des embuscades ; il n'avançait que l'épée au poing, et la nourriture de chaque jour lui coûtait un combat.

Les villes romaines, sûres d'être saccagées quoi qu'elles fissent, préférèrent se défendre et fermèrent leurs portes. Il fallut que les Goths assiégeassent Tiburnie [2], où ils perdirent beaucoup de monde et de temps. Toutefois ils y trouvèrent un grand approvi-

1. Relicta Pannonia... sortita loca ingressus est. Jorn., *Regn. succ.* — *Id., R. Get.*, 56.
2. Eugip., *Vit. S. Severin.*, n° 25.

sionnement de vêtements et de vivres qui les dédommagea, en partie du moins, de leurs pertes. C'était cette collecte du Haut-Norique, réclamée plusieurs fois par Séverin et toujours retardée par la négligence des Tiburniens : ils l'avaient conservée pour les barbares, suivant l'expression du saint[1]. Après quelque séjour dans cette ville, la troupe de Vidémir atteignit les passages des Alpes, d'où elle descendit en Italie. Il y eut là, pour des corps exténués, une dangereuse transition, du dénûment absolu à l'abondance, et de l'extrême fatigue au repos. Un si brusque changement, accompagné d'excès de tous genres et aggravé par la mollesse du climat, produisit, au sein de cette foule désordonnée, des maladies qui la décimèrent. Vidémir fut enlevé un des premiers[2]. Il mourut laissant à son fils encore adolescent le gouvernement de ses tribus, et la continuation de la guerre : ce fils s'appelait comme lui Vidémir[3].

L'occasion eût semblé belle à un empereur romain digne de ce nom, pour châtier des brigands qui venaient ainsi sans provocation fondre sur l'Italie. Deux partis s'offraient à Glycerius, partis également sûrs, quant au résultat, presque également acceptables pour un homme de cœur. Le premier consistait à passer le Pô sans délai, en profitant de la stupeur de l'ennemi, à forcer son camp et à rejeter, au delà des Alpes, avec un enfant sans autorité, un ramas de tribus

---

1. Eugip., *Vit. S. Severin.*, n° 25.
2. Extremum fati munus reddens, excessit rebus humanis. Jorn., *R. Get.*, 56. — *Id.*, *Regn. succ.*
3. Successorem relinquens regni Widemir filium suum. *Id.*, *R. Get.*, 56.

découragées et malades; l'autre, plus simple encore, était de les enfermer au nord du fleuve, pour les y laisser consumer d'elles-mêmes. Mais Glycérius n'avait ni assez de décision pour le premier, ni assez de prévoyance pour le second; il en prit un troisième auquel personne ne songeait : il entra en négociation avec un ennemi que la seule vue des enseignes romaines faisait déjà trembler. Des ambassadeurs se présentèrent en son nom dans le camp de Vidémir, lui demandant ce qu'il voulait, comme si la chose n'eût pas été assez claire d'elle-même, et que le roi goth n'eût pas eu à sa disposition l'argument traditionnel des envahisseurs barbares depuis les Cimbres, à savoir : que chassés hors de leur patrie par la faim, ils cherchaient des terres à leur convenance, et les prendraient, si on ne les leur donnait; que du reste ils désiraient l'amitié des Romains. Si tel fut le langage de Vidémir, on n'invoqua pas pour lui répondre la fierté de Marius; au contraire, les ambassadeurs se montrèrent conciliants jusqu'à l'humilité. Indiquant du doigt dans le lointain la ligne des Alpes gauloises qui bornent l'Italie au couchant : « Vois-tu là-bas ces montagnes? dirent-ils au jeune roi; elles te séparent d'un peuple de ta race. Le pays situé par delà est la Gaule, dont les Visigoths, vos frères, possèdent une partie[1] : ils y sont puissants, et disputent le reste à d'autres barbares leurs rivaux[2]. Va les rejoindre;

1. Asserens vicinos sibi Wisigothos, eorum parentes regnare. Jorn., *R. Get.*, 56.
2. Gallias... quæ a diversis circumcirca gentibus premebantur. *Id. ibid., loc. cit.*

près d'eux t'attendent des campagnes d'une merveilleuse fécondité qui deviendront le lot de ton peuple. »
Il fut encore question entre eux de l'Espagne, qui, voisine de la Gaule, offrait aux Ostrogoths d'autres terres à conquérir et d'autres ennemis à combattre[1] : les Goths le savaient sans qu'on eût besoin de le leur apprendre.

Telle fut l'ambassade de Glycerius à Vidémir, accompagnée de grands envois d'argent[2], disent les historiens, comme si l'empereur eût pu craindre de voir de pareilles offres refusées. Si le roi goth feignit quelque hésitation, ce fut assurément pour obtenir davantage. Les préliminaires échangés, on avisa aux clauses d'un traité de concession qui mettrait aux mains des barbares, sans qu'ils eussent recours à la violence, un certain territoire dans le voisinage des Visigoths. Ce traité conférait à Vidémir le caractère d'un agent romain, ou tout au moins d'un allié que l'empereur d'Occident, en récompense de ses bons services et en témoignage de leur mutuelle affection, dotait d'un cantonnement dans le midi des Gaules. Mandement était fait au préfet du prétoire et autres officiers représentant l'empereur à l'ouest des Alpes, d'assurer, suivant la nature de leur pouvoir, l'entière exécution de sa volonté. C'était une pure fiction, car les fonctionnaires romains, emprisonnés pour ainsi dire au cœur de la Narbonaise, ne pouvaient plus rien au delà, hormis

1. Gallias, Hispaniasque tenentes... Jorn., R. Get., 56.
2. Glycerius imperator, muneribus datis... Widemir, acceptis muneribus. Id. ibid., 56. — Widemir ab Italicis præmiis victus, ad partes Italiæ Hispaniæque, emissa Italia, tendit. Id.. Regn. sucr.

dans quelques cités du centre ; et la concession d'un territoire transalpin dépendait plus maintenant des Visigoths, des Burgondes ou des Franks, que de César et du sénat romain. Vidémir, devenu si soudainement l'allié de Rome. prit tout le temps nécessaire pour refaire son armée aux dépens de l'Italie ; puis il prit le chemin de la Gaule, muni d'instructions de la chancellerie impériale, délivrées en bonne et due forme [1].

On ne saurait peindre l'étonnement douloureux qui saisit les populations gauloises, à l'apparition de ces hideux barbares, au teint hâve, aux vêtements déchirés, débouchant des Alpes pour déposséder les provinciaux de leurs terres, au nom de l'empereur. Les Visigoths les reçurent à bras ouverts comme les envoyés d'une Providence ennemie de Rome ; et les soldats de Vidémir allèrent grossir aussitôt l'armée qu'Euric [2] préparait contre les cités centrales des Gaules. Celles-ci et surtout l'Auvergne, foyer de la résistance gallo-romaine, ressentirent un désespoir qu'on ne saurait peindre. La question pour elles n'était pas seulement la perte de la Romanité. mais encore celle de la foi catholique ; car Euric faisait marcher de front dans les provinces qu'il enlevait à l'empire, l'arianisme et la barbarie ; et c'était un empereur romain qui se chargeait de recruter des renforts pour une pareille œuvre ! Des populations catholiques étaient

---

1. Acceptis simul mandatis. Jorn., *R. Get.*, 56.

2. Widemir... sese cum parentibus jungens Wisigothis, unum corpus efficitur. *Id. ibid.*, 56.

vouées à l'hérésie, en vertu de rescrits impériaux! La Gaule n'eut pas assez de mépris pour un tel prince, de malédictions pour un tel gouvernement. Elle sentit alors avec un redoublement d'amertume le malheur d'être attachée au flanc d'un empire ruiné qui la faisait servir de rançon tour à tour à ses lâchetés et à ses revers. Elle devait les Visigoths à l'empereur Honorius, qui en la sacrifiant avait au moins voulu délivrer l'Italie d'un vainqueur qui avait pris et saccagé Rome[1]; mais Glycérius lui jetait les Ostrogoths, sans avoir même essayé de les combattre! Le pillage des provinces transalpines était l'appât que présentaient les Italiens à quiconque menaçait leur tranquillité. Ces accusations, souvent répétées depuis un siècle, ne l'avaient jamais été avec plus de force et de raison.

Sidoine Apollinaire, dans ces graves circonstances, donna l'exemple du vrai patriotisme; il ne se contenta pas de se plaindre, il agit. Une élection inattendue l'avait arraché, en 471, aux studieux loisirs d'Avitacum, pour le faire évêque de Clermont; après de longues hésitations il avait cédé, et soutenait bravement en face d'Euric, comme Romain et comme chrétien, cette dignité pleine de périls[2]. Uni de sentiments avec son beau-frère Ecdicius, alors maître des milices des Gaules, ils étaient à eux deux l'âme de la cité

---

1. Pillage de Rome, par Alaric, en 410; passage des Visigoths dans la Gaule, en 411.
2. Conf. Sirmond., *Vit. Sid. Apollin.*, ed. 1652. — Tillemont, *Mem. eccl.*, t. xvi, p. 195, seqq. — Le P. de Longueval place l'épiscopat de Sidoine en 472.

d'Auvergne[1]. A leur appel, le peuple de ces montagnes prit les armes; les provinces voisines en firent autant; et une résistance nationale, à la vérité trop circonscrite, s'organisa pour repousser du même coup les ennemis et les amis de l'empereur. Ceux-ci cependant s'établissaient sur la lisière des possessions d'Euric, sans qu'il fût besoin des ordres du prétoire, ni du cordeau des arpenteurs romains : ils traçaient eux-mêmes leur cantonnement à la pointe de leur épée. Alors, suivant toute apparence, furent occupés en totalité ou en partie les territoires du Rouergue, du Périgord et du Limousin[2]. Amales et Balthes, Goths de l'Est et Goths de l'Ouest, séparés, depuis l'époque où ils habitaient ensemble les bords du Dniéper, se redonnèrent la main sur les ruines des villes gauloises : ils ne firent plus qu'un même peuple et un même corps, suivant l'expression de leur historien[3].

Le contre-coup de cet événement ébranla le reste de l'Occident, presque aussi violemment que la Gaule. Rome et l'Italie se mirent à rougir du rôle qu'on leur faisait jouer vis-à-vis du dernier lambeau de leur antique puissance au delà des Alpes; elles ne voulaient pas avoir été sauvées à ce prix. L'armée de son côté se plaignit qu'on lui eût enlevé une occasion de vaincre qu'elle n'avait pas cherchée peut-être avec grande ardeur. Il s'éleva enfin contre cette lâche

---

1. Cf. Sirmond., *ad Sidon. Apollin. not.*, p. 24, 39.— Jornandès le nomme *Decius*. Ubi (in civitate arverna) Romanorum dux præerat Decius, nobilis simus senator, et dudum Aviti imperatoris filius. *R. Get.*, 45.

2. Cf. Sidon. Apollin., *Epist.* VII, 6.

3. Unum corpus efficitur. Jorn., *R. Get.*, 56.

politique comme une réprobation universelle; et en face d'un prince sans cœur et d'un patrice imbécile, on put regretter la tyrannie de Ricimer, qui du moins ne pactisait pas avec l'ennemi. Tandis que la dignité romaine était ainsi immolée au dehors, la plus détestable administration régnait au dedans. Tout se vendait au palais de Ravenne; aucune fonction n'était accessible au mérite pauvre : il fallait être riche pour servir l'État, il fallait aussi être vieux, car Glycerius, assiégé de soupçons, redoutait l'activité de la jeunesse[1]. Le patrice Gondebaud, protecteur obligé du nouveau prince, ne lui apportait qu'un embarras et des dangers de plus. L'espèce de folie de vengeance qui tenait enchaînée au delà des Alpes l'âme de ce barbare lui faisait négliger ou compromettre sans scrupule les intérêts de l'empereur et ceux de l'empire. A force d'argent romain, il avait relevé son parti en Burgondie; la lutte recommençait entre les Tétrarques[2]; et ces rivalités de barbares à barbares s'ajoutaient aux maux de l'invasion pour consommer la perte des Gaules. Tout cela concourut à ébranler le gouvernement de Glycérius qui, fondé depuis dix mois à peine, croulait déjà de tous côtés.

Léon cependant, du fond de son palais de Byzance, observait avec un secret plaisir le progrès de cette ruine. Il y voyait une revanche du meurtre d'Anthémius, et une leçon pour le peuple et le sénat de Rome,

---

1. Sidon. Apollin., *Epist.* VIII, 7.
2. J'ai déjà dit qu'on donnait en Gaule ce sobriquet aux quatre rois burgoudes. Sidon. Apoll., *Epist.*, V, 7.

qui semblaient vouloir rendre de jour en jour plus irrévocable la rupture de l'Occident et de l'Orient. Dans le but de compléter et d'accélérer la revanche, Léon cherchait un candidat qu'il pût lancer sur l'Italie après l'avoir, pour ainsi dire, marqué au front du sceau de l'autocratie orientale. Ce candidat, il ne le trouva pas aisément, non que les ambitieux manquassent à Constantinople, mais parce que la circonstance particulière exigeait certaines conditions plus rares que le désir d'être empereur, celles, par exemple, de posséder un nom déjà connu en Occident, et, s'il se pouvait, un parti tout formé. Après avoir mûrement réfléchi, et pesé plus d'une candidature, Léon fixa son choix sur un homme à qui tout semblait promettre un succès facile. Nos lecteurs sans doute n'ont point oublié ce noble et infortuné Marcellinus, l'idole de l'Italie, mort misérablement en Sicile, sous le poignard d'un assassin, et dont le meurtre avait été reproché à Ricimer, comme le plus odieux de ses crimes. Marcellinus, en mourant, laissait un neveu, fils de sa sœur et d'un certain Népotianus, général assez distingué, au service de Rome. Les Dalmates le prirent pour chef suprême ou prince, en remplacement de son oncle; et depuis cinq ans environ, Julius Népos (on l'appelait ainsi) gouvernait paisiblement et sagement le petit État dont Salone était la capitale, lorque Léon conçut le projet d'en faire un empereur d'Occident.

L'histoire ne dit pas à qui, de Léon ou de Népos, appartint l'initiative de cette idée; mais la première explication les mit aisément d'accord. Léon ayant appelé Népos à Constantinople, le nomma patrice, et lui fit épouser une nièce de sa femme, l'impératrice Vérine. Ce mariage devait donner au nouveau prince d'Occident son caractère politique, en même temps qu'il répondait de sa future conduite vis-à-vis de Léon.

Népos, outre ses relations personnelles en Italie et l'influence attachée au nom de Marcellinus, présentait, pour la réussite de l'entreprise, certains avantages qui n'étaient point à dédaigner. En sa qualité de prince des Dalmates, il possédait une flotte, de bons marins, quelques vaillants soldats, et un port sur l'Adriatique, d'où l'on pouvait, en quinze ou vingt heures, faire un coup de main sur Ravenne. Quand les choses furent réglées dans ce sens, le Dalmate regagna Salone, puis une escadre grecque mit à la voile pour la mer Supérieure, avec une petite armée que commandait un officier impérial, nommé Domitianus[1]. Domitianus était porteur du manteau de César dont il devait donner l'investiture à Népos, après leur débarquement. Les flottes opérèrent leur jonction sur la côte de l'Adriatique; et vers le milieu de janvier 474, comme Glycerius achevait le dixième mois de son principat[2], Domitianus, forçant l'entrée du port, débarqua Népos à Ravenne. Tous deux prirent possession du palais impérial, que Glycerius venait d'abandonner. Le peu de soldats restés à Ravenne ne fit

---

1. Per Domitianum clientem suum. Jorn., *Regn. Succ.*, 47.
2. Anno vix expleto... Jorn., *R. Get.*, 45. — Népos, proclamé César à Ravenne au mois de janvier, ne prit la dignité augustale que le 24 juin suivant à Rome. On peut consulter, sur la chronologie du règne de Népos, Tillemont, *Hist. d. Emp.*, vi, p. 421.

aucune résistance ; et en présence de l'armée grecque, de la faible garnison Ravennate et de la foule du peuple toujours curieuse de nouveaux spectacles. Julius Népos fut proclamé César au nom de l'empereur d'Orient [1].

Glycerius (tant la fortune et les hommes le servaient mal) n'avait connu l'expédition de Marcellinus, que lorsque déjà il était trop tard pour s'en garantir [2]. Le patrice Gondebaud, qui n'avoit rien su prévoir, ne sut rien ordonner au moment du danger. Glycerius n'essaya même pas de combattre, et l'armée préposée à la protection de Ravenne ne reçut de son empereur d'autre conseil que celui de la retraite : elle partit avec lui par la route qui conduisait aux Apennins. L'intention du fugitif était de se renfermer dans Rome, d'y appeler autour de lui les troupes campées dans le reste de l'Italie, de faire en un mot de la grande Métropole occidentale le centre de sa résistance contre Népos, ainsi qu'avait fait Anthémius contre Ricimer. Mais Rome, peu flattée de cette confiance et sans affection pour un tel maître, lui ferma ses portes ; c'est du moins ce qu'on peut induire tant de la position stratégique de Glycerius, que de la neutralité gardée par le sénat romain pendant la courte durée de cette guerre. Réduit à courir la campagne, Glycerius parvint néanmoins à rallier une partie des garnisons du centre et du nord de l'Italie ; puis il attendit tranquillement l'arrivée de son rival.

1. Apud Ravennam... Cæsarem ordinavit. Jorn., *Regn. Succ.*, 47.
2. Inopinato Nepos cum exercitu veniens... *Hist. Miscell.*, xv, ap. Murat., I, p. 99.

Celui-ci ne perdait pas un moment. Se mettant en rapport avec les divers corps de l'armée italienne et les grands municipes de la Ligurie et de la Vénétie, prodiguant les faveurs aux uns, les promesses aux autres, il sollicitait une adhésion que la plupart lui prêtèrent, mais avec réserve et défiance. Au fond, Népos ne rencontrait point en Italie l'accueil dont il avait pu se flatter : son début était malheureux. Débarqué furtivement sans avoir été ni appelé, ni consenti d'avance, à l'insu des populations et presque au mépris du sénat, il ressemblait assez à un lieutenant de Léon venant occuper Rome au nom de Constantinople. La présence d'une armée grecque à ses côtés et l'attitude hautaine de Domitianus ne légitimaient que trop d'ailleurs la susceptibilité des Occidentaux. Aussi, quelque magie qui entourât encore le nom de Marcellinus, la cause de Népos n'excita généralement aucune sympathie. On s'arma cependant, les uns pour elle, les autres contre elle ; mais jamais on n'avait mis dans une guerre civile autant de tiédeur et d'indifférence.

Népos franchit sans obstacle la barrière des Apennins, si facile pourtant à défendre ; il n'en rencontra pas d'avantage à travers les plaines de la Toscane, et atteignit presque sans coup férir la campagne de Rome. L'armée ennemie se dispersait à son approche, et ne livra pas un seul de ces combats que l'histoire enregistre. Parvenu ainsi aux portes de la ville éternelle, Népos n'essaya point de les forcer ; il voulut respecter l'espèce de neutralité que le sénat gardait entre son rival et lui. Glycerius, abandonné de lui-même et des autres, s'enfuit presque seul le long du Tibre, par la route qui conduisait à ce qu'on appelait le port de Rome. Ce port, situé à dix-huit milles au-dessous de la ville et aujourd'hui comblé par les atterrissements du petit bras du fleuve, avait été creusé de main d'homme, sous le règne de Claude; Trajan l'avait agrandi par la construction d'un bassin intérieur qui portait son nom. C'est là que depuis lors stationnèrent les principales flottes de l'empire; mais au temps dont nous parlons, ces flottes avaient à peu près disparu. Une voie latérale au Tibre, dont elle suivait les nombreuses sinuosités, servait au halage des bâtiments qui remontaient de la mer à Rome, et un troupeau de bœufs était entretenu aux frais de l'État, pour les besoins de ce service [1]. Suivant toute apparence, l'empereur vaincu espérait trouver à l'ancre quelque navire au moyen duquel il pourrait échapper à son ennemi et ranimer la guerre sur un autre point de l'Italie.

Mais Népos, comprenant son dessein, arriva dans le port presque aussitôt que lui [2]. On n'eut pas de peine à découvrir le fugitif dans la retraite où il s'était caché; saisi par des soldats, il fut traîné devant le nouveau César, et tremblant, agenouillé, il y attendait son arrêt de mort. Népos n'était pas cruel; malgré la dureté des mœurs romaines, encore exaspérée par le

1. Portus Romæ, portus romanus. Cons. Danville, *Dissertation sur le port de Rome*. Mémoires de l'Acad. d. Inscript.
2. Superveniens Nepos Patricius, ad Portum urbis Romæ... Anonym. Vales., p. 716.

mélange des mœurs barbares, il lui répugnait de répandre le sang. Au lieu d'envoyer querir le bourreau, il manda près de lui l'évêque du port, dont la demeure attenante à l'église bordait le petit bras du Tibre[1] ; et lui montrant Glycerius, toujours prosterné, il lui commanda de le sacrer évêque. Le prêtre obéit ; quelques coups de ciseaux, suivis de l'onction sacramentelle, rendirent à jamais impropre à porter ni casque, ni couronne, la tête qui ceignait naguère le diadème des Augustes[2]. Craignant néanmoins que, malgré sa métamorphose, Glycerius ne fût encore un instrument de trouble en Italie, Népos le fit ordonner évêque de Salone, lui attribuant, à vrai dire, par cette destination, plutôt une prison qu'un évêché[3]. Le vaisseau sur lequel devait fuir l'empereur déchu le reçut à son bord évêque malgré lui, et l'emmena sous bonne escorte jusqu'aux confins de l'Adriatique. Quant à Gondebaud, il avait disparu : on apprit plus tard que gagnant les Alpes au plus vite, il était parvenu en Burgondie, où des torrents de sang signalèrent son retour. Il triompha enfin de ses frères après une longue et terrible lutte, dont les tragiques aventures effrayaient encore l'imagination des peuples, au siècle de Grégoire de Tours[4].

1. Danville, *Mém. précité*.
2. Glycerium ab imperio expellens. Jorn., *Regn. Succ.*, 47. — A regno dejiciens. *Id.*, *R. Get.*, 45. — *Hist. Miscell.*, xv, ap. Murat., i, p. 99.
3. In portu Romano episcopum ordinavit. Jorn., *R. Get.*, 45. — In Salona Dalmatiæ episcopum. *Id.*, *Regn. Succ.*, 47. — Anonym. Vales., p. 716. — Apud Salonas Dalmatiarum urbem episcopum ordinavit. — *Hist. Miscell.*, xv, ap. Murat., i, p. 99. — Marcel. Com., *Chron.*
4. Greg. Turon., *Hist. Franc.*, 1.

# CHAPITRE VII

## JULIUS NÉPOS. — AUGUSTULE

Administration de Népos. — Abandon de l'Auvergne aux Visigoths. — Révolte du patrice Oreste. — Romulus Augustus, surnommé Augustule, empereur. — Il refuse aux auxiliaires barbares le partage des terres de l'Italie. — Révolte des auxiliaires. — Ils prennent Odoacre pour roi. — Meurtre d'Oreste et déposition de son fils.

### 474 — 476

Maître de l'Italie par la guerre civile, mais les mains à peu près pures de sang romain, Népos entra dans Rome, où il fut proclamé solennellement par le peuple et le sénat. L'investiture du manteau augustal lui fut donnée, suivant toute probabilité, dans cette même plaine de Bontrote où, sept ans auparavant, de si vifs transports de joie avaient accueilli Anthémius, comme lui venu d'Orient. Toutefois les dispositions ne se ressemblèrent point ; le temps des illusions était passé, et le sénat, froissé dans son orgueil comme dans son droit, ne pardonnait pas au protégé de Léon les procédés blessants du protecteur.

Népos, alarmé de la froideur publique, s'efforça d'effacer par ses premiers actes la tache de son origine. Son naturel sérieux, son maintien modeste et doux, contrastaient avec la folle inconsistance qui avait caractérisé Glycerius. Il se montrait particulièrement respectueux envers le sénat et désireux de lui plaire. Tous ces trafiquants d'emplois, tous ces vieillards riches et incapables dont le dernier règne avait peuplé la haute administration, cédèrent la place aux meilleurs citoyens appelés sans distinction de rang ni de fortune. Un jeune homme pauvre et de naissance médiocre, mais d'un mérite reconnu, fut élevé d'emblée à la préfecture de la ville, poste difficile et le plus important de l'État après les grands offices du palais. Cette nomination et d'autres encore, dictées par le même esprit, concilièrent à Népos les gens non prévenus : on y applaudit, mais plus peut-être hors de Rome, qu'à Rome même, et dans les provinces qu'en Italie. La Gaule, qui cherchait un réparateur à ses maux, crut l'avoir trouvé; elle proclama le nouvel empereur, un vrai et grand prince, « Auguste par ses mœurs comme par ses armes[1]; » et Sidoine, interprète ordinaire du sentiment des cités gauloises, voulut complimenter sur sa nomination le nouveau préfet de Rome, Audax, qu'il avait connu en Italie, lorsqu'il était revêtu lui-même de cette haute dignité. Laissant de côté, pour un moment, la sévère simplicité de style, à laquelle il s'était condamné depuis son épiscopat[2], l'évêque de Clermont écrivit de sa prose la plus fleurie une lettre qui contenait avec les formules d'usage une appréciation flatteuse du nouveau gouvernement, lettre d'autant plus soignée que, suivant

---

1. Armis pariter summus Augustus ac moribus. Sidon. Apoll., *Epist.* v, 16.
2. *Id.*, *Epist.* VIII, 4; IX, 12 et passim.

toute apparence, elle devait arriver sous les yeux de l'empereur. Elle était conçue en ces termes :

« Sidoine à son cher Audax, salut.

« Je voudrais savoir de toi où se cachent en ce moment ces hommes qui s'applaudissaient hier d'avoir entassé trésor sur trésor et se pâmaient d'aise devant les monceaux d'un argent si vieux qu'il en était noir[1]. Je voudrais savoir où sont allés ces gens qui écrasaient superbement leurs cadets par le seul avantage de leur âge. Et ces autres dont l'extraction se reconnaît tout de suite à l'aigreur des haines qu'ils fomentent, dis-moi, que sont-ils devenus ? Leur règne vient de finir; il n'y a place aujourd'hui que pour les bonnes actions : la balance du prince ne pèse plus les écus, elle pèse le mérite et les mœurs[2]. Ceux qui s'imaginaient insolemment que le poids de l'argent fait celui des hommes, et qui, couvrant leurs vices du manteau de leur opulence, imputaient à la vanité et aux intrigues l'élévation des autres, ceux-là sont heureusement restés à terre ; qu'ils y cuvent leur venin[3] !

« Ne t'inquiète point d'eux, marche sous les nouveaux honneurs qui te sont venus chercher, toi, qui as tou-

---

1. Ubinam se, nunc velim dicas gentium abscondunt, qui sæpe sibi, de molibus facultatum congregatarum deque congestis jam nigrescentis argenti struibus, blandiebantur. Sidon. Apoll., *Epist.* VIII, 7.
2. Nempe cum primum bonis actibus locus est, et ad trutinam judicii principalis appensa tandem non nummorum libra, sed morum. Id., *loc. cit.*
3. Tanquam per oleum, sic per infusa æmulationum venena macerantur. *Ibid.*

jours travaillé, qui n'as voulu devoir ta préfecture qu'à tes services, et qui, fils de noble race, songes plus à l'éclat de ta descendance qu'à celui de tes ancêtres. Est-il rien de plus digne et de plus généreux que de vouloir effacer soi-même par ses actions les splendeurs d'un nom glorieux ! Il ne me reste plus qu'à prier le Seigneur de t'accorder encore cette grâce, que tu voies tes fils te surpasser à leur tour. Et puissent aussi les jaloux, que ronge le chagrin de tes prospérités, en éprouver longtemps le supplice ! C'est bonne justice quand, sous un équitable prince, on laisse croupir dans l'oubli des gens qui n'ont rien de grand que leur patrimoine, et dont la fortune, si haute qu'elle soit, ne compense ni la pauvreté d'esprit ni la bassesse de cœur. Adieu. »

C'était bien pensé et bien dit ; malheureusement les réformes dictées par une si louable intention étaient pleines de dangers : ces hommes puissants et indignes que le prince chassait des places, allèrent grossir la phalange de ses ennemis.

Tandis que Népos, par la droiture de ses intentions, essayait de désarmer ses adversaires, une série de révolutions survenues à Constantinople absorbait l'attention des Orientaux, et leur faisait perdre de vue les affaires de l'Occident. Par une fatalité déchaînée contre lui dès son début, le neveu de Marcellinus perdit son protecteur au moment où mettant le pied en Italie, il avait le plus besoin d'appui : Léon mourait au mois de janvier de cette même année 474, après s'être associé, comme César, son petit-fils, né de sa fille Ariadne, et de l'Isaurien Zénon, et nommé Léon comme lui.

Cette mort ramena le jeune César, enfant débile et maladif, sous la tutelle d'un père, volontairement écarté du trône, pour son impopularité et ses vices; car le vieil empereur, tout le monde le savait, n'avait appelé le fils qu'afin d'exclure le père. Toutefois, la possession d'un pouvoir précaire attaché à la courte vie d'un enfant ne contentait point Ariadne et encore moins sa mère Vérine, femme altière, ambitieuse, habituée à régner : elles s'entendirent pour faire passer la pourpre sur les épaules de Zénon. Il s'organisa, dans ce but, au palais impérial, une petite comédie de famille qui fut jouée plus tard au grand cirque, en présence du peuple et de l'armée, lorsque le jeune César reçut des mains du sénat l'investiture solennelle du manteau d'Auguste. Au moment où Zénon, patrice et généralissime, vint à son tour fléchir le genou devant le prince et lui promettre fidélité, l'enfant, détachant de ses cheveux le diadème qui les ceignait, en entoura le front de son père[1]. Cet acte accompli avec une grâce étudiée fut couvert d'applaudissements. Des sénateurs gagnés par Vérine et les soldats largement repus remplirent l'air de cris enthousiastes, tandis que la foule restait ébahie au spectacle de tant de vertus domestiques. Dix mois après, l'enfant mourait, et Zénon restait seul empereur.

1. Manu suâ genitorem suum Zenonem coronans, imperatoremque constituens. Jornand., *Reg. Succ.*, 47. — Leo à suâmet matre monitus, imposuit diadema regium capiti Zenonis. *Chron. Alex.*, p. 751. — Suis manibus. Zonar., xiv, 1.

La scène changea aussitôt. Maître absolu de la puissance souveraine, l'Isaurien se livra sans frein aux grossiers penchants de sa nature : il disait « que celui-là ne régnait pas, à qui il n'était pas permis de tout faire. » Le crime, la débauche, le ridicule marchaient de pair dans les vices de cet homme qui tenait à orgueil de braver tous les sentiments honnêtes : il se fit teindre les cheveux et la barbe, s'habilla comme un baladin, et s'entoura d'ignobles favoris. Ariadne rebutée fut chassée du palais ; Vérine elle-même, à qui il devait tout, perdit son crédit et son rang ; mais la redoutable impératrice, si experte en machinations, eut bientôt assuré sa vengeance. Elle avait, dans les murs d'Héraclée de Thrace, un frère exilé, ce lâche et avare Basilisque qui vendit, en 468, au roi des Vandales Genséric, l'inaction de la flotte romaine devant Carthage[1], et depuis ce temps-là dépensait le prix de sa trahison en complots impuissants, haï de l'empereur et méprisé du peuple : Vérine lui fit entrevoir la route du trône. Elle l'encouragea, elle l'aiguillonna sans relâche, se chargeant de préparer en sa faveur le sénat et l'armée, tandis que lui-même, à force d'argent, pousserait sur Constantinople les Goths de Théodoric le Louche. Cette trame s'ourdit entre Héraclée et Byzance avec une incroyable célérité et un secret plus inexplicable encore [2].

Zénon, plongé dans une torpeur léthargique, ne

1. Voir ci-dessus, chap. II.
2. Malch., *Hist.*, *fragm.*, 4.— Candid., *Exc.* 3.— Jornand., *Reg. Succ.*, 47. — *Chron. Alex.*, p. 751. — Théophan., *Chron.* — Zonar., xiv, 1. — Tillem., *H. d. E.*, vi. — Lebeau, *H. d. B. E.*, t. vii.

se doutait encore de rien, quand déjà il était perdu.
Pour épargner à la comédie qui marchait si bien un
dénoûment tragique, Vérine alla trouver son gendre et
lui révéla tout, excepté la part qu'elle avait prise au
complot. « C'en est fait de ta vie, ajouta-t-elle, mais
« il m'est possible de te sauver, si tu veux partir à
« l'instant ; dans quelques heures, il sera trop tard.
« Lorsque tu auras passé le Bosphore, tu apprendras
« par toi-même ce que tes ennemis te destinaient. »
Une barque était toute prête, Zénon s'y jette et court
se cacher dans Chalcédoine[1]. A peine avait-il touché la
rive asiatique, que des hommes apostés appellent le
peuple aux armes : Constantinople est remplie de tumulte, des mutins assaillent le palais impérial, et les
statues de Zénon sont traînées à travers les rues.
Vérine hâtait la crise dans le but de faire élire empereur. avant l'arrivée de Basilisque, son favori Patricius, car elle jouait du même coup son frère et son
gendre : un temps d'arrêt la perdit. Basilisque, survenant à l'improviste, sème l'or à pleines mains, gagne
la populace et se fait proclamer dans un faubourg:
Patricius est mis à mort, Vérine gardée à vue au fond
du palais[2], et Basilisque affermit son usurpation par
la terreur.

Cette femme indomptable ne s'avoua point vaincue.
Changeant de front dans ses manœuvres, elle se ré-

---

1. A Verina deceptus... Candid., *Excerpt.*, 2. — Anonym. Vales., p. 716.
*Chron.* Alex., p. 753. — Zonar., xiv, 1. — Theophan., *Chron.*, p. 111.
2. Candid., *Excerpt.*, 1-2. — Malch., *Hist. fragmen.*, 4.— Zonar., xiv, 1-2.
Théophan., *Chron.*, p. 101 et seqq.

concilie avec son gendre, dont les Isauriens avaient embrassé la cause, et qui sut, avec des succès divers, se maintenir dans l'extrême Orient. Toute captive qu'elle était, elle ourdit de concert avec lui de nouveaux lacs pour envelopper son frère et le lui livrer, comme elle l'avait livré lui-même à Basilisque [1]. Ces intrigues mêlées de guerres et de révolutions religieuses dont je parlerai plus tard remplirent les années 474 et 475, et absorbèrent l'attention des Romains orientaux. D'ailleurs la disgrâce de Vérine sous Zénon d'abord, puis sous Basilisque, retomba naturellement sur Népos dont elle avait été la protectrice près de Léon, et qui de plus avait épousé sa nièce ; de sorte qu'une entreprise, formée si péniblement et à si grands frais pour rétablir l'ascendant de l'empire d'Orient sur l'Italie, ne trouva plus à la cour de Constantinople qu'antipathie et répugnance.

La flotte orientale rappelée sur ces entrefaites et Domitianus parti, Népos sentit qu'il n'avait à compter désormais que sur lui-même. Il se mit à l'œuvre avec courage, mais les difficultés de sa position semblèrent s'accroître par les efforts mêmes qu'il faisait pour les surmonter. Il avait à se défendre d'abord contre les illusions qu'il inspirait, et ce n'était pas la tâche la moins périlleuse. La Gaule, si indignement sacrifiée par Glycerius, s'obtinait à voir dans la chute de cet empereur un retour à une po-

---

1. Malch., *Hist. fragm.*, 4 et seqq. — Candid., *Excerpt.*, 4. — Evagr., III, 3. — *Chron. Alex.*, p. 751. — Théophan., *Chron.*, p. 111 et seqq. — Zonar., XIV, 2.

litique plus romaine ; elle réclamait de Népos un acte
de vigueur contre les Goths ; enfin elle sollicitait, avec
l'envoi immédiat d'une armée italienne à l'ouest des
Alpes, le titre de patrice pour son maître des milices
Ecdicius, le héros de l'Auvergne. Le patriciat était
dû depuis longtemps au beau-frère d'Apollinaire ;
Anthémius le lui avait promis sans avoir pu tenir son
engagement, que Glycerius, l'ami des Goths, n'avait
eu garde d'acquitter : « Il appartenait à Népos, disait-
on, de payer cette dette de la patrie [1]. »

Récompenser Ecdicius de son énergie patriotique,
c'était presque déclarer la guerre au roi de Toulouse ;
et Népos, malgré toute son estime pour les braves
Arvernes, aurait peut-être hésité longtemps, si Euric
n'eût, le premier, rompu la paix. Interprétant la chute
de Glycerius précisément comme les Gallo-Romains,
il avait équipé une armée en toute hâte, et s'était
jeté sur le Berry, sans l'ombre de provocation. D'ef-
froyables ravages, toujours accompagnés de profanations religieuses, signalèrent son passage à travers
le Limousin ; Bourges épouvantée ouvrit ses portes ;
mais l'Auvergne, restée seule, ne faiblit point ; le roi
goth fut contraint d'assiéger en règle la ville de Clermont. Ecdicius, hors d'état de livrer des batailles
rangées, tint la campagne avec des bandes de mon-
tagnards composées en partie de ses clients. L'évêque,
son beau-frère, accepta le soin de défendre la ville ;

---

1. Hoc tamen sancte Julius Nepos, armis pariter summus Augustus ac
moribus, quod decessoris Anthemii fidem, fratris tui sudoribus obligatam,
quo citerior, hoc laudabilior absolvit. Sidon. Apoll., *Epist.* v, 16.

à eux deux, ces hommes héroïques sauvèrent leur pays. Tandis que Sidoine, pasteur et général de ses ouailles, les conduisait de l'église au rempart et du rempart à l'église, les dirigeant par ses avis ou les réconfortant par la prière, Ecdicius harcelait l'ennemi, troublait ses travaux d'attaque et lui coupait les vivres. La faim sévissait avec force dans les deux camps, lorsque l'hiver arriva : Euric fit retraite vers Toulouse, vaincu, humilié, mais jurant qu'il se vengerait bientôt d'Ecdicius et des Arvernes.

On eût pu croire que l'exemple de la Gaule centrale entraînerait le reste de la province et stimulerait les Italiens : il n'en fut rien ; tant d'héroïsme ne servit qu'à mettre à nu l'impuissance profonde de l'empire. Quelque sympathie qu'excitassent partout ces efforts généreux, Népos n'osa ni les soutenir, ni répondre au sanglant défi jeté par le roi des Goths. Tandis que les assiégés de Clermont bravaient le fer, la famine, la peste, pour conserver le nom romain [1], l'empereur envoyait en Gaule son questeur Licinianus porter à l'ennemi des propositions de paix [2]. Le questeur, arrivé par la voie de terre, se rendit d'abord dans la métropole des sept provinces, et durant le séjour forcé qu'il y fit, en attendant la rentrée d'Euric à Toulouse, le Romain put se convaincre qu'il ne s'agissait pas seulement avec les Goths de la perte de l'Auvergne, mais de l'extinction de la romanité, à l'ouest des Alpes. Licinianus apportait avec lui le brevet de

---

1. Sidon. Apoll., *Epist.* vi, 12 ; vii, 6. — Greg. Turon., *Hist. Franc.*, 24.
2. Sidon. Apoll., *Epist.* iii. 7 ; not., p. 62.

patrice qu'Ecdicius[1] venait de mériter encore une fois; car Népos, tout en négociant avec les Barbares sous le poids de la nécessité, ne voulait point renier le sentiment romain. Le brevet, quoique annoncé par un avis du questeur, ne fut expédié que plus tard, probablement après la guerre, et pendant que l'ambassade romaine s'acheminait vers Toulouse, où le roi des Goths venait de rentrer. Licinianus trouva Euric fatigué de sa campagne, irrité de son échec, et décidé à ne rien entendre. A toutes les paroles de paix, le barbare répondait par des menaces de guerre, jurant que l'Auvergne lui appartiendrait dès le printemps suivant, et non-seulement l'Auvergne, mais la Narbonnaise, et qu'il irait siéger au prétoire d'Arles avec son sénat vêtu de peaux. Aucune des propositions de l'empereur n'ayant été acceptée, le questeur regagna tristement l'Italie.

La consternation fut grande, à cette nouvelle, dans le conseil impérial. Que restait-il à essayer? Licinianus avait une réputation incontestée d'expérience et d'habileté[2] : là où un tel négociateur avait échoué, quel autre prétendrait réussir? La guerre semblait donc inévitable, et peut-être, avec sa dernière province, l'empire d'Occident allait voir bientôt disparaître sa dernière armée. D'un autre côté, secourir la Gaule dans de telles conjonctures en découvrant l'Italie, ne serait-

---

1. Ravenna veniens quæstor Licinianus... litteras adventus sui prævias misit quibus indicat esse se gerulum codicillorum, quorum in adventu fratri etiam tuo Ecdicio, honor patricius accedit. Sidon. Apoll., *Epist.* v, 16.

2. Ob omnia felicitatis naturæque dona monstrabilis : summa censura; par comitas, prudentia fidesque. *Id.*, *Epist.* III, 7.

ce pas les compromettre toutes deux à la fois, et provoquer de nouvelles invasions barbares? Quelque autre Vidémir n'arriverait-il pas des Alpes Juliennes, à point nommé, pour assister ou venger ses frères? La peur grossissait et multipliait des périls déjà trop réels. L'histoire ne dit pas ce qui se passa dans le sénat de Rome ni dans le conseil impérial, mais il paraît que les deux assemblées différèrent d'avis sur le parti qu'il convenait de prendre. Népos, en désespoir de cause, inclinait-il à la guerre? Le sénat en la jugeant nécessaire voulait-il en laisser au prince toute la responsabilité? On l'ignore; mais Népos, de plus en plus perplexe, résolut de consulter l'Italie elle-même. Convoquant extraordinairement les conseils provinciaux de la péninsule, il les invita à délibérer sur la situation de la république, et à proposer, suivant leur opinion, soit la paix, soit la guerre.

La noblesse de Ligurie était alors considérée comme la tête des populations italiques, par sa richesse et par son intelligence, et après le sénat de Rome, le conseil de Milan pouvait passer pour la représentation la plus solennelle de l'Italie. Tous les regards se tournèrent donc avec une curiosité inquiète vers l'assemblée des cités liguriennes. Elle se réunit à Milan, suivant l'usage, nombreuse, imposante, tous les hommes considérables de la province s'étant fait un devoir d'obéir à l'appel du prince[1]. Les délégués examinèrent de nouveau

---

1. Evocantur ad consilium Liguriæ lumina, viri maturitatis, quorum possit deliberatione labans Reipublicæ status reviviscere, et in antiquum columen soliditas desperata restitui. Tanti ad tractatum coiere ex jussu principis quanti poterant esse rectores. Ennod., *Vit. Epiph.*, p. 344.

une situation qu'ils ne connaissaient que trop bien; ils en discutèrent un à un tous les remèdes; et après une mûre délibération, l'assemblée ne conclut point à la guerre; elle vota pour une reprise des négociations. Néanmoins, comme la politique semblait avoir épuisé toutes ses ressources, l'assemblée conseilla de recourir à l'autorité de la religion, en choisissant un négociateur ecclésiastique. Celui-là, la Ligurie l'offrait à l'empire : n'avait-elle pas son saint évêque Épiphane[1], chargé tant de fois de missions difficiles, et toujours heureux? L'homme de paix qui avait éteint le ressentiment dans le cœur de Glycerius justement irrité changerait les injustes desseins du roi des Goths, car Dieu était avec lui. Népos agréa la proposition des cités liguriennes et l'Italie respira.

Il n'y avait pas de temps à perdre; dans quelques semaines des milliers de Goths allaient envahir les provinces gauloises. Épiphane passa les Alpes par le chemin le plus court, obligé souvent de coucher en plein air[2]. Son entrée à Toulouse ressembla presque à un triomphe. Le principal ministre d'Euric vint au-devant de lui, jusqu'au delà des portes; le roi, lui-même, soit calcul, soit respect ou crainte superstitieuse, lui fit un de ces accueils qu'il ne prodiguait pas aux Romains[3]. Il consentit même à désarmer, si l'em-

---

1. Seritur de ordinanda legatione sermo : in beatissimum virum Epiphanium mentes omnium et oculi diriguntur. Ennod., *Vit. Epiphan.*, p. 344.

2. Eligebat secessum nemorea fronde conclusum, ubi connexis arborum brachiis nox domestica texeretur. *Ibid.*, p. 345.

3. *Ibid.*, p. 345, 346 et seqq.

pereur lui cédait amiablement l'Auvergne[1] ; à cette condition, et à celle-là seulement, il signerait la paix. Telle fut la réponse qu'Épiphane rapporta de sa mission. Si dur que fût le sacrifice, Népos dut s'y résigner ; il abandonna l'Auvergne pour conserver la Narbonnaise. Un acte régulier de cession fut rédigé dans les bureaux de la chancellerie impériale, et en attendant l'occupation des territoires cédés, on procéda à une nouvelle délimitation de la province romaine avec le royaume des Visigoths[2]. La commission instituée pour ce travail se composa des évêques de Riez, d'Arles, de Marseille et d'Aix[3]. Elle avait à régler, outre les questions politiques, des questions religieuses délicates, par exemple, celle de savoir à qui appartiendrait le droit de pourvoir aux évêchés vacants dans les provinces d'Auvergne, de Limousin et de Berry, ou même, s'il y serait pourvu[4]. La dissidence des religions donnait un grand intérêt à cette controverse.

Pendant le cours des négociations, l'Auvergne avait passé par toutes les alternatives de la confiance et du découragement. Il lui sembla d'abord que Dieu même lui venait en aide avec Épiphane. Toutes les souffrances réunies s'étaient appesanties sur elle. Comme les récoltes avaient été brûlées par les Goths l'été pré-

---

1. Jornand., *R. Get.*, 45.
2. Ennod., *Vit. Epiphan.*, p. 313-314. — C'est là la seule interprétation qu'on puisse donner au passage d'Ennodius. Consultez Tillemont, *Hist. d. Emp.*, VI, p. 426 et seqq. — Sirmond, *N. ad Sidon.*, p. 73.
3. Sidon. Apoll., *Epist.* VII, 6 et not., p. 73. — Tillem., *Hist. d. Emp.*, VI, p. 429.
4. Sidon. Apoll., *Epist.* VII, 6. — Tillem., *loc. cit.*

cédent, les habitants de Clermont mouraient de faim : on quêtait pour eux du blé dans les villes voisines et jusqu'à Lyon[1]. Ecdicius, dit-on, nourrit de ses deniers quatre mille personnes[2]. Cette malheureuse cité espéra jusqu'au bout, supportant avec une constance surhumaine des maux qui lui venaient de son dévouement à la foi catholique en même temps qu'au nom romain. Mais quand tout fut consommé, quand les Arvernes virent leur pays rejeté de l'empire et son sort débattu dans une commission de Gaulois-Narbonnais qui ne songeaient qu'à eux-mêmes, ils furent saisis d'un violent désespoir. Tantôt ils demandaient qu'on leur rendît la guerre, plus sainte, à leurs yeux, qu'une pareille paix; tantôt ils menaçaient d'émigrer tous en masse, à l'exemple des vieux Gaulois leurs ancêtres, avant de devenir les esclaves, ou suivant le mot énergique de Sidoine, les condamnés des Goths, car que seraient-ils sinon des criminels, pour des ennemis qu'ils avaient vaincus? « Quoi donc, écrivait l'évêque
« de Clermont à celui de Marseille, Græcus, un des
« commissaires du traité; quoi! la servitude des Arvernes est aujourd'hui le prix de la sécurité des autres!
« O douleur! la servitude des Arvernes[3]. Voilà ce que
« nous ont valu la flamme, le fer, la famine, la peste
« si généreusement acceptés! C'était en vue de cette
« belle paix que nous arrachions, pour la manger,

---

1. Sidon. Apoll., *Epist.* vi, 12. — Greg. Tur., *Hist. Franc.*, 11, 24.

2. Fuere, ut multi aiunt, amplius quam quatuor millia. — Greg. Tur., *Hist. Franc.*, 11, 24.

3. Facta est servitus nostra pretium securitatis alienæ : Arvernorum, proh dolor! servitus. Sidon. Apoll., *Epist.* vii, 7.

« l'herbe sauvage de nos remparts[1] ! plutôt un nou-
« veau siége, plutôt les combats, plutôt les veilles et
« la faim ! »

Tandis que l'évêque de Clermont faisait entendre ces plaintes éloquentes aux évêques chargés de la rédaction du traité, son beau-frère, Ecdicius, déclarait hautement qu'il ne s'y soumettrait pas, qu'il ne deviendrait pas hérétique et Goth ; et se jetant avec ses clients dans une position inexpugnable hors de la province, il s'y retrancha et appela la Gaule aux armes[2]. C'était la guerre civile contre Rome et les alliés de Rome, dans le but de rester Romain, en dépit d'elle-même. Népos eut beaucoup de peine à la prévenir ; il manda près de lui, à Ravenne, le brave et infortuné Ecdicius, l'adoucit à force de caresses, et lui fit déposer sa charge de maître des milices transalpines, dont il investit Oreste, qui commandait l'armée italienne, campée alors autour de Rome[3]. Oreste reçut l'ordre de passer les Alpes avec une partie de ces troupes, afin d'assurer la tranquillité du pays, pendant que les mandataires d'Euric prendraient possession de l'Auvergne. Étrange renversement des choses humaines ! Un ancien secrétaire d'Attila se trouvait chargé par un empereur romain de livrer à un

---

1. Propter hujus tamen inclytæ pacis expectationem, avulsas muralibus rimis herbas in cibum traximus. Sidon. Apoll., *Epist.* vii, 7.
2. Decius (Ecdicius) relicta patria maximeque urbe Arvernate hosti, ad tutiora se loca collegit. Jornand., *R. Get.*, 45.
3. Quod audiens Nepos imperator, præcepit Decio, relictis Galliis, ad se venire, in locum ejus Oreste magistro militum ordinato. Jornand., *R. succ.*— Anonym. Vales., p. 706.

roi visigoth les derniers défenseurs d'une province contre laquelle s'était brisée la puissance d'Attila. Pour cette mission délicate, Oreste fut revêtu de la dignité de patrice, du moins ne semble-t-il pas qu'il l'eût possédée auparavant.

L'armée réunie sous les murs de Rome se composait des corps qui avaient pris parti pour Népos, et de ceux qui, restés fidèles à Glycerius, s'étaient dispersés, lorsque leur chef leur avait donné, par sa retraite précipitée vers la mer, le signal de la déroute. Répandus dans la campagne de Rome, ils l'infestaient de leurs brigandages; et une fois la guerre terminée, Népos s'occupa de les rallier et de les refondre avec les premiers, afin de reconstituer sur son ancien pied l'armée italienne. Il semble qu'Oreste avait été chargé de ce travail. Soit que le Pannonien, voyant Glycerius s'abandonner lui-même, eût déserté sans scrupule pendant la lutte, entraînant avec lui la garde impériale, dont il était un des chefs influents; soit qu'il eût attendu, suivant son habitude, que la fortune eût prononcé; on le retrouve, après la victoire, à la tête de l'armée reconstituée, et le plus important des généraux de Népos. Il avait son quartier général à Rome même dont il occupait le territoire, tandis que l'empereur était rentré dans Ravenne, véritable siége du gouvernement et métropole des affaires [1].

Ce voisinage de Rome, dangereux pour la discipline des soldats, l'était encore plus pour la fidélité des offi-

1. Anonym. Vales., p. 716.

ciers. C'est là que se donnaient carrière, avec une liberté qu'ils n'eussent pas osé invoquer ailleurs, les partis ennemis de Népos : fonctionnaires disgraciés de Glycerius, sénateurs oubliés par le nouveau prince, vieux Romains dont l'orgueil ne se mesurait pas à la vérité des choses, et qui voyaient de bonne foi, dans une intervention de l'empire d'Orient, un attentat contre Rome et une oppression pour l'Italie, ambitieux de toute classe, fauteurs de révolutions sous le masque du patriotisme occidental. Ni les bonnes intentions de Népos, ni ses efforts pour les réaliser n'avaient réussi à le rendre populaire : la fortune semblait prendre un cruel plaisir à tout déjouer. Tandis qu'il eût fallu quelque grand service rendu ou quelque grand éclat jeté sur l'Occident, pour effacer dans le protégé de Léon la tache de son origine orientale, son règne ne se signalait depuis treize mois que par des humiliations ou des malheurs publics. On eût dit que sa mauvaise fortune aggravait encore celle de l'empire. L'amère critique dont ses actes étaient l'objet dans la ville éternelle parut aisément à des généraux avides de pouvoir un appel à la révolte. L'histoire ne saurait affirmer, en l'absence de documents positifs, que le sénat ou une notable partie du sénat prit une part directe au complot qui ne tarda pas à s'organiser sous les murs de Rome ; mais l'attitude des sénateurs vis-à-vis de ce malheureux prince fut si ouvertement hostile, que l'empereur d'Orient put leur dire plus tard avec justice : « C'est vous qui l'avez renversé[1] ! »

1. Zeno... hæc responsa dedit senatoribus : Illos, ex duobus quos ab

Dans ce tourbillon de préjugés et de passions qui travaillaient pour lui, Oreste, clairvoyant et réservé, se tenait prêt à tout événement. Sans se compromettre par de vaines paroles, il aidait la désaffection à se glisser peu à peu parmi les soldats. La présence de Domitianus et des auxiliaires grecs dans les troupes de Népos, pendant la dernière guerre, était une arme à deux tranchants, redoutable dans la main des provocateurs de désordre, qui sans doute ne la laissaient pas reposer. A ceux qui avaient fidèlement soutenu Glycerius, ils pouvaient dire : « Vous avez été vaincus par des Grecs; » aux soldats de Népos : « Vous avez marché à la suite d'un Grec. » Ce fait, présenté comme une injure, offensait ces esprits grossiers; et la vanité barbare prenait parti pour l'orgueil italien. L'ordre reçu tout à coup d'aller en Gaule remettre la cité d'Auvergne aux Visigoths réveilla en outre dans ce ramas d'étrangers des idées qu'il eût été plus prudent de ne point exciter. Qu'iraient-ils faire au delà des Alpes? assister au partage de l'un des territoires les plus fertiles de l'Occident, le livrer à des barbares, et comprimer au besoin la résistance des provinciaux dépossédés. Quand Rome traitait si généreusement ses ennemis, pourquoi ses défenseurs étaient-ils réduits à une maigre paie pour prix de leur sang? Le temps des auxiliaires ne viendrait-il pas aussi? Les soldats de Rome ne demandaient qu'à être traités comme les Visigoths! Des pensées de ce genre s'agitaient

Oriente accepissent imperatoribus, Nepotem expulisse, et Anthemium occidisse. Malch., *Hist. excerpt.*, 3.

dans beaucoup de têtes, et sans les approuver ni les combattre, ou, pour mieux dire, en les combattant mollement, Oreste laissa se développer ce terrible ferment qui devait tout emporter. Ainsi se noua entre le compagnon d'Attila et les anciennes bandes du roi des Huns on ne sait quel contrat bizarre ; un accord tacite, un complot sans engagement mutuel, mais qu'une des parties put invoquer après le succès.

Si Népos, instruit de ce qui se passait, crut porter remède à ces manœuvres en éloignant Oreste avec une partie de son armée, il se trompait étrangement sur la gravité du mal et ne connaissait guère l'homme à qui il avait affaire ; car, après avoir résolu l'éloignement des troupes, il ne prit aucune mesure pour l'assurer. Aucune ne fut prise non plus, pour garantir Ravenne contre une attaque possible. L'armée d'expédition partit de Rome, au commencement de mars, par la voie militaire qui conduisait en Gaule à travers l'Étrurie, et, se bifurquant à Forum-Livii, se dirigeait de là sur l'Adriatique : c'était à la fois la route de Milan et celle de Ravenne[1]. Elle marchait silencieusement, à grandes journées, irritée au fond, mais ne dénotant par aucun de ses actes un état actuel de révolte : aussi la surprise de Népos fut complète. Selon toute apparence, c'est à Forum-Livii qu'Oreste, maître de la route de Ravenne et tenant l'empereur sous sa main, leva le masque et déclara à sa troupe qu'il ne la menait pas hors de l'Italie déshonorer le

---

1. Qui, Orestes, suscepto exercitu, et contra hostes egrediens ; a Roma... Jornand, *R. Get.*, 45.

nom romain, mais à Ravenne où elle aurait occasion de le venger. Chefs et soldats protestèrent qu'ils étaient prêts à le suivre.

Quant à Népos, il restait comme assoupi dans sa sécurité. Lorsque des bruits vagues vinrent exciter tout à coup son attention, il observa avec anxiété cette marche mystérieuse de son patrice, perdant en conjectures et en hésitations un temps précieux pour agir. Il eût pu dès le principe appeler à lui les corps disséminés en Ligurie, et se fortifier dans Ravenne : bientôt il fut trop tard; le passage se trouva fermé par l'approche des colonnes ennemies et la mer seule lui resta. Dans cette conjoncture, il fit appareiller un des navires du port, pour s'y jeter à tout événement. Aucun effort ne fut tenté pour défendre la ville; et au moment où l'avant-garde d'Oreste attaquait la longue et étroite chaussée coupée de ponts, qui reliait Ravenne à la terre ferme[1], Népos gagna le quartier de Classe, et s'embarqua[2]. Suivant toute vraisemblance, sa petite flotte dalmate prit le large avec lui. Ainsi le neveu de Marcellinus regagnait Salone qu'il avait quittée quatorze mois auparavant, si plein d'espérances déçues, et où Glycerius l'attendait. Les deux ennemis allaient se retrouver face à face dans une singulière parité de destin : tous deux empereurs d'Occident dépossédés et exilés, tous deux partageant l'administration de la Dalmatie, l'un comme prince, l'autre comme évêque.

1. Ravennam pervenit. Jornand., *R. Get.*, 45.
2. Metuens Nepos adventum Orestis, ascendens navim, fugam petit ad Salonam. Anonym. Vales., p. 716. — Jorn., *R. succ.*, *loc. cit.*

Jamais les dérisions de la fortune n'avaient été à la fois plus burlesques et plus amères.

Oreste fit son entrée à Ravenne le 28 mars de l'année 475[1], et, contre toute attente, il ne s'installa point, du moins comme empereur, dans le palais resté vacant ; il ne prit point la pourpre, et si les soldats la lui offrirent, il la refusa. Ce n'était pas là son jeu. Soit qu'il affectât de suivre en tout la tradition des patrices barbares, plus confiant dans leur stabilité que dans celle des Césars ; soit qu'il craignît de payer trop cher ses complices, s'il acceptait la souveraineté pour lui-même, il déclara n'en point vouloir, et son refus rejeta l'Occident dans l'embarras des interrègnes. Celui-ci dura deux mois, pendant lesquels Oreste fut censé chercher un candidat qu'il ne trouvait pas, et pendant lesquels aussi, comme on le pense bien, aucun ne vint s'offrir à son choix. Le sénat, les villes, l'armée, se montraient impatients d'en finir, quand un coup de théâtre leva soudainement les incertitudes.

J'ai dit, plus haut, qu'Oreste, venu en Italie après la mort d'Attila, y avait amené sa famille composée de son père ou de son beau-père le comte Romulus[2], de sa femme jeune encore, et d'un frère nommé Paulus qui s'était attaché à sa fortune. Depuis leur établissement au midi des Alpes, la fille du comte Ro-

---

1. Cassiod., *Chron.* — Onuphr., *Fast.* — Cf. Tillem., *Hist. d. Emp.*, VI, p. 433.
2. « Cum parentibus suis, » dit l'anonyme de Valois en parlant de la famille d'Augustule après la mort de son père et de son oncle, ce qui semble impliquer qu'il avait près de lui sa mère et l'un de ses grands-pères, et peut-être les deux. *Parentes*, comme on sait, ce sont les ascendants.

mulus lui avait donné un fils, qui pouvait avoir alors treize ou quatorze ans, et portait le nom de son aïeul. Les parents du nouveau-né, par un jeu d'esprit assez bizarre, avaient ajouté au nom patronymique de Romulus le surnom d'Augustus, comme pour réunir sur la tête de cet enfant le double souvenir du fondateur de Rome et du premier de ses empereurs. Ce rapprochement puéril passa plus tard pour une prophétie. Suivant l'usage romain, le jeune fils d'Oreste fut désigné par son surnom d'Augustus et plus familièrement par le diminutif Augustulus, qui signifiait *le petit Augustus.* Il grandit près de son père, au milieu des soldats, et comme il était gracieux et beau[1], (l'histoire a pris soin de nous le dire), il devint l'idole de l'armée qu'Oreste commandait. Un jour donc, c'était le 29 octobre[2], l'interrègne se prolongeant trop au gré de tout le monde, une troupe, envoyée on ne sait par qui, envahit la demeure du patrice, s'empara de l'enfant, le plaça sur un bouclier; et après l'avoir affublé d'un manteau de pourpre emprunté à la garde-robe des Césars, et trop grand pour sa taille, elle le promena de rue en rue, proclamant Romulus Augustus empereur de la Romanie Occidentale, aux applaudissements du peuple et de l'armée[3]. C'est ainsi du moins que nous pouvons nous figurer l'éléva-

---

1. Quia pulcher erat... Anonym. Vales., p. 716.
2. Marc., *Chron.* — Cassiod., *Chron.* — Tillem., *ub. sup.*
3. Evagr., *Hist. eccles.*, II, 16. — Candid., *Excerpt.*, 4. — Malch., *Excerpt.*, 1. — Jornand., *Reg. succ.* — Anonym. Vales., p. 716. — Theophan., p. 103. — Cedren, I, p. 351.

tion du fils d'Oreste, en rapprochant les divers détails transmis jusqu'à nous.

Arrivé ainsi par la ruse au but qu'il désirait[1], l'aventurier pannonien se crut bien plus sûr du pouvoir impérial que s'il l'avait possédé lui-même, car il restait patrice et généralissime de son fils : or l'intérêt du patrice et celui de l'empereur étant exactement les mêmes et se protégeant l'un par l'autre, rien ne pourrait les ébranler. Voilà ce que se disait Oreste ; tandis que d'un autre côté l'Italie et le sénat voyaient dans cette combinaison un gage de stabilité. Oreste était estimé des sénateurs, et généralement on s'accordait à reconnaître en lui une capacité applicable à beaucoup de choses. Il prit en main, comme tuteur de son fils, les rênes de l'administration publique[2]. Le petit Auguste, ainsi qu'on continua de l'appeler, ceux-ci par moquerie, ceux-là parce que c'était son surnom de famille[3], fut confié à la direction d'un prêtre italien[4]

1. A patre Oreste patricio, factus est Imperator. Anonym. Vales, p. 716.
2. Imperium... pater ipsius Orestes, vir prudens, administrabat. Procop., *Hist. Goth.*, I, 1.
3. Son nom dans les médailles est Romulus Augustus. V. Eckel et Mionnet. D. N. ROMULUS AUGUSTUS. P. AUG. ou P. F. AUG., au revers : *Salus Reipublicæ*. On voit que dans cette légende Augustus figure deux fois, une fois comme nom propre et l'autre comme titre. — Procope explique ainsi l'origine du surnom d'Augustule : « Occidentis in partibus regnabat Augustus, quem minuente vocabulo Augustulum vulgus appellabat, quia puer ad imperium pervenerat. » *Hist. Goth.*, 1. Les Grecs le nomment tantôt *Augustus*, Malch., *Excerpt.*, 3 ; tantôt *Augustulus*, Candid., *Hist.*, 4 ; tantôt *Romulus, co gnomento Augustulus*, Evagr., *Hist. eccl*, II, 16. — Theophan., p. 111. — Les écrivains latins se servent généralement du sobriquet d'*Augustulus*. Tout fait présumer que le fils d'Oreste, avant son élévation au trône impérial, portait déjà son surnom d'Augustule dans l'intimité de la famille ; quand il fut empereur, on le lui donna par dérision.
4. Pirmenius quidam presbyter Italiæ nobilis, et totius auctoritatis vir,

nommé Pirménius, homme de haute naissance et de grandes vertus qu'Oreste aimait à consulter sur les affaires d'État, et qu'il traitait comme un père. Au moyen de ce prêtre en relation avec les évêques, le patrice sut se ménager l'affection du clergé italien. En même temps il entra en négociation avec Genséric, pour mettre un terme à la guerre qui frappait de stérilité depuis vingt ans le commerce de l'Occident et promenait l'épouvante sur toutes ses côtes[1]. Enfin, pour n'être point en faute vis-à-vis de la constitution romaine, et sans se faire d'ailleurs illusion sur le succès, Oreste députa à Constantinople deux officiers de son palais, Latinus et Madusius[2], chargés de notifier à l'empereur d'Orient (c'était alors Basilisque) l'avénement de Romulus Augustus, lui envoyant, suivant la coutume, le portrait du jeune César entouré de lauriers. Mais lettre et portrait furent repoussés avec mépris : le successeur de Théodose, si indigne qu'il fût lui-même, refusa de reconnaître pour frère et collègue le fils du secrétaire d'Attila.

Quant à ces affaires de la Gaule, si funestes à deux empereurs, Oreste, prudemment, les laissa se dénouer d'elles-mêmes, déclinant toute responsabilité dans des événements qu'il n'avait point fait naître. Les Visigoths prirent possession de l'Auvergne, sans grande peine, car la soumission d'Ecdicius avait frappé au

Orestis velut pater fuisse dicebatur. Eugyp., *Vit. S. Sever.*, *Epist.*, *præf.*, n° 4.

1. Annali deinceps circulo evoluto, cum Rege Vandalorum Geizerico fœdus initum est ab Oreste patricio. *Hist. Misc.*, XV, 7.

2. P. Labb., *Conc.*, t. IV, p 1074.

cœur la résistance nationale, et d'ailleurs les nouveaux troubles de l'Italie diminuaient pour les Gallo-Romains le regret d'être séparés d'un empire qui ne pouvait plus compter sur une année de paix intérieure. Euric donna pour gouverneur aux Arvernes le comte Victorius, dont l'administration d'abord assez habile et assez modérée sut ménager les sentiments religieux de ce pays, attendu que lui-même était catholique. Mais, comme tous ces Gallo-Romains, qui vendaient leurs services aux Barbares, Victorius était au fond un homme sans probité et sans mœurs, que ses désordres forcèrent à quitter l'Auvergne, et qui s'étant réfugié à Rome, y fut lapidé par la populace[1], pour le scandale de ses débauches. Après l'abandon de cette province par l'empire, il ne resta plus, à l'ouest des Alpes, d'autre vestige des conquêtes romaines que la Narbonnaise, réduite aux deux tiers environ de son ancien territoire. La paix qu'Oreste négociait avec les Vandales put sembler un petit dédommagement d'une si grande perte. En somme, le gouvernement d'Augustule, adopté par l'Italie, la laissait reposer de deux secousses violentes, et semblait d'ailleurs assez fort pour résister à de nouveaux orages. Ce n'était là qu'une illusion. Un État si longtemps bouleversé dans ses fondements ne pouvait plus connaître que des trêves plus ou moins longues; la paix ne lui appartenait plus. « Nous jouissions « du repos, dit un auteur contemporain interprète des « sentiments du clergé italien, le biographe, bien des

---

1. Greg. Tur., *Hist. Franc.*, I, 6.

« fois cité, de l'évêque Épiphane ; nous jouissions du
« repos sans songer à l'avenir; mais voilà que tout à
« coup, *l'ennemi*, l'infatigable fabricateur de crimes
« amoncelle des ferments de douleurs; voilà que sa
« main répand dans l'ombre la semence des discordes,
« et que, par l'espérance de nouvelles révolutions, il
« éveille, il excite des hommes perdus[1]. »

Ces hommes perdus, c'étaient les soldats de l'empire, et le démon qui les agitait était celui de la cupidité. L'idée que Rome leur devait bien, à eux ses défenseurs, la même faveur qu'à ses ennemis, Goths, Burgondes et Franks à qui elle distribuait ou laissait prendre ici des terres, là des colons et des villes; cette idée, excitée tout naturellement par l'exemple de ce qui se passait en Gaule et en Pannonie, avait fini par s'enraciner dans la tête des auxiliaires barbares. Sans doute, Oreste ne leur avait rien promis avant la révolte, il avait même décliné soigneusement, en homme habile qu'il était, toute occasion de se prononcer pour ou contre de semblables exigences; mais l'engagement ne s'en trouvait pas moins dans la révolte dont il recueillait le fruit. En favorisant l'ambition de cet homme qu'elles regardaient comme un Barbare d'adoption, les bandes d'Attila devaient penser qu'il les traiterait comme elles voulaient l'être. Elles attendirent donc patiemment

---

[1]. Ecce ille quietis nescius, et scelerum patrator inimicus, magna dolorum incrementa conglutinat. Discordiæ crimina clandestinus supplantator interserit, spe novarum rerum, perditorum animos inquietat. Ennod., *Vit. Epiphan.*, p. 348.

pendant quelques mois qu'il prît l'initiative d'une distribution de territoire en Italie ; puis quand elles ne virent rien arriver, elles se crurent frustrées. Un vif mécontentement éclata ; les cabales succédèrent aux murmures ; une partie de l'armée menaça de s'insurger. Le foyer de l'agitation se trouvait dans le corps formé de Ruges, de Scyres, de Turcilinges, qui occupait, en ce moment, les camps retranchés de la Ligurie. C'étaient précisément les troupes sur lesquelles Oreste avait dû le plus compter ; celles qui, selon toute probabilité, avaient le plus fait pour son élévation. Peut-être le patrice, en les éloignant, avait-il voulu se dérober à leurs réclamations ; et pour contrebalancer l'effet de cette sorte de disgrâce, il s'était entouré de Barbares moins exigeants, et des Romains, qui restaient encore sous les drapeaux de Rome.

La fermentation des camps de Ligurie aboutit d'abord à une requête solennelle adressée au patrice, pour lui demander, au nom de l'armée, la concession du tiers des terres en Italie. On se flattait sans doute d'être très-modéré dans la demande, lorsque les Visigoths et les Burgondes s'attribuaient en Gaule les deux tiers du territoire, et que d'autres Barbares prenaient tout. Oreste refusa courageusement. Au fond, il avait le cœur romain ; et flatté de la confiance que les Italiens lui témoignaient, il eût rougi d'attacher son nom à une si sauvage spoliation. Son refus, nettement exprimé, excita parmi les auxiliaires, comme il avait pu le prévoir, une tempête violente ; de la mutinerie ils passèrent à la révolte. Au premier rang des mécontents se distinguait un homme qu'à sa haute taille, à la hardiesse de ses discours, à l'entraînement qu'il exerçait sur ses grossiers compagnons, on reconnaissait tout d'abord pour l'ancien soldat d'Oreste, le Ruge Odoacre, arrivé dans le corps des domestiques à quelque grade encore subalterne. Il promit à ses compagnons de les mettre en possession de ce qu'ils demandaient, s'ils l'agréaient pour chef, et ceux-ci le nommèrent sans hésiter. La guerre dès lors commença. Odoacre, placé au pied des Alpes, en communication facile et prompte avec les peuples du Danube, appela à lui tout ce qui voulut s'enrôler parmi les Ruges, les Alains, les Turcilinges et les Scyres. Ces Barbares vinrent en grand nombre rejoindre leurs frères de Ligurie, et formèrent avec eux une armée redoutable. Il paraîtrait même, à la manière dont quelques historiens s'expriment, qu'Odoacre en personne alla présider à ces levées, et que lorsqu'il reparut en Italie, par les passages des Alpes Tridentines, il ressemblait beaucoup plus à un envahisseur barbare qu'à un officier de l'empire romain [1].

Pendant ce temps-là, Oreste, résolu à ne point céder, concentrait dans Ravenne tout ce qu'il restait à l'Italie de troupes fidèles; et quoiqu'elles fussent clairsemées et travaillées elles-mêmes par des ferments de discorde, il prit l'offensive contre Odoacre. La première rencontre eut lieu dans la plaine de Lodi, appelée alors *Laus Pompeia* [2]. Affaibli par la désertion

---

1. Apud Liguriæ terminos. *Hist. Miscell.*, xv, 8.
2. Italiam ab extremis Pannoniæ finibus properare contendit; in Lodensi agro. Bernard. Sacc., *Hist. Ticin.*, vii, 7.

d'une partie des siens, le patrice dut se réfugier derrière le Lambro, afin de couvrir du moins les approches de Pavie, qu'on regardait dès ce temps comme la plus forte des villes liguriennes. Suivant une tradition en vigueur au moyen âge, et recueillie par les écrivains italiens, il se retrancha dans une position avantageuse, près des collines qui portent aujourd'hui le nom de S. Columbano[1]. Mais Odoacre, par une manœuvre hardie, remonta le Lambro qu'il franchit à gué vers son cours supérieur[2], et revint lui-même par la rive droite couper à son ennemi le chemin de Pavie. A quelques milles du camp impérial, il s'arrêta, offrit la bataille pour le lendemain et fit les préparatifs d'usage. Ses bataillons serrés et sa nombreuse cavalerie, nous dit la tradition, débordaient au loin de la plaine sur la montagne. Oreste désespéra de la victoire, et décampa silencieusement pendant la nuit, se dirigeant sur Pavie[3]. Ses retranchements tombèrent au pouvoir d'Odoacre qui les occupa. On voyait encore dans ce lieu au xv<sup>e</sup> siècle les vestiges d'ouvrages romains indiquant le passage d'une grande armée, et le lieu lui-même se nommait *le Camp ruiné*[4].

Cependant Augustule se fortifiait dans Ravenne, ou pour mieux dire, Paulus, son oncle, à qui Oreste avait confié la garde d'une si chère tête, disposait tout pour

---

[1]. Non longe a collibus D. Columbani hodie nuncupatis. Bernard. Sacc., *Hist. Ticin.*, vii, 7.
[2]. Odoacer ex adverso Lambrum omnem in superiori regione vado trajiciens. *Ibid.*
[3]. Metu trepidus infra Ticinum se munitionis fiducia concludit. *Hist. Miscell.*, xv, 8.
[4]. *Campum ruinatum.* Bernard. Sacc., *Hist. Ticin.*, vii, 7.

empêcher l'accès de la ville[1]. Les troupes italiennes en retraite sur Pavie avaient été reçues avec une faveur marquée par Épiphane et son clergé[2]; et de ce côté aussi on se préparait à une défense vigoureuse. Pavie encore appelée Ticinum, ainsi qu'on l'a dit plus haut, commençait à cette époque le rôle de métropole militaire de la Haute-Italie, qu'elle joua si brillamment sous les monarchies lombarde et franke. Le petit bourg, qui du temps de Néron possédait à peine une enceinte, était devenu successivement, par l'effet de son heureuse situation, une ville municipale et une forteresse très-renommée[3]. Située sur le Tessin, à trois milles de son embouchure dans le Pô, et au lieu où ce fleuve était régulièrement navigable[4], cette place commandait les deux routes importantes de Milan à Rome et de Ravenne aux Alpes gauloises. Deux formidables barrières, le Tessin et le Pô, en protégeaient les approches au Midi et à l'Ouest, mais rien ne la couvrait à l'Est et au Nord; or c'était précisément par-là que devait l'attaquer une armée arrivant des bords du Lambro. Odoacre, en effet, si l'on en croit la tradition, établit son camp en face de la porte septentrionale, et ouvrit aussitôt les travaux d'un siége qui dura, dit-on, quarante jours[5].

L'armée d'Oreste, si bien traitée par l'évêque et le

---

1. Anonym. Vales., p. 716.
2. Episcopus, cum omnibus ad se pertinentibus, præsens invenitur. Ennod., *Vit. Epiphan.*, p. 349.
3. Orestem fiducia munitionis invitat. *Ibid.*
4. Sidon. Apoll., *Epist.*, 1, 5.
5. Bernard. Sacc., *Hist. Ticin.*, VII, 7.

peuple de Pavie et contenue d'ailleurs par son chef, se conduisit d'abord vaillamment, et honnêtement pour les assiégés; mais à mesure que le siége se prolongea et que l'ennemi gagna du terrain, le découragement vint, et la cupidité rentra dans le cœur de ces hommes féroces. Ils payèrent le bon accueil de la ville par un sac en règle : ses défenseurs voulurent lui donner un avant-goût de ce que l'ennemi lui destinait[1]. Un jour donc, sans provocation d'aucune sorte, les rues se remplirent d'une multitude armée de glaives et de torches, et folle de fureur. « Ce n'était partout que deuil, nous dit dans ses réminiscences classiques un témoin oculaire de ce pillage fait par des amis ; ce n'était partout qu'épouvante et spectacles de mort[2]. » Tout habitant qui connaissait un soldat, qui l'avait logé sous son toit, qui lui avait fait du bien, le voyait accourir vers lui l'injure à la bouche et le fer au poing ; l'hôte enfonçait la porte de son hôte ou la brûlait, et menaçait le maître de le tuer, s'il ne livrait son argent[3]. Un second sac succéda au premier, quand la place eut été enlevée d'assaut ; et les soldats d'Odoacre ravirent ce qu'avaient épargné ceux d'Oreste. Alors fut dévastée la maison d'Épiphane : tout y fut pris ou détruit ; on alla jusqu'à fouiller le sol pour y trouver les immenses richesses que faisaient

---

1. Ad exitium poscebant dominum, pro cujus convenerat salute pugnare. Ennod., *Vit. Epiphan.*, p. 349.

2. Luctus ubique pavor, et plurima mortis imago. Virg., *Æneid.*, 11. — Ennod., *loc. cit.*

3. Ille sollicitus poscebatur ad pœnam, cujus substantiam notiorem fecerat amicitiarum fides antiquior. Ennod., *ub. sup.*

supposer aux Barbares les prodiges de sa charité[1]. « Ces hommes grossiers, dit le vieil auteur que nous aimons à citer, demandaient à la terre des trésors que le saint évêque avait déposés dans le ciel[2]. » Le feu prit aux deux églises, et la ville entière ressembla à un brasier ardent[3].

La perte des biens fut pourtant le moindre des maux pour cette population infortunée. Chassée des maisons par l'incendie, errante de rue en rue, mais traquée à tous les carrefours, elle n'échappait au tranchant du glaive que pour tomber en captivité, et pourtant au milieu de tant d'incertitudes et de souffrances, on n'entendait retentir qu'un seul mot : « Où est l'évêque? » — « Qu'est devenu Épiphane? vit-il encore[4]? » se demandaient en fuyant ces malheureux inquiets pour leur vie, tant le salut de leur pasteur leur semblait préférable à tout le reste ! Épiphane n'avait point songé à fuir; tandis qu'on saccageait sa maison, il courait à ce qu'il regardait comme le plus pressé, à la protection des enfants et des femmes qui ne peuvent point se défendre. Les Barbares, effectivement, faisaient main basse sur tout ce qu'il y avait à Pavie de jeunes filles riches et nobles, pour les échanger ensuite contre de fortes rançons : ils les emmenaient dans leur camp où

---

1. Currunt ad Ecclesiæ domum, totis direptionis incendiis æstuantes, dum quem videbant erogare plurima, per immensa suspicabantur abscondere. Ennod., *Vit. Epiphan.*, p. 349.
2. Proh nefas! thesauros cruda barbaries quærebat in terra, quos ille ad cœlestia secreta transmiserat. *Id., loc. cit.*
3. Utræque ecclesiæ flammis hostilibus concremantur, tota civitas quasi unus rogus effulgurat. *Ibid.*
4. Cunctorum voces sacerdotem requirentium audiuntur, nemo periculi sui meminerat. *Ibid.*

elles étaient gardées à vue. Dans le nombre se trouvèrent la sœur cadette d'Épiphane, Honorata, qui, sur ses conseils, avait embrassé la vie religieuse [1], et une autre vierge consacrée, Luminosa, leur commune amie, femme distinguée par le savoir aussi bien que par la naissance [2]. Autour d'elles se groupaient, en nombre considérable, des mères, des épouses, des filles, séparées de tout ce qu'elles aimaient, troupe gémissante dont les larmes servaient de risée aux vainqueurs. La nuit approchait. Épiphane craignit qu'une soldatesque ivre de sang et de vin ne se portât contre elles aux derniers outrages [3] : il se rendit au camp, et par ses ardentes prières, par l'éloquence de ses discours, par l'autorité de son caractère, il obtint d'Odoacre la liberté des captives.

Fait prisonnier, dès les premiers moments du sac, et livré peut-être par les siens, Oreste fut mis dans un des bateaux en station sur le Tessin, et conduit par le Pô à Plaisance [4]. Le malheureux patrice ne trouva point grâce devant son protégé et son ancien soldat, devenu son maître. L'intérêt barbare parlait plus haut en ce moment que la reconnaissance

1. Deripitur etiam sancta ejus germana, et seorsim ab eo captivitatis sorte deducitur. Ennod., *Vit. Epiphan.*, p. 349. — Honorata. *Ibid.*, p. 342.
2. Luminosa, gloriosissima femina, parili necessitatis conditione constringitur. *Ibid.*, p. 349. — Stupendæ sanctitatis et singularis exempli... scientia... culmina natalium. *Ibid.*, p. 342, 343.
3. Priusquam in vesperum diei illius lux funesta laberetur, eripuit... Matres familiâs præcipue quas immanior in hac necessitate poterat manere commoratio. *Ibid.*, p. 350.
4. Sublato Oreste, et propter Placentinam urbem... *Ibid.* — Captus Orestes ab hostibus, Placentiam usque perducitur. *Hist. Misceli.*, xv, 8. — Anonym. Vales., p. 716.

ou la pitié. Il fut bientôt mis à mort. Par un raffinement de cruauté, on choisit pour son supplice le 28 d'août, jour anniversaire de son entrée à Ravenne, l'année précédente[1]. Ainsi finit cet aventurier dont le cœur valait mieux que la fortune. Grandi au milieu des Barbares et par leur moyen, le ministre d'Attila parut les avoir trahis dès qu'il cessa de les servir. L'homme qui était venu, une bourse au cou, demander à Théodose II, de la part du roi des Huns, la tête du grand eunuque Chrysaphius[2], perdit la sienne pour avoir voulu redevenir Romain.

Le choix d'un pareil anniversaire pour le supplice d'Oreste disait assez haut que c'était là la revanche d'une espérance déçue. Avant de quitter Pavie, et sur ses ruines baignées de sang, les auxiliaires avaient proclamé Odoacre roi : titre d'une nouveauté étrange de la part d'une armée de l'empire, mais qui annonçait au fond la reconstitution de cette armée comme peuple barbare, et une sorte de main mise sur le pays. Tandis que ces choses se passaient sur les bords du Pô, le jeune Romulus Augustus se tenait renfermé dans Ravenne, que son oncle Paulus se préparait à bien défendre, malgré leur fortune désespérée. Une petite troupe de soldats dévoués, probablement enfants de l'Italie, résolue aussi à mourir pour une cause qui se liait à la nationalité italienne, composait sous le com-

---

1. Cassiod., *Chron.* — Cf. Ennod., *Vit. S. Epiphan.*, p. 350. — Jorn., R. Get., 46 ; *Regn. Succ.*, 47.—*Hist. Miscell.*, xv, 8.—Anonym.Vales., p. 716. — Marcell: Com., *Chron.*

2. On peut consulter là-dessus mon *Hist. d'Attila*, t. I, c. 4.

mandement du frère d'Oreste l'armée du dernier des empereurs. Odoacre, parti de Plaisance, arriva le 4 septembre devant Ravenne [1].

Cette ville immense se divisait alors en cinq grands quartiers, formant comme autant de villes distinctes, séparées par des canaux : d'où lui venait le surnom de *Pentapole*, ou de Quintuple-Ville. La principale de ces cinq villes accolées dans une même enceinte était Ravenne proprement dite, la vieille cité grecque et étrusque, restée le quartier de la classe opulente. Ensuite venaient *Césarea*, séjour des empereurs et des hauts fonctionnaires attachés à la cour; *Palatiolum*, quartier des jardins, où les césars possédaient une maison de plaisance située près d'un petit lac; *Taurésium* et enfin *Classe*, quartier du port maritime, des artisans et du négoce. Une dérivation du Pô, des rivières et de profonds marais traversés par la longue et étroite chaussée, percée d'arches, qu'on appelait le pont Candidien, défendaient la Pentapole à l'ouest et au nord; une forêt de pins, dont les restes sont encore debout, et qui s'étendait au loin sur les dunes de l'Adriatique, la couvrait du côté de la terre ferme, vers le sud-ouest et le sud. Paulus, après avoir intercepté le pont Candidien de manière à rendre Ravenne inabordable sur ce point, avait pris position du côté de la terre ferme, à trois milles environ de la ville, dans le bois de pins, où il s'était fortement retranché [2]. Odoacre

---

1. Cassiod., *chron.* — Cf. Tillem., *Hist. des Emp.*, VI, p. 437.
2. Pinetum, silva pineta, tertio milliario ab urbe loco. Jorn., *R. Get.*, 46. — Cf. Cluver, *Ital. antiq.*, I, p. 307.

l'y vint attaquer, le défit et le tua[1]. Nous ne savons rien de plus sur la bataille, et l'expression dont se sert le principal historien de cette guerre nous ferait douter que Paulus eût péri les armes à la main : Odoacre lui réserva sans doute, après sa défaite, le même traitement qu'à son frère.

C'est donc de ce côté qu'Odoacre entra dans Ravenne, interceptant par sa marche toute communication entre le quartier impérial et celui du port. Augustule attendait avec une mortelle anxiété le résultat de la journée : en apprenant que la ville était prise, il détacha précipitamment son manteau de pourpre, le rejeta loin de lui, et essaya de se cacher[2]. Des soldats ruges le découvrirent dans la retraite où il s'était blotti. Amené devant son vainqueur, le pauvre enfant tremblait et pleurait. Odoacre eut pitié de son âge ; il eut aussi pitié de sa beauté[3], disent les historiens ; il lui répugnait de verser le sang de ce jeune homme, dont il acclamait naguère, comme tant d'autres, la grâce enfantine sous le costume des césars. Non-seulement, il ne lui fit aucun mal, mais il lui assigna une pension annuelle de six mille écus d'or, pour aller vivre librement, avec ce qui restait de sa famille, dans le château de Lucullanum, en Campanie[4]. Le prêtre Pirmé-

---

1. Occidit... fratrem ejus Paulum ad Pineta foris Classem Ravennæ. Anonym. Vales., p. 716. — Cassiod. Chron.
2. Metu perterritus, sponte miserabilis, purpuram abjiciens.... Hist. Miscell., xv, 8.
3. Cujus infantiæ misertus, concessit ei sanguinem, et quia pulcher erat. Anonym. Vales., p. 716.
4. Donavit ei reditum sex millia solidos, et misit eum intra Campaniam,

nius, son gouverneur, échappé sous quelque déguisement, gagna le Norique, et se retira près de saint Séverin[1].

Ce château de Lucullanum, lieu d'exil d'Augustule, était situé sur les pentes du cap Misène, en face du golfe de Baïa, dont il dominait au loin la mer et les îles verdoyantes. Cette villa des plus riches Romains avait subi, depuis sa fondation, d'assez bizarres destinées dont Augustule n'arrêta point le cours. Modestement bâtie par Marius, et confisquée par Sylla[2], elle passa des mains des proscripteurs dans celles de Lucullus qui épuisa, pour l'embellir, le produit des pillages de l'Asie. Elle devint, grâce à lui, le plus insolent exemple de ces défis jetés par l'opulence romaine à la nature, pour la dompter et la transformer. Des palais de marbre, des temples, des statues, des thermes couronnés de frais ombrages, entourés d'eaux jaillissantes, s'étendirent de terrasse en terrasse, le long de la montagne jusqu'à la mer. L'histoire nous entretient surtout des vastes piscines creusées sous le roc pour servir d'abri au poisson contre les ardeurs de la canicule, et qui faisaient dire orgueilleusement au maître de ces domaines : « Je n'ai rien à envier au dieu Neptune[3]. »

---

cum parentibus suis libere vivere. Anonym. Vales., p. 716. — In Lucullano Campaniæ castello, exilii pœna damnavit. Jorn., *R. Get.—Hist. Miscell.*, xv.

1. Ad eum (sanctum Severinum) confugerat tempore quo patricius Orestes inique peremptus est, interfectores ejus metuens, eo quod interfectus velut pater fuisse diceretur. Eugip., *Vit. S. Sever.*, 4.

2. Pline, *Hist. nat.*, xviii, 6.

3. Se non amplius invidere Neptuno bonitatem piscium. M. Varro, *De re rust.* — On voit encore près du rivage, en face de Procita, les ruines des piscines de Lucullus, aujourd'hui sous l'eau.

Après la mort de Lucullus, les dépouilles d'autres provinces vinrent, sous d'autres possesseurs, entretenir la magnificence de ce beau lieu. Des maisons se groupèrent autour; un village se forma, et dans la suite des temps, un château fut bâti pour défendre le village contre les incursions des pirates vandales [1]. Telle fut la retraite assignée par Odoacre au jeune fils d'Oreste. Des trois empereurs d'Occident dépossédés et encore vivants, l'un évêque, l'autre prince de Dalmatie, le troisième banni dans les jardins de Lucullus, celui-ci fut le plus résigné et le plus heureux. S'il remit le pied une fois encore sur la scène des révolutions politiques, ce fut pour déclarer au monde qu'il avait renoncé volontairement à ce trône des Césars, qui lui apparaissait dans ses rêves flanqué des têtes de son père et de son oncle, et demander que de si funestes aventures finissent avec lui.

Qu'on ne croie pas au reste que cette chute de l'empire romain d'Occident fit chez les contemporains autant de fracas qu'elle en a fait depuis dans l'histoire. C'était un événement préparé par un siècle de revers constants, prédit par la religion, prévu par la politique, et attendu, pour ainsi dire, à jour fixe.

Une inexplicable fatalité plana sur Rome dès son berceau. La ville de Romulus, on ne peut le nier, connut presque en naissant ses futures destinées : elle sut qu'elle dominerait le monde, et que sa puissance

---

[1]. Castrum, castellum Lucullanum. Eugip., *Vit. S. Severin.*, ad fin. — Anonym. Vales., p. 716.—Jornand, *Regn. succ.*, 47.—Tillem., *Hist. des Emp.*, VI. — Gibbon, *Hist. of the decline and fall of th. R. E.*

s'éteindrait au bout de douze siècles. La légende des douze vautours, apparus à son fondateur dans l'augure du mont Palatin, fut l'expression de cette croyance instinctive, fortifiée de toute l'autorité de la science augurale. Les aruspices toscans avaient, en effet, déclaré que les douze vautours signifiaient douze siècles de puissance, après lesquels le sort de Rome serait consommé.

Cette foi politique, déjà en vigueur aux plus beaux temps de l'époque républicaine, se transmit de génération en génération, avec orgueil tant qu'on fut loin du terme, avec crainte quand on le vit approcher; et comme on ne s'accordait point sur l'époque historique de la fondation de la ville, comme on différait également sur la durée du siècle, tel que le comprenaient les aruspices toscans, chacun supputait à sa guise, mais tous attendaient [1].

D'après la chronologie la plus généralement re-

---

1. Fabius Pictor place l'époque de la fondation de Rome à la première année de la huitième olympiade, ce qui répond à l'année 748, avant J.-C. Polybe la place à la fin de la deuxième année de la septième olympiade ou 751 ans avant J.-C.; Varrius Flaccus, auteur des *Fastes capitolins*, à la fin de la quatrième année de la sixième olympiade ou 753 av. J.-C.; Caton, à la fin de la première année de la septième olympiade ou 752 avant J.-C.; Varron, à la fin de la troisième année de la sixième olympiade ou 750 avant J.-C.
La même variété se rencontre chez les écrivains postérieurs, et elle doit être observée avec soin pour les concilier entre eux et avec eux-mêmes. Tite-Live suit presque toujours l'époque de Caton, quoiqu'il adhère quelquefois à Fabius Pictor. Cicéron suit celle de Varron, qui est communément admise par Pline. *Art de vérifier les dates*, t. 1, p. 401, 402, éd. in-folio.
La plus grande cause de perturbation pour la chronologie est dans la durée de l'année romaine, qui a varié à diverses époques. L'année étrusque était aussi très-différente de l'année romaine; elle se calculait sur la plus longue vie humaine dans un laps de temps déterminé. V. Freret, *Hist.*, IV, p. 241, édit. Septchênes. — Niébuhr, *Hist. rom.*, 1.

çue, Rome avait dépassé le milieu de son xi⁰ siècle, lorsqu'Alaric la prit et la saccagea. On put croire alors l'augure accompli[1], en négligeant une différence de quelques années. Après le départ des Goths, on se remit à espérer et à calculer encore. Lors du second sac de Rome par Genséric, en l'année douze cent septième depuis sa fondation, quatre cent cinquante-cinquième depuis Jésus-Christ, on déclara l'heure fatale définitivement arrivée. « Le douzième vautour vient d'achever son vol; ô Rome, tu sais ton destin[2] ! » s'écriait Sidoine Apollinaire, chrétien convaincu, mais imbu comme tout sujet romain, des traditions superstitieuses de la ville aux sept collines. Dès lors en effet commença la vraie agonie de l'empire, soumis à des maîtres barbares, passant des mains de Ricimer dans celles de Gondebaud, puis de Gondebaud à Odoacre, toujours plus faible, plus méprisé, plus abattu. Et lorsqu'on vit des noms depuis longtemps étrangers à la nomenclature des Césars, les noms de Jules et d'Auguste sortir des tombeaux de l'histoire, comme autant de spectres annonçant le dernier jour, et celui de Romulus expirer sur la tête d'un enfant, la frayeur publique n'eut plus de bornes. Ces rapprochements fortuits présentaient dans leur bizarrerie je ne sais

---

1.       Tunc reputant annos, interceptoque volatu
    Vulturis, incidunt properatis sæcula metis.
                    Claudianus, p. 130, v. 65, de Bello Getico.

2.       Jam propè fata tui bissenas vulturis alas
    Complebant (scis namque tuos scis Roma labores).
                    Sidon. Apollin., *Carm.*, vii, v. 357.

quoi de surnaturel qui justifiait la crédulité, et troublait jusqu'aux plus fermes esprits : on baissa la tête et on se tut[1].

Les funérailles de Rome s'accomplirent donc au milieu d'un morne silence. Nous ne trouvons dans les écrivains contemporains ni accents de regrets ou de joie, ni déclamations en prose ou en vers ; quelques dates et une sèche mention du fait, voilà tout. On dirait qu'il ne s'était rien passé d'important en l'année 476. Le seul Jornandès, un peu plus tard, embouche sa trompette barbare sur le tombeau de l'empire, mais c'est pour chanter l'avénement des Goths[2].

---

1. Marcell., *Chron.* — Théoph., *Chron.* — Tillem., *Hist. des Emp.*, VI, p. 424.

2. Sic quoque Hesperium Romanæ gentis imperium, quod septingentesimo nono urbis conditæ anno, primus Augustorum, Octavianus Augustus tenere cœpit, cum hoc Augustulo periit... Gothorum dehinc regibus Romam Italiamque tenentibus. Jorn., *Reb. Get.*, 46.

# CHAPITRE VIII

## LE ROI ODOACRE, PATRICE D'ITALIE

Situation de l'Italie. — Odoacre distribue à ses soldats le tiers du territoire. — Nature de son gouvernement. — Ambassades de Népos, d'Odoacre et du sénat de Rome à l'empereur Zénon. — Glycérius fait tuer Népos. — Élection du pape Félix. — Brouilleries de l'évêque de Rome et du patriarche de Constantinople. — Schisme entre les Églises d'Orient et d'Occident.

### 476 — 484

Odoacre ne resta dans Ravenne que le temps nécessaire pour établir une ombre de gouvernement, puis il alla prendre possession de l'Italie. Ses troupes avides de pillage se répandirent de tous côtés, comme une armée victorieuse [1] dans un pays conquis, ce fut la même conduite, le même spectacle lamentable : des campagnes ravagées, des villes sans défense incendiées et pillées ; d'autres essayant de résister et punies de leur courage par la ruine. L'histoire atteste qu'en plusieurs lieux, les soldats ne laissèrent pas une âme vivante, pas une maison debout [2]. Précédé par ces exemples, Odoacre entra dans Rome épouvantée, et

---

1. Exinde per universas iidem barbari urbes diffusi, cunctam, sine aliqua tarditate, Italiam, juri proprio subdidere. *Hist. Miscell.*, xv, 8.— Jorn., *Reg. Succ.*; R. *Get.*, 46.

2. Multas civitates parantes resistere, exstinctis habitatoribus, ad solum usque dejecere. *Hist. Miscell.*, *loc. cit.*

s'y fit confirmer, sans obstacle, l'autorité souveraine qu'une révolution venait de placer dans ses mains[1]. Il garda le titre de roi sans y attacher une dénomination de territoire ou de peuple, et sans prendre ni le manteau de pourpre des césars, ni les insignes des rois germains[2]. De là résulte la grande variété de dénominations sous lesquelles les contemporains le désignent, les uns l'appelant *roi des Hérules*, les autres *roi des Ruges, des Turcilinges et des Scyres*, d'autres enfin *roi des nations,* ce qui indiquait mieux le vrai caractère de cette royauté décernée par des soldats de peuples divers; mais nul ne le qualifie de roi d'Italie. et lui-même ne s'attribua jamais un pareil titre. Sous son habit militaire qu'il ne quitta que beaucoup plus tard, il se présentait devant le sénat, comme un dictateur barbare, chef d'une armée auxiliaire en révolte. Il y fit décréter, selon toute apparence, dans la forme légale, la confiscation du tiers des terres de l'Italie, au profit de ses soldats, en accomplissement de sa promesse. Les mêmes formes furent employées pour la distribution générale qui s'opéra d'après les procédés administratifs usités dans l'empire. On consulta les registres du cadastre, servant de base à la répartition de l'impôt foncier et de la capitation ; ils furent dépouillés région par région, canton par canton, puis des arpenteurs publics allèrent délimiter dans

---

1. Urbem ingressus, totius Italiæ adeptus est regnum. *Hist. Miscell.*, xv, 10.

2. Nomen Regis Odovacer adsumpsit, cum tamen nec purpura, nec regalibus uteretur iusignibus. Cassiod., *Chron.*

chaque propriété particulière, ce qui fut désigné en langage officiel par les mots de *tiers* ou de *tierce portion* [1].

C'est ici le lieu d'exposer aussi brièvement qu'il sera possible la constitution administrative de l'Italie, ainsi que l'état de son agriculture et de sa population, au moment où elle entrait dans cette nouvelle phase de son histoire.

Il y avait déjà près de deux siècles que l'Italie avait cessé d'être une reine vis-à-vis des autres parties de l'empire. Descendue au niveau de ses sujettes, elle n'était plus qu'une simple province soumise aux taxes publiques et aux obligations du recrutement militaire, dont les premiers empereurs l'avaient affranchie. Dioclétien fit peser sur elle cette loi d'égalité [2] qui abolissait le privilége des conquérants, effaçant ainsi du monde romain la dernière empreinte de l'épée.

Un préfet du prétoire, chef suprême de l'administration civile et de la justice, et au-dessous de lui des gouverneurs provinciaux portant les noms de *consulaire, correcteur, président ou juridique* [3], administrèrent dès lors l'Italie à l'instar du reste de l'empire. Chaque gouverneur avait à ses côtés un conseil pro-

---

1. *Tertia, tertiæ.* Une redevance assise sur *ce tiers des Barbares*, prit de là le nom de *tertia*, l'impôt sur le *tiers*. Cassiod., *Variar. Epist.* — Voir Sartorius, *Versuch ub d. Regier. d. Ostgothen in Italien*, c. I.

2. On peut consulter sur l'administration de Dioclétien, l'excellent ouvrage de M. Naudet, *Des changements operés dans toutes les parties de l'administration romaine sous les règnes de Dioclétien et de Constantin.*

3. Heinneccius, *Hist. juris romani*, lib. I, parag. 328 et seqq.— Panciroll: *Notit. dignit.* — M. Garzetti, *Della Storia e della condizioni d'Italia sotto il governo degli imperatori romani.* — Savigny, *Histoire du droit romain au moyen âge*, t. I, etc.

vincial, chargé de donner son avis sur les besoins et les intérêts de sa province, de veiller sur l'administration du gouverneur, et de porter ses plaintes s'il en était besoin au préfet du prétoire et dans certains cas au prince lui-même. Le diocèse italique eut aussi sa représentation composée des délégués des conseils provinciaux, et surveillante-née du préfet du prétoire [1]. Quoique les attributions de ces conseils fussent essentiellement spéciales et bornées aux intérêts de leur circonscription, l'empereur les consultait quelquefois sur des questions générales intéressant tout l'empire. C'est ainsi que Népos avait soumis à l'assemblée des cités liguriennes la question de paix ou de guerre, qu'après un mûr examen celle-ci conseilla la paix [2].

Les municipalités venaient ensuite, cette base de tout édifice politique, ce premier et ce dernier de tous les pouvoirs, celui qui les précède et leur survit. L'organisation municipale fit la force et la gloire de l'administration romaine aux époques prospères de l'empire. L'Italie en avait donné le type qui s'était modifié, étendu, régularisé sous la main des jurisconsultes, et avait fini par être appliqué uniformément aux provinces. Un conseil municipal ou curie, deux magistrats principaux chargés de l'administration sous le nom de *duumvirs*, un *édile* chargé de la police et un *curateur* comptable des deniers de la ville et gérant du patrimoine commun, formaient le corps adminis-

---

[1]. Code Théodosien, lib. 12, tit. 12. L. 9 et sequentes. — C. Justian., L. 5, l. xi, t. 63. — Amm.-Marcell., xviii, 7.
[2]. Voir ci-dessus, chap. 7.

tratif d'une cité[1]. Valentinien Ier avait ajouté aux anciennes magistratures municipales, celle du *défenseur* sur laquelle nous nous arrêterons quelque peu, parce que son importance grandit rapidement, et qu'à la fin du ve siècle, elle était devenue, par une conséquence du malheur des temps, le pouvoir prépondérant du municipe.

La loi romaine, par cette création du défenseur, avait voulu constituer dans un temps où des nécessités déjà très-fortes pesaient sur la société romaine, un protectorat de l'individu contre les abus de l'autorité, de quelque côté qu'ils vinssent, du pouvoir central ou de la ville elle-même. Les duumvirs et la curie, les gouverneurs et leurs officiaux, eurent dès lors un surveillant attentif; et afin que son action ne fût ni embarrassée par des liens de corporation, ni affaiblie par des ménagements de confraternité, la loi le voulut étranger à la curie[2]. Le peuple, les notables, les curiales et l'évêque, le nommèrent directement[3]. Ses fonctions duraient cinq ans pendant lesquels il ne pouvait se démettre sans l'agrément du prince, sous peine d'une amende de trente livres d'or[4]. Armé d'une juridiction directe assez bornée dans les villes, plus étendue dans les campagnes, il remplissait, en dehors de sa compétence de juge, l'office de magistrat instructeur. Dans les cas de rapt, d'adultère, de viola-

---

1. Consultez Roth, *De re municipali.*— Savigny, *Hist. du droit Romain*, t. I. — Garzetti, *Della Storia e della condizione d'Italia*, etc., t. II.
2. C. Justinian., L. 2, t. 55, l. 1.
3. *Ibidem.* L. 8.
4. *Ibidem.* L. 10.

tion de domicile, il faisait saisir le prévenu et le livrait au tribunal après une information sommaire [1]. Chaque jour, à chaque heure, il avait libre accès près des fonctionnaires de tout ordre, pour l'accomplissement de sa charge :

« La protection de ce peuple t'est confiée, afin que tu sois pour lui un vrai père, écrivaient au défenseur d'une des cités de l'empire, les Augustes, Gratien, Valentinien II et Théodose. Tu ne souffriras donc point que les habitants de la ville, non plus que ceux de la campagne soient injustement taxés ; tu t'opposeras aux excès des gouverneurs, sauf le respect dû à leur dignité. Leur porte te sera ouverte à toute réquisition, et tu veilleras à ce que l'insolence de leurs officiaux soit réprimée. Tu écarteras avec soin de ceux que ton devoir est de défendre comme des fils, toute exaction ou rapine que des agents infidèles tenteraient d'exercer [2]... » Un pouvoir si indéterminé, confié en quelque sorte à la conscience du magistrat, dut s'accroître, on le comprend aisément, soit par l'impuissance des autres, soit par leurs excès, et dégénérer en une dictature municipale.

Le peuple, ainsi qu'on vient de le voir, n'était pas exclu de toute participation au gouvernement de la ville : outre l'élection du défenseur à laquelle il avait une grande part, il concourait à celle des duumvirs, de l'évêque, des agents salariés de la commune, avo-

---

[1]. C. Theod., L. 7, t. 11, l. 1. — C. Justinian., L. 9, t. 55, l. 1.
[2]. C. Justinian., L. 4, t. 55, l. 1.

cats et médecins publics[1] ; il délibérait sur les aliénations des biens communaux proposées par la curie[2], sur les députations à envoyer au prince, et sur les recours à former près de lui[3]. Les élections municipales et épiscopales où parfois l'ancienne licence se donnait carrière, souvent troublées par les brigues, la corruption ou la violence, présentaient encore une lointaine image de ces comices jadis si tumultueux de Rome républicaine.

Les curies dont la constitution énergique et féconde avait fait pendant les trois premiers siècles de l'empire, la prospérité du monde romain, tombèrent ensuite dans un déplorable état de faiblesse, de misère et de tyrannie. La commune étant la base sur laquelle sont assises ces superpositions artificielles qu'on appelle gouvernements politiques, elle souffre la première de leurs malheurs ou de leurs fautes. Or, lorsqu'un gouvernement menacé par une conquête étrangère, a pour mission (et ce fut celle du gouvernement romain), non-seulement de défendre sa forme politique, mais de protéger une grande société en péril et la civilisation elle-même ; quand ce gouvernement se trouve assailli sur tous les points à la fois, au nord, au midi, à l'est et jusque sur la mer, par des ennemis sans cesse renaissants, et que cette guerre du monde barbare contre le monde civilisé, faite sous son drapeau, se prolonge sans interruption pendant deux

---

1. Dig. L. I, t. 9, l. L.
2. C. Justinian., L. 3, t. 23, l. II. — Pline, *Epist.*, x, 11.
3. C. J., L. 3, t. 23, l. II.

siècles, alors les ressorts administratifs, usés lentement, ont perdu toute vigueur, et la société s'affaisse sur elle-même.

Si l'énergie des institutions municipales avait fait dans les temps prospères la grandeur et la gloire de la société romaine, par une conséquence logique, elle précipita sa ruine dans les temps malheureux. Cette même force, cette même violence d'action qui servait à féconder, aida plus tard à détruire. Pour comprendre l'esprit des municipalités romaines, si antipathique aux idées de liberté, il faut remonter à Rome républicaine dont elles étaient l'image. Rome ignora toujours la liberté dans le sens que les nations modernes attachent à ce mot : elle ne connut que l'amour de la patrie. Le dévouement au municipe, la subordination complète de l'intérêt particulier à l'intérêt communal, et de l'individu à la cité, furent des principes empruntés à l'ancienne république, et qui se retranchèrent dans ces petites démocraties locales, quand la grande eut cessé d'exister. La maxime « *Salvam esse Rempublicam opportet,* » appliquée aux organisations communales, produisit l'obligation des fonctions curiales et celle des magistratures[1] : on fut membre du corps de sa cité, magistrat, avocat, médecin public, comme on était tributaire et soldat de l'empire; on dut à la patrie locale son temps, ses talents, son crédit, l'éclat de son nom et de sa fortune, comme à l'État son argent et son sang. Ce ne fut pas tout : une responsabilité réelle et personnelle pesa sur ces

---

1. Digeste, *Ad Municip.* l. L.

magistrats, qui pouvaient l'être malgré eux; leurs personnes et leurs biens répondirent de leur administration; et l'on ne put se soustraire à ces fonctions obligatoires sans des peines graves, car c'était une désertion : le curial déserteur était ramené à sa municipalité, comme le soldat réfractaire à son drapeau [1].

De même que l'individu était obligé envers la cité, la cité le fut envers l'État. Chargée par la loi du recouvrement des contributions publiques, elle dut en garantir le produit, et fut soumise aux règles de responsabilité des agents financiers. Il y avait assurément dans cette intervention de la commune entre le contribuable et l'État quelque chose de bon, de paternel pour ainsi dire; car l'autorité municipale, en rapport direct avec tous, au fait des ressources et des intentions de tous, et sachant tenir compte des circonstances, était un receveur plus indulgent, plus équitable, que le représentant inflexible du pouvoir central. Mais aux époques de détresse, quand l'État aux abois ne put plus admettre de non-valeurs dans l'impôt, il pressura les municipalités pour obtenir tout ce que l'impôt devait rendre, leur laissant leur recours contre les individus, et celles-ci se récupérèrent par tous les moyens violents. Alors cette intervention paternelle du pouvoir communal entre le contribuable et le gouvernement se transforma en une véritable oppression : « Autant de curiales, autant de tyrans![2] »

---

1. D., *Ad Munic.* — C. Theod., lib. xii, tit. 1. — Consultez Roth, *de re Municipali*.
2. Quot Curiales, tot tyranni. Salvian. *de Gubern. Dei.*

s'écriait un moraliste du vᵉ siècle. Ce rôle était peu séduisant pour des hommes de cœur. On chercha à s'y soustraire en changeant d'état, en entrant dans l'armée, dans le clergé, en s'expatriant, en dénaturant la propriété qui vous faisait curial; mais la loi veillait, terrible, impitoyable, et venait river le fugitif aux honneurs de sa cité comme à la plus dure des servitudes.

Entre les exactions fiscales et les ravages incessants des barbares, quel pouvait être l'état de l'agriculture? on ne saurait l'imaginer plus déplorable. La Ligurie, l'Emilie, le versant méridional des Alpes, restaient en partie incultes; la Toscane, le Samnium, la Campanie, éloignées cependant du théâtre ordinaire des invasions, n'en avaient pas moins leurs solitudes et leurs friches; mais la dépopulation de l'Italie tenait à des causes anciennes et profondes, dont les misères de la guerre ne firent qu'accélérer les effets. La grande propriété, suivant le mot bien connu de Pline, avait déjà perdu ce pays à l'époque de la plus grande puissance romaine[1]. Cette métropole du monde, domicile obligé des sénateurs et demeure favorite des riches provinciaux, s'était transformée en un immense jardin parsemé de palais et de villas construits avec les dépouilles de l'univers. La culture des champs y fit place aux prairies et aux bois, le travail des hommes libres au travail des esclaves; et le produit de la terre devint presque nul sous des bras serviles. On crut trouver un remède à ce mal par l'institution du colonat; mais le colonat ne rendit pas le territoire italien au travail

---

[1]. Latifundia perdidere Italiam. Plin., *Hist. nat.*

fécondant des bras libres, il ne fit que substituer un travail à moitié libre au labeur improductif des esclaves. La guerre pesa d'un triple poids sur cette race infortunée des colons, attachés à leurs champs et serfs de la terre. Les ravages des Barbares, les exactions du fisc, le recrutement militaire se réunirent pour les accabler, et par suite de leur dépérissement, des régions entières restèrent désertes.

Si Odoacre s'était borné à distribuer ces campagnes sans culture et sans maître, en faisant de ses soldats des laboureurs, il eût rendu service à l'Italie ; mais ce n'était point là ce qu'entendait l'armée des nations : il lui fallait, comme aux vétérans de Sylla, aux compagnons de César, à ceux d'Auguste et d'Antoine, les meilleurs champs, du bétail, et des bras romains pour semer et moissonner. Les Visigoths, les Burgondes, les Ostrogoths, établis dans leurs cantonnements en corps de nation, avec l'attirail complet des peuples nomades, bétail, chariots, instruments de labour, cultivaient tant bien que mal par la main de leurs familles les terres qui leur étaient assignées : les Barbares d'Odoacre n'avaient ni famille, ni troupeaux, ni organisation de travail ; c'étaient des soldats qui n'apportaient que leur épée.

Lorsqu'on cherche dans le passé de l'histoire romaine quelque fait comparable à la spoliation exercée par Odoacre au profit de son armée, il faut remonter jusqu'aux dictatures de Sylla et de César, et au triumvirat d'Auguste. Sylla assigna des terres en Italie aux soldats de quarante-sept légions. César y fonda treize colonies militaires, les triumvirs dix-huit, Auguste à lui seul trente-deux; mais tous ces établissements, fruits d'occupations tyranniques, furent inféconds pour l'agriculture : « Étrangers à l'usage de se marier et d'élever des enfants, dit à ce sujet un historien romain[1], les soldats se dispersaient bientôt; ils désertaient leur champ après l'avoir épuisé, et ne laissaient aucune postérité dans leurs maisons abandonnées. » Dès le temps de Cicéron, les terres distribuées par Sylla à ses vétérans, avaient presque toutes passé à d'autres possesseurs; et les vétérans mouraient de faim. La colonisation d'Odoacre n'eut pas plus de succès : quelques années après, une grande partie de ce *tiers* barbare était rentrée dans des mains romaines.

Cette grande révolution, qui changeait l'ordre politique en Occident, s'accomplit sans aucune opposition de la part de l'empire oriental, en proie lui-même aux révolutions, et ballotté entre la guerre civile et les intrigues de palais. Nous avons laissé Zénon fugitif, essayant de remuer l'Isaurie, et l'impératrice Vérine, déçue dans ses calculs ambitieux, se tournant contre le frère qu'elle avait appelé, pour tendre la main au gendre qu'elle avait banni. Ce même homme qui s'était laissé jouer comme un enfant stupide par les ruses d'une femme, retrouva dans l'exil une énergie inattendue; errant de châteaux en châteaux avec une poignée de fidèles, ici victorieux, là battu et emprisonné.

---

1. Neque conjugiis suscipiendis, neque alendis liberis sueti, orbos sine liberis domos relinquebant... Numerus magis quam colonia. Tacite, *Ann.*, xiv, 27.

il finit par intéresser à sa cause, non pas seulement l'Isaurie, sa patrie d'origine, mais les autres provinces de l'Asie grecque. Tandis que Zénon relevait ainsi son parti, Basilisque voyait faiblir le sien. Des idées religieuses assez bizarres et un penchant marqué pour l'hérésie, avaient attiré tout d'abord vers lui les sectes dissidentes, qui travaillèrent avec ardeur au succès de sa cause. Il dut les payer de cet appui, non-seulement par des faveurs directes, mais encore par des vexations de tout genre contre l'Église de Constantinople, alors catholique : ce qui lui valut la haine de tous les catholiques de l'Orient. En second lieu, Théodoric le Louche, son bras droit dans la guerre, affichait à la cour des manières de protecteur, reprenant le rôle des Ardabures, ses parents, froissant l'orgueil des généraux romains, et ruinant, comme à plaisir, le peu de popularité qu'avait pu se faire Basilisque. Enfin, Vérine disgrâciée, presque prisonnière, mais toujours puissante en intrigues, semait l'inimitié contre lui, provoquant des complots partout, dans le sénat, dans le peuple, dans l'armée, et jusque chez les Ostrogoths de Macédoine. A ces trois causes d'affaiblissement pour Basilisque, s'ajoutaient le mauvais choix de ses agents et la vénalité de ses généraux.

Les propositions combinées de Zénon et de Vérine aux Ostrogoths de Macédoine, arrivèrent à Théodoric l'Amale, qui avait succédé à la royauté de son père, mort à Cerre, l'année précédente[1] : pour le moment, il

---

[1]. Rex Theodemir, in civitate Cerras, fatali ægritudine occupatus... Theodoricum filium regni sui designat hæredem. Jornand., *R. Get.*, 56.

se trouvait à Noves, sur le Danube, cherchant pour son peuple un autre cantonnement, du côté de la petite Scythie [1]. A la réception des lettres impériales, le jeune homme tressaillit de joie : ardent, ambitieux, en quête d'honneurs pour lui-même, d'aventures héroïques pour les siens, désireux surtout de mettre un pied dans les affaires de Constantinople, il eût provoqué au besoin l'occasion qui venait s'offrir à lui. Théodoric et Zénon n'étaient pas inconnus l'un à l'autre. A l'époque où le premier séjournait à Constantinople comme otage des Romains, il avait trouvé, près du gendre de l'empereur, alors tout-puissant au palais, une bienveillance presque paternelle. Ces souvenirs d'enfance parlèrent au cœur du jeune homme ; et il promit de servir avec dévouement la cause de Zénon. Un autre motif l'y invitait encore : l'attitude superbe du Louche, et cette haute fortune dont il jouissait avec une arrogance insupportable. Un Amale et son peuple pouvaient-ils combattre sous le même drapeau que cet aventurier sans aïeux, chef d'un ramas de déserteurs et de brigands, qu'il osait faire passer pour une branche des Ostrogoths? Non, le camp naturel de l'Amale était celui de Zénon, puisque le Louche soutenait Basilisque.

Plein de ces idées, il mit son armée en marche, et s'avança sur Constantinople ; mais il arriva trop tard pour agir en personne. Les généraux de Basilisque, imitateurs des hauts faits de leur maître pendant qu'il

---

1. Malch., *Hist. exc.*, 9.

commandait devant Carthage, vendaient à l'ennemi leur inaction ; ils vendirent ensuite leur concours. De proche en proche, Zénon victorieux atteignit le Bosphore ; une émeute lui ouvrit les portes de Constantinople. L'Amale déconcerté d'un succès qui rendait son assistance inutile, n'en fut pas moins accueilli dans la ville avec de grands honneurs. Quant à Zénon, il ne put réprimer, après tant de traverses, un retour à ses mœurs passées. Basilisque, réfugié avec ses enfants et sa femme dans une des églises de Constantinople, s'était livré à lui, sous la condition qu'on épargnerait leur sang, et la condition avait été acceptée par Zénon, sous la foi du serment[1] : il la tint en enfermant Basilisque et les siens au fond d'une citerne sans eau dont il fit murer l'orifice[2]. Lorsque plus tard on ouvrit ce sépulcre de vivants, on trouva les malheureux embrassés les uns aux autres, et morts dans les convulsions de la faim. Ainsi le gendre de Vérine reprenait au bout de vingt mois les rênes du gouvernement de l'Orient.

Malgré l'horrible cruauté dont il venait de donner la preuve, Zénon n'était point resté sourd aux leçons de l'exil ; le malheur l'avait corrigé d'une partie de ses vices ; et son nouveau gouvernement parut d'abord une réaction volontaire contre l'ancien. La vieille impératrice remonta sur le trône à ses côtés. On rappela les amis de Léon précédemment éloignés ; enfin la cause catholique sembla triompher sans réserve.

1. Dato sacramento securum esse de sanguine. Anon. Vales., p. 717.
2. Inclosus cum uxore et filiis intra cisterna sicca. *Ibid.*

En religion comme en politique, l'Isaurien se modelait, en apparence du moins, sur son sage prédécesseur.

Nul projet n'avait été plus cher à l'empereur Léon, que la nomination de Népos au trône impérial d'Occident; aussi l'on se demanda soit à Constantinople, soit à Rome, ce qu'allait faire Zénon dans les nouvelles circonstances où se trouvait l'Italie : Odoacre lui-même n'était pas sans inquiétude, et certaines démarches de Népos, parvenues à ses oreilles, justifiaient ses appréhensions. En effet, le prince de Dalmatie, moins philosophe qu'Augustule et poursuivi de plus de regrets, s'était hâté d'envoyer une ambassabe à Zénon, pour le féliciter de son retour et traiter aussi du sien. « Nous avons offert l'un et l'autre, lui faisait-il dire, un exemple pareil de la mobilité des choses humaines, tous deux victimes des inconstances de la fortune et de la perversité des hommes. Tends-moi donc la main, toi qui as obtenu justice du sort, et fais que ton bonheur ne soit pas perdu pour le mien. » Chaudement appuyé par l'impératrice Vérine, il demandait de l'argent, des soldats, l'envoi d'une nouvelle flotte en Occident[1] : l'affaire fut accueillie favorablement dans le conseil impérial, qui, changeant de règle en changeant de prince, crut de nouveau l'honneur romain engagé dans cette entreprise. Le succès, d'ailleurs,

---

1. Venerunt a Nepote nuntii qui Zenoni restitutum imperium gratularentur, et ipsum obtestarentur ut omni opere et studio, illum qui eodem tempore eodemque ipse casu afflictus esset, in recipiendo imperio adjuvaret, et pecuniam et exercitus, et alia quæ opus forent suppeditaret... Eo quoque illum impulit Veriua, quæ Nepotis uxori cujus erat consanguinea favebat. Malch., *Hist. Excerpt.*, 3.

paraissait hors de doute ; Népos en répondait. Odoacre fut naturellement l'objet de beaucoup de conjectures : quel était cet homme ? que voulait-il ? que ferait-il ? On regarda comme une circonstance heureuse qu'il n'eût pas nommé d'empereur en remplacement d'Augustule, et l'on compta sur lui pour agir près du sénat. Népos, afin de l'attirer tout d'abord dans ses intérêts, imagina de lui envoyer le titre de patrice, avec force louanges et promesses de toutes sortes [1]. Théodoric l'Amale, qui eut vent de ces négociations, offrit de réinstaller, à ses risques et périls, avec ses seuls Ostrogoths, l'empereur déchu sur le trône de Rome [2] : Zénon n'accepta pas, soit qu'il se défiât d'un service si désintéressé en apparence, soit qu'il rougît d'imposer par de tels moyens un empereur à l'Italie.

Odoacre contre-mina ces projets avec une astuce de barbare qui valait bien la fourberie proverbiale des Grecs. Il voulut avant tout se couvrir de l'autorité du sénat de Rome, en le faisant intervenir entre Zénon et lui ; mais comme la vénérable assemblée était aussi par trop sous sa main, et qu'on n'eût pas manqué de crier à la violence s'il avait lui-même provoqué cette intervention, il mit en avant son pensionnaire Augustule. Des trois empereurs vivants qui s'étaient assis quelques jours sur le trône occidental, un seul pouvait adresser au sénat des conseils sinon des ordres. C'était Romulus Augustus qui n'avait point été expulsé comme les autres, qu'aucune révolution civile n'avait con-

---

1. Malch., *Hist. exc.*, 9.
2. Si imperator jusserit, paratum esse et in Dalmatiam ire... *Ibid.*

damné, et qui était censé avoir déposé volontairement la pourpre. A la prière d'Odoacre, il écrivit au sénat une lettre dans laquelle il exposait son avis sur la circonstance présente, avec un choix de termes et un ton général qui sentaient encore le commandement[1]. Cet avis était que l'Occident n'avait plus besoin d'un empereur particulier pour se gouverner, et que les choses, telles qu'elles existaient, se trouvaient arrangées pour le meilleur profit de l'Italie : voilà ce que le sénat de Rome, suivant Romulus Augustus, devait soutenir fermement, en face de Zénon.

Dans cette missive inattendue, le sénat reconnut aisément la main d'Odoacre. Peu soucieux de s'attirer, par une résistance inconsidérée, la colère du roi des nations, il ne l'était guère plus de voir rentrer en Italie Népos, plein de rancune, et faisant payer aux sénateurs, l'un après l'autre, tous ses déboires passés : il obéit donc à la sommation de l'empereur déchu. Une députation prise dans l'assemblée alla porter à Constantinople le prétendu vœu de l'Italie, et en développer verbalement les motifs. Le message disait, comme l'avait voulu le fils d'Oreste : « Qu'un seul empereur suffisait désormais pour administrer et défendre les deux parties de l'empire; que le sénat de Rome avait désigné à cet effet, pour l'Occident, Odoacre, homme distingué dans la science du gouvernement non moins que dans celle des armes; et qu'il priait Zénon de conférer à ce roi la dignité de patrice, en même temps

---

1. Augustus Orestis filius... Senatum veteris Romæ legationem ad Zenonem mittere coëgit... Malch., *Hist. Exc.*, 3.

que l'administration de l'Italie[1]. » Tout ayant été réglé de cette manière, Odoacre écrivit lui-même à Zénon pour lui demander le titre de patrice, comme s'il ne l'avait pas déjà reçu de Népos[2] ; et comme si encore la question du rétablissement de l'empire, qui devait se discuter à Constantinople, eût été déjà résolue négativement par le fait, il joignit à sa lettre un paquet contenant les ornements impériaux[3], dont il faisait remise à l'empereur d'Orient, seul et unique souverain de la Romanie. L'officier, chargé de la lettre et du paquet, se mit en route avec les députés du sénat. Odoacre avait fait ramasser soit à Ravenne, soit à Rome, tout ce qui restait de manteaux de pourpre et de diadèmes ayant appartenu aux césars ; et la défroque d'Auguste, de Trajan, de Théodose, réunie à celle d'Augustule, alla décorer quelque cabinet de curiosités dans le palais de Constantinople.

Les deux ambassades arrivèrent donc ensemble en Orient, où elles trouvèrent un envoyé de Népos déjà installé, et chargé probablement d'observer leurs démarches. Zénon les reçut en audiences séparées, avec un accueil fort différent, caressant et affectueux pour le messager d'Odoacre, dur jusqu'à l'excès pour

---

1. Proprio imperatore se non indigere; unum imperatorem sufficere qui utriusque imperii fines tueretur. Odoacrum se elegisse qui hanc partem tutam præstaret; hunc enim et scientia reipublicæ administrandæ, et rei militaris peritia esse insignem. Itaque orare, ut illum Zeno patriciatus dignitate ornet, et Italiam regendam ei committat. Malch., *Hist. Exc.*, 3.

2 Malch., *loc. cit.*

3. Omnia ornamenta palatii, Odoacrus Constantinopolim transmisit. — Anonym. Vales., p. 431. — Vales., *R. Franc.*, p. 231. — Tillem., *Hist. d. Emp.*, VI, p. 440.

les sénateurs. A ceux-ci, il reprocha amèrement l'antagonisme du sénat de Rome, son opposition à tous les désirs de l'Orient : il rappela Anthémius et Népos. « L'Orient, disait-il, vous avait donné deux empereurs, vous avez tué l'un et chassé l'autre[1]. Si maintenant vous me demandez ce que vous avez à faire, la chose est claire, et n'exige pas de longues explications, votre empereur Népos est vivant, recevez-le comme vous le devez[2]. » A l'envoyé d'Odoacre, il fit de grands éloges du roi. « Népos avait bien fait, disait-il, de lui envoyer la dignité de patrice, dont il était vraiment digne, et lui, Zénon, la lui offrirait, si Népos ne l'eût pas prévenu. » — « Je le loue, ajouta-t-il, de prendre enfin les manières et le costume qui conviennent à un Romain[3]. L'empereur, qui l'a honoré du plus illustre des titres, sera pour lui le bienvenu, je n'en doute point. Ses intentions étant toutes pour le bien de l'Italie, il n'a rien de mieux à faire que de réintégrer Népos. » Dans la lettre qu'il écrivit en outre en réponse à celle d'Odoacre, il le qualifiait de patrice[4], et lui recommandait chaleureusement son protégé. Zénon mit dans toute cette affaire une dose de sentiments affectueux qui ne lui était pas

---

1. Illos ex duobus quos ab Oriente accepissent imperatoribus, unum expulisse, et Anthemium occidisse. Malch., *Hist. Exc.*, 3.
2. Nunc quid sibi factu opus esset, ipsos dixit perspicere. Imperatore enim superstite non aliam debere valere sententiam, quam ut illum redeuntem exciperent. Malch., *loc. cit.*
3. Laudare se cum, quod jam morem Romanis convenientem servare inceperit, ideoque confidere, fore ut imperatorem, qui illum hoc honore affecerit, si quidem justa facere vellet, quam primum reciperet. Malch., *Ibid.*
4. Et in litteris regiis, quibus Odoacro voluntatem suam significaret, eum patricium nominavit. Malch., *loc. cit.*

ordinaire ; mais il songeait à lui-même, et la frappante similitude de sa destinée avec celle de Népos, avait attendri son cœur[1]. L'envoyé du prince dalmate, dont la tâche ne fut ni difficile ni longue, put donc rapporter à son maître la nouvelle d'une réintégration prochaine sur le trône d'Italie.

Elle était prochaine assurément dans les désirs de Zénon ; mais cet empereur, trop confiant dans l'effet de ses paroles, soit aux sénateurs de Rome, soit à l'envoyé d'Odoacre, et désireux d'ailleurs d'arriver au résultat sans effusion de sang, attendit apparemment que la chose s'accomplît d'elle-même. Il ne fit aucun armement, ne prit aucune mesure décisive, et bientôt d'autres affaires plus directes vinrent à la traverse, et le détournèrent de celle-ci. Odoacre profita, avec son habileté ordinaire du répit que la fortune lui laissait. Il agit, comme si la déclaration du sénat de Rome avait été admise par l'empereur d'Orient, comme si celui-ci avait accepté le gouvernement des deux empires, comme si, enfin, Népos n'existait pas. Il prit le titre de patrice, en vertu de l'institution de Zénon. dont il se déclara le lieutenant en Italie. Zénon fut proclamé solennellement le protecteur du sénat et du peuple de Rome ; le roi des nations affecta d'invoquer son nom en toute circonstance, et lui fit dresser des statues sur toutes les places[2]. Le sénat se taisait et laissait faire,

1. Quæ Zeno Nepotis causa instituit, propter sua Nepotis malorum miseritus, et communem hominum sortem reputans ad aliorum commiserationem adductus. Malch., *Hist. exc.*, 3.
2. Senatui romano et populo tuitus est, ut etiam ei imagines per diversa loca in urbe Roma levarentur. *Ibid.*

irrité de l'arrogance de Zénon, et préférant au Romain protégé des Grecs, le Barbare à qui le sort des armes avait livré l'Italie. Odoacre consolidait ainsi son usurpation avec l'assentiment des vaincus. Ce n'est pas qu'il n'eût besoin pour sa propre sûreté, de vigilance et de décision : Népos n'était point sans amis, même dans l'armée, même au palais de Ravenne. Odoacre y fit prendre et mettre à mort le 11 juillet 477, un certain comte Bracila, officier barbare qui conspirait pour lui : « Il le fit, nous dit Jornandès, afin d'imposer aux Romains par la terreur [1]. » Hors de l'Italie, le parti de l'ancien empereur s'agitait avec non moins de force et de persistance. Les cités gauloises, d'Arles, de Marseille et d'Aix, n'avaient voulu reconnaître ni Oreste ni le Barbare qui remplaçait Oreste, et continuaient de gouverner au nom de Népos [2]. L'assemblée provinciale de la Narbonnaise demanda même solennellement à Zénon, que ce prince fût rétabli en Occident [3].

Népos voyait donc se dessiner pour lui des chances de retour, lorsqu'une trahison domestique y coupa court pour jamais. A l'époque où il était rentré en Dalmatie, fuyant les troupes de son patrice, il y avait retrouvé son prédécesseur Glycérius, que lui-même avait fait ordonner évêque de Salone. En choisissant ce siège

---

1. Ut terrorem suum Romanis indiceret... Brachilam comitem apud Ravennam occidit, regnoque suo confortato... Jorn., *R. Get.*, 46. — Marcel., *Chron.* — Onuph., *Fast. cons.*, p. 457.
2. Dissidentibus ab Odoacro Occidentalibus Gallis, et legatione... ad Zenonem missa... Candid., *Hist. exc.*, 3.
3. Tillem., *Hist. d. Emp.*, VI, p. 443; — Lebeau, *Hist. d. Emp.*, t. VII, p. 69.

à son rival vaincu, Népos croyait s'assurer un prisonnier, il se préparait un bourreau. Glycérius l'accueillit dans son malheur avec une joie féroce, qu'il ne chercha point à cacher, jouissant publiquement de ses regrets, et lui rendant haine pour haine, torture pour torture. Dans le petit État de Dalmatie, l'évêque métropolitain n'était pas trop loin du prince; il avait comme lui son autorité, sa cour, ses moyens d'agir et de nuire : Glycérius n'en négligea aucun. Du fond de son évêché, comme un vautour du fond de son aire, il observait l'ennemi qu'un sort vengeur lui ramenait; il le couvait des yeux; il épiait ses moindres actes, prêt à saisir l'occasion de le perdre. Quand la fortune de Népos parut s'éclaircir, et que tout fit présager le retour du neveu de Marcellus en Italie, l'évêque se sentit mourir de dépit. L'idée qu'il pouvait assister à ce triomphe, lui, frappé de mort politique par son ordination forcée, destiné à pourrir sur un siége détesté, en butte au mépris du monde et à la risée de l'ennemi qui l'avait réduit là : cette idée alluma en lui une soif de vengeance qui le rendit comme fou. Il ne rêva plus que conspirations et assassinats; or Salone, pas plus que Ravenne, ne manquait de gens ambitieux, capables de tout faire pour gagner un trône si petit qu'il fût.

Népos avait près de lui, pour son malheur, deux hommes de ce caractère, les comtes Victor et Ovida, l'un Barbare, l'autre Romain [1]. C'étaient deux per-

---

1. Ovida, Marcell., *Chron.* — Odiva, Cassiod., *Chron.* — Odivam natione Gothum. *Ibidem.*

sonnages importants dans le pays et dans l'armée, le comte Ovida surtout, que l'on s'accordait à regarder comme le futur maître de la Dalmatie, quand elle n'appartiendrait plus à Népos. Confident de leurs désirs secrets, l'évêque leur soufflait incessamment sa rage, et finit par les amener à son but. Népos possédait près de Salone une maison de campagne où, de temps à autre, il allait chercher la fraîcheur, et se repaître à loisir, dans la solitude, des illusions de sa fortune. Un jour qu'il s'y rendait peu accompagné, les deux comtes s'entendirent pour être de sa suite, et le surprenant dans un endroit écarté, ils l'assaillirent l'épée au poing et le tuèrent[1]. Ce meurtre eut lieu le 9 mai de l'année 480[2]. Un contemporain nous dit positivement que Glycérius avait dressé le guet-apens[3], ce qui n'empêcha pas qu'on n'y reconnût aussi la main d'Odoacre. Comment le roi des nations avait-il participé au crime? c'est ce qu'on ignore; mais il y était trop intéressé pour que l'histoire ait pu le croire innocent.

Népos mort, Zénon ne songea plus à l'Occident que de loin en loin, sans beaucoup de suite ni d'ardeur; sa mollesse fit même croire qu'il agréait le gouvernement d'Odoacre, lorsqu'il se bornait à le tolérer[4]. Celui-ci profitant de tout pour s'affermir, invoquant tour à tour la ruse et l'audace, étouffait les résistances

---

1. Victoris et Ovidæ, comitum suorum scelere, haud procul ab oppido Salona, sua in villa, oppressus est, et occisus. — Marcell. *Chron.*
2. Marcell., *Chron.* I. — Onuph., p. 57.
3. Insidiis Glycerii. Marcell., *Chron.* — Cf. Vales., *R. franc.*, I, p. 232. — Tillem., *Hist. d. Emp.*, VI, p. 442. — Lebeau, *Hist. B. Emp.*, t. VII.
4. Candid., *Hist. exc.*, 3.

au dedans, faisait des alliances au dehors, disposait de la paix, de la guerre, du territoire même de l'empire, tout cela à l'insu de l'empereur nominal qui lui servait d'épouvantail pour écarter des rivaux, ou de prétexte pour colorer ses volontés. La Gaule narbonnaise persistait à lui refuser obéissance, adressant à l'empereur Zénon appel sur appel : il la céda aux Visigoths de Toulouse, en vertu d'un traité offensif et défensif conclu avec le roi Euric. Les Romains, à partir de ce jour, ne possédèrent plus un pouce de terre à l'ouest des Alpes. Antérieurement à cette convention, il en avait passé une autre avec le roi des Vandales, Genséric, qui plus avare et moins belliqueux à mesure qu'il vieillissait, rendit la Sicile aux Italiens, pour un tribut en argent et la conservation d'un château fort. Ce fut le dernier acte politique de ce Barbare fameux, qui mourut au mois de janvier 477. Après s'être assuré par ces moyens l'alliance des grandes royautés barbares voisines de l'Italie, Odoacre s'occupa du petit État dalmate, dont le comte Ovida, meurtrier de Népos, s'était fait proclamer roi. Depuis que Marcellinus l'avait rendue indépendante, la Dalmatie n'avait point cessé d'être un nid de Romains mécontents, et un instrument de discorde sous la main des empereurs orientaux : Odoacre voulut la rattacher à l'Italie. Il conduisit cette entreprise en personne, battit le comte Ovida, le tua ; et Salone, gouvernée par un officier italien, ne fut plus pour Ravenne une menace permanente.

Cet homme extraordinaire, devenu maître absolu de l'Occident, fit succéder aux violences de son début une administration assez modérée. Obéissant d'abord au conseil de Zénon, il se rapprocha des habitudes romaines ; il prit l'habit de patrice en même temps qu'il en porta le titre. Patrice vis-à-vis de l'Italie, il resta roi vis-à-vis des Barbares qui lui avaient décerné sous ce nom le suprême commandement militaire. En retour de l'appui qu'il avait reçu du sénat, il ménagea son autorité ; l'action de la vénérable assemblée sembla même grandir en l'absence d'un empereur réel. Les rouages administratifs continuèrent à fonctionner ; les lois restèrent debout ; les coutumes séculaires ne furent point brisées ; enfin le vieil attirail des césars environna le roi-patrice sous les lambris du palais de Ravenne. Odoacre eut un préfet du prétoire, un maître des milices, des comtes des largesses et du domaine, un questeur pour préparer ses lois ou les rapporter au sénat, un conseil privé pour les discuter, un corps des domestiques pour sa garde personnelle. Des recteurs administrèrent comme ses lieutenants les provinces italiques ; des ducs militaires, les cantonnements des troupes ; des consuls tantôt agréés par l'empereur d'Orient, tantôt particuliers à l'Occident, donnèrent leur nom à l'année. L'aristocratie italienne, acceptant la fiction sur laquelle Odoacre fondait son autorité, ne dédaigna point de le servir. On vit figurer sur les listes consulaires les noms de Symmaque, de Boëce, d'Anicius Faustus, d'un autre membre de la famille Anicia, Probinus, et de Basilius-le-Jeune, fils de ce Cécina Basilius, dont nous avons parlé à propos de Sidoine, et dont nous reparlerons

encore. Cassiodore, père de celui qui fut ministre de
Théodoric, remplit près d'Odoacre les charges de
comte du domaine et de comte des largesses ; Cécina
lui-même fut préfet du prétoire et lieutenant du roi
dans la ville de Rome ; enfin le comte Piérius, commanda sa garde palatine. Tous ces hommes étaient
illustres et considérés, mais le roi des nations leur
adjoignit parfois des collègues dont ils pouvaient rougir. L'improbité des magistrats fut le grand vice de
cette administration sortie d'une guerre civile. Un certain Pélagius, quelque temps préfet du prétoire, et à
ce titre chargé de la perception des impôts, trouva
moyen, dit-on, de les doubler à son profit [1]. Avide et
libéral à la fois, Odoacre fermait les yeux sur ces
pillages dont il s'attribuait une part pour la prodiguer :
cette cupidité, jointe à ses instincts cruels, tourna
plus tard contre lui, et précipita sa ruine [2].

Cependant les plaies de la guerre civile commençaient à se cicatriser en Italie. De toutes les cités victimes de la dernière lutte, Pavie, saccagée successivement par deux armées, présentait le spectacle le plus
lamentable. A la place d'une ville, on n'apercevait
plus que des monceaux de décombres noircis par le
feu, sur lesquels campait l'évêque avec son troupeau
décimé. Sans argent, et entouré d'un peuple qui n'a-
vait plus rien que ses bras, Épiphane entreprit de relever sa métropole avec des aumônes quêtées dans
les villes voisines. Il allait disant à ceux qui possé-

---

1. Ennod., *Vit. Epiph.*, p. 385.
2. Ennod., *Panvg. Theod.*, p. 298. — Cassiod., *Variar.*, III. *Epist.* 12.

daient encore quelque chose : « Ayez l'âme riche, et vous trouverez : c'est quand le cœur mendie, que la pauvreté se présente[1]. » Avec ce qu'il put ramasser çà et là, et ce qui lui restait de patrimoine, il se mit à l'ouvrage, et Pavie sortit de ses ruines. Animés par son exemple, hommes, femmes, enfants, travaillèrent à qui mieux mieux : on déblayait les décombres, on courait abattre des bois dans les forêts environnantes; on creusait les champs pour en extraire la pierre ; et quand les bras des Pavésans étaient las, les voisins prêtaient les leurs. Épiphane dirigeait les travaux, surveillant tout, pourvoyant à tout, comme un architecte qui commande à un atelier de constructeurs, ou plutôt comme le fondateur d'une colonie assise dans quelque solitude désolée. Le service de Dieu, ainsi qu'il convenait, passa le premier. Les deux églises que contenait la ville avaient été dévorées par la flamme : on mit tant de hâte à les reconstruire, qu'elles semblèrent s'élever d'elles-mêmes par miracle, mais on paya bientôt la peine de cette pieuse précipitation. La grande église, appelée la Majeure, était achevée jusqu'au comble, et la Mineure venait de recevoir le signe symbolique de la dédicace, lorsque la voûte de la première s'affaissa par suite de l'écartement des colonnes[2]. Ouvriers et échafauds roulèrent pêle-mêle sur le pavé.

---

1. Dicebat enim : Vix est ut animum divitem possibilitas deserat, et difficillimum ut sequatur abundantia hominem, mente mendicum. Ennod., *Vit. Epiph.*, p. 350.

2. Jam jamque fastigia perfectionis Majoris ecclesiæ opus attigerat, et ædificio dedicationis insignibus adornato extemplo alterius ecclesiæ, cum columnatus repente paries... Ennod., *Vit. Epiph.*, p. 351.

et pourtant aucun de ces hommes tombés de si haut ne fut blessé mortellement, ce qui sembla surnaturel[1]. Néanmoins les habitants restaient frappés de découragement : « Dieu nous abandonne, se disaient-ils entre eux. » — « Non, répondait Épiphane, avec un calme qui ne se démentit jamais ; Dieu veut nous éprouver ; montrons-lui que nous sommes des fils résignés et confiants. » On se remit à l'œuvre, et les deux églises se terminèrent.

On passa ensuite aux maisons des particuliers[2] ; grâce au travail de tant d'hommes, et l'un aidant l'autre, elles furent promptement rétablies. L'évêque ne prit de repos que quand il vit sa ville relevée. Elle revivait, mais mendiante et misérable ; loin de pouvoir acquitter les taxes publiques, elle avait besoin de tout le monde pour subsister. Épiphane alla donc trouver Odoacre, afin d'obtenir de lui, en faveur de ses ouailles, l'exemption des contributions de l'État, pendant cinq ans[3]. Sa présence et le nom de Pavie pouvaient réveiller dans l'âme du roi des nations plus d'un souvenir irritant, car c'est là qu'il avait trouvé ses ennemis les plus opiniâtres, et l'évêque lui-même s'était montré jusqu'à la fin un fidèle partisan d'Oreste. Toutefois il n'en fit rien paraître. Non-seulement il accorda la remise d'impôts demandée, mais il prodigua

---

1. Ab ipso templi tolo artifices cum ingenti machina corruerunt, nullus tamen eorum aut crure debilis factus est, aut aliqua membrorum parte truncatus. Ennod., *Vit. Epiph.*, p. 351.

2. Fessis urbis habitatoribus, remediorum utilitate prospexit. Ennod. *Vit. Epiph.*, p. 351.

3. Directa legatione ad Odovacrem, quinquennii vacationem fiscalium tributorum impetravit. Ennod. *Vit. Epiph.*, p. 352.

au négociateur les marques d'une considération respectueuse. Quoiqu'il fût Arien, il entretint par la suite de cordiales relations avec le saint évêque. Chaque fois que la Ligurie se trouvait frappée de quelque fléau de la nature ou des hommes, l'évêque accourait près du roi-patrice, et ne revenait jamais les mains vides de grâces ou d'argent. « Odoacre honora tellement ce grand homme, nous dit le disciple d'Épiphane, Ennodius, qu'il dépassa en bons procédés pour lui, tout ce qu'avaient fait ses prédécesseurs romains [1]. »

Les ménagements d'Odoacre pour le clergé italien ne l'empêchèrent pas de maintenir en face de lui les prérogatives de la souveraineté, et de les revendiquer fermement chaque fois qu'il les trouvait lésées. C'est ce qu'il fit en 483, vis-à-vis de l'Église de Rome. Le pape Simplicius venait de mourir, laissant un grand vide dans la catholicité occidentale. Homme de science et de vertu, zélé sans emportement et austère sans aigreur, il avait défendu pied à pied l'orthodoxie contre les nouveautés dangereuses qui troublaient alors les églises d'Orient ; et sans rien céder sur la pureté de la foi, il avait conjuré, par sa prudence, les dangers d'un schisme entre Rome et Constantinople. Modeste, économe, sobre pour lui-même, il s'était montré pour les églises de sa métropole un donateur prodigue : toutes lui devaient un ornement précieux [2], un vase d'or ou d'argent ciselé, une riche tapisserie, quelques-

---

1. Odovacres, tanto cultu, insignem virum cœpit honorare, ut omnium decessorum circa eum officia præcederet. Ennod. *Vit. Epiph.*, p. 351.
2. Lib. pontif. ap. Labb. *Concil.*, iv, p. 1052.

unes des embellissements extérieurs [1]. C'était le luxe du saint vieillard : il y avait dépensé son maigre patrimoine ; il y dépensait le denier des riches, déposé dans ses mains, ou plutôt il partageait tout cela entre les églises et les pauvres. Trouvait-il un temple païen ruiné et délaissé, il l'achetait aussitôt et le transformait en chapelle, faisant ainsi servir les habitudes païennes au profit du culte chrétien. Il agit de même pour une ancienne synagogue de Samaritains [2], qu'il acheta par contrat d'un certain Euphrasius, acolyte, et dont il fit don à l'Église romaine.

Malheureusement les évêques de Rome n'avaient pas tous à cœur de montrer cette avarice pour soi-même et cette sainte prodigalité pour autrui, qui faisaient le cachet de Simplicius. On voyait, trop souvent, les biens de l'Église dilapidés, donnés, vendus en dépit des canons, soit par les évêques, soit par de simples prêtres, et le bien des pauvres, détourné de sa destination, servir aux dépenses du luxe le plus mondain. Le goût de la somptuosité et de l'éclat extérieur s'était glissé depuis plus d'un siècle chez les chefs de l'Église romaine : il leur fallait de riches vêtements, des appartements brillants d'or, un char attelé des plus beaux chevaux, une table enfin dont la recherche et la profusion ne le cédaient point aux festins des empereurs [3]. Pour alimenter ce luxe, on épuisait les

---

1. Lib. pontif. ap. Labb., *loc. cit.* — Baron. *Ann. eccl. an.* 483.
2. Cassiod. *Variar.*, III. *Ep.* 45.
3. Vehiculis insidentes, circumspecte vestiti, epulas curantes profusas, adeo ut eorum convivia regales superent mensas. Amm. Marcell., XXVII, 3.

ressources ecclésiastiques, ou bien on pénétrait au sein des familles, on extorquait aux femmes des donations ou des testaments[1]; et le mal alla si loin, au temps du pape Damase, que les empereurs Valentinien, Valens et Gratien, durent intervenir, par une loi, pour enlever aux ecclésiastiques le droit de défendre en justice de telles libéralités, contre la réclamation des parents. Ce luxe étalé autour du siége de saint Pierre, produisait encore un autre mal, celui d'enflammer la convoitise des prétendants et d'en multiplier le nombre. On rechercha l'épiscopat de Rome comme une ferme productive, en même temps que comme une dignité éclatante; tous les moyens semblèrent bons dès lors pour s'en emparer, la ruse, la corruption, la violence. Les prétendants arrivaient suivis de leurs partisans sous les armes; on se livrait des batailles rangées, et lors de l'élection du pape Damase dont nous parlions tout à l'heure[2], cent trente-sept cadavres furent retirés, en un seul jour, de la basilique où se faisait l'élection.

Simplicius, après avoir combattu par son exemple et ses exhortations des abus qui touchaient de si près au sacrilége, aurait voulu les combattre encore après sa mort. Il lui sembla qu'on ne les extirperait jamais,

---

1. Ut ditentur oblationibus matronarum. Amm. Marcell., XXVII, 3. — Ces abus n'étaient pas particuliers au siége de Rome. Johan. Chrys. Hom., XXI, in Ep Pauli. A. ad Corinth. — Greg. Naz. Orat., 32. — Hieron. ad Eustoch., Ep. 32.
2. Constat in Basilica Sicinini, ubi ritus Christiani est conventus, uno die, centum triginta septem reperta cadavera peremptorum. Amm. Marcell., XXVII. 3.

si l'on n'exigeait du pape futur, avant son élection, et sous peine d'anathème, le serment de ne pas toucher aux biens de l'Église, serment solennel prêté en présence de l'assemblée électorale. D'un autre côté, et vu la gravité des affaires extérieures, il appréhendait quelque choix politique inconsidéré qui romprait entre l'Orient et l'Occident la paix religieuse déjà si précaire ; enfin il redoutait des agitations fâcheuses, provoquées soit par son clergé, soit par des factions laïques qui voudraient peser sur l'élection. Ces pensées le préoccupèrent fortement pendant la longue maladie qui le mit au tombeau vers la fin de l'année 482. Il prit alors pour confident de ses inquiétudes et de ses vœux, un homme que nos lecteurs connaissent déjà, ce savant patricien Cécina Basilius, dont les bons conseils avaient ouvert à Sidoine Apollinaire, député des Avernes près d'Anthémius, les abords du palais impérial, et par suite ceux de la préfecture de Rome [1]. Entré dans l'administration d'Odoacre, pour la modérer sans doute et empêcher des froissements trop grands entre la métropole romaine et le maître barbare de l'Italie, Cécina remplissait la charge de préfet du prétoire, lieutenant du roi des nations dans la ville de Rome. A sa science profonde des affaires, à ses habitudes dignes et élégantes, il joignait une austère probité, et sa piété sincère l'avait rapproché de Simplicius. « Promettez-moi de veiller par vous-même à ce qui se passera

---

1. Voir ci-dessus, chapitre 2.

dans Rome quand je ne serai plus, lui disait souvent le saint vieillard. » — « Je vous le promets, répondait Basilius[1]. »

Les appréhensions de Simplicius n'étaient point vaines, car dès qu'il eut rendu le dernier soupir, et pendant que son corps restait exposé sur le lit de parade, Rome fut remplie de la plus violente agitation. Les passions de parti, les ambitions personnelles, les intrigues des laïques, celles des prêtres, tous ces ferments habituels des élections épiscopales, éclatèrent alors avec d'autant plus de force, que la conjoncture publique était plus grave et le choix à faire plus décisif. Non-seulement on ne put s'entendre dans les réunions préparatoires, mais suivant toute apparence, les factions en vinrent aux mains, et la tranquillité de la ville fut troublée. Le désordre se prolongea pendant vingt-six jours, si nous en croyons les livres pontificaux[2]. Le vingt-sixième, l'assemblée électorale, convoquée dans la basilique de Saint-Pierre, et composée, suivant l'usage, du sénat, du clergé et du peuple, outre les évêques nominateurs, crut pouvoir tenter l'élection. Soit hasard, soit plutôt calcul du parti dominant, le préfet du prétoire n'avait point été averti; son siége était vide, et nul ne réclama sa présence. Il était de droit que les représentants des empereurs assistassent aux élections des papes, comme les magistrats provinciaux à celles des simples évêques, mais sous ce

---

1. Labb., *Concil.*, IV, p. 1334 et seq.
2. Lib. pontif. ap. Labb. *Concil.*, IV, p. 1047. — Tillem. *Mem. eccl.*, XVI.

gouvernement indéterminé qui régissait alors l'Italie, les pouvoirs publics tendaient à s'affranchir du contrôle de l'autorité centrale ; chacun se fortifiait dans sa sphère, où il tâchait de s'isoler. C'est ce qui avait lieu vraisemblablement dans la circonstance. Soit que l'initiative vînt du sénat, soit qu'elle vînt du clergé, hypothèse plus probable, on n'avait point convoqué le préfet du prétoire, on ne l'attendit point, et l'élection commença [1].

Elle avançait, lorsque tout à coup les portes de la basilique s'ouvrirent, et l'on vit entrer, dans tout l'appareil de son rang, le sublime et éminentissime préfet du prétoire et patrice, lieutenant du très-excellent roi Odoacre : c'était le titre officiel de Basilius [2]. Son apparition théâtrale interrompit les opérations de l'assemblée. Il prit place sur son siége, puis se leva, et d'un ton où le mécontentement perçait, il prononça ce discours : « Nous nous étonnons que, pendant notre absence, on se soit avisé de procéder à l'élection. Nous pourrions, à juste titre, nous en plaindre [3] ; d'abord au nom de l'intérêt général, car c'est un devoir aux magistrats de surveiller les élections d'évêques, de peur que de l'Église le désordre ne passe dans l'État [4]. En

---

1. On peut consulter, sur les formes des élections épiscopales, un article inséré dans la *Revue des Deux Mondes* (novembre 1857), et racontant *une élection d'évêque à Bourges*.
2. Sublimis et eminentissimus vir præfectus prætorio atque patricius, agens etiam vices præcellentissimi regis Odoacris, Basilius. *Synod. roman.*, IV, *sub Symmach. pap.* ap. Labb. *Concil.*, IV, p. 1334.
3. Miramur, prætermissis nobis, quidquid fuisse tentatum. *Ibid.*
4. Ne per occasionem seditionis, status civitatis vocetur in dubium. Labb. *Concil.*, IV, *loc. cit.*

second lieu, le bienheureux pape Simplicius (tout le monde le sait) m'avait conjuré de ne point souffrir, qu'au milieu de troubles qui peuvent porter préjudice à l'Eglise, on choisît son successeur sans me consulter [1]. Et quand même Simplicius vivrait, il ne serait pas plus convenable de rien résoudre d'important en dehors de moi [2]. Il suit delà que tout ce qui vient de se faire ici est radicalement nul, et que sans y avoir le moindre égard, vous devez procéder de nouveau au choix du futur évêque. » Comme question préliminaire, il proposa de statuer immédiatement par un décret de l'assemblée, que ni le pape qu'on allait élire, ni aucun de ses successeurs ne pourrait aliéner quoi que ce fût des biens meubles ou immeubles de l'Eglise, sous peine d'anathème pour le vendeur, pour l'acheteur et même pour celui qui autoriserait la donation ou la vente [3] ; puisque c'était un sacrilége de transférer à d'autres, ce qu'en vue de leur salut et du repos de leurs âmes, des fidèles avaient attribué à l'Eglise, comme sa propriété ou celle des pauvres.

Le décret mis aux voix fut adopté par l'assemblée. Il eut force de loi pendant dix-neuf ans, mais en 502, sous le règne de Théodoric, le clergé romain, devenu plus indépendant du peuple et de l'Etat, le fit casser par un synode. Dans ce synode tenu à Rome et où siégèrent des évêques italiens en grand nombre, le

---

1. Hoc nobis meministis sub obtestatione fuisse mandatum, ut, propter illum strepitum et venerabilis ecclesiæ detrimentum... *Synod. roman.*, IV, *sub Symmacho pap.* ap. Labb. *Concil.*, IV, p. 1335.
2. Ne sine nostra consultatione cujuslibet celebretur electio. *Ibid.*
3. Sit facienti vel consentienti, accipientique anathema. *Ibid.*

pape Symmaque ayant produit le procès-verbal de l'assemblée de 483, en attaqua les résolutions une à une : « Le décret était nul, disait-il, 1° parce qu'un laïque avait tâché de se rendre maître d'une élection d'évêque, contre l'ordre des canons, qui permettent bien aux laïques d'y prendre part, mais en remettent la direction au clergé ; 2° parce qu'il n'appartenait pas à des laïques de prononcer l'anathème contre des ecclésiastiques, ni de s'immiscer dans le gouvernement des biens de l'Eglise[1]. Symmaque ajouta que cet écrit ne paraissant signé, ni approuvé d'aucun pape, était sans autorité, et qu'il n'y fallait avoir nul égard. Après avoir fait révoquer le décret par le Concile, il en présenta un autre rédigé dans le même sens et qui fut accepté, car les abus étaient réels et le remède indispensable à l'honneur de l'Église : on voit que le clergé, durant ces dix-neuf ans, avait fait un grand pas vers son indépendance absolue.

L'élection porta au siége épiscopal de Rome un prêtre romain nommé Cœlius Félix, fils d'un autre prêtre[2] et lui-même marié, car on le compte parmi les ancêtres du pape Grégoire le Grand[3]. C'était un catholique honnête, convaincu, mais passionné, inhabile au maniement des affaires, rude dans la forme et sans aucun discernement des hommes. Ce choix auquel (on doit le supposer) le préfet du prétoire ne donna

---

1. *Synod. rom.*, IV, *sub Symmacho pap.* ap. Labb. *Concil.*, IV, p. 1334 et seq.
2. Felix natione Romanus, ex patre Felice presbytero. Lib. pontif. ap. Labb. *Concil.*, IV, p. 1047.
3. Atavus sancti Gregorii Magni. Labb. *Concil.*, IV, p. 1048.

pas la main, justifiait, sous plus d'un rapport, les inquiétudes du dernier pape.

La crise que traversait alors le christianisme pouvait se comparer pour sa violence et ses dangers aux funestes agitations de l'arianisme. Ici encore, il s'agissait d'un dogme fondamental, expliqué, commenté, altéré par la subtilité de l'esprit grec. Sous le règne de Théodose II, un patriarche de Constantinople, nommé Nestorius, s'était avisé de contester à la vierge Marie le titre de *Mère de Dieu*, attendu, disait-il, que dans le mystère de l'incarnation ce n'était pas le Dieu, mais l'homme qui avait pris naissance dans ses flancs [1]. Cette proposition conduisait par une pente irrésistible aux erreurs de ceux qui, comme Paul de Samosate et Photin, avaient nié la divinité du Christ; et l'Église la condamna. Mais la raison humaine, par suite de son infirmité, n'évite souvent un excès qu'en se jetant dans l'excès contraire, et on vit les adversaires de Nestorius arriver d'argument en argument, à croire et à prétendre que la divinité et l'humanité confondues en la personne du Rédempteur, ne formaient qu'une seule nature; et que le corps de Jésus-Christ n'était point semblable au corps des autres hommes. Eutychès, archimandrite de Constantinople, aventura cette opinion non moins fausse, non moins dangereuse que la première, mais plus mystique, et conséquemment pleine de tentations pour l'esprit oriental, auquel elle ouvrait des aspects nouveaux sur l'interprétation des dogmes.

---

1. Christum Dominum nostrum, hominem tantum de Virgine Maria esse progenitum. *Brevic. hist. Eutychian.* ap. Labb. *Concil.*, IV, p. 1079.

Elle séduisit donc beaucoup d'hommes qui l'adoptèrent, en la pliant chacun à sa guise.

Les Eutychiens formèrent bientôt une armée de docteurs plus ou moins chrétiens, subtilisant à qui mieux mieux, livrés à toutes les fantaisies de l'esprit individuel, et sans autre communauté entre eux que le nom de leur maître. Tandis que des sectaires modérés se bornaient à affaiblir en Jésus-Christ la nature humaine au profit de sa nature divine, de plus hardis se mirent à la nier. Suivant eux, le corps du Rédempteur dans son humanité n'était qu'un fantôme et une illusion; suivant d'autres, le Verbe, fils de Dieu, ne s'était pas incarné seul pour le rachat des hommes, mais la Trinité dans sa triple hypostase était venue s'offrir en holocauste à elle-même sur le Calvaire. D'autres, enfin, voulurent que ce fût le Dieu lui-même et non pas seulement l'Homme qui, après les souffrances de sa passion, avait rendu le dernier soupir sur la croix [1]. Triste exemple des folies où peut aboutir le raisonnement! Pour arrêter ce débordement d'erreurs qui menaçait d'emporter le christianisme, le Concile de Chalcédoine posa le dogme des deux natures tel que l'Église universelle l'a professé depuis, reconnaissant : « un seul et même Jésus-Christ, Dieu parfait,

---

1. On peut consulter pour tout ce qui concerne les deux hérésies de Nestorius et d'Eutychès le *Breviculus historiæ Eutychianorum*, dans le quatrième volume des *Conciles* du père Labbe, p. 1078 et suiv.; les Dissertations de Henri de Valois sur Pierre le Foulon et sur les deux Synodes romains qui condamnèrent Acacius, *Hist. eccl. ad calc.;* les Mémoires ecclésiastiques de Tillemont, t. XVI, p. 285 et suiv.; l'Histoire ecclésiastique de Fleury et Baronius, *Annal. eccles. ad ann.* 480.

homme parfait, consubstantiel à son Père quant à la nature divine, et quant à l'humaine, consubstantiel à nous-mêmes, semblable en tout aux hommes, sauf le péché. » Ce symbole par sa netteté devait couper court à toute division ultérieure, à toute distinction, à toute réserve, aussi la question devint-elle désormais celle-ci : « Admettez-vous, rejetez-vous le Concile de Chalcédoine ? »

Si cette guerre s'était bornée aux armes spirituelles, aux injures des docteurs, aux excommunications mutuellement fulminées, elle eût déjà produit un très-grand mal ; mais l'épée temporelle ne manquait pas d'intervenir à l'appui d'une solution ou de l'autre. Les empereurs de Constantinople avaient hérité du goût de leurs prédécesseurs païens pour les discussions scolastiques et les discuteurs ambulants ; seulement la théologie remplaçait pour leur amusement la philosophie et ses disputes. De hardis raisonneurs chrétiens, sophistes sans besace et sans bâton, et coiffés parfois de la mitre, discutaient librement devant César les mystères les plus révérés. On tenait concile à table, on déchirait les croyances reçues, on aventurait des points de foi, on combinait des symboles, en se jouant ; et l'empereur était bien modeste, si après quelque savante controverse à laquelle il avait pris part, il ne s'estimait pas un profond théologien.

Entre le croire et vouloir le prouver, la différence était faible et la pente glissante : aussi presque tous les empereurs orientaux s'établirent en docteurs temporels. Ce fut même pour eux une nécessité de parti, car les factions religieuses donnant la main aux factions politiques, chacun souhaitait, appelait, adoptait dans un empereur, le représentant de sa propre pensée. Les doctrines théologiques se trouvèrent soumises par là, dans la Romanie orientale, aux mêmes fluctuations que le gouvernement de l'État. Un prince catholique renversé emportait avec lui le catholicisme ; un prince hérétique chassé rendait le sceptre à l'orthodoxie. C'est ce que venait d'éprouver l'empire dans ces derniers temps. L'empereur Léon s'étant montré fervent catholique, Basilisque n'oublia pas de se faire eutychien ; et il rédigea une *cyclique* ou circulaire par laquelle il imposait à tous les évêques d'Orient le rejet du Concile de Chalcédoine. Au contraire, lorsque Zénon reconquit le trône, les catholiques, ses fauteurs, purent espérer aussi une victoire. A leur tête se trouvait le patriarche de Constantinople, Acacius, gardien courageux de l'orthodoxie contre Basilisque, mais plus opiniâtre par orgueil que par véritable foi. Grâce à son opposition sous le dernier prince, il devint tout-puissant dans le palais du prince restauré : Acacius trancha du souverain spirituel et crut diriger César, en lui inculquant ses doctrines, mais comme il arrive trop souvent, l'élève entraîna le maître ; l'austère opposant se laissa éblouir à la faveur ; et le martyr de Basilisque ne fut plus qu'un lâche complaisant sous Zénon[1].

Si Zénon consentait à se faire catholique dans l'in-

---

1. Evagr. *Hist. eccl.*, lib. II et III. — Theodor. Lect. *Hist. eccl.*, 2. — Theophan. *Chron.* — Suid. V. *Acac.*, p. 117 et seqq. — *Epist.* P. P. Simplicii, Felicis, Gelasii, ap. Labb. *Concil.*, IV. — *Breviculus, Hist. Eutychianorum. ut. sup.* — Baronius. *Annal. eccl. ad. annum* 484.

térêt de sa cause, il refusa pourtant d'admettre le Concile de Chalcédoine, étendard de l'orthodoxie pendant les dernières luttes. Sans doute, Zénon, malgré les contradictions d'un esprit naturellement porté au bizarre et au faux, voulait être catholique par reconnaissance. Mais l'admission du symbole de Chalcédoine comme formule exclusive de l'orthodoxie, lui semblait dépasser la nécessité sous le point de vue religieux et entraîner de grands inconvéniens dans l'ordre polititique. En premier lieu, l'Église occidentale, représentée par le siége de Rome, avait joué un rôle prépondérant dans les discussions de ce Concile ; on pouvait même dire que c'était elle qui avait fixé le point de dogme tel que les Pères l'avaient proclamé, car leur rédaction reproduisait presque identiquement les termes d'une lettre du pape Léon, apportée au synode par ses légats ; et de plus ceux-ci s'étaient posés, en face des Orientaux, comme les mandataires de la tradition et les arbitres souverains de la doctrine. L'Occident pouvait donc, avec quelque justice, réclamer le droit d'interpréter la décision de Chalcédoine qui était son ouvrage, et l'Eglise romaine n'y manquait point chaque fois que s'offrait l'occasion d'établir la suprématie du siége de saint Pierre sur tous les autres[1]. Voilà ce qui effrayait Zénon. Il craignit de placer indirectement, par la simple admission d'une formule, les églises de son empire et lui-même sous la main de l'évêque de Rome. En second lieu, de ce que le

---

1. Quod prima sedes censuit judicandum, ecclesia tota suscepit. Gelas. pap. *Epist.* 13. *Concil.*, IV, p. 1203.

Concile de Chalcédoine avait servi de drapeau pendant les dernières luttes, son adoption solennelle semblait repousser toute idée de pacification et de rapprochement entre les partis; or, la politique pouvait conseiller à Zénon des efforts, ou du moins une tentative apparente vers ce but. En effet, l'Église orientale était tellement bouleversée, tellement morcelée en sectes d'abord, puis en subdivisions et en nuances de sectes, que les symboles disparaissaient dans un chaos de distinctions et de réserves. Le moment était peut-être venu de réunir une partie des dissidents au moyen d'une formule, qui ne réveillerait plus les vieilles haines et le souvenir des luttes passées. Zénon le crut, et dans cette intention toute politique, il composa, pour être signé par tous les évêques d'Orient, un symbole de foi auquel il donna le nom d'*Hénotique*, c'est-à-dire décret d'unité[1]. Cette nouvelle règle, formulée par la puissance laïque, reproduisait assez fidèlement la doctrine orthodoxe sur l'incarnation, mais le synode de Chalcédoine n'y était pas mentionné : Acacius, dit-on, en avait été le rédacteur.

Beaucoup d'évêques eutychiens, de toutes nuances, signèrent l'Hénotique; les catholiques purs s'y refusèrent, et l'évêque de Rome demanda compte au patriarche de Constantinople et à Zénon, du silence gardé sur le Concile de Chalcédoine. — « Si la formule est bonne en soi, disaient ceux-ci, qu'importe la mention du Concile? Le doctrine est-elle attaquable? voilà

---

1. Ἑνωτικόν, sive unitivum edictum. — On peut le voir dans Evagr. *Hist. eccl.*, lib. III, chap. XIV.

toute la question. — Non, répondait l'Église romaine ; le décret d'un Concile œcuménique est la voix de l'Église universelle ; une déclaration particulière de quelque personne qu'elle émane, et si bonne qu'elle soit au fond, n'a qu'une valeur particulière ; elle provoque la discussion, l'autre la fait taire. Désavouer le Concile de Chalcédoine en s'appropriant ses décisions, c'est dépouiller celles-ci de leur autorité. » Il n'y eut pas moyen de s'entendre. Acacius s'engagea de plus en plus dans la lutte. Blessé par le ton de supériorité que prenaient envers lui les évêques de Rome jusque dans leurs remontrances les plus fraternelles, et confondant la cause de son Église avec celle de son orgueil, il excita contre Rome et contre l'orthodoxie pure, les plus vives susceptibilités de l'Église d'Orient. Ce fut un triste spectacle pour le monde que de voir cet homme naguère le plus ferme, et presque l'unique appui du catholicisme en Orient, ruiner maintenant, par la discorde, la foi qu'il avait si glorieusement confessée. « Le démon de l'orgueil l'a perdu, disait le pape Gélase : en voulant élever sans mesure un trône d'humilité, Acacius est tombé lui-même, il s'est précipité dans l'abîme éternel ![1] » C'était vrai ; mais Acacius fut-il le seul à qui l'on put reprocher à bon droit l'orgueil et la dureté? La suite le montrera bientôt.

Des questions de personnes, délicates et graves, venaient compliquer les questions dogmatiques, et les

---

1. Labb. *Concil.*, IV, p. 1215.

envenimer de leur aiguillon. Un évêque catholique d'Alexandrie, nommé Jean Talaïa, avait été déposé de son siége par Acacius, sur la demande de Zénon, qui accusait ce prêtre d'avoir commis un parjure. On le remplaça par un certain Mongus, eutychien déclaré, mais qui avait le grand mérite d'avoir signé l'Hénotique. Mongus était un de ces évêques égyptiens, hardis, factieux, capables de toutes les violences, tels que ce Dioscore qui tua le patriarche Flavien, à coups de talon, dans le Concile *du Brigandage*[1]; que ce Timothée Elure qui, après avoir fait massacrer le légitime évêque d'Alexandrie, Protérius, dans le baptistère de son église, avait livré ses entrailles à la populace; tels que tant d'autres enfin dont l'histoire ecclésiastique a enregistré les méfaits. A son entrée en charge, et comme pour purifier son siége de la présence d'un catholique, Mongus fit déterrer son prédécesseur, Salophaciole, mort dans l'orthodoxie, jeta ses cendres au vent et raya son nom des diptyques[2]. Les suffragants d'un pareil métropolitain ne devaient pas jouir d'une bien grande liberté de conscience : ils signèrent presque tous l'Hénotique, sous des menaces de déposition, d'emprisonnement ou d'exil. Des soldats de l'empereur et, à leur défaut, des moines armés de bâtons étaient les exécuteurs ecclésiastiques de Mongus. Talaïa, traqué de toutes parts,

---

[1]. C'est ainsi qu'on avait surnommé le Concile d'Éphèse qui réhabilita Eutychès. — Consultez Evagr. *Hist. eccl.*, lib. J, p. xiv. — Latrocinium ephesinum, Gelas. *Epist.* xiii. — *Concil.*, iv, p. 1203.

[2]. Reliquias Timothei, Salophaciole effodisse dicitur. Theodor., Lect. *Hist. eccl.*, ii.

traversa la mer, et vint demander asile et protection à l'Église de Rome.

Tel était l'état du christianisme en Orient, quand la mort de Simplicius fit passer la barque de saint Pierre aux mains rudes et inexpérimentées de Félix. Le nouveau pape s'empressa d'écrire au patriarche Acacius et à l'empereur, pour leur notifier sa promotion au siége de Rome, et reprendre la querelle des églises où son prédécesseur l'avait laissée. Dans sa dépêche au patriarche, et comme s'il eût été le juge suprême de la discipline en même temps que du dogme dans toute la chrétienté, il lui demandait compte de la déposition de Jean Talaïa (l'Église romaine refusant de reconnaître Mongus), de la guerre déclarée en Orient au Concile de Chalcédoine, et enfin de son silence obstiné aux lettres de Simplicius. Dans sa dépêche à l'empereur il lui arriva de dire, au milieu de grandes protestations de respect, « que la main qui, détournant le cours des choses, l'avait ramené de l'exil, afin qu'il pacifiât l'Église, pourrait bien changer encore les événements [1], s'il semait le trouble au lieu d'apporter la paix. » Zénon et Acacius, profondément irrités, laissèrent ces lettres sans réponse. Une mesure plus significative les suivit : ce fut l'envoi d'une ambassade chargée de traiter à Constantinople, comme entre puissances, les diverses affaires en litige.

Par une singulière ignorance des hommes ou par une incompréhensible aberration de jugement, Félix

---

[1]. Metuo... ne mutatione causarum (quod absit) mutetur eventus... Felic. pap. *Epist.* 2, *ad Zen.* ap. Labb. *Concil.*, iv, p. 1053.

choisit pour une pareille mission deux évêques qui ne
se recommandaient dans l'Église italienne ni par la
considération morale ni par l'intelligence : Misène, de
Cumes, en Campanie, et Vitalis, de Fronto, près
d'Ancône. Sur quelques observations, problablement,
il leur adjoignit le défenseur de l'Église romaine, appelé comme lui Félix, et habitué du moins aux affaires
ecclésiastiques. Un prêtre nommé Sylvain, attiré par la
curiosité, demanda et obtint la faveur d'accompagner
les légats, sans caractère officiel : tel fut le personnel
de l'ambassade. Elle devait porter avec elle : 1° à
l'adresse d'Acacius, une pièce intitulée *Citation;* c'était
une sommation en règle de se rendre à Rome, pour y
comparaître devant le pape, contradictoirement avec
Jean Talaïa, et expliquer là sa conduite ; 2° à l'adresse
de l'empereur, une *Plainte* ou remontrance, dans laquelle l'Église de Rome, récapitulant ses griefs, demandait qu'il y fût obtempéré, sans plus de délai;
l'empereur en outre était invité à employer la force, au
besoin, pour envoyer le patriarche à Rome, devant le
tribunal de saint Pierre. C'étaient là les deux pièces
officielles de la chancellerie épiscopale. On y joignit
une instruction verbale sur la conduite des légats,
pendant leur séjour en Orient[1] : ils devaient obtenir
satisfaction au sujet du Concile de Chalcédoine ; défense leur était faite de communiquer avec les fauteurs

---

1. Sub hac instructione direxit, ut Petrus de alexandrina pelleretur ecclesia, et ut libello sancti Joannis episcopi alexandrini responderet Acacius, atque ipsi denunciaretur Acacio ut anathema diceret Petro. *Brevic. Hist. Eutych.* ap. Labb. *Concil.,* IV, p. 1079.

et partisans de Mongus, excommunié par l'Église romaine, et que l'Église orientale devait tenir également pour usurpateur, hérétique et anathème. Que si le patriarche de Constantinople se refusait aux injonctions du pape, les légats devaient rompre avec lui, et en référer à l'empereur. On le voit, c'était, dès le début, un appel aux derniers moyens.

Au moment de s'embarquer, le défenseur [1] tomba malade et resta en Italie, de sorte que l'ambassade se trouva livrée, sans contre-poids, à l'incapacité des légats, seuls en face de l'orgueil blessé et des artifices des Grecs. Leur voyage fut sans accident, jusqu'au détroit d'Abydos, aujourd'hui les Dardanelles, mais là le navire qu'ils montaient fut arrêté par ordre de l'empereur; on leur enleva tous leurs papiers, eux-mêmes furent emprisonnés [2]. Les Grecs qui les gardaient, voyant leur simplicité ignorante et leur grossière cupidité, en eurent aisément raison. D'abord, on leur fit entendre qu'ils n'avaient pas longtemps à vivre, car l'empereur, avait juré leur mort, s'ils ne s'engageaient à communiquer avec le patriarche; puis lorsqu'on les eut à moitié vaincus par la peur, on les tenta par l'argent : de fortes sommes leur furent distribuées, de plus fortes leur furent promises : bref, ils se vendirent [3]. De leur prison, on les transféra dans les murs de Con-

1. Felicem defensorem... necessitate faciente, serius subsecutum... Felic. *Epist.*, 6, *loc. cit.*
2. Sublatis cartis, custodiæ mancipati... præmiis corrupti. Felic. *Epist.* 6, ad Acac. ap. Labb. *Concil.*, IV, p. 1054. — Hostiliter detrusi in custodiam chartas amiserunt. *Brev. hist. eutich.* ap. Labb. *Concil.*, IV, p. 1082.
3. Corrupti sunt pecunia data. *Lib. pontif.* ap. Labb. *Concil.*, t. IV, p. 1047.

stantinople, où Acacius les traîna à sa suite, comme en triomphe. On les vit marcher publiquement avec lui et assister à la célébration des saints mystères, mêlés à des hérétiques notoires et coudoyant les députés de Mongus présents à Constantinople. C'est dans ce cortége que les légats du siége de Rome communiquèrent, à la face du monde, avec ce même patriarche et ce même intrus d'Alexandrie qu'ils venaient déclarer anathème.

Les catholiques pensèrent d'abord qu'étrangers aux personnes et trompés par l'insigne fourberie d'Acacius, ces hommes péchaient par ignorance; on leur multiplia à tout propos les avis charitables. Tantôt on glissait un billet dans un panier d'herbes ou d'autres provisions qui leur étaient destinées, tantôt on jetait des lettres sur leur passage, dans les rues, on en attacha même à leurs vêtements avec des crochets[1] : rien ne réussit. On avait pu les croire aveugles, on dut encore les croire sourds, lorsque le patriarche, célébrant la messe en leur présence, nomma tout haut à la récitation des diptyques, Mongus excommunié par l'Église de Rome; et il y eut cette circonstance aggravante que jusqu'alors Acacius, gardant quelque reste de pudeur, n'avait prononcé ce nom qu'à voix basse[2]. Les légats ne protestèrent point. Quand les représentants du premier siége occidental eurent été suffisam-

---

1. Primo quidem hamum funiculis circumligantes, uni ex illis publice appenderunt; secundo librum immiserunt; tertio etiam olerum cophino imposuerunt. Théoph. *Chron.*, p. 114. — Évagr., *Hist. eccl.*, III, 20.

2. Evagr. *Hist. eccl.*, III, 20, 21. — Labb. *Concil.*, IV, p. 1125. — *Brevic. Hist. Eutychianorum.*

ment bafoués, on songea à les renvoyer chez eux.
Le défenseur Félix, arrivé sur ces entrefaites, reçut
son congé, la légation étant terminée : Silvain, témoin
de toutes ces ignominies, revint également, mais pour
les dénoncer à l'indignation des Romains.

Acacius remit aux légats, lors de leur départ, sa
réponse à la citation du pape : c'était une condamnation de Jean Talaïa et un panégyrique de Mongus, où
le patriarche déclarait communiquer avec lui, et le reconnaître pour seul et légitime évêque d'Alexandrie :
« Telle est ma conviction, ajoutait-il, et de plus telle
est la volonté de l'empereur. » Zénon, par la même
voie, adressa également à Félix quelques lignes d'une
ironie insolente. Il y remerciait le pape de ses très-longues lettres dont les exhortations ne l'avaient pas
converti, disait-il, tandis que leur longueur l'avait ennuyé[1]; il y justifiait Mongus par ce seul mot : « il a
signé l'Hénotique » : que pouvait-on exiger de plus?
Cependant les plaintes des orthodoxes d'Orient et les
députations de plusieurs monastères grecs catholiques,
ayant précédé en Occident le retour de cette triste et
honteuse ambassade, les légats n'arrivèrent à Rome
que pour y être jugés.

Le pape lui-même les traduisit devant un Concile
tenu dans la basilique de Saint-Pierre, vers la fin de
juillet 484, et où il assista soixante-sept évêques.
Sommés de rendre compte de leurs actes, Misène et
Vitalis se justifièrent comme ils purent, tantôt préten-

---

1. *Concil.*, IV, p. 1082.

dant avoir rempli leurs instructions, tantôt se plaignant qu'on les eût trompés et violentés, ou prétextant de leur ignorance. La lettre d'Acacius qu'ils rapportaient et dont ils connaissaient le contenu, eût suffi pour les convaincre de mensonge; mais le prêtre Sylvain, témoin oculaire de tous leurs actes, se porta leur accusateur. Ce ne fut pas tout, ils trouvèrent en face d'eux les moines orientaux que Cyrille, abbé des *Acémètes* ou *veilleurs*, et d'autres abbés de Constantinople avaient envoyés à Rome avec des lettres. Le chef des acémètes nommé Siméon, l'œil étincelant, le geste animé, les pressait, les poussait, les démentait, avec l'ardeur d'un homme qui savait frapper en eux le patriarche Acacius[1]. Les légats furent condamnés non-seulement à la perte de leurs siéges épiscopaux, mais à leur exclusion des saints mystères. Misène alors confessa en fondant en larmes que sa condamnation était juste; qu'il s'était laissé corrompre par argent[2], et cet aveu lui valut plus tard son pardon; Vitalis mourut pendant sa pénitence. Après cet acte de justice domestique, le Concile reprit les affaires d'Orient: il fulmina une nouvelle sentence d'excommunication contre l'usurpateur Mongus, nommé, ordonné par des hérétiques, hérétique lui-même, et par conséquent indigne de gouverner des catholiques; il retrancha aussi le patriarche Acacius du corps de l'Eglise, pour maintenant et toujours. — « Qu'il ne soit jamais

---

1. Evagr., III, 20, 21, 21. — Brevic, XVIII.
2. Misenus episcopus non se tacuit corruptum pecunia. Libr. Pontifical. — *Concil.*, IV, p. 1047.

délié des liens de l'anathème[1] ! » portait la sentence de condamnation : jugement passionné, excessif, peu conforme aux vrais sentiments du chrétien.

Portée à Constantinople par un ancien clerc, devenu défenseur de l'Eglise romaine, la sentence faillit ne pas arriver à sa destination. D'abord, ce clerc nommé Tutus n'échappa qu'à grand'peine aux espions qui le guettaient dans le détroit d'Abydos[2], et fut obligé de se cacher dans un monastère d'Acémètes. Ces moines, fervents catholiques, se chargèrent de publier eux-mêmes le décret. Réunis en grand nombre dans le sanctuaire de l'église métropolitaine, un dimanche, où le patriarche officiait, ils trouvèrent moyen de l'attacher à son pallium lorsqu'il montait les degrés de l'autel[3]. Cette vue mit le clergé en rumeur ; les clercs d'Acacius se précipitent sur le moine, auteur du fait, le renversent et le tuent, d'autres moines accourent le défendre ; on se frappe avec tout ce qui tombe sous la main ; le service divin est interrompu, et le sanctuaire regorge de sang. Cette triste journée inaugura le schisme entre l'Orient et l'Occident. L'Eglise romaine jouait de malheur ; son défenseur Tutus se laissa acheter[4], comme avaient fait Vitalis et Misène, et trahit son mandat.

1. Nunquam anathematis vinculis exuendus. *Concil. ub. sup.*
2. Cum Abydum venisset, vitatis insidiis quæ illic dispositæ erant... Vales. *De duab. Synod. roman.*, v.
3. Dienses monachi Acacio in sacrario stanti, die dominica, Felicis epistolam tradidere. Theoph. *chronogr.*, p. 114. — Unus è monachis intra altaria ejus pallio affixit. Brevic. *Hist. Eutych.* — Cf. Vales. *De duab. Synod. roman.*
4. *Concil.*, IV, p. 1085, 1086. — Evagr., II, p. 183.

Acacius se mit peu en peine d'une excommunication qui dépassant toutes les bornes, liait l'avenir comme le présent, et prétendait interdire à l'excommunié le repentir, à Dieu même la miséricorde [1]. Il rendit au pape sentence pour sentence, et raya son nom des diptyques, tandis que Zénon, outré de colère, faisait appel à l'orgueil toujours irritable des Orientaux. Par malheur il y réussit, à l'exception d'un petit nombre d'évêques perdus dans la multitude des autres, le corps de l'Eglise orientale suivit, dans sa séparation, Acacius et ses successeurs. Plus d'un saint que l'Eglise universelle vénère, des prêtres, des religieux, dont les sentiments catholiques ne sont point mis en doute par l'histoire, voulurent rester fidèles au drapeau de l'Orient; d'autres se rangèrent du côté de Rome [2]. Ce schisme dura près de quarante ans, pendant lesquels les rapports entre les deux églises conservèrent la même aigreur, malgré le changement des personnes. On s'attaquait mutuellement de peuple à peuple, et de siége primatial à siége primatial. Le mot de *grec* [3] prenait dans les publications de l'Eglise occidentale l'acception méprisante et amère qu'il avait déjà dans la politique. On bafouait à Rome la prétention des évêques de Constantinople, qui se croyaient quelque

1. Vales. *De duab. Synod. roman.* — Cf. Tillem. *Mem. eccl.*, xvi, p. 363 et seqq.
2. Cf. Tillem. *Mém. eccl.*, xvi, p. 362 et seqq.
3. Sed hæc apud Græcos facilis et inculpabilis putatur esse permixtio, apud quos nulla est veri falsique discretio, et cum omnibus reprobis volunt esse communes, in nulla monstrantur probitate constare. Gelas. Pap. *Epist.* 15. — *Concil.*, iv, p. 1223.

chose, parce qu'ils siégeaient près d'un empereur, et osaient se comparer aux évêques de la ville apostolique grands par leur origine religieuse. « Cela me fait rire, écrivait à ce sujet le pape Gélase : accorder la prérogative à Acacius, parce qu'il est évêque d'une cité impériale! Mais Ravenne, Milan, Sirmium, Trèves, n'ont-ils pas été, à différents temps, la résidence des empereurs? et nous ne voyons pas néanmoins que leurs pasteurs, dépassant la mesure d'autorité que la règle antique leur assignait, aient usurpé des dignités et de la puissance[1]. » C'était toujours la rivalité de Rome et de Constantinople.

En Orient, tout évêque, soupçonné de s'entendre avec les Occidentaux, était aussitôt déposé et chassé; mais l'Occident lui rendait un autre siége quand il le pouvait. Félix donna l'évêché de Noles, en Italie, à Jean Talaïa, qui n'en était peut-être pas bien digne. Au bout de dix ans d'attaques mutuelles, d'anathèmes, et de persécutions de toutes sortes, un successeur de Félix laissait tomber de sa plume ces tristes lignes : « Il ne reste plus en Orient que des perfides ou des associés des perfides, avec qui l'union serait un crime[2]. »

Odoacre se tint prudemment en dehors de ces questions, auxquelles sa qualité d'Arien le rendait d'ail-

---

1. Risimus autem quod prærogativam volunt Acacio comparari, quia episcopus fuerit regiæ civitatis. Numquid apud Ravennam, apud Mediolanum, Sirmium, apud Treviros, multis temporibus non constitit imperator? Numquid harum urbium sacerdotes, ultra mensuram sibimet antiquitus reputatam, quippiam suis dignitatibus usurparunt. Gelas. Pap. *Epist.* 13.
2. *Concil.*, IV, p. 1206. — Cf. Tillem. *Mém. eccl.*, XVI, p. 372.

leurs étranger. Il put seulement se féliciter des antipathies nouvelles créées par cette lutte entre l'Italie et l'Orient, et qui élargirent encore la séparation politique. Dans l'étrange combinaison administrative qui régissait alors l'Occident, le pouvoir d'un roi barbare était moins impopulaire en Italie et à Rome que celui de l'empereur romain.

## CHAPITRE IX

### MORT DE SÉVERIN. — ODOACRE DANS LE NORIQUE

Odoacre écrit à Séverin. — Situation des Romains du Norique. — Lutte du saint et de ses moines contre les Alamans, les Hérules et les Ruges. — Envahissement graduel de la province. — Mort de Séverin. — Son monastère est pillé; désordres dans la famille royale des Ruges. — Odoacre envoie une armée dans le Rugiland. — Les provinciaux du Norique ramenés en Italie. — Funérailles triomphales de Séverin; son corps est transporté au château de Lucullanum.

480 — 488

Ce soldat ruge de si haute taille et de si maigre accoutrement qui, allant chercher les aventures en Italie, s'était arrêté dans la cellule de Séverin, pour tirer de lui quelque prédiction, et à qui le moine avait dit en souriant : « Tu es grand, et pourtant tu grandiras encore! » ce soldat, grandi en effet, car il était devenu roi et patrice, n'oublia dans sa prodigieuse métamorphose ni la prophétie ni le prophète. Un de ses premiers soins, sous les lambris du palais de Ravenne, fut d'écrire au saint une lettre pleine d'une affection toute filiale, où lui rappelant sa visite, sa pauvreté d'alors, et le mot qui avait décidé de sa fortune en éveillant son ambition, il ajoutait ces paroles : « Si ton cœur forme quelque vœu, ô père vénéré! confie-le-moi, et ton vœu sera satisfait[1]. » Séverin profita de l'occasion à sa manière. Il y avait alors en Norique un certain Ambrosius, ancien partisan d'Oreste, à ce qu'on suppose, et comme tel frappé de bannissement par Odoacre : Séverin demanda sa grâce et l'obtint. Ce fut tout ce qu'il sollicita jamais du nouveau maître de l'Italie[2].

La fortune vraiment miraculeuse d'Odoacre était l'objet de toutes les conversations, dans toutes les classes de la société romaine, même dans cette petite cour de cénobites et de réfugiés laïques ou prêtres, qui faisaient cercle autour de Séverin, à Favianes, à Passau et jusqu'au fond du désert[3]. » Un jour donc, la question des mérites du roi-patrice était agitée dans la cellule du saint, avec un surcroît de vivacité, les uns blâmant, la plupart admirant avec des hyperboles qui sentaient la flatterie[4], ce rude soldat monté si haut, qu'aucune puissance humaine, disait-on, n'était capable de le renverser : le règne d'Odoacre touchait alors à son apogée. Séverin, plongé dans une méditation profonde, semblait étranger à cette controverse, lorsque se réveillant tout à coup comme en sur-

---

1. Odobagar rex familiares litteras dirigens, si qua speranda duceret, dabat suppliciter optionem, memor illius præsagii quo eum expresserat quondam regnaturum. Eugip., *Vit. S. Sever.*, 40.
2. Tantis itaque sanctus alloquiis invitatus, Ambrosium quemdam exulantem rogat absolvi : cujus Odobagar gratulabundus paruit imperatis. *Ibid.*
3. Multi sacerdotes et spirituales viri, necnon et laïci nobiles atque religiosi, vel indigenæ, vel de longinquis regionibus confluentes... Eugip., *Epist. præf.*, 4.
4. Dum memoratum regem multi nobiles, humana, ut fieri solet, adulatione laudarent. Eugip., *Vit. S. Sever.*, 40.

saut : « De quel roi parlez-vous là[1]? demanda-t-il. »
— « D'Odoacre, répondirent les interlocuteurs. »
— « Odoacre! s'écria-t-il, oh! vous assisterez bientôt à sa chute; car la prospérité de son règne ne dépassera pas treize ou quatorze ans[2]. »

Un tel jugement porté sur le roi-patrice au moment où il avait surmonté toutes les oppositions au dedans et au dehors, surprit grandement les auditeurs, mais Séverin ne s'expliqua pas. Son œil, habile à sonder les mystères du monde barbare, avait sans doute entrevu, au fond de l'Orient, à la suite des Ostrogoths, l'orage qui viendrait bientôt éclater sur l'Italie. L'existence inquiète de ce peuple toujours mécontent de ce qu'il possédait, toujours en quête de demeures nouvelles, de guerres nouvelles, et de butin; l'ardente ambition de Théodoric, et son ingérence dans les affaires occidentales, bien que repoussée par Zénon, préoccupaient sans doute Séverin, et pouvaient déterminer ses prévisions. Tandis que des hommes à courte vue, ne considérant que la tranquillité actuelle de l'Italie, pronostiquaient au roi des nations un long règne incontesté, Séverin lisait déjà sa chute dans les conseils des Ostrogoths.

Au milieu de cette tempête qui venait de balayer en Occident, empire et empereurs, le petit gouvernement de Séverin restait encore debout. Le moine était

1. Interrogat quem tantis præconiis prætulissent? respondent Odobagarum regem. Eugip., *Vit. S. Sever.*, 40.
2. Odobagar, inquit, integer inter tredecim et quatuordecim annos, videlicet integros, regnabit. *Id. ibid.*

toujours là protégeant entre les Alpes et le Danube, une poignée de Romains, cernés par les barbares. Depuis la perte de la Gaule, Rome ne possédait plus hors de l'Italie que le coin de terre préservé par la dictature théocratique de Séverin. C'était sa dernière province. Mais depuis trente-trois ans que cette dictature durait, elle s'était affaiblie comme tout le reste. Les peuples barbares se poussant l'un l'autre, couvraient peu à peu la Rhétie et le Norique ; et Séverin, vieilli, sentait ses forces décroître en même temps que les périls augmentaient pour son œuvre. Toutefois son courage et sa confiance n'en étaient point ébranlés.

Sans doute, le départ des Goths avait causé d'abord un grand soulagement aux provinces riveraines du Danube, et particulièrement à celle de Norique : mais les vides laissés par les émigrants s'étaient succesivement remplis. Leurs voisins barbares s'étaient rués à l'envi sur leur héritage resté vacant. Des Sarmates étaient venus fixer leurs tentes aux environs du lac Pelsod, dans l'ancienne résidence de Théodémir ; les Gépides, passant le Danube, avaient occupé la rive gauche de la Save avec la forte place de Singidon ; et ces déplacements en amenèrent d'autres dans les diverses parties de la vallée. Les Alamans, les Thuringiens, les Hérules, se rapprochèrent des habitations romaines : chaque jour, quelque lambeau de territoire était envahi, quelque château forcé, quelque ville pillée ou menacée. Séverin, aidé de ses moines, faisait face au danger comme il pouvait. Il s'était donné pour lieutenant sur le Haut-Danube l'évêque de Lauréacum,

Constance, homme courageux, austère, infatigable, digne de lui, en un mot, et dans le Haut-Norique, sur le point important de Tiburnie, un autre prêtre énergique et dévoué, nommé Paulin. Les moines étaient tous sur la brèche, pareils à des gens qui défendent un îlot, contre le flot montant des inondations et que le flot déborde de toutes parts. Séverin, chargé directement du Norique occidental, continuait à s'appuyer sur les Ruges qui, malgré bien des incertitudes et des faiblesses, se montraient toujours ses plus solides amis.

J'ai raconté plus haut comment la ville de Passau avait été surprise et ruinée par les Suèves, vers l'année 483, tandis que ses habitants étaient occupés à faire la moisson. Il avait fallu la repeupler en quelque sorte : Séverin y avait transporté la population des châteaux voisins, trop faibles pour se garantir eux-mêmes ; et Passau était redevenue une place respectable, dépôt des richesses mobilières de toute la contrée. Mais ces richesses même enflammèrent la convoitise des Barbares du voisinage : Suèves, Alamans, Hérules, Thuringiens, guettèrent à qui mieux mieux l'occasion de la surprendre et de la piller. Les Alamans surtout la tenaient en observation, dirigeant, tantôt sous un prétexte, tantôt sous un autre, des reconnaissances à proximité des portes. Les magistrats veillaient jour et nuit, et les habitants faisaient bonne garde, empêchant l'approche des espions et des coureurs de la campagne.

Les Alamans avaient toujours pour roi ce Ghibuld

dont j'ai déjà parlé, à propos d'une négociation ouverte entre lui et Séverin, au nom de la même ville de Passau, négociation qui n'aboutit point. C'était un homme fourbe et cupide, plein de calculs et de ruses grossières qu'il cherchait à déguiser sous une apparente bonhomie. A l'en croire, on pouvait se fier à lui qui était un Barbare sans malice, esclave de sa parole et dévoué sans réserve à ses amis; mais il ne parlait jamais tant de sa bonne foi et de son amitié, que lorsqu'il méditait une trahison. Un jour que Séverin se trouvait à Passau, Ghibuld fit avertir les magistrats qu'il viendrait incessamment rendre visite au saint[1] pour qui il ressentait, disait-il, une affection si tendre, et dont la présence le comblerait de joie. Ce message ne trompa personne; on comprit que le but réel de Ghibuld était d'observer l'état de la ville, d'en examiner les défenses et peut-être d'y tenter un coup de main, si l'occasion lui semblait propice. Alarmés au dernier point, les habitants coururent au logis de Séverin, et lui firent part de leurs craintes qu'il partageait d'ailleurs lui-même. Il s'empressa de les rassurer. « C'est moi qui me rendrai au-devant de lui, leur dit-il : le Barbare n'entrera pas dans vos murs[2]. »

Prévoyant bien que Ghibuld suivait de près son message, afin de profiter du premier moment d'indécision, Séverin sortit, en compagnie de quelques clercs; et après un court trajet, il rencontra le roi qui s'avançait vers la ville avec une escorte de cavaliers. Son

---

1. Ad eum videndum desideranter. Eugip., *Vit. S. Sever.*, 27.
2. Ne adventu suo eam civitatem prægravaret. *Ibid.*

apparition sembla contrarier le Barbare, dont la contenance et les paroles embarrassées révélèrent assez la déconvenue. Le moine l'arrêta; et fixant sur lui un de ces regards qui semblaient plonger jusqu'à l'âme, il le remercia de sa visite, en homme qui en connaissait le motif caché. Sa parole était empreinte d'une telle sévérité, que le roi se mit à trembler de tous ses membres[1]; et plus tard il confessa à ses soldats que jamais ni en guerre, ni dans tout autre péril, il n'avait éprouvé pareil tremblement[2]. Séverin était maître du Barbare; il avait saisi son secret et déjoué sa ruse; il lui fit jurer que non-seulement il ne ravagerait plus les campagnes de Passau, mais encore qu'il rendrait à la liberté tous les habitants tombés en son pouvoir[3]. Dompté par la peur, Ghibuld, jura tout ce qu'on voulut; mais le lendemain, lorsque Séverin lui envoya par un de ses diacres nommé Amantius, la liste des prisonniers, il était revenu à d'autres idées et refusa de recevoir le diacre[4]. Les Alamans, de leur côté, craignant de perdre leurs captifs, chassèrent du camp le malencontreux envoyé. Il fallut de nouvelles sommations du saint, de nouvelles terreurs du roi barbare, pour le décider à remplir sa promesse. Soixante et dix provinciaux, délivrés de leurs chaînes,

---

1. Tanta constantia regem allocutus est, ut tremere coram eo vehementius cœperit. *Vit. S. Sever.*, 27.
2. Sed et postea suis exercitibus indicavit, nunquam se, nec re bellica, nec aliqua formidine, tanto tremore fuisse concussum. *Ibid.*
3. Rogavit doctor piissimus, ut sibi potius præstaturus, gentem suam romana vastatione cohiberet, et captivos quos sui tenuerant gratanter absolveret. *Ibid.*
4. Multis diebus (Amantius) non potuit nuntiari. *Id. loct. cit.*

furent ramenés par Amantius dans les murs de Passau[1].

Cette soif de pillage qui excitait Ghibuld et son peuple reçut, à quelque temps de là, un aliment de plus. Non loin de Passau, sur les bords d'une petite rivière, alors appelée Quintana, se trouvait une ville du même nom, autrefois prospère, et servant de résidence à un préfet de cavalerie. Dans son état actuel, Quintana ne pouvait plus se défendre, et ses habitants, un beau jour, profitant de l'éloignement momentané des Barbares, déménagèrent en toute hâte, et coururent se renfermer avec leurs meubles dans l'enceinte de Passau. Ghibuld, à son retour, ne trouva que des maisons vides et désertes. Furieux de se voir enlever une pareille proie, il s'en prit à Passau qu'il vint assiéger avec toute son armée, comptant bien dépouiller les deux peuples du même coup, nous dit l'historien de cette guerre[2]; mais Séverin dirigea sur son hypocrite ami, le roi alaman, une si vigoureuse sortie de toute la garnison, qu'il fut culbuté et obligé de fuir. Il s'enfuit, mais pour rallier ses gens plus loin et recommencer la lutte dans quelques jours. Après la victoire, comme les vainqueurs rentraient en triomphe dans la ville, Séverin seul ne partageait pas l'allégresse générale : « O mes fils, leur dit-il avec tristesse, Dieu nous donne l'avantage encore une fois[3]; mais ce serait le tenter que de rester ici plus

---

1. Revexit fere septuaginta captivos. Eugip., *Vit. S. Sever.*, 35.
2. Qua causa plus inflammati sunt, credentes se duorum populos oppidorum uno impetu prædaturos. *Ibid.*
3. Vir Dei ita victores alloquitur : filii, ne vestris viribus palmam præ

longtemps. Les Barbares nous menacent de tous côtés ; il nous enveloppent, et la victoire d'aujourd'hui n'est qu'une trêve. Partons donc ; descendons le Danube tous ensemble, jusqu'à la ville de Lauréacum [1], dont l'assiette est plus forte, et où nous trouverons des frères disposés à nous recevoir. » Il donna l'ordre du départ, et presque tous le suivirent. Ceux à qui le cœur manqua pour quitter le sol natal, périrent dans la même semaine sous le fer des Thuringiens [2]. A compter de ce jour, Passau ne fut plus qu'une solitude, campement des Barbares, ou domicile des bêtes fauves ; et la Romanie danubienne recula d'une étape, le long du fleuve, en se concentrant vers l'Orient.

Assurément, Lauréacum bâti dans le Delta que forment à leur confluent le Danube et le Lorch, et muni d'une forte muraille du côté de la terre, était pour les Romains de la Rhétie et du Haut-Norique un excellent refuge, mais quelle vie y menaient ces malheureux ! Il ne leur suffisait pas de combattre, il leur fallait aussi se garder et se nourrir, passer le jour au labourage ou à la moisson, la nuit sur le rempart, et c'était quand les bras tombaient de lassitude et les paupières de sommeil, qu'arrivait le danger des surprises. Sans les excitations de Séverin et de ses moines,

---

sentis certaminis imputatis, scientes vos Dei nunc præsidio liberatos... quibusdam concessis induciis... Eugip., *Vit. S. Sever.*, 35.

1. Mecum itaque ad oppidum Laureacum congregati descendite. *Ibid.*
2. Quicumque enim ibidem contra hominis Dei interdictum manserunt, Thuringis irruentibus in eadem hebdomade, alii quidem trucidati, alii in captivitatem deducti, pœnas dedere contemptus. Eugip., *loc. cit.*

ils eussent préféré souvent une fausse sécurité et du repos à la vigilance qui les sauvait. On raconte qu'un jour, pendant son absence, un de ses diacres, nommé Valens, apporta aux habitants de la ville une lettre par laquelle le saint leur recommandait instamment de veiller à leur sûreté : « Faites bonne garde, leur écrivait-il, passez les nuits sur vos murailles, car un grand péril vous menace[1]. » D'où le savait-il? il ne s'expliquait pas, et les espions, soudoyés par les magistrats, donnaient au contraire l'assurance d'une parfaite tranquillité au dehors[2]. On se moqua donc du messager de malheur qui effrayait ainsi les gens sans raison ; on vaqua aux travaux ordinaires de la journée, puis chacun rentra dans sa maison et se mit au lit. Le diacre cependant persistait dans ses avertissements avec une opiniâtreté digne d'un élève de Séverin : « Aux armes, criait-il dans les rues, je vous jure que l'ennemi est proche : lapidez-moi si je mens[3] ! » Il finit par émouvoir les hommes sensés ; bon nombre d'habitants se levèrent et le suivirent, d'abord à l'église où ils prièrent ensemble, puis au rempart. Pendant ces allées et venues, un magasin à foin prit feu, probablement au contact d'une torche : on courut éteindre l'incendie, et un grand tumulte eut lieu sur divers points de la muraille. Quand

---

1. Hac, inquit, nocte dispositis per muros ex more vigiliis, districtiús excubate, supervenientis hostis caventes insidias. *Vit. S. Sever.*, 38.
2. At illi nihil adversi per exploratores sentire se penitus affirmabant. *Ibid.*
3. Me, inquit, lapidate, si mentitus fuero. Eugip., *loc. cit.*

les premiers rayons du jour vinrent éclairer la plaine, on aperçut du rempart nombre d'échelles abandonnées à travers les champs, et des habitants, sortis à la découverte, trouvèrent dans un bois voisin un attirail complet d'escalade[1]. Les Barbares s'y étaient donné rendez-vous, pour cette nuit même[2]; puis voyant les allées et venues qui se faisaient dans la ville, ils se crurent trahis et s'enfuirent.

La guerre n'était pas le seul danger que courussent les villes romaines, environnées de Barbares amis ou ennemis, mais tous haletants après elles comme des bêtes fauves après une proie. Il leur était impossible de se fier à aucun. Le Barbare le plus débonnaire ne sachant jamais résister à une tentation de pillage, l'ami devenait souvent plus redoutable que l'ennemi, car il avait la même convoitise, avec plus d'occasions de la satisfaire. D'ailleurs les Barbares honnêtes ne manquaient pas de sophismes pour mettre leur conscience d'accord avec leurs appétits. C'est ce qu'éprouva la ville de Lauréacum, de la part du Germain le plus bienveillant de ces contrées, Fava, roi des Ruges, l'élève et l'ami de Séverin. Ce roi, voyant les attaques incessantes dont Lauréacum était l'objet, se fit à lui-même ce singulier raisonnement : « Voici une ville hors d'état de résister longtemps, et qui va tomber sous la main d'ennemis féroces décidés à la détruire. Moi, au contraire, je la sauverai, si je la prends : je

---

1. Cives portis egressi, haud procul à muris scalas jacentes inveniunt. Eugip., *Vit. S. Sever.*, 38.
2. Hostes silvarum occultatione morantes... *Ibid.*

garantirai de la mort ces Romains que j'aime, et du même coup je me procurerai des sujets riches et industrieux, qui peupleront mes villes du Danube, et tout le voisinage[1]. » Après s'être ainsi mis en paix vis-à-vis de lui-même, il marcha avec une grande armée vers Lauréacum, pour en transplanter la population, corps et biens, dans les pays tributaires des Ruges[2]. Qu'on s'imagine l'effroi des habitants à cette étrange nouvelle; tous en masse ils courent trouver Séverin, leur conseil, leur recours, leur espérance; et Séverin rempli lui-même d'inquiétude, car il connaissait les Barbares, et savait que dans leur intelligence bornée rien n'était plus difficile à combattre que les sophismes de la cupidité, se met en route accompagné de quelques prêtres. Il lui tardait d'arriver près de Fava avant que l'approche de Lauréacum eût excité encore davantage la soif du gain chez ce roi et chez ses soldats.

Il chemina toute la nuit sans s'arrêter, et au lever du jour le campement des Barbares dressé à vingt milles de Lauréacum se développa sous ses yeux[3]. Il se fit conduire aussitôt près du roi. En l'apercevant à pareille heure et en pareil équipage, couvert de poussière et de sueur, le roi troublé s'écria : « Qu'y a-t-il donc, serviteur de Dieu? qui t'amène

---

1. Cogitans repente detentos abducere, et in oppidis sibi tributariis atque vicinis, ex quibus unum erat Favianis, quæ à Rugis tantum modo dirimebantur, Danubio collocare. Eugip. *Vit. S. Sever.*, 39.

2. Assumpto veniebat exercitu... *Ibid.*

3. Cui tota nocte festinans, in vicesimo ab urbe milliario, matutinus occurrit. *Ibid.*

vers nous si précipitamment? » — « Que la paix soit avec toi, roi très-bon[1]! répondit Séverin avec calme. C'est le Christ qui m'envoie te demander grâce pour ses sujets. Rappelle-toi les bienfaits dont il n'a cessé de combler ton père dans tout le cours de sa vie; oui, la main de Dieu s'est étendue sur lui, parce qu'il ne faisait rien sans me consulter, et que mes avertissements étaient sa règle. La constante prospérité de son règne a démontré aux yeux de tous que la soumission du cœur vaut mieux pour un roi que la présomption de sa force et l'orgueil des victoires. » Fava comprit où tendait ce discours, et visiblement mécontent, il repartit : « Je ne souffrirai point que ces brigands d'Alamans et de Thuringiens pillent, égorgent, réduisent en esclavage un peuple dont je suis l'ami : non, cela ne sera pas, tant que j'aurai en ma puissance des villes et des châteaux pour le mettre en sûreté[2]. » — « Quoi donc! s'écria le moine avec animation, car il voyait quelle insatiable envie de posséder se cachait sous ce faux semblant de protection; est-ce ton arc, est-ce ton épée qui ont sauvé ce peuple des menaces et des dangers de tous les jours[3]? S'il vit, c'est par la providence de Dieu! » Et sentant bien que la transplantation des habitants de

---

1. Pax tibi, inquit, rex optime; Christi legatus advenio, subditis veniam precaturus. Eugip., *Vit. S. Sever.*, 39.
2. Hunc populum, non patiar Alamannorum aut Thuringorum iniquorum sæva deprædatione vastari, vel gladio trucidari aut in servitium redigi, cum sint nobis oppida et castella in quibus debeant ordinari. *Ibid.*
3. Numquid arcu tuo et gladio homines isti a prædonum vastatione creberrima sunt erepti, et non potius Dei munere? *Ibid.*

Lauréacum était un projet irrévocablement arrêté dans l'esprit du Barbare, il reprit avec plus de mesure : « Dieu sans doute les réservait pour ton service[1] ! Eh bien, écoute-moi, roi très-bon, ces hommes t'appartiennent dès maintenant ; mais si tu vas les chercher avec un appareil effrayant d'armes et de soldats, ils ressembleront moins à un peuple ami qui vient à toi, qu'à un peuple ennemi que tu traînes en esclavage[2]. Confie-les à ma foi ; retourne sur tes pas, avec ton armée, c'est moi qui te les conduirai jusqu'au dernier. »

Le moine mit dans ces dernières paroles une telle autorité, que Fava resta sans réponse. Il ramena son armée à Favianes, et Séverin rentra dans la ville. Si son intervention n'avait pas sauvé de l'exil les malheureux habitants, elle les sauvait au moins des outrages, des rapines, de tous les excès d'une irruption barbare. Ils se résignèrent et firent leurs apprêts d'émigration. « Je vous établirai à Favianes, près de mon monastère, leur répétait-il avec tendresse ; et nous ne nous quitterons plus. » Les hommes attelèrent en pleurant les chariots de bagage pour y placer leurs meubles, les femmes prirent les petits enfants dans leurs bras ; et tout ce peuple dit adieu à ses foyers. Jamais l'humanité, dans aucun âge du monde, n'éprouva de plus grandes misères ; jamais, non plus, peut-être, elle ne vit éclater de plus grandes vertus.

---

1. Ut tibi paulisper obsequi valeant reservati. Eugip., *Vit. S. Sever.*, 39.
2. Ne tanti exercitus compulsione vastentur potiusquam migrentur. *Ibid.*

Séverin était pour ces infortunés la vivante image de Dieu[1]. Campé avec eux, pour ainsi dire, aux portes de Favianes, il continua d'être leur soutien dans le présent, leur unique espoir dans l'avenir. Quelquefois lorsqu'il passait près de leurs demeures, ils lui criaient, les bras tendus, avec l'accent du désespoir : « Père très-saint, sommes-nous condamnés à mourir sur cette terre d'Egypte? Notre délivrance n'arrivera-t-elle jamais?? » — « Ayez confiance, répondait-il ; votre servitude finira ; vous reverrez tous cette Italie où reposent les ossements de vos pères[2] ! »

Cependant vers la fin de l'année 481, Séverin tomba dans une maladie de langueur, qui lui donna le pressentiment de sa mort prochaine. Lorsqu'il se crut irrévocablement frappé, il manda près de lui le roi des Ruges et sa très-avare et très-cruelle épouse, Ghisa, pour leur adresser un dernier avertissement au nom du ciel. Dans quelques paroles pleines d'affection, il exhorta le roi à gouverner doucement et équitablement les peuples qui lui étaient soumis. « Tu dois te conduire envers eux, lui disait-il, comme si chaque jour Dieu allait te demander compte de ce que tu fais pour leur bonheur[3]. » Se tournant ensuite vers la reine, et de sa main décharnée montrant la poitrine du roi : « Ghisa, s'écria-t-il avec feu, qu'aimes-tu le mieux

---

1. Discedentes de Lauriaco pacificis dispositionibus benevola cum Rugis societate vixerunt, ipse vero Favianis degens in antiquo suo monasterio... Eugip., *Vit. S. Sever.*, 39.

2. Nec prædicere futura cessabat, asserens universos in romani soli provinciam absque ullo libertatis migraturos incommodo. *Ibid.*

3. Ita cum sibi subjectis ageret, quo se jugiter cogitaret pro statu regni sui rationem Domino redditurum. *Ibid.*

l'or et l'argent, ou bien l'âme qui anime cette poitrine[1]? » — « Je préfère mon mari à toutes les richesses du monde, » répondit Ghisa étonnée. — « Eh bien donc, continua le moine, cesse d'opprimer les innocents, de peur que leur affliction ne s'élève vers Dieu, et ne dissipe la fumée de votre puissance, car c'est toi qui souvent pervertis les bonnes intentions du roi[2]. » — « Serviteur de Dieu, interrompit-elle avec angoisse, la crainte commençant à la gagner, pourquoi nous accueilles-tu ainsi[3]? » — « Je ne suis rien qu'un pauvre pécheur, reprit-il, et je vais paraître devant le Seigneur : mais je vous atteste et vous supplie tous deux de vous séparer de l'iniquité, et de couronner de bonnes actions par de bonnes mœurs. C'est à la mesure de vos œuvres que Dieu proportionnera le bonheur de votre règne. » Après ces paroles, il les congédia.

Il fit venir ensuite Frédéric, à qui il réservait principalement ses sévérités et ses menaces. Ce fils puîné de Flaccithée avait reçu de son frère Fava la possession de Favianes et du territoire environnant, au grand désespoir des malheureux provinciaux dont il était censé le protecteur, et qui ne trouvaient en lui qu'un maître insatiable et cruel. Séverin dans toute sa force avait eu peine à réprimer les instincts cupides de cet

---

1. Protenta manu, regis pectus ostendens, reginam interrogationibus arguebat his : hanc, inquit, animam, Gisa, an aurum argentumque plus diligis? Eugip., *Vit. S. Sever.*, 39.
2. Ergo, inquit, desine innocentes opprimere ne illorum afflictio vestram magis dissipet potestatem, etenim tu sæpe... *Ibid.*
3. Cur, inquit, nos sic accipis, serve Dei? *Ibid.*

homme qui lui échappait par sa bassesse hypocrite; que serait-ce, quand cet unique frein disparaîtrait? que deviendraient alors les dépôts du monastère, ces charités amassées à si grande peine et dont le besoin croissait en proportion de la misère publique? Cette pensée tourmentait le moine sur son grabat, et c'est alors qu'il demanda Frédéric. En le voyant entrer, il lui dit : « Sache que l'heure de ma mort est proche, et que je m'en vais au Seigneur; veuille donc m'écouter avec attention et soumission. Gardetoi, je t'en préviens, de toucher aux dépôts qui me sont confiés : c'est le bien des pauvres et celui des captifs[1], si tu osais y porter la main, la colère du ciel ne serait pas lente à te châtier. » — « Homme de Dieu, repartit Frédéric, troublé par ce ton menaçant, en quoi avons-nous mérité tes reproches[2]? Loin d'en vouloir au trésor de tes saintes largesses dont tout le monde sait l'emploi, que ne sommes-nous assez riche pour le grossir de nos propres dons ! C'est ce que nous voudrions avant tout, ajouta-t-il d'un ton doucereux ; nous souhaiterions aussi comme notre père Flaccithée le bienfait de tes prières, car c'est aux mérites de ta sainteté qu'il a dû la prospérité de son règne[3]. » Séverin n'écoutait point ces lâches flatteries dont il

---

1. Noveris me, inquit, quantocius ad Dominum profecturum, et idcirco commonitus præcaveto, ne me discedente aliquid horum quæ mihi commissa sunt attaminare pertentes, et substantiam pauperum captivorumque contingas. Eugip., *Vit. S. Sever.*, 51.

2. Cur, inquit, hac contestatione confundimur, cum non optemus tantis orbari præsidiis, et sanctæ largitioni tuæ quæ omnibus nota est, conferre aliquid nos doceat, non auferre quatenus solita. *Ibid.*

3. Sicut et pater noster Flaccitheus, tua merear oratione muniri, qui expe-

connaissait la fausseté, et poursuivant son idée, il s'écria : « Oui, en quelque occasion que ce soit, si tu veux forcer mon monastère et piller mes magasins, tu éprouveras à l'instant même cette vengeance de Dieu dont je te parle ; et plus tard elle te ressaisira encore [1]. Fréderic, je ne le souhaite pas, mais je t'en avertis ! » Le Barbare se répandit en protestations et en promesses auxquelles la frayeur pouvait donner une sincérité passagère ; puis il reprit le chemin de Favianes.

Le 5 janvier 482. Séverin ressentit une vive douleur au côté ; le 6 et le 7 elle empira, et le saint comprit que le moment suprême était venu. Il réunit ses disciples au milieu de la nuit, pour les exhorter à la pénitence, et après les avoir embrassé tous l'un après l'autre : « Frères, leur dit-il, souvenez-vous du patriarche Joseph [2] : Dieu vous visitera après ma mort, et vous fera passer de la captivité d'Égypte sur la terre de ses promesses, alors emportez avec vous mes os : faites-le pour vous, non pour moi [3]. » Puis, comme si quelque vision effrayante eût traversé son esprit, il s'écria avec

---

rimento dedicit sanctitatis tuæ meritis se fuisse semper adjutum. Eugip., *Vit. S. Sevr.*, 54.

[1]. Et ille : Qualibet, inquit, occasione meam cellulam volueris lædere, et hic statim probabis, et in futuro solves, quam non opto, vindictam. *Ibid.*

[2]. Mementote præcepti sancti Joseph patriarchæ. *Ibid.*, 49.

[3]. Visitatione visitabit vos Dominus, et tolletis ossa mea hinc vobiscum, quod non mihi sed vobis est profuturum. *Ibid.*—Voici les versets de la Genèse auxquels il est fait allusion ici : « Post mortem meam, Deus visitabit vos, et ascendere faciet de terra ista ad terram quam juravit Abraham, Isaac et Jacob. » — Cumque adjurasset eos (Joseph), atque dixisset : « Deus visitabit vos : asportate ossa mea vobiscum de loco isto : » mortuus est. Genes, L, v. 23, 25. C'est cette scène bien connue de tous les assistants que leur rappelait Séverin mourant.

feu : « Ce pays que nous habitons, ces champs cultivés, ces villes, ne seront bientôt plus qu'un vaste désert, où les Barbares cherchant de l'or, et n'ayant plus de vivants à piller, fouilleront les sépulcres des morts[1] !» Ce furent ses dernières préoccupations en ce monde. Concentrant dès lors toutes ses pensées vers le ciel, il expira dans la journée du 8, en récitant le psaume 150 : « O nations ! louez toutes le Seigneur... » Après lui avoir fermé les yeux, ses disciples ensevelirent son corps qu'ils déposèrent, sans l'embaumer, dans un tombeau de pierre. La pieuse congrégation continua de subsister sous la direction du prêtre Lucillus ; mais son génie de gouvernement, son esprit héroïque et presque divin, son autorité sur les Barbares, étaient descendus dans la tombe avec son fondateur.

Tandis que ces scènes lugubres se passaient dans l'intérieur du couvent, le frère de Fava, rendu à lui-même, oubliait peu à peu, avec le sentiment de la peur, les promesses qu'il avait faites au saint. De la ville de Favianes, où il se tenait en observation, il suivait de l'œil l'agonie de Séverin, trop lente à son gré, comptant les jours et les heures ; puis quand il le vit bien mort et enfermé dans le sépulcre, il envoya une troupe de soldats cerner le monastère dont il fit le pillage en règle [2]. Les portes furent brisées, les magasins

---

1. Hæc loca nunc frequentata cultoribus, in tam vastissimam solitudinem redigentur, ut hostes, æstimantes auri se copiam reperturos, etiam mortuorum sepulturam effodient. Cujus vaticinii veritatem eventus rerum præsentium comprobavit. Eugip., *Vit. S. Sever.*, 49.
2. B. Severini morte comperta, pauper et impius... Eugip., *Vit. S. Sever.*, 54.

forcés, et les vêtements, le blé, les provisions de toute sorte destinées aux indigents allèrent s'empiler sur des chariots ou sur des barques, pour être transportées dans les domaines du roi [1]. Frédéric ne se sentait point d'aise; jamais il ne s'était vu si riche. Sa cupidité augmentant par la possession, il alla du vol au sacrilége. La pauvre chapelle du couvent contenait quelques vases précieux employés au service divin, entre autres un calice d'argent qui avait plus d'une fois excité la convoitise du Barbare [2]. Ces objets étaient gardés soigneusement dans un coffre ou tabernacle placé sur l'autel et fermant à clef. Frédéric appela à lui l'intendant de ses domaines, qui était suivant toute apparence un Romain, et lui ordonna de monter à l'autel, d'enfoncer le tabernacle, d'en retirer les vases et de les lui livrer; mais l'intendant s'y refusa, quelque impérieux que fût l'ordre de son maître [3]. Celui-ci s'adressa alors à un autre Romain qui se trouvait là [4] : c'était un soldat de profession, enrôlé, à ce qu'il semblerait, dans les troupes ruges et nommé Avitianus. Frédéric l'obligea, par la menace des plus grands supplices, à exécuter en sa présence l'acte qu'il avait commandé. Doublement effrayé de la menace et du sacrilége, Avitianus monta lentement et comme malgré lui les marches de l'autel, brisa le tabernacle et mit la

---

1. Vestes pauperibus deputatas, et alia nonnulla credidit auferenda. Eugip., *Vit. S. Sever.*, 54.
2. Calicem argenteum cæteraque altaris ministeria... imposita sacris altaribus. *Ibid. loc. cit.*
3. Nec audere villicus ad tale facinus suas manus extendere. *Ibid.*
4. Militem Avitianum nomine. *Ibid.*

main sur le calice ; mais il ressentit aussitôt dans tous les membres un tremblement qui ne le quitta plus. On le crut possédé du démon[1]. Lui-même partageant cette idée, se mit à errer de lieu en lieu, objet de la compassion et de l'effroi publics, jusqu'à ce qu'ayant embrassé la vie religieuse, il se bâtit dans un îlot désert de la Méditerranée, un ermitage où il trouva enfin le repos. Quant à Frédéric, enhardi par l'impunité de son crime, il ajouta la violence aux déprédations, chassa les moines et enleva leurs meubles : « Il eût emporté jusqu'aux murailles, nous dit l'écrivain témoin de ces choses, s'il avait pu les transporter comme tout le reste au delà du Danube[2]. » Il triomphait dans son impiété : le châtiment auquel il ne croyait plus ne tarda pourtant pas à l'atteindre.

Quelques semaines à peine s'écoulèrent, et toute cette famille royale des Ruges, divisée par les plus mauvaises passions, se combattait avec acharnement, le frère contre le frère, le neveu contre l'oncle ; et l'homme de Dieu n'était plus là pour calmer les querelles ou les prévenir. Comme si quelque remords incessant, quelque furie vengeresse, eût aiguillonné Frédéric, il semblait avoir perdu la possession de lui-même[3] ; sa cruauté ne connaissait point de bornes. Tyran de ses sujets, il se faisait le dominateur insolent de ses

---

1. Mox incessabiliter vexatus omnium membrorum tremore, dæmonio corripitur. Eugip., *Vit. S. Sever.*, 54.
2. Abrasis omnibus monasterii rebus, parietes tantum quos Danubio non potuit transferre, dimisit. *Ibid.*
3. Fridericus vero barbara cupiditate semper immanior... Eugip., *Vit. S. Sever.*, 54.

proches; sa famille tremblait devant lui. Nos lecteurs n'ont peut-être pas oublié ce jeune fils de Ghisa, nommé Frédéric comme son oncle, et que sa mère avait racheté des mains des ouvriers orfévres, en leur rendant la liberté. L'enfant devenu presque un homme, se montrait par la violence de ses passions le digne fils d'une telle mère. On ignore pour quelle grave insulte faite à lui-même ou à son père, il prit son oncle en une haine mortelle; mais, un mois environ après le pillage du monastère, il lui dressait une embûche et le tuait [1].

Ce meurtre ne fit qu'augmenter le désordre auquel la contrée était en proie. Les voisins des Ruges en profitèrent pour fondre sur eux, leur arracher des lambeaux de leur territoire, et piller les malheureux provinciaux, enjeu de toutes ces guerres. La congrégation de Séverin, reconstituée sous le prêtre Lucillus, ainsi que je l'ai dit, n'avait plus qu'une ombre d'autorité qui s'en allait décroissant chaque jour, malgré le courage persévérant des moines. On peut croire que dans cette situation ils députèrent quelques-uns des leurs vers Odoacre, le plus secrètement possible, à cause des Barbares, lui faisant savoir leur propre danger et celui des villes romaines, si l'Italie ne leur venait en aide. Dès lors, en effet, Odoacre sembla se préoccuper plus qu'il n'avait encore fait, de ce débris de province occidental où il avait passé sa jeunesse : on eût dit que l'image de Séverin lui apparaissait comme un phare

---

1. Intra mensis spatium a Friderico fratris filio interfectus, prædam pariter amisit et vitam. Eugip., *Vit. S. Sever.*, 54.

au milieu de ces lointains souvenirs, et l'incitait à sauver son œuvre prête à périr. Quelque vifs que fussent de tels aiguillons, Odoacre hésitait pourtant à prendre un parti, comme si quelque avertissement intérieur fût venu l'arrêter au moment d'agir : il ne se décida à la guerre que dans l'année 486.

Qu'on ne croie pas que ce Ruge qui foulait le marbre des palais de Ravenne, occupait le trône d'Honorius, et parlait à l'Italie de la voix des Césars, se fût acquis par sa fortune beaucoup d'influence sur ses compatriotes, les Ruges sauvages du Danube. Le fils d'Edicon, le soldat aux sales vêtements de peaux, devenu presque empereur, n'était aux yeux de Fava et des autres rois germains qu'un parvenu, qu'ils eussent rougi de traiter en égal. Lorsqu'un Ricimer, un Gondebaud, rois et fils de rois, gouvernaient le monde romain, au nom des empereurs, les rois germains s'inclinaient devant eux sans hésitation, parce qu'ils retrouvaient là un de leurs pairs : mais la basse naissance d'Odoacre ne faisait qu'accroître leur fierté. Ils méprisaient Rome d'obéir à un pareil maître; et le langage que tenaient entre eux ces Barbares misérables, passant de leur bouche dans celle des Italiens, ennemis d'Odoacre, se retrouve çà et là dans les auteurs du temps. Chose bizarre ! il en est un qui ose reprocher à Odoacre vaincu par Théodoric l'humilité de son origine comparée à celle des Amales [1], comme si l'empire romain eût été fort honoré de finir sous le pied de

---

1. Metuebat parentes exercitus quem meminisse originis suæ admonebat honor alienus. Ennod., *Paneg. Theodor.*, p. 400.

cette aristocratie des forêts. Odoacre de son côté, prenant très au sérieux sa fortune, revendiquait un droit de propriété sur les villes romaines du Norique. Les derniers événements de Favianes, le pillage du couvent de Séverin, l'oppression des moines, et jusqu'aux sanglantes querelles de la dynastie royale des Ruges, tout l'engageait à faire une apparition au nord des Alpes, pour y rétablir la souveraineté de l'Italie[1] : peut-être aussi le plaisir de montrer sa force à ces compatriotes qui le méconnaissaient, fut-il pour beaucoup dans sa résolution. En tout cas, il ne se dissimula pas qu'une guerre entre les Ruges et lui serait une guerre à mort qui s'étendrait probablement aux nations voisines, inquiètes de voir le drapeau romain replanté sur les bords du Danube. Il réunit donc le plus de forces qu'il put et en prit le commandement en personne.

Il entra dans les Alpes Juliennes, au printemps de l'année 487 avec une armée composée d'Italiens et d'auxiliaires barbares, Hérules, Turcilinges, Alains et Ruges[2]. Il commandait ces Barbares à la fois comme leur roi et comme patrice d'Italie, et ses Ruges venaient faire à son profit sur les bords du Danube, la guerre civile, en même temps que la guerre étrangère. Féléthée n'essaya point de se défendre au delà du

---

1. Inter Odoachar et Feletheum qui et Fava dictus est, magnarum inimicitiarum fomes exarsit. Paul. Diac., *Gest. Lang.*, 1, 19. — Eugip., *Vit. S. Sever.*, 54.

2. Adunatis ergo Odoachar gentibus quæ ejus ditioni parebant, id est Thurcilingis, et Herulis, Rugorumque parte, quos jam dudum possederat, nec non etiam Italiæ populis... Paul. Diac., *Gest. Lang.*, I, 19.

fleuve, il se replia avec son peuple à l'approche d'Odoacre, et se concentra dans le Rugiland. Quant aux villes romaines, elles accueillirent en libérateurs ces Italiens et ces mercenaires qui leur venaient au nom de la patrie; et devant l'espoir d'une vie désormais toute romaine, le souvenir des maux passés se dissipa. Lorsque la rive droite du Danube eut été balayée entièrement de ses occupants barbares, Odoacre passa sur la rive gauche, dans le Rugiland [1] proprement dit. Là le vieux Ruge, quittant son enveloppe romaine, sembla retrouver toute sa férocité native. Il exerça sur sa patrie d'origine des vengeances que l'histoire exprime par ce peu de mots énergiques [2] : « Il l'accabla de ce que la défaite a de plus affreux. » Le camp royal fut saccagé, l'armée battue à plusieurs reprises et dispersée; le roi et sa femme Ghisa réduits en captivité. Frédéric, échappé à la mort, se réfugia dans les bois. On put croire que la nation des Ruges avait cessé d'exister [3].

Ce que firent pendant cette guerre les populations romaines du Norique, si cruellement traitées depuis la mort de Séverin, on peut facilement le supposer. Elles aidèrent de leurs informations, et de leurs bras au besoin, le libérateur qu'elles avaient appelé; mais quand il partit sans laisser derrière lui une force suffisante pour les protéger, leur état devint pire qu'au-

---

1. Venit in Rugiland. Paul. Diac., *Gest. Lang.*, I, 19.
2. Pugnavit cum Rugis, ultima eos clade conficiens. *Ibid. loc. cit.*
3. Frederico fugato, patre quoque Fava capto, eum ad Italiam cum noxia conjuge, videlicet Gisa transmigravit. Eugip., *Vit. S. Sever.*, 54.

paravant. Odoacre, en détruisant pour ainsi dire sa nation, croyait avoir, par ce coup épouvantable, fondé son autorité personnelle sur les bords du Danube, et reconquis à l'Italie son ancienne province. En effet, tout se taisait sous l'émotion d'un pareil exemple; les Barbares recherchaient avec empressement l'alliance du patrice; et celui-ci put espérer que le Norique rendu à la liberté serait garanti, quelque temps du moins, par le retentissement de ses victoires. Il dit donc adieu aux provinciaux, et repassa les Alpes avec une multitude immense de prisonniers [1], parmi lesquels figuraient le roi et la reine des Ruges [2]. Cette guerre produisit une singulière révolution dans le caractère d'Odoacre, jusqu'alors si prudent et si maître de lui-même. Les fumées de la vanité, peut-être aussi celles de la vengeance satisfaite, semblèrent lui avoir obscurci l'esprit. Il voulut monter au Capitole comme un vieux Romain, triompher des Barbares et fouler aux pieds, à la face du monde, la nation dont le sang coulait dans ses veines. Rentré en Italie, il prit avec ses captifs et son armée le chemin de Rome où il s'était fait préparer une réception magnifique.

On ressuscita, à cette occasion, la pompe des ovations romaines qui n'était plus alors qu'un vain souvenir, et il fallut recourir sans doute aux docu-

1. Copiosam secum multitudinem abduxit. Paul. Diac., *Gest. Lang.*, I, 19.
2. Fava capto... cum noxia conjuge, videlicet Gisa. Eugip., *Vit. S. Sever.*, 54. — Odovacer, Phæba rege Rugorum victo, captoque potitus est. Cassiod., *Chron.*

ments de l'histoire pour régler le cérémonial de la fête. Le cortège, suivant la tradition, déboucha par la voie triomphale. Odoacre était porté sur le char d'or à l'usage des successeurs de Constantin, et orné comme eux de ce disque de pierreries qui effaçait l'éclat du jour[1], si toutefois l'or et les pierreries n'avaient pas été déjà la proie de ses soldats. Autour du char flottaient, déroulant leurs longues queues au vent, les dragons de pourpre des cohortes auxquels se mêlaient sur les enseignes barbares des représentations d'animaux hideux[2]. Rien ne manqua à la gloire du Roi-Patrice ni les félicitations du sénat, ni ces formidables acclamations du peuple qui ébranlaient en cadence les collines du Tibre et se faisaient entendre jusqu'à Ostie[3]. Il put même, en passant, reconnaître sur le front des palais la trace des ruines qu'il avait faites. On traînait devant lui Fava chargé de chaînes, à côté de l'altière Ghisa. Pour être Romain jusqu'au bout, le triomphateur fit frapper de la hache le roi vaincu au sortir du Capitole[4]; Ghisa dont il épargna le sang fut jetée au fond d'un cachot.

Le triomphe d'Odoacre avait été célébré à la fin

---

1. Insidebat (Constantius) aureo solus ipse carpento, fulgenti claritudine lapidum variorum ; quo micante, lux quædam misceri videbatur alterna. Amm. Marcell., xvi, 10.
2. Dracones... velut ira perciti sibilantes, caudarumque volumina relinquentes in ventum. *Ibid.*

>Multumque tumet per nubila serpens,
>Iratus stimulante Noto.
>
>Claudian, III. *Consul. Honor.*

3. Montium littorumque intonante fragore... Amm. Marcell., xvi, 10.
4. Feletheum insuper extinxit. Paul. Diac., *Gest. Lang.*, I. 19.

de décembre 487[1]; et avant le printemps suivant, les provinciaux du Norique payaient chèrement ces vaniteuses et inutiles cruautés. Frédéric, sorti des bois, avait rallié les Ruges fugitifs, et appelait à lui d'autres barbares. Ils s'abattirent tous ensemble sur les villes romaines comme une troupe de vautours, tuant, déchirant, emportant leur proie avec eux. L'homme qui n'avait pas hésité, encore adolescent, à se souiller du meurtre de son oncle, versa avec délices des torrents de sang romain. Les provinciaux se défendirent vaillamment, mais leurs forces s'épuisaient dans la lutte, et ils firent dire au roi Odoacre que s'il n'envoyait sans retard à leur secours, c'en était fait du nom romain, au nord des Alpes[2].

Dans cette conjoncture pressante, Odoacre avait à choisir entre deux partis : placer en permanence dans le Norique de fortes garnisons pour conserver au gouvernement italien quelques villes sans importance, ou bien en ramener les habitants au midi des Alpes, et abandonner le pays aux Barbares; ce dernier parti lui parut le plus sage[3]. Il envoya donc sur les bords du Danube une nouvelle armée commandée par son frère Aonulf ou Onoülf[4], auquel il adjoignit le comte des domestiques, Piérius, spécialement chargé de la transplantation des provinciaux. Aonulf avait un mandat plus terrible qu'il remplit au gré du Patrice. Dès

1. Sub XVII. Kal. Dec. Anon. Cuspin.
2. Eugip., *Vit. S. Sever.*, 54-55.
3. Universos jussit ad Italiam migrare Romanos. Eugip., *Vit. S. Sever.*, 55.
4. Fratrem suum misit cum multis exercitibus Aonulfum. *Ibid.* — Isidore, dans sa chronique, le nomme Onoülf.

son arrivée, il pénétra dans le Rugiland, où, cette fois, l'extermination fut complète. Le frère d'Odoacre ne laissa rien debout, ni cabanes, ni moissons, ni arbres : le Rugiland ne fut plus qu'un de ces déserts faits de main d'homme, comme les Germains savaient les créer [1]. Les forêts ne garantissant plus suffisamment la population ruge fugitive, elle chercha refuge dans des contrées plus éloignées. Frédéric se sauva chez les Ostrogoths qui occupaient alors un cantonnement sur le bas Danube, autour de Noves, dans la seconde Mésie [2], et, malgré l'ancienne inimitié des deux races, il y trouva un asile, des promesses d'appui, et de la sympathie pour son malheur.

Quand la mission d'Aonulf fut accomplie, celle de Piérius commença. Des proclamateurs se répandirent dans la contrée, allant de ville en ville prévenir les sujets romains qu'ils eussent à se tenir prêts au jour et au lieu marqués, avec leurs familles et leurs meubles [3], pour suivre l'armée romaine en Italie. Les préparatifs de ce grand départ s'opérèrent avec ordre, sous la direction des magistrats, et pendant ce temps la congrégation de Séverin, réunie à Favianes, vaqua à un pieux et suprême devoir envers son fondateur. Suivant la recommandation expresse faite par le saint sur son lit de mort, lorsqu'il dit à ses disciples : « Quand le Seigneur vous visitera pour vous retirer de

---

1. Tacite, *German.*
2. Ante quem denuo fugiens Fridericus ad Theodoricum regem qui tunc apud Novam civitatem provinciæ Mæsiæ morabatur profectus est. Eugip., *Vit. S. Sever.*, 55.
3. Dum universi per comitem Pierium compelluntur exire... *Ibid.*

l'Égypte, emportez avec vous mes os; » le prêtre Lucillus procéda solennellement à son exhumation. Ce fut pour le monastère de Favianes un instant d'émotion inexprimable. Les moines, assemblés autour du sépulcre, après l'office du soir[1], s'agenouillèrent en silence pour assister au descellement de la pierre qui recouvrait le monument. Au signal donné par l'abbé, le couvercle tomba et laissa voir le corps de Séverin intact et encore reconnaissable aux traits du visage, à la barbe et aux cheveux[2]. La mort semblait ne l'avoir pas atteint, quoiqu'il fût là depuis six ans et qu'on ne l'eût pas embaumé. Lucillus aidé de ses moines changea les suaires, et releva le cadavre qui fut déposé dans un cercueil préparé pour la circonstance; le cercueil lui-même fut placé dans un grand chariot attelé de plusieurs chevaux, semblable aux maisons roulantes des pasteurs[3]. Un oratoire avait été ménagé sous la couverture du chariot, à côté des reliques du saint, afin qu'on pût s'y relayer pour prier : telles furent les dispositions prises dans le monastère.

Au jour fixé, le convoi partit de Favianes sous la conduite du comte Piérius, ralliant à chaque station les habitants formés en groupes sur le passage[4]. Le char funèbre marchait en tête; autour et derrière se tenaient les moines, chantant par intervalles des ver-

1. Præmissa cum monachis vesperæ psalmodia, sepulturæ locum imperat aperiri. Eugip. *Vit. S. Sever.*, 56.
2. Integram corporis compagem cum barba pariter ac capillis. *Ibid.*
3. Linteaminibus immutatis, in loculo, multo jam tempore ante præparato, funus includitur, carpentum trahentibus equis. *Ibid.*
4. Cunctis nobiscum provincialibus idem iter agentibus, oppidis super ripam Danubii relictis. Eugip., *loc. cit.*

sets des psaumes[1], puis venaient les hommes en état de faire une longue route ; les femmes, les enfants, les vieillards, étaient rangés dans des chariots près des provisions et du bagage. Des troupes sous les armes ouvraient et fermaient le cortége. On eût dit un peuple nomade retournant au désert. Ils gravirent ainsi, et redescendirent les pentes des Alpes, sans être inquiétés, ni par les brigands, ni par les Barbares : le seul bruit humain qui troubla ces âpres vallées, pendant leur long voyage, fut l'écho de leurs chants sacrés. On fit halte à Feltre[2], ville épiscopale des bords de la Piave, soit que l'évêque fût connu de Lucillus, soit qu'avant de pousser plus loin sa marche, la congrégation désirât s'assurer un établissement permanent pour elle-même, et pour des reliques dont elle ne voulait point se séparer. Là donc, pour me servir du langage mystique des actes, l'arche d'alliance conduisant le nouvel Israël, s'arrêta aux limites de la terre promise[3]. Des commissaires envoyés par le gouvernement d'Odoacre y vinrent chercher les familles émigrantes pour les répartir sur divers points de l'Italie, où on leur distribua des terres[4].

Les reliques de Séverin restèrent cinq ans dans leur établissement provisoire, exposées à la vénération des

---

1. Multitudo psallentium. Eugip., *Vit. S. Sever.*, 56.
2. Ad Castellum nomine Feletem. *Ibid.* Les uns ont voulu voir dans ce lieu la ville de Feltres en Vénétie, les autres Monte-Feltro, aujourd'hui Saint-Léon dans la marche d'Ancône. Nous croyons que les détails qui suivent correspondent mieux avec la première hypothèse.
3. Translatio Corp. S. Severini ap. Bolland. 8 januar.
4. Per diversas Italiæ regiones, varias suæ peregrinationis sortiti sunt sedes. Eugip., *Vit. S. Sever.*, 55.

fidèles, et sans être de nouveau inhumées [1]. Elles attiraient à Feltre un grand concours de peuple, et le récit des miracles qu'elles opéraient, disait-on, sur les malades et les infirmes, occupa bientôt tous les esprits, depuis les Alpes jusqu'à la mer de Sicile. La biographie légendaire était à cette époque le genre de littérature le plus en vogue et le mieux cultivé par les gens de goût. Aux actes simples et touchants, mais tant soit peu rustiques, des premiers chrétiens, avaient succédé les histoires savamment composées et prétentieusement écrites, dont Sulpice-Sévère avait donné le modèle dans sa vie de saint Martin. C'étaient de petits morceaux achevés où l'auteur déployait son érudition classique, avec tous les enjolivements du style à la mode. On se passait de main en main ces productions ardemment recherchées, avidement lues, et qui possédaient, entre tous les écrits du temps, le privilége des émotions populaires. De beaux esprits laïques disputaient aux prêtres et aux religieux la faveur de raconter la pieuse vie d'un moine ou d'un évêque, tant ce sujet bien traité procurait de gloire à l'écrivain [2]. Or, l'Italie ne tarda pas à être inondée de biographies racontant les œuvres de saint Séverin en Pannonie, et de lettres qui exaltaient la vertu de ses reliques. C'est à la lecture d'une de ces lettres qu'une riche matrone de Naples, nommée Barbaria, eut l'idée de conquérir pour son pays ce dépôt des grâces du ciel [3]. On était

1. Eugip., *Vit. S. Sever.,* 56.
2. Eugip., *Vit. S. Sever.,* Epist. præfat.
3. Illustris fæmina Barbaria, B. Severinum, quem fama vel litteris optime noverat... Eugip., *Vit. S. Sever.,* 56.

alors en 493 : le prêtre Lucillus ne vivait plus;
Odoacre lui-même avait disparu avec son gouvernement, et les Goths étaient maîtres de l'Italie. Le nouvel abbé de la communauté, Martianus, reçut de Barbaria l'offre d'un monastère pour ses moines, et d'une église pour son saint, s'ils consentaient à se transporter sur ses propriétés de Lucullanum, avec les restes de leur fondateur [1]. Le pape Gélase unit ses instances à celles de Barbaria [2]. Feltre, en effet, était un lieu trop voisin de la frontière, et les Ostrogoths, en passant, avaient peut-être troublé les cendres de leur vieil ennemi; il reposerait plus paisiblement, pensait-on, au cœur de l'Italie : Martianus consentit.

Replacé sur son chariot comme sur un trône, Séverin traversa l'Italie du nord au sud dans un appareil où les éclats de l'allégresse publique se mariaient bizarrement à la pompe austère des funérailles. Du fond de son cercueil, il semblait un triomphateur regagnant ses États après de longues victoires. Les évêques venaient au-devant de lui, aux confins de leurs villes; les chemins, les rues, les places et jusqu'aux toits des maisons étaient encombrés de fidèles qui restaient à l'attendre le jour et la nuit. On déposait des malades par rangées le long des routes, sur des grabats, pour qu'ils l'aperçussent au passage. Heureux ceux qui pouvaient toucher le char ou se glisser dessous [3],

---

1. In Castello Lucullano, in mausoleo quod prædicta fæmina condiderat. Eugip., *Vit. S. Sevr.*, 56.
2. S. Gelasii sedis Romanæ pontificis auctoritate. *Ibid.*
3. Processa, civis Neapolitana, ingressa sub vehiculum quo venerabile corpus portabatur... *Ibid.*

dans les moments de halte ! Un riche sénateur, tourmenté par d'intolérables douleurs de tête, obtint la faveur d'appuyer son front près du cercueil[1], et se retira guéri. On ne tarissait pas de récits plus merveilleux les uns que les autres. Barbaria reçut les reliques au château de Lucullanum, dont elle possédait une partie. Un cloître fut construit pour les moines, près des jardins où le fils d'Oreste achevait sa vie épicurienne; une église consacrée sous le vocable de saint Séverin s'éleva sur le coteau[2], et donna son nom au village. La mémoire d'un pauvre moine, grand par le cœur et par le dévouement à la patrie, domina dès lors le golfe de Baïa avec ses îles, fameuses par tant d'autres souvenirs, enveloppant dans un même oubli les débauches du second des empereurs et les infortunes du dernier.

1. Caput vehiculo credens apposuit. Eugip., *Vit. S. Sever.*, 56.
2. Eugip. *Vit. S. Sever.*, ad fin. — Translatio S. Sever. Bolland. 8 januar.

## CHAPITRE X

### THÉODORIC EN ORIENT

Faveur de Théodoric l'Amale à la cour de Constantinople. — Zénon l'adopte pour son fils d'armes. — Rivalité des deux Théodoric. — Ils se réunissent contre les Romains. — Rupture entre Zénon et l'Amale. — Guerre des Ostrogoths en Macédoine, en Thessalie et en Épire. — L'Amale s'empare d'Épidamne par ruse. — Son frère est défait par Sabinien et tué. — Mort du Louche. — Réconciliation de l'empereur avec le roi des Ostrogoths.

478 — 483

Nous avons laissé l'héritier des Amales installé au palais de Constantinople, après la rentrée de Zénon, et jouissant du plus haut crédit près de l'empereur. Quoiqu'il eût été à peu près inutile au dénoûment de la guerre, puisqu'il avait trouvé à son arrivée les portes de la capitale ouvertes et Zénon déjà sur le trône, celui-ci affectait néanmoins de le traiter lui et ses Goths en vrais libérateurs. On eût dit qu'il voulait dédommager le jeune roi barbare des mécomptes dont la fortune avait payé son zèle. Il y avait dans cette conduite de Zénon, dans ces marques excessives de reconnaissance de la part d'un prince qui ne les prodiguait pas, autant de crainte peut-être que d'affection. Théodoric et lui se connaissaient de longue main, ainsi que je l'ai dit. Zénon avait vu grandir le jeune Amale, alors otage de Léon, à cette même cour où ils se retrouvaient, après dix ans, l'un empereur, l'autre roi d'un peuple barbare ; et dans ces relations de sa jeunesse il avait appris à le craindre tout autant qu'à l'aimer. Le sort qui les rapprochait les destinait à vivre désormais nécessaires l'un à l'autre, tantôt amis, plus souvent ennemis, mais jamais indifférents.

L'âge avait développé dans Théodoric devenu homme, les qualités séduisantes, et les vices redoutables que Zénon entrevoyait en germe dans l'enfant. C'était toujours le même enthousiasme pour la civilisation, enté sur un fond de nature sauvage et rétive qui la repoussait, en dépit des maîtres, en dépit des leçons, en dépit de Théodoric lui-même. C'était toujours aussi cette vive intelligence des choses morales, et ces inspirations élevées, héroïques, mêlées aux instincts les plus violents, à l'astuce, à la cruauté, à l'égoïsme impitoyable. Deux êtres coexistaient réellement dans Théodoric, et formaient ce composé bizarre sur lequel les jugements de l'histoire sont restés indécis : un Romain d'aspiration et un Barbare d'instinct, qui reparaissait par intervalles et étouffait l'autre. Attila eut plus d'entrailles que le Théodoric barbare ; tandis que le Théodoric civilisé dépassa en conceptions généreuses la plupart des Romains de son temps. Ballotté entre ces deux hommes, repoussé par l'un, attiré par l'autre, mais toujours en défiance d'un retour subit, Zénon ne marchait qu'en tâtonnant parmi les écueils d'une amitié si dangereuse. Il était arrêté surtout par l'esprit dominateur de Théodoric, par ses jalousies et ses ombrages. Tout devait plier, et l'empereur le premier, sous ce chef d'un peuple barbare, hôte de l'empire. Les panégyristes les plus aveugles du roi des Goths avouent son orgueil intraitable et lui en font gloire[1]. « Quiconque régna dans les contrées de l'Orient, lui disait un d'entre eux, y régna malheureux s'il ne t'aima pas; s'il t'aima, il vécut dans ta dépendance. » C'est cette alternative que Zénon refusa toujours d'accepter, et qui en fit si souvent un perfide aux yeux de l'homme dont il ne voulait être que l'ami.

Dans la circonstance présente, il ne ménagea rien pour le satisfaire : Zénon, d'ailleurs, traversait cette crise d'affection universelle qu'éprouvent les gens heureux. Théodoric[2], comblé d'argent, devint sénateur de l'empire d'Orient, généralissime, patrice[3], et ce qui dépassait toutes les faveurs de cour, fils d'armes de l'empereur[4]. Née des relations de Rome avec les Barbares, l'adoption par les armes était devenue un usage romain, au ve siècle. On avait vu, à la cour de Valentinien III, Aétius adopter dans cette forme deux princes chevelus de la confédération franke, qui venaient se ranger du côté des Romains, lors de la lutte contre Attila. On vit plus tard ce même Théodoric,

1. Si te illarum rector partium non amavit, perculsus præfuit reipublicæ; si dilexit, obnoxius. Ennod., *Paneg. Theod.*, p. 397.
2. Partem laus respicit donati diadematis et defensi... nemo credidit non te posse ad quem voluisses transferre, quod reddideras... In jus tuum se palatia ipsa contulerant. *Ibid.*
3. Zeno itaque recompensans beneficiis Theodoricum, quem fec't patricium... donans ei multum. Anonym. Vales., p. 717. — Malch., *Hist. exc.*, 4.
4. Ad ampliandum honorem ejus, in arma sibi eum filium adoptavit. Jornand., *R. Get.*, 57.
5. Cons. le glossaire de Ducange, au mot *Miles*.

roi d'Italie, adopter par les armes d'autres rois barbares qu'il voulait tenir dans une sujétion amicale. Le cérémonial de l'adoption consistait dans l'envoi d'une riche armure donnée à l'adopté par l'adoptant. Quelquefois l'adoptant lui-même, en grande solennité, passait au cou de l'adopté, un baudrier garni de son glaive : ce fut là probablement le spectacle que Zénon, amoureux de la représentation, voulut donner aux Romains et aux Barbares de sa capitale. L'adoption par les armes entraînait des devoirs moraux qui n'étaient pas toujours religieusement observés, entre Romains et Barbares, divisés par tant d'intérêts. Le fils d'armes devait à son père un respect et une fidélité qui ne se bornaient pas au champ de bataille ; et le père, surtout lorsqu'il était généralissime ou empereur, s'obligeait envers son fils à le traiter avec faveur et distinction, s'il ne déméritait pas. L'adoption fit faire au jeune roi goth un grand pas dans la Romanité ; on le traita en toute occasion comme fils de l'empereur, et il put se croire véritablement Romain.

Mais les honneurs, les richesses, la Romanité même qui était un des rêves de son imagination, perdaient tout leur prix aux yeux de Théodoric, lorsqu'il regardait autour de lui et qu'il se retrouvait Barbare accolé à d'autres Barbares. Il n'estimait les dignités romaines qu'autant qu'elles le distinguaient de ses pareils et qu'elles étaient pour lui seul. Or, il y avait dans l'empire d'Orient un autre chef goth, dont l'importance l'avait toujours offusqué, et dont la présence maintenant lui était odieuse, Théodoric, fils de Triar, com-

munément appelé le Louche. Le Louche ayant été le
bras droit de Basilisque ne pouvait être qu'en défaveur près de Zénon ; mais une simple disgrâce ne
suffisait pas au fils de Théodémir : il voulait avoir son
rival sous ses pieds, et l'écraser ; il voulait triompher
de lui et de son peuple, car en se jetant avec ardeur
dans la dernière guerre, il n'avait pas moins songé
au plaisir d'abattre son ennemi, qu'à celui de servir
un ami. Son orgueil put être satisfait, car Zénon lui
fit passer tout ce qu'avait possédé le Louche, dignités,
commandements, pensions ; la subvention annuelle
dont jouissaient les Goths de Thrace, à titre de solde,
passa également aux Ostrogoths de Macédoine ; enfin,
le Louche fut banni dans son cantonnement, avec interdiction d'en sortir. A la mort près, c'était une condamnation complète. Habitué aux vicissitudes de sa
profession de mercenaire, le Louche parut s'émouvoir
fort peu de toutes ces insultes[1]. Pour les chefs barbares établis, comme lui, au sein de l'empire avec des
peuplades indépendantes, l'état de guerre était souvent
plus profitable que l'état de paix ; car si la paix avait
sa rémunération assurée, sans dangers ni fatigues, la
guerre présentait des bénéfices bien autrement grands,
et le plaisir de l'action.

Il ne faudrait pas croire qu'entre les deux peuples
de l'Amale et du Louche existât l'inimitié ardente,
implacable, qui divisait leurs chefs. Sans doute, les
Ostrogoths fiers d'une longue suite de rois illustres se

---

1. Malch., *Hist. exc.*, III, 4. — Evagr., *Hist. eccl.*, III, 25. — Theophan., *Chron.*

considéraient comme la branche principale et en quelque sorte royale des nations gothiques; mais vis-à-vis des Romains, ils n'oubliaient pas que les sujets du Louche étaient aussi des Goths. Leur antagonisme était celui de deux rivaux qui se disputent une situation lucrative, et se combattent par métier, par intérêt, mais sans haine. Parfois aussi, ces peuples s'apercevant que leurs rois les sacrifiaient à des caprices personnels, celui-ci à son goût d'intrigues, celui-là à son orgueil, se gendarmaient contre eux et menaçaient de les quitter. Le Louche et l'Amale étaient donc incessamment sur le qui-vive, attentifs à ce qui pouvait traverser l'esprit de leurs sujets; et si les sujets servaient d'instruments aux chefs pour devenir des personnages romains, ils prenaient aussi leur revanche, et savaient rappeler les chefs au sentiment barbare. La nécessité de compter avec l'esprit de sa nation n'était pas la moindre difficulté de ce métier de roi barbare servant l'empire.

Pour le moment, les situations se dessinaient nettement : d'un côté se trouvaient les Ostrogoths alliés de Zénon, et commandés par son fils d'armes; de l'autre le Louche et ses Goths, partisans de Basilisque et vaincus dans la dernière guerre. La part naturelle des uns et des autres était bien marquée : aux premiers tout devait appartenir, aux seconds rien. Aussi, le Louche se le tint pour dit, refit son armée dans son cantonnement, rassembla des vivres, appela à lui tous les aventuriers sans emploi, en un mot se mit sur un pied de défense respectable. Tout en inquiétant par-là l'empire qui avait tant besoin de repos, il cherchait à ressusciter contre l'empereur le parti de Basilisque, parti encore vivace à Constantinople, et qui avait des intelligences jusque dans l'entourage de Zénon. Ce redoutable aventurier, héritier de l'esprit d'Aspar, menait de front ses intrigues politiques et ses préparatifs de guerre avec une tranquillité insolente, convaincu qu'il était de deux choses : d'abord que l'empereur, bon gré mal gré, ferait vers lui les premiers pas ; puis que ce serait lui, fils de Triar, qui dicterait les conditions de la paix.

L'agitation qu'il jeta dans les esprits aboutit à former autour de Zénon un parti de la paix composé des éléments les plus divers, où les amis de l'empereur donnaient la main à ses ennemis. On lui reprochait de pousser à bout le Louche et de le réduire à la nécessité d'attaquer, tandis qu'il se livrait pieds et poings liés à l'Amale, qui ne valait pas mieux. « Pourquoi se donner un maître ? répétait-on : la politique séculaire de Rome était de ne se fier à aucun Barbare, de les affaiblir les uns par les autres, et de les dominer en les opposant. » Zénon fut touché, sinon des raisons mêmes, du moins de l'ardeur qu'on mettait à les soutenir. Malgré son ressentiment contre le Louche, il entra en pourparler avec lui ; il lui offrit une pension personnelle, à la condition de ne plus paraître à Constantinople et de vivre comme un simple particulier parmi les siens : c'était l'abdication de ce qui faisait sa force et son danger. Le Louche ne daigna pas même discuter de pareilles propositions. « La vie privée, répondit-il arrogamment, ne m'est point permise, puisque j'ai un peuple à nourrir et à protéger. Si l'empereur ne replace pas ce peuple dans son ancienne situation ; s'il me dépouille, moi, du rang et des avantages que j'ai payés de mon sang, l'empire ne m'en nourrira pas moins. Nous continuerons de vivre à ses dépens du mieux que nous pourrons, sans qu'il mérite notre reconnaissance. »

Cette insolente réponse ferma la bouche à Zénon et aux partisans de la paix. On ne songea plus qu'à la lutte prochaine : des troupes furent tirées de l'Asie; on mit celles d'Europe sur le pied de guerre, et l'empereur qui ne voyait pas sans une secrète satisfaction sa politique prévaloir contre celle des amis du Louche, fit prévenir Théodoric l'Amale de se tenir prêt à entrer en campagne. L'Amale avait quitté Constantinople depuis quelques mois. Profitant de sa récente fortune, il cherchait vers le Bas-Danube un nouveau cantonnement pour son peuple qui ne voulait plus, disait-il, rester en Macédoine; et il allait demander officiellement la concession de la Petite-Scythie, au moment où lui parvint la lettre de Zénon qui lui recommandait de prendre les armes contre le Louche.

Il écouta le message et les explications avec une froideur inattendue, parut balancer longtemps, et finit par répondre à l'envoyé : « Je ne tirerai point l'épée que l'empereur et le sénat ne m'aient juré de ne se réconcilier jamais avec le fils de Triar [1]. » Il séparait assez bizarrement le sénat de l'empereur comme un pouvoir avec lequel il pouvait traiter en dehors du

---

1. Se non prius id operis agressurum, quam imperator et senatus juramento fidem dedissent... Malch., *Hist. exc.*, II, 8.

prince : toutefois l'empereur accepta la condition [1]. Le corps du sénat et les généraux jurèrent inimitié éternelle à Théodoric, fils de Triar, sauf pourtant la volonté de l'empereur, ajoutèrent-ils; Zénon jura de son côté qu'il ne violerait jamais son pacte avec Théodoric l'Amale, si celui-ci n'y manquait d'abord. Ces engagements solennels ayant paru calmer les appréhensions du roi ostrogoth, l'empereur et lui réglèrent de concert les premières opérations de la campagne. On convint que les Goths marcheraient sans délai vers les défilés de l'Hémus où ils seraient rejoints par dix mille hommes d'infanterie romaine et deux mille chevaux sous le commandement du gouverneur de Thrace. D'autres corps montant à vingt mille fantassins et six mille cavaliers, les rallieraient ensuite en divers lieux, après le passage des défilés. Héraclée et Constantinople devaient rester suffisamment couvertes, afin de laisser à Théodoric la disposition de toutes ses forces contre le Louche, et de plus les Ostrogoths pourraient tirer des magasins de l'empire autant de vivres et d'armes qu'il leur plairait.

Les choses ainsi réglées d'un commun accord, Théodoric partit; mais une longue suite de déconvenues l'attendait sur sa route. Au col de l'Hémus, il ne rencontra ni gouverneur de Thrace, ni troupes romaines; au delà des défilés, les corps d'armée qui devaient le

---

1. Itaque senatores et duces sacramento dixerunt, nunquam se in gratiam cum illo, nisi imperator voluerit, reddituros, et imperator, se nunquam a fœdere recessurum, nisi prius ea ipse esset transgressus. Malch., *Hist. exc.*, 8.

rejoindre du côté de l'Hèbre ne parurent point [1]. Enfin, les guides qui s'offrirent à le conduire aux lieux occupés par l'ennemi l'engagèrent dans des chemins impraticables, à travers de vastes solitudes où son armée manquait de tout. Il atteignit enfin les campements du Louche, retranché dans une position formidable, non loin de l'Hémus.

Sous les derniers escarpements de cette chaîne, du côté de l'Orient, se dresse au milieu d'une plaine entrecoupée de crevasses, une montagne isolée, abrupte, qu'une poignée d'hommes résolus pourrait défendre aisément. Cette montagne, dont le nom actuel est incertain, portait alors celui de Sondis [2]. Un ravin étroit la séparait de la plaine, comme une fortification naturelle et une rivière coulait au fond. Le fils de Triar avait assis son camp sur le plateau de la colline; le fils de Théodémir dressa le sien au pied; de sorte que les deux rivaux se trouvèrent face à face, dans un désert, loin de la présence des Romains, comme si quelque génie malfaisant les eût amenés là pour un duel entre Barbares. Théodoric, soutenu par sa haine contre le Louche, éprouvait pourtant un grand déboire. Cette suite de mécomptes au bout desquels il se voyait isolé, privé de toute assistance, malgré les engagements de l'empereur, passa à ses yeux pour le résultat d'un calcul : il crut que Zénon ne l'avait

---

1. Cum illuc accessisset, neque dux Thraciæ obvius fuit, neque hi, qui ab Hebro venturi dicebantur. Malch., *Hist. exc.*, 8.

2. Interea percurrens deserta, quæ in medio erant; ad loca circa Sondim pervenit. Est autem Sondis mons altus et præruptus, qui ascendi minime potest, si quis sit, qui ex alto impediat. *Ibid.*

attiré là que pour le perdre. Zénon, dans la circonstance présente, n'y avait aucun intérêt assurément, et il protesta toujours avec chaleur contre un pareil soupçon, rejetant la responsabilité moitié sur ses généraux, moitié sur Théodoric lui-même dont il accusait les intentions ; mais dans le camp ostrogoth il n'y eut qu'une voix pour condamner l'empereur.

Cependant les deux rivaux en présence, animés d'une haine mutuelle, se mesuraient de l'œil et essayaient leurs forces par des rencontres d'avant-garde. On se battait pour des fourrages, on s'enlevait des chevaux, on s'interceptait réciproquement des convois : mais les corps d'armée restaient immobiles dans leurs positions. Chaque jour, le fils de Triar descendait de la montagne et venait cavalcader autour du camp ostrogoth, accablant de reproches le fils de Théodémir qu'il appelait un enfant insensé, un parjure, ennemi de son propre sang, traître envers sa nation [1]. « Fou que tu es, lui disait-il, ne vois-tu donc pas le but des Romains ? ne comprendras-tu donc jamais qu'ils n'ont qu'un désir, qu'un intérêt : détruire les Goths par les Goths, et sans travail, sans péril, sans risque d'aucune sorte, se proclamer nos vainqueurs sur les débris de notre race ? Celui de nous deux qui battra l'autre aura livré un frère à l'ennemi commun, voilà tout. Juge de leurs desseins par leur conduite envers toi.

---

1. Sed Triarii filius crebro obequitans circa castra alterius exercitus, eum contumeliose insectabatur, et multa convicia in eum jaciebat, perjurum eum vocans, puerum dementem, et sui generis hostem et proditorem... Malch., *Hist. exc.*, 8.

Tu as passé depuis longtemps les lieux de rendez-vous qu'ils t'avaient assignés, as-tu rencontré leurs troupes? où sont leurs généraux? où sont leurs soldats? en as-tu aperçu un seul? Crois-le bien, après t'avoir fait mon adversaire, ils ne t'ont appelé à leur secours que pour te mettre entre mes mains : ce sera la peine de ta démence [1] ! »

Ces paroles entendues par les avant-postes ostrogoths, y excitèrent un grand tumulte. On accourut de toutes les parties du camp pour écouter le fils de Triar; beaucoup l'applaudirent en murmurant hautement contre l'Amale : « Le Louche a raison, disaient ces hommes avec colère, c'est une honte d'oublier à ce point sa parenté [2], et de sacrifier les liens du sang pour des perfides qui ne cherchent que notre perte. » Encouragé par ce premier succès, le Louche revint le lendemain. Il y avait de l'autre côté de la rivière une roche escarpée d'où l'on dominait une partie du camp, il y grimpe, et de là comme du haut d'une tribune, il se met à haranguer, criant à tue-tête et interpellant le fils de Théodémir en personne : « Méchant, lui disait-il, pourquoi es-tu venu faire périr mes parents? Pourquoi tant de femmes sont-elles devenues veuves? Où sont donc leurs maris [3]? Comment se sont dissipés tous les biens qu'ils possédaient, lorsqu'ils sont partis de chez eux pour venir combattre sous toi? Ils avaient

---

1. Neque quisquam, hic adfuit, neque ad urbes, sicuti dixerant, occurrerunt, teque solum, ut male perires et pœnas temeritatis tuæ his, quos prodidisti, dares, reliquerunt. Malch., *Hist. exc.*, 8.

2. Nulla habita cognationis ratione. *Ibid.*

3. Cur, pessime, meos cognatos perditum isti? Cur tot mulieres viduas

alors chacun deux ou trois chevaux, maintenant ils n'en ont plus, ils vont à pied; ils te suivent à travers les déserts de la Thrace, comme des esclaves, quoiqu'ils soient libres et d'aussi bonne race que toi. Tu leur avais promis de leur mesurer l'or au boisseau, comme du blé[1] ! Que leur as-tu donné? que veux-tu faire de ces hommes? Réponds-moi. »

A cette espèce d'interrogatoire que la forte voix du Louche faisait résonner au loin dans le camp, un trouble général éclata parmi les Ostrogoths. Une troupe d'hommes, de femmes, d'enfants se dirigeant vers la tente du chef qui ne répondait point, et semblait se cacher, comme honteux de lui-même, l'assiégea, en quelque sorte, demandant la paix avec des cris de fureur : « Fais la paix avec le Louche, disaient-ils, ou nous prendrons nous-mêmes un parti. » Le désordre croissant de moment en moment, le fils de Théodémir crut prudent de se montrer et de promettre par serment qu'il traiterait avec le fils de Triar. Un jour fut désigné pour leur entrevue. Ce jour venu, ils descendirent dans le ravin à la limite des deux camps, laissant la rivière entre eux, et commencèrent à se parler d'une rive à l'autre en élevant la voix. Les armées groupées alentour dans le plus grand silence,

---

effecisti? Ubinam locorum sunt earum viri? Quomodo consumptæ sunt facultates, quas habuerunt cum domo ad militandum sub te profecti sunt? Unusquisque eorum duos aut tres equos habebat. Nunc equis destituti pedites incedunt, et te per Thraciam mancipiorum instar sequuntur. Malch., *Hist. exc.*, 8.

1. Quamvis liberi sint, neque deteriore genere quam tu; et venerint ut aurum modio admetiantur. *Ibid.*

demeuraient comme suspendues à leurs lèvres. Après beaucoup d'explications et de justifications prétendues, où chacun s'efforçait de mettre le bon droit de son côté, ils convinrent de ne se plus faire la guerre, puisque leurs peuples désiraient la paix. Un serment solennel, prêté sous la garantie des deux nations, confirma la promesse, puis chacun envoya ses ambassadeurs particuliers à Constantinople pour y faire connaître la résolution commune, et y débattre ses intérêts comme il l'entendrait.

Le Louche exigeait de l'empereur une forte indemnité pour le dommage qu'il avait souffert, et de plus la restitution de ses anciens honneurs, places et émoluments de toute sorte ; il stipulait en outre la mise en liberté des parents d'Aspar, afin de conserver son parti dans Constantinople. Le message de l'Amale était empreint d'une aigreur personnelle plus blessante pour Zénon : « On l'avait joué, disait-il ; on l'avait, de dessein prémédité, attiré dans un piége, en abusant odieusement de ses sentiments romains ; mais la perfidie de l'empereur qui l'avait forcé de traiter avec le fils de Triar, le dégageait de tout engagement contraire. Rentré dans sa liberté, il demandait un nouveau cantonnement pour son peuple. Les terres qu'on lui avait assignées en Macédoine étaient épuisées, il lui en fallait d'autres : c'était un point qui regardait l'avenir. Quant au présent, l'empereur lui devait le prix de ses armements ; et comme on avait affecté à ce prix certains revenus publics qu'il n'avait pas touchés, il demandait qu'on lui envoyât les collecteurs des taxes pour compter avec lui[1]. Le refus d'une seule de ces clauses entraînerait la guerre. »

Zénon fut profondément irrité des termes et de l'esprit de ce message. Ayant reçu les deux ambassades séparément, il répondit à celle du Louche par des paroles évasives qui devaient tenir le fils de Triar en suspens; mais vis-à-vis de l'Amale, il éclata en reproches amers. « Votre maître, dit-il aux envoyés goths, est un perfide qui manque à sa parole et ose m'accuser de l'avoir fait. Quel jeu a-t-il joué avec moi? Il me propose de se charger seul de la guerre[2] contre le Louche, j'accepte; bientôt il me demande des secours; je consens encore et je rassemble des troupes romaines; que fait-il alors? il traite avec mon ennemi, il s'unit au Louche contre l'empire, et quand le gouverneur de la Thrace et mes autres généraux en sont instruits, quand ils reconnaissent la fourberie et s'arrêtent à propos pour ne point donner dans le piége qu'on leur tend, ce sont eux qui sont les coupables; c'est moi qui ai imaginé le piége, moi qui suis un traître! Votre maître sait-il ce que je lui réservais, s'il achevait cette guerre loyalement? Eh bien! malgré mon juste ressentiment, je ne m'en dédis point, s'il veut reprendre les armes et les porter désormais pour le bien de l'empire : oui, que Théodoric me débarrasse du Louche et de son peuple, il recevra de moi mille livres pesant d'or, dix mille livres d'argent, une

1. Ut etiam redituum imperii coactores, quos domesticos Romani vocant, quam primum mittat, qui rationem redderint eorum quæ receperint. Malch., *Hist. exc.*, 6.

2. Qui cum se solum bellum gesturum fidem dedisset... *Ibid.*

pension annuelle de dix mille pièces d'or, et de plus, dites-le-lui bien, je lui donne en mariage la fille d'Olybrius ou quelque autre des premières maisons de Constantinople [1]. » Il les congédia ensuite avec hauteur, quoique ce fussent des personnages éminents parmi les Goths.

L'empereur avait fait résonner là aux oreilles de son fils d'armes des paroles capables de le faire mourir de joie ou de regret. Cette fille d'Olybrius, que Zénon prétendait lui destiner pour femme était une Romaine née sur la pourpre, fille d'un Auguste d'Occident et arrière-petite-fille de Théodose. En l'épousant, il devenait l'égal des Césars; lui qui avait tant à cœur de vivre en Romain, au sein de Constantinople, trouvait tout d'un coup ses désirs dépassés; toutefois, il renvoya loin de lui la tentation. Zénon, pensa-t-il, n'était pas de bonne foi.

L'empire resta donc avec ces deux ennemis sur les bras. Les avoir en même temps pour amis, les avoir pour ennemis étaient choses presque également ruineuses : ennemis, ils dévastaient le pays; amis soudoyés, ils épuisaient le trésor. Il fallait renoncer à entretenir une armée romaine, si l'on voulait acheter les deux chefs barbares et leurs peuples. On repoussa donc leurs offres réunies, sauf à traiter avec l'un des deux au détriment de l'autre; mais lequel serait l'ami? lequel l'ennemi? Là-dessus les opinions se parta-

---

1. Auri mille, argenti quadraginta millia librarum, et reditum decem millium aureorum, et nuptam illi collocaturum Olybrii filiam, aut aliam ex illustrioribus mulieribus civitatis. Malch., *Hist. exc.*, 6.

gèrent. Il ne manquait pas de gens habiles qui préconisaient l'alliance du Louche ; Zénon, malgré ses causes personnelles d'irritation, penchait toujours pour l'Amale. Désireux néanmoins de couvrir sa responsabilité dans une affaire de cette importance, il lui plut de consulter le sénat ; mais plus l'affaire était délicate, moins celui-ci voulut se compromettre ; il savait d'ailleurs que les amis du Louche n'étaient pas généralement ceux de l'empereur. Il se récusa donc, disant que cette affaire regardait le prince, dont il attendrait la décision avec une confiance respectueuse [1]. Plus perplexe qu'auparavant, et inquiet des manœuvres que pratiquait autour de lui le vieux parti d'Aspar, en faveur du Louche, Zénon eut l'idée, très-bizarre assurément, de recourir à l'avis de ses soldats. Ayant convoqué dans la grande cour du palais les troupes en garnison à Constantinople et dans les villes voisines, ainsi que les corps palatins, il les harangua militairement du haut d'un tribunal, leur faisant, sous prétexte de consultation, le plaidoyer le plus violent contre le fils de Triar. « L'empire, disait-il, n'a jamais eu d'ennemis plus dangereux que le Louche et toute sa race. Lui-même n'est-il pas le plus cruel des hommes? Vous savez, soldats, ce qu'il a fait dans la province de Thrace, où il a détruit totalement la classe des laboureurs et fait couper les mains à un général romain [2]. C'est lui qui a tramé et excité contre la république la

1. Cum quo vero ex duobus amicitiam instituere præstaret, id in solius mperatoris arbitrio consistere. Malch., *Hist. exc.*, 4.
2. Multa de Theodericho questus est, maxime quod jampridem Romanorum hostis extitisset, quod Thraciæ incolas deprædatus fuisset, quod Har-

révolte du tyran Basilisque. N'avait-il pas persuadé à nos soldats d'abandonner leur drapeau, prétendant que l'empire avait assez des Goths pour le défendre[1] ! Et maintenant ce barbare exige qu'on lui livre le commandement des armées romaines ! » — « Est-ce donc lui qu'il faut choisir pour allié ? ajoutait Zénon en terminant, je le demande à mes fidèles soldats ; car, enfin, qui consulterai-je en de telles conjonctures, sinon ceux qui partageant la bonne et la mauvaise fortune des princes, font la grandeur et la force des États ? » L'armée ne le laissa pas achever ; elle cria tout d'une voix que le fils de Triar était un ennemi public, et qu'il fallait tenir aussi pour tel quiconque prendrait son parti. A la suite de cette assemblée, on fit des recherches dans la ville, et on trouva la preuve d'intelligences nombreuses entre le Louche et des personnages de tout rang ; une commission de trois sénateurs fut chargée d'instruire à ce sujet un procès de lèse-majesté [2].

Repoussé par l'empereur, le Louche entra en campagne et il appela à son aide, en vertu de leurs récentes conventions, Théodoric l'Amale, qui était allé, pendant ce temps-là, reprendre position avec ses Goths dans la basse Mésie. Les Romains, de leur côté, équipèrent des troupes en grand nombre. A la sommation du Louche, Théodoric s'avança lentement jusqu'au

---

matio manus amputasset, quod omne agricolarum genus sedibus suis expulisset... Malch., *Hist. exc.*, 4.

1. Deinde ad ejusdem cædem milites instigasset, tanquam soli Gothi sufficerent. *Ibid.*

2. Tres ex senatu, præsente magistro, de his quæstionem habuerunt... *Ibid.*

pied de la longue muraille qui coupant la Thrace dans sa largeur, servait de rempart à Constantinople. Il y donna contre une division de l'armée impériale, et son avant-garde ayant été repoussée, il quitta brusquement la partie sans en vouloir davantage, se jeta à droite dans la province du Rhodope, et se mit à piller pour son propre compte, sans s'inquiéter de ce qu'allait devenir son allié. Du Rhodope, il passa dans la Macédoine, longea les rivages de la mer Égée, alors couverts de villes florissantes, et mit tout à feu et à sang. A la nouvelle de ces dévastations cruelles, le Louche, presque vengé de la mauvaise foi de l'Amale, disait aux Romains : « Voyez comment se conduit le fils de votre empereur : ce sont les pauvres paysans qui paient tout cela! » Cependant lui-même menaçait Constantinople. Les Romains avaient bien assez de forces pour l'arrêter et le vaincre, si la discorde ne les avait eux-mêmes enchaînés. Des séditions éclatèrent au sein de la ville impériale, et en Asie, un fils d'Anthémius que les infortunes de son père ne détrompaient pas des illusions de la grandeur, vint ajouter une guerre d'usurpation aux autres déchirements de l'empire[1]. En butte à tant d'embarras, Zénon conclut la paix avec le Louche. Le fils de Théodémir en fit les frais; il fut offert en holocauste au fils de Triar, avec ses charges, ses dignités, sa pension; et tout ce que perdit Théodoric fut tranféré à son rival. Ce fut la contre-partie des événements de 477.

1. Malch., *Hist. exc.*, II, 2; *Fragm.* e Suid., 4. — Candid., *Hist. exc.*, 2. — Cf. Tillem., *Hist. d. Emp.*, VI.

L'Amale, à cette nouvelle, tomba dans une sorte de folie furieuse. Se vengeant de l'empereur sur les villes ouvertes et les campagnes, il tuait, il incendiait, il détruisait sans raison tout ce qui se présentait devant lui. Il passa au fil de l'épée les habitants de Stobi pour avoir tenté de se défendre. Sorti de Macédoine, il entra en Thessalie, et fit mine d'assiéger Thessalonique. Ces ravages commis par un fils de l'empereur excitaient dans toute la Grèce une violente colère, moins peut-être contre lui, que contre Zénon. « Viendrait-il nous piller et nous égorger, disait-on de toutes parts, si l'empereur ne nous avait livrés à lui? » Sur cet étrange soupçon, les habitants de Thessalonique s'ameutèrent. La multitude soulevée abat les statues du prince, assiége le préfet dans son prétoire, le chasse, et enlève les clefs de la ville, qu'elle va remettre à l'archevêque, homme populaire et digne de sa popularité[1]. L'archevêque calme cette effervescence et pourvoit de son mieux aux nécessités de la défense, tandis que l'empereur envoie des troupes à marches forcées. Contenu par cette démonstration et craignant d'être pris à revers, Théodoric leva le siége et rentra en Macédoine[2].

Il arriva ainsi au pied de cette grande chaîne de montagnes qui se bifurque vers le nord en deux chaînes inférieures, dont l'une la plus occidentale, sépare la Macédoine de l'Épire et porte le nom de monts Alba-

---

[1]. Itaque claves civitatis a præfecto acceperunt, et archiepiscopo tradiderunt. Malch., *Hist. exc.*, II, 1.

[2]. Malch., *Hist. exc.*, loc. cit.

niens. L'idée lui vint de franchir ce groupe de montagnes et d'aller hiverner dans la province d'Épire, qu'il savait riche, fertile et bien approvisionnée de toutes choses, car les misères de la guerre barbare ne l'avaient pas encore atteinte; c'était une terre vierge qui s'offrait à sa cupidité. Les chefs ostrogoths fatigués de leur cantonnement de Cerré et désireux d'aventures nouvelles, approuvèrent fort cette idée. On décida un déménagement général immédiat, pour lequel l'armée rentra dans ses foyers. Hommes et femmes se mettent aussitôt à l'œuvre, on répare les chars, on rassemble le bétail, on réunit des subsistances ; Théodoric presse de son mieux, afin que l'émigration puisse être achevée avant l'hiver.

Le bruit de ces dispositions causa dans l'ouest et le midi de la Grèce une telle inquiétude que, de mémoire d'homme, on n'avait rien éprouvé de semblable. L'effroi n'avait pas été plus grand lorsque Alaric brûlait Athènes et menaçait Corinthe. Des députations partirent de toutes les villes vers l'empereur, le suppliant d'intervenir près de son fils par la prière ou par les armes, et de faire du moins une guerre sérieuse si la paix était impossible. L'empereur à tout hasard tenta encore les moyens amiables : mais qui charger d'une négociation près de ce barbare ombrageux, opiniâtre, dont l'orgueil blessé faisait un animal féroce? Le choix du négociateur devait être pour beaucoup dans le succès de l'affaire. Après avoir mûrement réfléchi, on choisit non un général ni un homme d'état, mais une sorte de philosophe mondain, le savant

Artémidore, homme de cour en même temps que
d'étude, parent éloigné de Zénon et aimé de Théodoric, pour qui il ressentait lui-même une vive affection.
On lui adjoignit un officier du palais nommé Phocas,
autre connaissance de l'Amale, et tous deux arrivèrent
au moment où, les préparatifs achevés, les Ostrogoths
n'attendaient plus que le signal du départ.

La vue d'Artémidore parut faire sur le jeune roi
une impression favorable ; il reçut les envoyés avec
affabilité et les écouta avec complaisance. Ils s'expliquèrent l'un après l'autre. Le philosophe avait pris
pour thème de son discours les anciennes relations de
Théodoric avec les Césars, à la cour de Léon, et depuis. « L'empereur, lui disait-il, a fait de toi son ami ;
les dignités les plus éclatantes de notre empire, il te les
a prodiguées avec une libéralité vraiment magnifique ;
il t'a donné de grandes armées à commander ; il a
fait plus, il t'a accordé une confiance sans réserve,
à toi, étranger et barbare [1]. Toi, au contraire (nous
ne savons par quelle raison, sinon que nos ennemis communs t'ont trompé), tu compromets de
gaieté de cœur ta personne, ton peuple, ta fortune,
une fortune dont tu sais l'auteur. Tu ne peux, en
descendant en toi-même, accuser l'empereur du mal
que tu t'es attiré et des fautes dont tu t'es rendu coupable envers lui. Une seule chose te reste à faire,
c'est de mettre fin à tes injustices, d'épargner les

---

1. Te imperator amicum conciliavit, et dignitatibus, quæ sunt apud Romanos clarissimæ, magnifice ornavit, etiam imperare maximis exercitibus
dedit, tibi homini licet barbaro, minime diffidens. Malch., *Hist. exc., ub. sup.*

villes et les peuples que tu n'as pas encore détruits [1], d'envoyer enfin quelqu'un des tiens à Zénon, dont tu connais la bonté, afin qu'il voie quelles conditions peuvent équitablement te satisfaire. » L'Amale éprouvait alors un de ces retours vers le bien, qui servirent souvent de contre-poids au mal qu'il avait fait, à ses colères aveugles, à ses fourberies, à sa cruauté. Il se soumit aux conseils d'Artémidore et de Phocas, et fit partir avec eux pour Constantinople des ambassadeurs chargés de négocier un arrangement. En attendant, il défendit à son armée de brûler et de tuer. Comme il fallait qu'elle pillât pour vivre, les villes de la Macédoine s'offrirent à lui fournir des subsistances, à condition d'être respectées. On raconte que l'évêque d'Héraclée racheta la sienne au moyen d'une contribution en argent et en vivres [2].

Zénon accueillit les envoyés goths en homme qui voulait sincèrement la paix ; sans récriminer sur le passé, il écouta les demandes, et proposa un arrangement. Le cantonnement attribué jadis aux Ostrogoths sur le versant méridional des monts de Dardanie, ayant cessé de leur plaire, Zénon en offrait un autre sur le versant opposé, dans la contrée appelée Pautalie. Quant à l'Épire, il défendit qu'on lui en parlât. Cette province, disait-il, était trop éloignée des quartiers

---

1. Nunc igitur, quoniam eo te redegisti, hoc tibi quantum ad præsentem fortunam reliqui est, ut ab injuria et damnis urbibus et gentibus inferendis, quantum in te erit, temperes... Malch., *Hist. exc.*, II, 1.

2. Hujus urbis archiepiscopus, cum quam plurima et diversi generis munera ad eum et ejus exercitum misisset, omnem regionem a direptione illæsam conservavit. *loc. cit.*

du Louche, et les Ostrogoths de si loin ne pourraient pas surveiller efficacement les mouvements de l'ennemi de l'empire [1]. Il ajouta que si Théodoric objectait pour son peuple l'impossibilité de vivre, l'hiver suivant, dans un pays qui n'aurait été ni labouré, ni ensemencé, les Romains s'engageaient à lui procurer les subsistances nécessaires aux besoins de l'hiver; le préfet de la Pautalie recevrait immédiatement deux cents livres d'or, afin de tirer du blé des provinces voisines [2]. Les envoyés goths trouvèrent ces propositions convenables, et les préliminaires de paix furent arrêtés. Zénon choisit, pour les porter à Théodoric, un officier de haut rang nommé Adamantius, et, comme il ne doutait point que l'affaire ne fût aussitôt terminée, il chargeait Adamantius d'aller préalablement en Pautalie, s'entendre avec le préfet et lui remettre l'argent des approvisionnements ; mais, tandis que les négociations se poursuivaient, Théodoric avait déjà changé d'avis. Soit inconstance de l'esprit barbare, soit retour subit à ses rancunes contre Zénon, soit crainte de déplaire à son peuple, en le privant du pillage de l'Épire après le lui avoir promis, il avait repris le projet interrompu, et allait partir pour Épidamne.

Épidamne, appelée aussi Dyrrachium (aujourd'hui

---

[1]. Jussitque regionem in Pautalia illi assignare, quæ illyricæ partis est provincia, non longo intervallo distans ab ingressu Thraciæ : quod eo consilio faciebat, ut si qua Theodoricus, Triarii filius, se commovere susciperet, illum adversarium, huic oppositum sciret. Malch., *Hist. exc.*, II, 1.

[2]. Quod si, hoc anno exercitum suum inopia laborare Theodoricus diceret, propterea quod nullum semen terris mandatum esset, neque ullam spem percipiendorum in Pautalia fructuum haberet... *Ibid.*

Durazzo), était la métropole non-seulement de la province d'Épire, mais de toute la portion de l'Adriatique qui baigne les côtes de la Grèce. Son port, correspondant à celui de Brindes en Calabre, dominait la grande route maritime d'Orient en Italie : tout s'y trouvait abondamment, vivres, argent, armes, marchandises; l'empire y entretenait une flotte de guerre; et la côte peuplée de marchands ou de pêcheurs pouvait fournir une quantité considérable de navires et de bateaux pontés [1]. Théodoric ne l'ignorait pas; aussi l'occupation d'Épidamne était toujours entrée dans ses plans. Une fois là, il verrait ce qu'il aurait à faire; le voisinage de l'Italie l'attirait comme malgré lui. Lorsqu'il eut pris pour la seconde fois la résolution de partir, il se ménagea des intelligences dans cette ville, ou plutôt il renoua celles qu'il avait interrompues temporairement. Son désir étant de s'en rendre maître, promptement, sans bruit, sans résistance; voici le moyen qu'il imagina et qui lui réussit.

Dans le voisinage d'Épidamne, vivait un Goth nommé Sidimund, issu de la race des Amales, et, par conséquent, son proche parent [2]. Cet homme, après avoir servi avec quelque éclat sous le drapeau romain, s'était marié à une Grecque qui lui avait apporté de grands biens, entre autres un immense héritage situé en Épire [3]. Ces terres formaient comme

---

1. Malch., *Hist. exc.*, I, 1.
2. Ex eodem genere et majoribus ortus. *Ibid.* — Σιδιμοῦνδος.
3. Regionem circa Epidamnum incolebat, quæ illi ex hæreditate opulenta obvenerat. *Ibid.*, II, 1.

un petit royaume dans lequel il régnait, et non-seulement l'influence de sa richesse, mais encore sa qualité de neveu d'un autre Goth, commandant des Domestiques et fort en faveur près de Vérine, faisaient de lui le plus important personnage de la contrée. Cet étranger devait aux Romains tout ce qu'il avait, tout ce qu'il était, et cependant Théodoric s'adressa à lui sans crainte d'en être rebuté, car, suivant la réflexion d'un écrivain du temps, « le Barbare trouvait toujours un Barbare pour tromper le Romain [1]. » Que pouvait offrir le roi goth à un homme si riche? plus de richesses encore, et peut-être le partage de la province. Quoi qu'il en soit les deux Barbares s'entendirent, et Sidimund convint de livrer Épidamne à son complice.

Un trait caractéristique du Germain à cette époque, c'était la feinte bonhomie dont il enveloppait ses ruses les plus odieuses, ses actes les plus déloyaux; il tenait à convaincre ses victimes qu'il les dépossédait ou les tuait pour leur plus grand bien : nous en avons vu précédemment plus d'un exemple. Sidimund était un de ces fourbes pleins de tendresse pour leurs dupes. Une fois sa parole engagée, il se rend à Épidamne, et se met à parcourir la ville en tous sens, interpellant les habitants dans les rues, sur les places, ou les visitant dans leurs maisons : « Vous savez que je suis votre ami, et que j'ai toujours désiré vous le prouver, leur disait-il d'un ton mystérieux où semblait percer

---

1. Barbarus cum Barbaro conjungi quam cum Romanis, satius ducebat. Malch., *Hist.*, II, 1.

l'affection ; eh bien ! le moment est venu de vous donner un bon conseil. Sortez au plus tôt de votre ville avec tous vos effets ; le temps presse ; retirez-vous dans les places voisines ou dans les îles de la côte, suivant qu'il vous conviendra. J'ai tenu à vous en avertir, tandis que vous pouvez encore le faire sans danger et sans trop de précipitation [1]. » Et comme les habitants d'Épidamne restaient ébahis à ces paroles, et le priaient de s'expliquer, Sidimund leur racontait comment les Ostrogoths étaient en marche pour occuper la province d'Épire, d'après l'ordre de Zénon, qui en faisait cadeau à son fils d'armes ; et comment encore un envoyé de l'empereur, le patrice Adamantius, accompagnait le roi Théodoric pour lui faire la remise d'Épidamne au nom de son maître [2]. « Vous voyez bien, ajoutait-il, que vous n'avez pas un moment à perdre, si vous voulez mettre à couvert ce que vous possédez et garantir vos personnes des mauvais traitements inséparables de la guerre. »

Quand il eut plongé la ville entière dans la désolation, il s'adressa aux soldats chargés de la garde du château, lesquels étaient au nombre de deux mille. Sidimund leur affirma que toute résistance de leur part serait considérée par l'empereur comme une rébellion[3],

---

1. Epidamnum venit et privatim unumquemque civium circumiens, tanquam ipsorum saluti providens... Ut omnia quæ quisque haberet exportaret, et se suaque omnia in insulas, aut in aliquam aliam urbem conferret. Malch., *Hist.*, II, 1.

2. Barbarum enim quam primum Epidamnum invasurum : sic imperatorem decrevisse. Malch., *loc. cit.*

3. Si resistere auderent, imperatoris voluntati adversaturos. *Id. ibid.*

et qu'ainsi ce qu'ils avaient de mieux à faire, c'était de déguerpir à l'exemple des habitants. Dans le trouble causé par cette nouvelle, nul ne se demanda si elle était vraie ; nul non plus ne soupçonna de mensonge un homme toujours bien informé des affaires de la cour, où son oncle jouait un certain rôle, et qui en outre semblait s'être fait Romain. Chacun se mit donc à ses apprêts de départ, chacun songea au gîte qu'il pourrait se procurer ailleurs. Le barbare, au fond de son âme, riait de l'empressement de ces malheureux dont il provoquait l'exil volontaire, pour les mieux dépouiller. Lorsqu'il vit la place suffisamment évacuée, il prévint le roi ostrogoth qui hâta sa marche.

Sidimund ne mentait point quand il désignait Adamantius comme envoyé par Zénon près de Théodoric ; il lui supposait seulement une autre mission. Le patrice était alors en Pautalie où, de concert avec le préfet de la province, il préparait les nouveaux quartiers des Goths. Il devait de là, à travers les monts Dardaniens, dont la Pautalie occupait le versant septentrional, rejoindre Théodoric dans le voisinage d'Héraclée de Macédoine, et y conclure définitivement le traité. Les ambassadeurs goths, pendant ce temps-là, étaient retournés près de leur roi pour lui rendre compte de l'état des affaires. Adamantius fut retenu en Pautalie plus longtemps qu'il n'eût voulu, probablement par la difficulté de réunir des grains en quantité suffisante pour nourrir un peuple ; et à son arrivée, il ne trouva plus ni Théodoric, ni les Goths : ils étaient en route pour l'Épire. Le Romain courut après eux. L'armée des Goths, convoyant toute la nation, s'était ordonnée en trois corps séparés. Théodoric ouvrait la marche avec l'élite de ses hommes, frayant le passage au reste, et impatient d'occuper Épidamne, avant que les Romains fussent avertis. Son lieutenant, Soas, conduisait le centre; et l'arrière-garde dans laquelle se trouvaient la mère et une des sœurs de Théodoric[1], ainsi que la meilleure partie du bagage, était commandée par Theudemund, son frère puîné : son autre sœur venait de mourir tout récemment pendant le siége d'Héraclée. Comme il fallait vivre aux dépends du pays, les trois corps d'armée ménageaient entre eux des intervalles dont un ennemi prévenu et vigilant aurait pu profiter pour les couper et les détruire en détail : mais Théodoric comptait sur la promptitude de sa marche. La résistance de Lychnide, place défendue naturellement par des rocs à pic et un lac très-profond, le contraria, en le retardant, et lui donnant un échec pour début. Dans son impatience, il passa outre, laissa en arrière une partie de ses chariots, et gagna à grandes journées Épidamne dont il occupa les remparts déserts[2].

Cependant Adamantius, à la poursuite de Théodoric, s'engageait de plus en plus dans la chaîne des monts Albaniens. Chemin faisant, il envoyait au roi goth message sur message; tantôt il le priait, tantôt il

---

1. Soas a Theudericho secundum in exercitu gradum tenebat, et medium agmen ducebat; Theudemundus, alter ex Valemiri filiis, extremum. Malch., *Hist. exc.*, II, 1.
2. Theuderichus valde audax et confidens... impetu facto Epidamnum occupat. *Ibid.*

lui enjoignait, au nom de l'empereur, de s'arrêter dans sa marche, de ne prendre ni vaisseaux, ni quoi que ce fût, et de surseoir à toute entreprise jusqu'à son arrivée[1]. Ne recevant de lui que des réponses dérisoires, il se concerta avec Sabinianus, commandant militaire de la ville d'Édesse, pour qu'une armée, si faible qu'elle fût, vînt appuyer sa mission, et imposer la paix à ce Barbare sans foi. Sabinianus était un de ces vieux Romains alors bien rares, qui joignaient au talent militaire la plus scrupuleuse probité, et le respect de leur parole. Acceptant la responsabilité de la guerre, il rassembla quelques troupes et vint se poster en observation sur le flanc des colonnes ostrogothes. Ce mouvement inquiéta Théodoric, qui devenu plus docile aux représentations d'Adamantius, consentit à conférer avec lui. Le rendez-vous fut fixé près d'Épidamne. Il fut convenu que deux otages goths envoyés à Lychnide, répondraient de la tête du commissaire romain; mais en même temps Théodoric exigeait de Sabinianus l'engagement par serment de rendre les otages dès qu'Adamantius serait de retour. Sabinianus s'y refusa. « Je ne sais ce que c'est qu'un serment, dit-il, je n'en ai prêté de ma vie, et personne n'a douté de ma parole ; je ne jurerai pas[2]. » En vain son collègue invoqua la nécessité d'en finir avec un homme tel que Théodoric, qui ne cherchait qu'à les

---

[1]. Jubens ab incœpto desistere, neque naves sumere, aut quidquam aliud novarum rerum tentare donec adventaret. Malch., *Hist.*, II, 1.

[2]. Negavit se juraturum, neque enim ulla de re anteà se jurasse... *Ibid.*

jouer et à gagner du temps : le vieux Romain fut inflexible.

Enfin, Adamantius prit son parti en homme de cœur : il quitta Lychnide avec deux cents cavaliers pour aller trouver Théodoric au lieu désigné, dédaignant la garantie des otages et jouant lui-même sa tête ou sa liberté. Il partit de nuit, par des chemins détournés et si difficiles, qu'on ne se souvenait pas d'y avoir vu passer jamais un homme à cheval [1]. En suivant cette route, on trouvait à quelques milles en avant d'Épidamne, un vieux château abandonné, mais très-fort d'assiette, dont les murs taillés dans le roc vif étaient baignés par une rivière profonde : de sa plate-forme comme du haut d'un observatoire, on dominait au loin le pays. C'était l'endroit choisi pour la conférence. Le premier soin du Romain fut d'étudier la position pour se garantir d'une attaque possible; il distribua sa petite troupe dans les passages importants, puis il fit savoir à Théodoric, qu'il l'attendait de l'autre côté de la rivière. Sa brusque apparition surprit le roi qui sortit aussitôt d'Epidamne, avec une assez forte escorte, et s'approcha de la rivière dont il occupa le bord opposé [2]. Adamantius, descendant alors sur la pointe d'un rocher d'où il pouvait être entendu, pria Théodoric d'éloigner ses gens : lorsqu'ils furent seuls, la conférence commença.

1. Assumptis ducentis equitibus, per ripas inaccessas, et viam multis incognitam neque antea initam... Malch., *Hist.*, II, 1.
2. Adamantius autem, descendens in saxum, unde exaudiri posset, et jubens Barbarum omnes alios dimittere, solus cum solo est collocutus. Malch., *Hist*, loc. cit.

Le roi des Goths parla le premier ; et comme si rien ne se fût passé depuis sa malencontreuse campagne contre le Louche, au mont Sondis; comme si depuis lors il n'y avait pas eu entre Artémidore et lui, des explications, entre l'empereur et ses propres envoyés, des préliminaires de paix, il se mit à reprendre article par article, toute la nomenclature de ses griefs, accusant Zénon avec une âcreté de parole qui indiquait le parti pris de rompre sans retour. « J'avais résolu de passer tranquillement ma vie hors de la Thrace, au milieu de la petite Scythie [1], disait-il : c'était là toute mon ambition. J'allais m'y établir, disposé à suivre en tout les volontés de l'empereur, et ne songeant à molester qui que ce fût : voilà que vous m'appelez pour faire la guerre à Théodoric, fils de Triar. J'arrive : vous m'aviez promis d'abord que le duc de Thrace m'amènenerait une armée ; le duc de Thrace n'a point paru [2]. En second lieu, je devais être rejoint par Claudius, commandant des troupes étrangères ; je ne l'ai pas vu davantage. En troisième lieu, vous me donnâtes des guides ; mais ces guides au lieu de me diriger par une route sûre et facile, me firent prendre un chemin impraticable, qui menait droit à l'ennemi, à travers des précipices affreux. Oui, ce fut par un chemin pareil, qu'il me fallut conduire ma cavalerie, mes mulets, mes chariots. et tout l'attirail nécessaire à une armée. J'avais à peine fait quelques

---

1. Ego quidem extra Thraciæ fines, Scythiam versus, vitam transigere constitueram. Malch., *Hist. exc.*, II, 1.

2. Is nullibi gentium apparuit. *Ibid.*

pas que l'ennemi tomba sur moi avec tant d'avantage que j'aurais dû périr mille fois[1]. Force me fut de traiter avec lui, et je lui dois une éternelle reconnaissance de ce qu'il ne m'a pas exterminé quand il pouvait le faire si aisément, puisque vous m'aviez livré entre ses mains [2]. »

Théodoric parla ainsi; Adamantius, à son tour, entama une ample énumération des bienfaits dont le roi ostrogoth avait été comblé par Zénon : « Ce n'est pas comme ton empereur que tu aurais dû l'aimer et le respecter, s'écria-t-il, mais comme un père[3]. » Rendant à Théodoric accusation pour accusation, il lui reprocha d'avoir envahi, brûlé, saccagé plusieurs provinces romaines, pendant qu'il endormait les Romains par de feintes propositions de paix. « Combien de fois, ajouta-t-il, avons-nous eu en notre pouvoir ta vie et celle de ton peuple? Nous t'avons laissé sortir de Thrace, lorsqu'il nous était si facile de t'accabler, au milieu des montagnes et des rivières, et que déjà nos troupes te cernaient. Tu étais perdu : nous t'avons laissé passer librement. Conduis-toi donc envers nous, avec amitié; envers l'empereur, avec soumission; autrement, crois-le bien, tu n'éviteras pas ta ruine. Laisse là les villes dont tu t'es emparé contre tout

---

1. Mihi viarum duces dedistis, qui, tutis et expeditis omissis, per eas, quæ ad hostem ferebant, per præmpta et præcipitia loca me deduxerunt, in quibus parum abfuit... quin cum toto exercitu funditus interirem. Malch., *Hist. etc.*, II, 1.

2. Quibus magnam gratiam habere oportet, quod me, a vobis proditum, cum occidere possent, servarunt. *Ibid.*

3. Pro quibus decuerat imperatorem haud secus quam patrem colere et revereri. Malch., *loc. cit.*

droit, quitte-les, quoique tu les aies rendues désertes : jamais l'Épire ne sera à toi! Il y a en Dardanie un grand pays très-fertile et qui manque de bras pour le cultiver, l'empereur te le cède : c'est là que tu dois te retirer avec ton peuple. Tu mettras en valeur une terre qui ne demande que des habitants, et fournira abondamment aux besoins des Goths[1]. »

Théodoric, à qui il importait de gagner du temps, jura qu'il accepterait volontiers cette proposition, si son peuple n'était pas trop fatigué pour entreprendre de nouveau un long voyage à travers les montagnes. « Il faut me laisser passer l'hiver ici, reprit-il avec animation, et je m'engage à ne pas étendre plus loin mes conquêtes : j'offre en garantie de ma parole, ma mère et ma sœur comme otages[2]. Au printemps, vous enverrez des commissaires pour nous conduire en Dardanie. » Puis, changeant de sujet, et laissant éclater tout à coup cette impatience d'action, ce besoin d'aventures qui le dominaient : « Si l'empereur veut mettre à ma disposition les troupes d'Illyrie, dit-il à Adamantius, je prends six mille hommes d'élite parmi mes Goths ; je retourne en Thrace, et je me charge de balayer de cette province le Louche avec tous les siens ; pour ma récompense je ne demande qu'une chose, c'est de vivre en Romain, agrégé à votre république, et de partager votre gouvernement avec vous-même[3]. Dis

---

1. Regio ampla, amœna, fertilis, quæ incolis indigeat, quam si colat... Malch., *Hist. exc.*, II, 1.
2. Matre quoque et sorore ad fidem confirmandam obsidibus datis. *Ibid.*
3. Quæ si exsecutus fuerit petere ut... Civitate donetur et Romanorum more rempublicam sibi administrare liceat. *Id. loc. cit.*

encore à l'empereur que si cela lui convient mieux, je suis prêt à entrer en Dalmatie, à y prendre Népos et à l'aller réinstaller sur le trône de Rome[1]. » Théodoric révélait par ces derniers mots, le dessein secret qui l'amenait peut-être en Épire, mais qu'il en rapporta certainement : il savait qu'Alaric était parti de là pour conquérir l'Italie.

Adamantius comprit qu'on le jouait, que le roi des Ostrogoths voulait rester en Épire, et n'attendait que la concentration de son peuple pour s'y rendre inattaquable, et de là faire la loi à la Grèce ou à l'Italie. Il rompit la conférence, et regagna Lychnide tout découragé. Sabinianus ne vit pas sans plaisir les ouvertures de conciliation repoussées par les Goths. Ce que souhaitait ce vieux soldat, pour l'honneur de ses troupes et pour le sien, c'était une occasion de combattre : il ne voyait pas, sans indignation, ces hordes de Barbares s'avancer tranquillement sous la sauvegarde de négociations dérisoires, tandis qu'il eût été si facile de les détruire. Faisant appel aux plus décidés et aux plus alertes de ses gens, fantassins et cavaliers, il disposa une petite armée avec laquelle il épia le moment d'agir : il n'attendit pas longtemps. Un matin il fut prévenu par ses espions qu'on apercevait sur les hauteurs de Candavie une troupe nombreuse de Goths qui descendait la montagne en grand désordre. Les Barbares s'avançaient avec une sécurité

---

1. Imo si imperator jusserit paratum esse et in Dalmatiam ire... Malch., *Hist.*, ii, 1.

qui montrait leur imprévoyance ou leur mépris des Romains : point d'éclaireurs, point de gardes ; les soldats, la plupart sans armes, marchaient pêle-mêle avec les chariots de bagages et les bêtes de somme; et le bruit de leurs chants joyeux se confondait au loin avec le mugissement des troupeaux. Cette troupe n'était autre que l'arrière-garde des Ostrogoths commandée par Theudemund, et qui escortait la mère de Théodoric, Éréliéva, sa sœur Amalafride, et la meilleure partie des bagages de l'armée[1].

Ils devaient passer le lendemain, au point du jour, dans un lieu d'accès difficile et tout à fait propre aux embuscades de guerre. A soixante milles environ d'Épidamne, les montagnes se resserrant tout à coup ne laissaient entre elles qu'une gorge étroite, au fond de laquelle roulait un torrent. Un pont de bois, jeté sur le précipice[2], conduisait d'une rive à l'autre, à la plate-forme d'un château ruiné qui commandait jadis la vallée, et l'on arrivait à ce pont par un chemin tortueux pratiqué sous les escarpements du rocher. C'est là que Sabinianus résolut d'attaquer le convoi des Goths. Il fit ses préparatifs dans le plus grand secret, de crainte qu'un avis imprudent ou perfide ne vînt mettre l'ennemi sur ses gardes. Ses plus forts marcheurs furent envoyés par des sentiers connus des seules gens du pays, tandis que sa cavalerie tournait la montagne à mi-

1. Nescio quis Sabiniano nuntiavit, barbaros securos, soluto agmine, a Candavia descendere... Extremum agmen in quo Theudemundus, soror et mater versarentur. Malch., *Hist. exc.*, II, 1.

2. Pontem cui suberat fossa ingenti profunditate in planitiem... Malch., *loc. cit.*

côte ; lui-même resta à Lychnide dans une immobilité apparente ; mais après l'heure du souper s'esquivant à l'insu de tout le monde, il monta à cheval, courut toute la nuit, et arriva au rendez-vous avant que le soleil fût levé.

A la première aube du jour, les Romains aperçurent la colonne ennemie qui débouchait par la vallée ; les chariots contenant la famille de Théodoric avaient pris la tête du convoi : Sabinianus les fit charger en flanc par son infanterie qui se démasqua subitement. Son dessein était d'enlever ces otages précieux, au moyen desquels il pourrait faire la loi au roi des Goths ; mais Theudemund par une sorte de pressentiment leur avait donné ce jour-là pour escorte tout ce qu'il avait de plus solide dans son armée. Le combat fut donc vaillamment soutenu, s'il fut vaillamment livré. Les Barbares, coupés et embarrassés, laissèrent leur chef et sa poignée de braves lutter seuls contre tous les efforts des Romains. Réduit enfin à l'extrémité, Theudemund commande à sa mère et à sa sœur de mettre pied à terre, se fait jour avec elles à travers l'infanterie romaine, atteint le pont, le franchit, et ordonne qu'on le rompe à coups de hache[1]. Les ais se détachent sous le tranchant du fer et roulent au fond de l'abîme, entraînant dans leur chute amis et ennemis, ceux qui poursuivaient les fugitives et ceux qui couvraient leur retraite. En pareille circonstance, ces

---

1. Quo dissoluto, persecutionem eorum qui in alteram ripam pervenerunt, hostibus intercluserunt ; reliquis autem suorum a ponte exclusis fugam impeditam reddiderunt. Malch., *Hist. exc.*, II, 1.

femmes hardies valaient des hommes; elles le prouvèrent aux Romains, mais Theudemund fut tué.

La bataille se continua sur l'autre rive, avec grand acharnement; un instant ébranlée la cavalerie romaine se rallia bientôt, et l'infanterie chargeant les Goths chercha à les culbuter dans le fleuve. Pour échapper à ce danger, ils mirent bas les armes et s'enfuirent vers la montagne, laissant derrière eux tout leur bagage. Deux mille chariots, un butin immense et cinq mille captifs restèrent au pouvoir des Romains. Sabinianus conserva une partie des chariots pour les besoins de son armée, et fit savoir aux villes qui devaient lui en fournir par réquisition, qu'il les en tenait pour dispensées[1]. Ceux qu'on ne voulut pas garder à cause de la difficulté du transport, furent mis en tas et brûlés sur la place[2], aux cris joyeux de la soldatesque. La mère et la sœur de Théodoric, du château ruiné où elles avaient trouvé refuge, assistèrent à ce désastre de leur nation ainsi qu'aux joies de leurs vainqueurs.

La bataille, comme je l'ai dit, s'était donnée à soixante milles d'Épidamne, et Théodoric ne tarda pas à en apprendre la nouvelle. Il ne manqua pas de crier à la trahison, à la perfidie (c'était le langage des Barbares chaque fois qu'ils étaient châtiés), et lorsqu'il eut dégagé sa mère et rallié les débris de son

---

1. Vetuit civitates amplius de curribus laborare, quia quod satis erat, habebat. Malch., *Hist. exc.*, II, 1.

2. Curribus tamen aliquot, quos difficile fuisset per tot prærupta loca agere in monte, incensis... *Ibid.*

3. Malch., *Hist. exc.*, II, 1. — Marcel, Com., *chron.*

arrière-garde, il avisa aux moyens de faire aux Romains le plus de mal possible. Alors recommença la guerre d'extermination qu'il avait faite dans le Rhodope et en Macédoine; mais il trouvait en Sabinianus un ennemi qui savait punir ou limiter ses ravages. Aiguillonnées par ce général, les villes grecques s'armèrent et surent parfois se suffire à elles-mêmes. Cet état incessant d'hostilités ne permit pas au roi ostrogoth de tenter les aventures lointaines qu'il rêvait déjà peut-être, en envahissant la patrie de Pyrrhus : les maux de la Grèce donnèrent du repos à l'Italie. Enfin, la mort de Népos arrivée en 480, celle de Sabinianus survenue l'année suivante, et une troisième qui touchait de plus près Théodoric, changèrent encore une fois ses plans et sa conduite vis-à-vis de l'empereur Zénon.

Cette troisième mort était celle du Louche, qui disparaissait de la scène politique par un accident étrange, au comble de sa gloire, quand il était devenu riche, puissant, presque maître de l'Orient, et qu'il avait mis son rival sous ses pieds. La fortune juste pour ce Goth turbulent, qui dominait par l'intrigue plus que par le courage, ne voulut pas qu'il pérît sur le champ de bataille. Il venait de faire contre Constantinople une de ces démonstrations menaçantes, en pleine paix, au moyen desquelles il obtenait des suppléments de solde, lorsqu'il fit dresser son camp dans un lieu nommé Anaplum[1] où il passa plusieurs jours, com-

[1] Marcellin., *Chron.* — Cf. Jornand., *Regn. succ.*, 47. — Théophan., *Chron.*, p. 108.

mettant des déprédations de toute sorte. Un matin, qu'il voulait se livrer à ses exercices de corps habituels, il demanda un cheval, et suivant son usage, il le monta d'un saut, sans le secours d'un écuyer. C'était un cheval non dressé, et qu'il ne connaissait pas. Avant qu'il eût pu le maîtriser par l'étreinte des genoux, l'animal se cabrant se mit à marcher droit sur ses pieds de derrière. Théodoric, impuissant à diriger cette bête rétive, et n'osant employer la bride, de peur de la renverser en arrière et d'être écrasé dans sa chute [1], céda au mouvement, et se laissa promener à droite et à gauche autour de sa tente. La porte de cette tente était ornée d'un grand javelot suspendu à son anse de cuir, et fortement assujetti [2], marque de la dignité du chef. Le cheval dans un de ses bonds lança son cavalier contre ce javelot dont la pointe lui entra profondément dans le côté, et le perça de part en part. On accourt à cette vue, on relève le fils de Triar qui nageait dans son sang; on le dépose sur un lit : quelques jours après il était mort.

Ce fut un grand événement pour l'empire, un non moins grand pour les Ostrogoths, dont le roi se trouvait dès lors commander la seule force barbare organisée, existant dans tout l'Orient. La mort de Sabi-

1. Equus vero, utpote indomitus ac ferox, cum Theodoricus ipsum ambabus tibiis nondum amplexus esset, anterioribus pedibus, in sublime elatis, posterioribus duntaxat insistere atque ingredi cœpit. Evagr., *Hist. ecc.*, III, 25.
2. Theodoricus cum equo suo certans, ac neque illum freno retrahere osus... Evagr., *loc. cit.*
3. Hasta amentata ante illius tabernaculum suspensa erat, more barbarico. *Ibid.*

nianus privait aussi, presqu'au même instant, la Romanie de son dernier général. L'Amale vit le parti qu'il pouvait tirer de cette situation nouvelle, et sa rancune contre Zénon se dissipa comme une fumée. Zénon de son côté fit des réflexions salutaires. Le moment lui sembla venu de rattacher à l'empire non-seulement le peuple ostrogoth, mais la masse entière des Goths cantonnés en Orient, car les bandes du Louche, restées sans chef, voulaient se réunir au tronc principal de leur race. La réconciliation paraissait d'autant plus aisée qu'aucun rival n'excitait maintenant les ombrages de Théodoric; et Zénon se flattait d'accumuler sur ce barbare ambitieux tant de biens et de dignités, qu'il n'eût plus rien à souhaiter, ne pouvant être empereur : il se trompait pourtant.

L'intérêt présent rapprocha donc, encore une fois, le fils d'armes et son père. De tous les points débattus entre eux, depuis le commencement de la guerre, un seul fut abandonné d'un commun accord, ce mariage romain dont Zénon avait entretenu les ambassadeurs goths, après le traité du Mont-Sondis. Il n'en fut plus question, soit que la fille d'Olybrius eût reçu un autre mari, soit que le peuple goth montrât de la répugnance pour ces alliances étrangères qui blessaient sa fierté, et convenaient mieux en effet à un chef de bandes mercenaires qu'à un Amale, roi de sa nation. Au reste, Théodoric, imitant l'exemple de son père, avait pris une concubine barbare, quelques-uns disent une femme légitime [1], qui lui avait donné deux

---

1. Naturales ex concubina quas genuisset adhuc in Mæsia, filias habuit.

filles, Theudigotha et Ostrogotha[1], alors en bas âge et mariées plus tard à deux rois germains d'Occident. Nous devons présumer que cette barbare, dont le nom et la race sont également inconnus, ne vivait déjà plus à l'époque qui nous occupe, puisque l'histoire ne fait d'elle aucune mention. Les contemporains n'en parlent qu'une seule fois, à propos du mariage de ses filles, et ne nous la montrent jamais au sein de la famille des Amales, près de cette mère et de cette sœur, compagnes inséparables de Théodoric, dans la bonne comme dans la mauvaise fortune.

Jorn., *R. Get.*, 58. Elles étaient nées plus probablement en Épire. — Uxorem habuit ante regnum de qua susceperat filias. Anon. Vales., p. 720.

1. Theudigotha. Paul. Diac. ; Theudicoda, Jorn.; Theodogotha. Anon. Vales. aliàs Theudicodo. ; Θευδιχοῦσα. Procop. — Ostrogotho.

# CHAPITRE XI

## MARCHE DES OSTROGOTHS SUR LES ALPES

Consulat de Théodoric. — Il assiège Constantinople et arrache à Zénon un décret pragmatique pour la cession de l'Italie. — Caractère de ce décret. — Les Ostrogoths veulent passer en Italie par mer. — Forcés de reprendre la route de terre, ils rencontrent les Gépides dans la vallée de la Save. — Bataille de l'Ulca. — Les Goths traversent les Alpes et arrivent en Vénétie.

484 — 488

« Vivre en romain, habiter Constantinople comme un de ses citoyens, et prendre part au gouvernement de la grande république des Césars, » tel était l'idéal de Théodoric, et le vœu qu'il exprimait au patrice Adamantius, dans leur conférence près d'Épidamne : ce vœu allait enfin s'accomplir. Aussi le roi goth dut tressaillir de joie, lorsqu'un messager d'état, Mercure de l'Olympe byzantin, vint sous le costume de l'ancien dieu, avec des ailes aux épaules et un caducée au poing, déposer entre ses mains une *évocatoire*[1] : c'était le sacré mandement par lequel l'empereur daignait appeler près de lui un sujet, ou lui accordait la faveur de sa présence. « Laisse de côté tout loisir et

---

1. Evocatoria missa. *Hist. Miscell.*, xv. — Evocatoria destinata. — Jorn., *Get.*, 57.

tout délai, disait la formule officielle, et rends-toi promptement dans notre ville, afin que ta diligence à jouir de notre aspect, nous fasse voir qu'il t'est agréable[1]. » A ces phrases d'usage se joignirent ici les communications particulières de l'empereur à son fils d'armes. Zénon lui faisait pressentir les honneurs qui l'attendaient dans la métropole de l'Orient; il ajoutait que, sachant la répugnance des Goths à se rendre en Pautalie, il leur concédait un territoire sur le Bas-Danube, partie dans la Dacie riveraine, partie dans la Mésie inférieure, avec Noves pour capitale : c'était mieux que la petite Scythie sollicitée naguère avec tant d'ardeur par Théodoric. Celui-ci, au comble de ses désirs, précipita l'installation de son peuple dans ce nouveau cantonnement, sans toutefois y présider lui-même : ses regards étaient tournés vers Constantinople, et les maisons roulantes des Ostrogoths avaient perdu tout charme pour lui.

Il reçut dans la cité de Constantin l'accueil le plus empressé. Outre le brevet de commandant en chef de la province de Thrace, Zénon lui donna celui de Maître des milices, *in præsenti*, qui était une sorte de ministère de la guerre; il le logea au palais, le fit marcher de pair avec tout ce qu'il y avait de hauts personnages à la cour, et enfin le désigna consul pour l'année suivante. Ce ne fut pas tout. Cette suprême

---

[1]. Quapropter ad comitatum nostrum, jussis te præsentibus, evocamus, ut non mediocri gaudio perfruaris. Et ideo otii delectatione postposita... devenire propera, ut et tibi aspectum nostrum gratum fuisse judicemus, cum te festinasse cognoscimus. *Form. evocat.* Cassiod., *Var.*, VII, 34.

dignité qui ruinait les plus riches Romains, en les glorifiant, n'apporta que des honneurs à Théodoric, l'empereur ayant voulu payer sur le trésor impérial les frais du consulat de son fils. La pompe déployée à cette occasion dépassa les plus grandes magnificences qu'on eût encore vues sous son règne : ce fut le cérémonial d'un triomphe, plutôt que celui d'un consulat[1]. Quand on sait l'affection profonde dont Théodoric entourait sa mère et sa sœur, on ne peut guère douter qu'il n'ait voulu les avoir l'une et l'autre pour témoins et compagnes de sa gloire; et l'on aime à se figurer Amalafride et Éréliéva, assistant, dans le cortége des impératrices, aux fêtes qui remplirent alors Constantinople de tumulte et de joie. Leur air et leur costume, si cette supposition est vraie, durent présenter un étrange contraste au milieu de cette cour molle et voluptueuse; et les vigoureuses Germaines, aux cheveux roux, qui maniaient la hache aussi lestement que le fuseau et marchaient fières sous de longues stoles brunes, un diadème barbare au front, ne furent pas, on peut le croire, la moindre des curiosités de la journée. Éréliéva était catholique, quoique le peuple goth fût arien; et les Grecs, lors de son baptême, avaient changé son nom, trop rude pour leurs oreilles, en celui d'Eusébie, qu'elle portait à Constantinople[2]. Ils permirent pourtant au consul de garder le sien, le

---

1. De suis stipendiis triumphum in urbe donavit, factusque est consul ordinarius. Jorn., R. Get., 57.
2. Mater Erelieva dicta gothice, catholica quidem, quæ in baptismo Eusebia dicta. Anon. Vales, p. 719.

mot gothique de Theuderikh ou Thiodrek s'étant adouci dans la prononciation vulgaire de façon à n'avoir plus rien de choquant pour la délicatesse hellénique. Sa forme la plus habituelle en Occident, Theodoricus, en avait même fait un nom presque romain.

Dans ce retour à la vie civilisée, Théodoric dut se livrer avec passion aux amusements de l'esprit dont il avait été sevré si longtemps. Sans avoir la culture des lettres, il en avait réellement le goût ; surtout il en affichait la vanité. Il voulait passer aux yeux des Romains pour un connaisseur en fait d'arts, et un promoteur zélé des études libérales; il s'attribue ce rôle avec une certaine recherche dans les lettres écrites en son nom par Cassiodore. C'eût été presque le blesser que de ne lui pas répéter à tout propos qu'il était Grec par l'esprit, et que rien ne restait en lui de la barbarie originelle. « La Grèce t'a élevé au doux giron de la civilisation, par une prescience de l'avenir, lui disait en Italie son panégyriste Ennodius. Te prenant sur le seuil de la vie, elle te modela pour elle-même. Tandis que tu la réjouissais enfant, par ta présence, elle pourvoyait à sa sûreté, en se formant d'avance un protecteur[1]. » Voilà le langage qu'aimait et provoquait le roi des Goths : mais les murailles de Thessalonique, et les monuments de tant de grandes cités ruinées par ses mains protestèrent longtemps contre des flatteries qu'il ne sut mériter que plus tard.

---

1. Educavit te in gremio civilitatis Græcia, præsaga venturi, quem ita ingressum vitæ limen erudivit, ut dum adhuc de puero haberet hilaritatem, mox sequeretur securitas de tutore. Ennod., *Paneg. Theod.*, p. 396.

Il revit Artémidore, d'ambassadeur redevenu philosophe et courtisan ; leur liaison fut bientôt si étroite, que ce Grec, s'attachant à sa fortune, consentit à le suivre en Italie. C'était un homme d'une science variée, d'une nature droite, mais timide et pleine de réserve. Ce que Théodoric estimait en lui plus que sa profonde raison et les conseils de son expérience, c'étaient les conversations instructives ou amusantes dont il égayait la table royale[1] : du moins les lettres de Cassiodore appuyent beaucoup sur ce détail, d'un intérêt fort secondaire. La philosophie si chère aux Grecs avait sans doute sa part dans ces entretiens du festin ; malheureusement elle glissait sur l'âme passionnée du Barbare, comme les leçons de grammaire sur son esprit rétif à la règle. Théodoric n'apprit pas plus à être modéré dans ses désirs, à se posséder lui-même et à respecter la vie des autres, qu'à lire ou à signer son nom. Cette sève barbare des conquérants du v⁵ siècle avait quelque chose de vivace, d'indomptable, que la civilisation n'entamait pas. On raconte que l'élève d'Artémidore, devenu roi d'Italie, se laissait comparer volontiers à Trajan et à Valentinien I[er][2]. Malgré l'éminence de ses qualités, lorsqu'il se faisait sincèrement romain et civilisé, il n'approcha jamais de Trajan, cet idéal des grands empereurs. Il eut plus de ressemblance avec Valentinien Ier, mélange de bien et de

---

1. Regalem quin etiam mensam conviva gematus ornavit... ibi se nobis studens jungere, ubi certum est nos posse gaudere. Cassiod., Var., I, 1, ep. 43.
2. Trajanus a Romanis vel Valentinianus, quorum tempora sectatus est, appellatus. Anon. Vales., p. 719.

mal, encore imposant dans sa rudesse ; avec cet empereur bizarre qui avait deux ours pour commensaux[1], dans son palais. Théodoric, par ses instincts et ses fureurs sauvages, renfermait en lui-même un hôte aussi terrible parfois que les compagnons de Valentinien.

Zénon arracha bientôt son fils d'armes aux ravissements de cette vie oisive, pour le renvoyer sur les champs de bataille où se présentait une occasion de payer ses bienfaits. L'Asie romaine était gravement troublée par une de ces révolutions qui ébranlaient périodiquement le trône de Constantinople, au souffle de l'impératrice-mère, car cette femme ne pouvait vivre sans l'agitation politique et sans les intrigues. Après avoir chassé, puis rappelé Zénon, elle conspirait avec ses propres ennemis pour le chasser encore. Sa longue domination, sous les règnes de son mari et de son gendre, lui avait créé une puissance redoutable qu'il était également dangereux de vouloir briser ou de subir, et Zénon ne savait faire ni l'un ni l'autre. La révolte actuelle, née de causes en réalité futiles, prit par son intervention un caractère tellement sérieux, que l'empereur, un moment, put se croire perdu. C'est alors qu'il recourut à Théodoric, sur la fidélité duquel il comptait sans réserve, puisque Théodoric, étranger et barbare, obligé de l'empereur et ne devant rien à l'empire, était libre des influences qui pesaient sur les généraux romains.

---

1. Ammian. Marcell., xxix, 15.— Cf., *Histoire de la Gaule sous l'administration romaine*, t. iii.

J'exposerai brièvement l'origine et les péripéties de cette grande commotion qui, changeant l'état des relations entre Zénon et son fils et les opposant de nouveau l'un à l'autre, eut un contre-coup funeste sur les destinées de l'Italie[1].

L'âge n'avait fait que développer chez cet empereur les vices d'un caractère irascible et faible, toujours porté aux extrêmes, toujours passant d'une résolution désespérée à l'abandon le plus complet de lui-même et des affaires publiques; mais ce dernier état lui était plus habituel. Quand Vérine ne régnait pas, les plus chers intérêts de l'empire se trouvaient livrés à des favoris qui faisaient la guerre à Vérine, et c'est ce qui était arrivé pendant les années précédentes; toutefois le favori du jour n'était pas d'humeur à se laisser débusquer par une femme, et, une fois la lutte engagée, il était homme à la poursuivre jusqu'au bout. On le nommait Illus. Compatriote et camarade d'enfance de Zénon, il avait été son vrai libérateur dans la dernière guerre civile, où chargé par Basilisque de couvrir Constantinople avec une armée, il avait fait déserter cette armée et livré Constantinople : aussi devint-il tout-puissant après le rétablissement de son ami[2]. Nommé patrice et principal ministre, son premier soin fut d'écarter des abords du trône l'impératrice Vérine, qui accoutumée de longue main aux variations de son gendre, parut avoir accepté sa disgrâce. Mais du fond de la retraite où elle vivait

---

1. Theophan., *Chronogr.*, p. 96, 97.
2. Suid., V° πα, p. 414.

reléguée dans un coin du palais, elle guettait l'occasion de surprendre le favori et de le frapper à son tour : l'occasion se présenta comme d'elle-même.

Doué d'un esprit vif, curieux, subtil à la manière des Grecs d'Asie, le patrice Illus joignait aux talents militaires le goût de l'étude et un penchant prononcé pour certaines spéculations hardies, fort en vogue dans ce temps. Sa table était ouverte à quiconque professait ou prétendait pratiquer quelque doctrine extraordinaire. Dans cette Rome bizarre des rives du Bosphore, Illus était le Mécène des charlatans et des sophistes. On voyait affluer chez lui ce troupeau vagabond et famélique de gens d'esprit, qui couraient la Grèce de ville en ville, vivant de leur science ou de leur savoir faire : philosophes, poètes, grammairiens, orateurs, hérésiarques chrétiens, professeurs de sciences occultes; ceux-là surtout trouvaient bon accueil près d'Illus. Pour le moment, il hébergeait dans son palais un prêtre renégat, astrologue et politique original, qui expliquait les événements du monde par la combinaison des atomes. Ce savant homme dut pourtant céder la place à un nouveau venu que précédait une réputation éclatante, dans les écoles de l'empire d'Orient.

Le nouveau venu se nommait Pamprépius. Il était de Thèbes, en Égypte, et on le disait passé maître dans ces enseignements mystérieux dont les gymnases d'Alexandrie étaient alors le sanctuaire. La théurgie n'avait point de secrets pour lui, les démons, à ce qu'on prétendait, lui obéissaient aveuglément; et sa taille chétive, son teint basané, ses traits d'une difformité repoussante, semblaient confirmer la croyance populaire, en imprimant à ce maître des enfers un cachet vraiment diabolique. Athènes voulut l'avoir pour professeur public de grammaire; il y vint et s'y lia avec le célèbre philosophe Proclus[1], l'ennemi des chrétiens et l'oracle du parti qui nourrissait encore en cachette l'espoir d'une restauration du polythéisme. Accusé de pratiques sacriléges et de magie, Pamprépius reçut des magistrats l'ordre de vider les lieux; et de la ville presque payenne d'Athènes, nous dit un historien, il se transporta dans la ville toute chrétienne de Constantinople. La ferveur orthodoxe des Byzantins ne les empêcha pas d'accueillir avec une grande faveur le thaumaturge persécuté. On se pressa pour le voir; on courut l'entendre; mais il appartint de droit à Illus qui l'enleva pour ainsi dire dans sa maison. Là, Pamprépius, couvert par un si puissant patronage, ne dissimula plus ni son amour pour l'hellénisme[2] (on appelait ainsi l'ancienne religion grecque symbolisée par les nouveaux Platoniciens), ni ses relations prétendues avec les génies; et bientôt la demeure d'Illus fut signalée comme un repaire d'idolâtres et de magiciens, qui jour et nuit consultaient les esprits infernaux, sur

---

1. Venit Athenas, et a civitate delectus grammaticus, sub magno Proclo eruditus est in omnibus reconditæ sapientiæ partibus. Malch., *Fragm. e Suid.*, 4.

2. Græca religio quam ille nullo modo dissimulabat, sed quæ confidenter et palam ostentabatur. Malch., *Fragm. e Suid.*, 4. — Pamprepius homo impius. Candid., *Hist.*, II, 1. — Cf. Damasc., *Vit., Isid., philos.* apud Phot., c. 242.

la mort de l'empereur et sur le rétablissement des dieux déchus [1].

C'est là que Vérine attendait le favori. Profitant d'un voyage qu'il faisait pour certaines affaires dans les provinces d'Asie, elle va trouver Zénon qu'elle effraye du tableau de l'anxiété publique. « Êtes-vous de moitié avec cet homme pour renverser le christianisme, lui dit-elle; ou bien attendez-vous patiemment qu'il accomplisse sur vous les oracles des démons? » Vérine touchait le côté sensible; et Zénon, réveillé en sursaut dans son apathie, expulsa le philosophe qui partit en prophétisant son retour. Il revint, en effet, avec Illus, plus puissant, plus audacieux qu'auparavant. Non-seulement le patrice le réinstalla dans sa maison, mais il exigea que Zénon le nommât sénateur et l'admît aux délibérations de ses conseils : Zénon obéit; et Vérine, sacrifiée à la rancune du favori, dut à son tour partir pour l'exil. On la conduisit, comme prisonnière d'État, dans le château fort de Papyre, au milieu des montagnes de l'Isaurie [2]. Elle tempêta, elle pleura; ni ses pleurs, ni sa colère ne lui ramenèrent Zénon, retombé sous la main d'Illus, dans ce sommeil léthargique où il se plaisait tant.

L'impératrice Ariadne intervint alors; et ne comptant plus sur l'empereur, elle implora du favori lui-même la grâce de sa mère; elle s'humilia jusqu'à la

---

1. Quod incantationibus uteretur, et adversus imperatorem Illo vaticinaretur. Malch., *Fragm. e Suid.*, 4.

2. Verinam Illo tradidit, qui eam in Ciliciæ castellum ablegavit, Candid., *Hist.*, II, 1. — In castellum Isauriæ Papyrii. Theoph., p. 110, 111. — Theod., lect., II. — Evagr., *Hist. eccl.*, III, 27.

lui demander en pleurant. « Quoi donc! s'écria insolemment Illus; Augusta, aussi, trouverait-elle son compte dans un changement de règne[1]? » Il faisait allusion à certains bruits répandus sur les liaisons d'Ariadne avec le silentiaire Anastase. Ce coup brutal blessa au cœur la fière impératrice; se relevant avec dignité, elle alla trouver l'empereur, et lui rapporta ce qu'elle venait d'entendre. « Zénon, lui dit-elle résolûment; Illus et moi ne pouvons rester ensemble dans ce palais; décidez qui doit partir[2]. » — « C'est à vous de rester, à lui de partir, et je vous remets le soin d'y pourvoir, » s'écria Zénon, qu'une injure si directe avait fait sortir une seconde fois de sa torpeur. Ariadne ne laissa pas à cette colère le temps de se calmer. Quelques jours après, comme Illus montait les degrés du cirque, un vigoureux Alain, soldat dans le corps des domestiques, lui asséna sur la tête un coup d'épée qui devait lui fendre le crâne. Le spathaire d'Illus détourna l'épée avec son bras, mais la pointe atteignit, en glissant, l'oreille droite du patrice, et la coupa net[3]. Il fut ramené chez lui, baigné dans son sang. Zénon hâta le supplice du meurtrier, comme s'il eût éprouvé un grand déplaisir; toutefois le favori ne prit point le change et se sauva en Asie, avant que sa plaie fût en-

---

1. Alium à tuo conjuge imperatorem fieri quæris? Theoph., *Chron.*, p. 110.
2. Aut Illus in palatio morari debet an ego? Theoph., *Chron.*, p. 109.
3. Alanus quidam. Candid., *Hist.*, II, 1. — Parens præceptis reginæ, dum avidus ferit in capite, ense non cervicem, ut cupiebat, sed aurem illius amputavit. Jorn.., *Regn. succ.* — Amputata auricula. Marcell., *Chron.* — Magistri spatharius brachio gladium excepit, ejus tamen acies extrema dextram illi auriculam abscidit. Theoph., p. 109.

tièrement cicatrisée. On raconte que pour cacher la
difformité de son oreille, il porta dès-lors une ample
calotte qui lui emboîtait la nuque et descendait fort
bas sur les tempes [1].

Une fois en sûreté, Illus gagna l'Isaurie, son pays
natal, et se rendit au château de Papyre, où sa victime,
l'impératrice-mère, était emprisonnée. Papyre, situé
dans d'âpres montagnes, et d'ailleurs soigneusement
fortifié, passait pour imprenable ; les empereurs y possédaient un trésor ( probablement la caisse des revenus publics de plusieurs provinces) placé sous la garde
de quelques troupes : Illus fit main-basse sûr le trésor,
acheta la garnison et brisa les fers de Vérine [2]. Les
deux ennemis se reconcilièrent dans une même pensée,
celle de renverser ensemble l'homme dont ils s'étaient
avec tant d'acharnement disputé la faveur. Ils se sentaient indispensables l'un à l'autre : Illus pouvait entraîner des chefs militaires et lever une armée ; Vérine
avait seule l'autorité suffisante pour entraîner les peuples, et transférer la couronne impériale. Mais qui
choisir pour empereur? Le patrice se récusait; sa difformité faisait taire son ambition ; quelle figure, en effet,
pourrait-il faire sur le trône de Constantin avec sa calotte, et son oreille coupée, qu'on lui reprocherait incessamment? L'incertitude dura longtemps, quoique
les candidats ne manquassent pas. Pamprépius, qui
avait rejoint son maître, dissipa tous les doutes, en

1. Pileolum ad cutem semper gestabat. Theoph. p. 110.
2. Verinam Augustam eduxit e castello Papyrio., Theod., lect., II. —
Thesauris in Papyrio castello munitissimo repertis desæviunt. Jorn., Regn.
succ. — Theoph., Chron., p. 112. — Anastas., Bibliot., p. 46.

présentant comme l'élu des démons un certain général Léontius, Syrien de naissance et affilié secrètement aux pratiques de l'hellénisme [1] : Léontius fut adopté.

On chargea Vérine d'annoncer le nouvel Auguste aux magistrats et aux peuples de l'Orient par une proclamation qu'elle fit en son propre nom, et que nous avons encore. Elle y disait que « veuve de l'empereur Léon, elle avait donné le diadème des césars à l'Isaurien Trascalissée, soi-disant Zénon [2], mais que ledit Trascalissée s'en étant rendu indigne par sa tyrannie et son mépris du bien public, Vérine Augusta [3] le lui retirait pour le transférer au très-pieux empereur Léontius. » Elle fit plus, elle ceignit de ses mains à cet homme le bandeau impérial en grande solennité, dans l'église de Saint-Pierre de Tarse, en Cilicie [4], au milieu d'une foule immense accourue de toutes les contrées de l'Orient. Léontius fut acclamé et reconnu jusque dans la grande Arménie [5], tant le nom de l'impératrice Vérine avait de puissance même au-dehors! Il en avait trop pour les conspirateurs. A peine la cérémonie était-elle achevée, qu'Augusta, saisie par des soldats, fut reconduite dans sa prison de Papyre où elle mourut au bout de peu de temps, consumée par le

---

1. Theoph., p. 110, 111. — Phot., c. 242.
2. Τρασκαλισσαίον, τὸν μετακληθέντα Ζήνωνα. Sacra Vérin. Aug., ap., Theophan., p. 111.
3. Βηρίνα Αὐγοῦστα. Sacra Verin. Aug., ap. Theoph., loc. cit.
4. In Tarsum Ciliciæ, fecit Leontium coronari extra civitatem apud Sanctum Petrum. Anastas., Bibliot., p. 46. — Theoph., p. 110. — Victor. Tun., Theod., lect., II.
5. Procop., Ædif., III, 1.

chagrin[1]. Ariadne, plus tard, obtint de Zénon que son corps fût ramené à Constantinople, où il reçut une sépulture impériale[2].

Ainsi s'éteignit dans le châtiment de ses propres fautes ce génie fatal qui avait dominé deux règnes d'empereurs et bouleversé trois fois l'empire. Comparable aux Livie, aux Agrippine, aux Julie de l'ancienne Rome, qu'elle égala par l'ambition, et qu'elle surpassa par la puissance, elle n'aboutit qu'à devenir le jouet de quelques fanatiques intrigants que démentait sa raison et que méprisa toujours son orgueil.

Cette bizarre révolution dut sa force à son étrangeté même. On ne s'arma pas pour les princes : Zénon ne le méritait guère, et Léontius encore moins ; on ne s'arma pas davantage pour l'intérêt de l'État : qu'avait à faire l'État avec Léontius et ses amis? De folles et ridicules superstitions, interdites par les vrais polythéistes, soulevèrent une partie de l'Orient romain contre l'autre. Ce fut une révolution de philosophes thaumaturges dans les villes, d'obscurs sorciers dans les campagnes, agitant, ceux-là les adeptes d'une fausse science, ceux-ci la plus ignorante populace, remuant tout ce qu'il restait de levain païen dans la société, et proclamant comme un Messie de l'hellénisme ce prosélyte douteux qui se faisait couronner dans une église. Sous l'autre bannière se rangèrent naturellement les gens sensés et la majorité des com-

1. Quo facto, Verinam ad supra dictum castellum remiserunt.— Theod., lect., II, p. 558.
2. Theod. Lect., *loc. cit.* — Theoph., p. 111. — Evagr., *Hist. eccl.*, 27.

munions chrétiennes, le clergé orthodoxe en tête. Il y eut pourtant des évêques qui se laissèrent gagner par l'esprit de parti, jusqu'à prêter leur appui aux fauteurs de l'idolâtrie ; celui d'Antioche fut du nombre[1]. Quant à l'armée, elle était tiraillée en sens contraires par les opinions ou l'ambition de ses officiers. L'Ostrogoth Théodoric devint, dans cette circonstance, un homme précieux pour Zénon, et ses sujets barbares une milice précieuse pour l'empire : inaccessibles aux folies qui entraînaient le soldat romain, et n'ayant rien à attendre de Léontius, ils semblaient les meilleurs soutiens de l'empereur et de l'ordre public romain. Zénon chargea donc Théodoric du commandement de la guerre, mais par une faute inexplicable, il ne l'en chargea qu'à moitié, lui donnant pour collègue un autre barbare romanisé, Jean, surnommé le Scythe, à cause de son origine probablement gothique[2]. Théodoric put voir là un acte de défiance ; il put y voir aussi une injure, puisque, sortant du consulat, il se trouvait placé de pair avec un homme qui n'avait point été consul. De ce jour-là, ses ombrages reparurent, et les sentiments de reconnaissance commencèrent à s'altérer de nouveau entre l'obligé et le bienfaiteur.

Quoi qu'il en soit, Théodoric et ses Goths se battirent bien ; les *Valémiriens*[3] (comme les appelle un historien qui confond, ainsi que beaucoup d'autres,

---

1. Il se nommait Calendion. Evagr., *Hist. eccl.*, III, 16. — Liberat., 18.
2. Theophan., *Chron.* — Codin donne la conduite de cette guerre à Jean le Bossu, autre général romain du même temps ; mais le témoignage de Théophane est formel et bien plus digne de foi.
3. Valemirii. Liberat., 18.

l'oncle de Théodoric, Valémir, avec son père Théodémir), les Valémiriens firent des prodiges de valeur. Illus, jusqu'alors vainqueur dans toutes les rencontres, recula peu à peu devant eux et se retira vers l'Isaurie, son pays. De défaite en défaite il se vit réduit au seul château de Papyre où il s'enferma, près du cadavre de sa victime. L'armée impériale l'y vint assiéger sous la conduite de Jean-le-Scythe. Quant à Théodoric, soit que son mécontentement eût atteint les dernières limites, soit qu'il regardât une guerre de siége comme indigne de lui, il quitta brusquement l'armée, et ramena ses Ostrogoths de l'autre côté du Bosphore[1]. Cette circonstance faillit éterniser le siége de Papyre qui dura, dit-on, cinq années.

Les misérables fanatiques, emprisonnés derrière ses murailles, souffrirent pendant ce long blocus tout ce qu'il y a au monde de privations et d'angoisses; ils le firent sans découragement et sans murmure. Lorsque le désespoir était près de les gagner, Pamprépius, que le tyran avait pris pour son maître des offices, les consolait et les soutenait par des prédictions. Au défaut des nouvelles de la terre, interceptées soigneusement par les assiégeants, il leur en apportait du ciel ou de l'enfer; il consultait les astres, il interrogeait les démons : et toujours astres et démons lui annonçaient une délivrance prochaine avec un triomphe assuré. La délivrance devait s'opérer par le moyen de Trocundus, frère d'Illus, qui était allé lever des

---

1. Joanne, qui bellum urgeret, relicto, ad Zenonem rediit. Theoph., *Chronogr.*, p. 112.

auxiliaires barbares dans le Caucase ; de semaine en semaine, d'année en année on attendait son retour que Pamprépius prophétisait toujours avec le même succès. Une fois pourtant arriva l'avis trop certain que Trocundus, battu et pris par Jean-le-Scythe, avait été décapité depuis longtemps. Cette découverte perdit le prophète. En renonçant à leur dernière illusion, les assiégés rougirent de leur crédulité passée. Irrité de n'avoir jamais été que l'instrument et le jouet d'un fourbe, Illus livra le thaumaturge aux soldats qui le mirent en pièces, et jetèrent ses membres par-dessus la muraille dans le camp ennemi[1]. Malgré leur état désespéré, malgré la peste et la famine qui les décimaient, ces hommes indomptables refusaient de se rendre, lorsqu'un parent d'Illus livra à Jean-le-Scythe une des portes du château. Les assiégeants entrèrent. Le *roi* Léontius et le *tyran* Illus, suivant l'expression d'un chroniqueur du temps, qui les qualifie d'après le rôle qu'ils jouèrent réellement dans cette étrange révolution, reçurent la mort qu'ils avaient bien méritée[2]. Leurs têtes, portées à Constantinople, sur des fers de lances, et promenées en grande cérémonie tout au tour du cirque, allèrent ensuite sécher au pilori, de l'autre côté du port, dans le faubourg de Sykes[3]. Celle de l'ancien favori, coiffée de sa calotte, dut être un spectacle bien divertissant pour la populace de Byzance.

1. In frusta dissectum, e muris præcipitem egerunt. Theoph., p. 112.
2. Leontius rex et Illus tyrannus. Marcell., *Chron*.
3. Capita eorum Constantinopolim allata, præfixa hastilibus, tabuere. Marcell., *Chron*. — Trans portum, oppido cui Sycæ nomen est. Theoph. p. 112.

Le retour de Théodoric, rentré dans Constantinople dès l'année 484, ne fut pas un mince embarras pour Zénon. L'ancien consul revenait mécontent et ne parlait pas seulement d'injustices commises contre son droit, mais de piéges dressés contre sa vie. Que pouvaient être ces piéges? Comment Zénon, qui avait besoin d'un bras dévoué dans des circonstances si critiques pour son trône, et qui trouvait celui d'un fils comblé de faveurs, aurait-il voulu perdre ce fils, après l'avoir armé? C'eût été un acte de folie inexplicable, à moins de raisons que l'histoire ne fournit pas. Quelques contemporains, il est vrai, ont vaguement répété que Théodoric avait découvert des embûches tendues contre lui par Zénon[1], mais d'autres accusent nettement le roi des Goths d'ingratitude envers son bienfaiteur : « Aucune faveur, disent-ils, aucun bienfait, ne pouvaient contenter cet homme insatiable[2]. » La dernière version est de beaucoup la plus vraisemblable; et alors on se demande ce qui pouvait manquer à Théodoric. Tout ne lui avait-il pas été prodigué, maîtrises, patriciat, consulat et jusqu'à l'adoption par les armes? Quoi qu'il en soit, Zénon, pour calmer son esprit irritable, essaya de lui donner encore. Dans l'embarras de trouver quelque grandeur nouvelle, et le triomphe ne pouvant être décerné à un général qui désertait le champ de bataille, il lui fit dresser une statue équestre, en

---

1. Quod Zenonis adversus ipsum insidias comperisset. Evagr., *Hist. eccl.*, III, 27.
2. Zenonis Augusti nunquam beneficiis satiatus. Marcellin., *Chron.*

bronze, aux portes du palais[1], comme s'il se fût agi d'un César.

Pendant l'année suivante 485, un péril soudain qui menaçait à la fois la frontière romaine et les cantonnements ostrogoths du Bas-Danube, rapprocha pour un moment le fils d'armes et son père. On voyait apparaître, venant des grands steppes du Tanaïs et du Dniéper, un peuple asiatique jusqu'alors inconnu en Europe, les Bulgares, dont la laideur, la cruauté et les mœurs impures ont été plus tard si fameuses dans les contrées du Danube. Ils formaient une branche détachée de la vaste confédération hunnique, branche plus hideuse encore et plus redoutable que celle des Huns d'Attila[2]. Les Romains en furent épouvantés, les Barbares mêmes tremblèrent ; et l'inquiétude ne fut pas moins grande à Noves qu'à Constantinople. Théodoric demanda et obtint le commandement des forces qui devaient marcher contre eux[3] ; là du moins, il n'aurait ni collègue, ni rival. Elles se composèrent de Romains et de Goths. La guerre ne fut pas longue, mais vive et un moment incertaine. Dans une grande bataille où les premiers rangs de son armée pliaient, Théodoric, par son exemple et sa bravoure, décida la victoire : il assaillit au milieu de la mêlée et tua de sa

---

1. Equestrem statuam, ad famam tanti viri, ante regiam palatii, collocavit. Jorn., R. Get., 57. — Æream equestrem statuam ante palatium. *Hist. Miscell.*, xv, 10.
2. On peut consulter là-dessus mon *Histoire d'Attila, de ses fils et de ses successeurs*, t. I, p. 304 et suiv.
3. Ennod., *Paneg. Theodor.*, p. 398.

main le roi des Bulgares appelé Libertem [1]. La horde refoulée vers le nord regagna les solitudes du Dniéper. Après cette expédition aussi rapide que décisive, et dont la gloire s'accrut par la suite avec la terreur du nom bulgare, le roi ostrogoth, couvert de lauriers qui cette fois n'appartenaient qu'à lui, revint à Byzance, pour s'y replonger dans les délices de cette vie romaine qu'il aimait tant.

Il s'y laissait en quelque sorte absorber, oubliant son peuple, ou paraissant du moins s'en préoccuper fort peu, lorsque les événements arrivés sur le Haut-Danube en 487 et 488, l'expédition d'Odoacre dans le Norique, les massacres du Rugiland, et la translation des provinciaux romains au midi des Alpes, répandirent une vive agitation d'un bout à l'autre de la vallée. Les peuples germains de ces pays, même les plus forts, ne voyaient pas sans inquiétude le drapeau italien replanté sur une terre qu'ils tenaient déjà pour barbare; et l'émigration des populations romaines qui venait les priver de sujets riches et laborieux, excita au plus haut point leur colère. Enfin, la captivité de Fava, sa mort tragique suivie de l'extermination de son peuple, semblèrent à ces rois un défi que leur jetait le Ruge qui gouvernait l'Italie, et une menace pour eux tous. L'émotion, gagnant de proche en proche, arriva jusqu'aux Goths; mais là elle prit des proportions formidables. Habituée à se faire par orgueil ou par intérêt la patronne de causes qui n'étaient pas

---

[1]. Bulgarum ductor Libertem tua dextera prostratus. Ennod., *Paneg. Theod.*, p. 398.

siennes, la fière nation soumise aux Amales trouva mauvais qu'un aventurier tel qu'Odoacre, parce qu'il était patrice romain, vînt parler en maître sur les bords du Danube. Elle qui n'avait cessé de nuire aux Ruges quand ils étaient ses voisins, et de tourmenter de toute façon Flaccithée et sa race[1], se prit subitement pour eux d'une vive compassion ; elle se plaignit plus haut que tous les autres de l'insolence et de la cruauté des Italiens.

Ce fut bien pis, lorsque Frédéric, fils de Fava, arriva dans Noves, fugitif, implorant un asile de Théodoric, son allié. L'état misérable de l'exilé, ses larmes, ses récits, ses exécrations contre le Ruge, remuèrent profondément tous les cœurs ; et l'absence prolongée de Théodoric laissant le champ libre aux manœuvres des ambitieux et des jaloux qui ne manquaient pas plus là qu'ailleurs, ses ennemis profitèrent de l'occasion pour tourner contre lui l'irritation publique[2]. On murmura de cette absence qui privait le peuple goth de direction et de conseil dans les circonstances où il en avait le plus besoin ; puis on l'accusa directement lui-même comme s'il eût pu être responsable d'événements arrivés à plus de deux cents lieues de sa frontière. L'héritier des Amales était, disait-on, bien peu soucieux de l'intérêt des Barbares, depuis qu'il s'était fait Romain : il ne l'était pas davantage de son propre honneur, lui qui laissait traîner au Capitole, et décapiter par le bourreau un roi, son parent, sans oser tirer l'épée.

1. Eugip., *Vit. S. Sever.*, 54. — Voir ci-dessus chap. x.
2. Jornand., *R. Get.*, 57.

Aux blessures de la vanité se joignait chez les Ostrogoths une souffrance plus réelle, résultat d'une profonde misère. Depuis cinq ans que ce peuple occupait deux provinces du Bas-Danube, il les avait complétement épuisées ; l'argent avait disparu des villes et le colon romain désertait des campagnes où il était traité en esclave. Les Goths dénués de tout n'en travaillaient pas davantage ; et les termes de la pension que leur payait l'empire à titre de solde, allaient aussitôt se dissiper en débauches, tandis que leurs familles mouraient de faim. Le campement de Noves avait donc fini par présenter l'aspect du plus complet dénûment. En semblables circonstances, la ressource naturelle des nations barbares fédérées était dans la guerre ; soit la guerre déloyale contre l'empire et le ravage de ses provinces, soit la guerre plus honnête contre d'autres Barbares. Les Goths ne s'étaient jamais fait scrupule d'en agir ainsi ; mais cette ressource leur manquait aujourd'hui sous un roi qui voulait être Romain. Théodoric, en effet, avait renoncé par un traité solennel à laisser faire à son peuple aucune prise d'armes sans le consentement de l'empereur [1] ; et bien que cette clause ordinaire des capitulations entre l'empire et les Barbares n'eût guère aux yeux de ceux-ci qu'une valeur de forme, le contrat entre Théodoric et l'empereur revêtait un autre caractère, à cause de la personne du contractant. Un fils de l'em-

---

1. Dum eis propter fidei sanctionem prædas agere, more solito, non liceret, nec tamen ab imperatore oblata stipendia sufficere possent, cœpere Ostrogothæ non minimam egestatis penuriam pati. *Hist. Miscell.*, xv, 10.

pereur, un consul, un maître des milices, *in præsenti*, pouvait-il employer pour nourrir son peuple les procédés violents d'un Ghibult, d'un Libertem ou d'un Fava? Irait-il piller, comme roi barbare, les mêmes provinces qu'il était tenu de défendre comme magistrat? Que penseraient de lui Constantinople et la cour? Ces raisons avaient jusqu'alors enchaîné la volonté de Théodoric qui se refusait obstinément soit à des déprédations dans les provinces pannoniennes, soit à une expédition extérieure que l'empire n'aurait point approuvée.

Le peuple goth ne comprenait rien à ces délicatesses de conscience. Il se crut sacrifié et rejeta sur son roi la responsabilité de ses maux. La bonne foi de l'Amale, voulant exécuter la convention qu'il avait jurée, parut aux uns un abandon de l'intérêt national, aux autres une trahison. Lui qui ne manquait de rien à Constantinople, disait-on, trouvait tout simple que les siens manquassent des choses les plus nécessaires[1]; dans l'embarras de les nourrir d'une manière qui plût aux Romains, il préférait ne les pas nourrir du tout. Ces plaintes amères passaient de bouche en bouche. Des orateurs en manteau de peaux circulaient d'un village à l'autre, poussant la multitude à des résolutions extrêmes. Enfin il fut décidé, dans le conseil de la nation, que des ambassadeurs seraient envoyés immédiatement à Constantinople avec un message pour Théodoric ainsi conçu : « O roi! tandis que tu t'engraisses aux festins

---

[1]. Ipse otiose frui regni romani bona, et gentem suam mediocriter victitare. Jorn., *R. Get.*, 57.

des Grecs, ton peuple meurt de faim. Pour ton intérêt et le sien, laisse au plus tôt le royaume des Romains et reviens au milieu de nous; autrement ne prenant conseil que de nous-mêmes, nous irons, sans toi, comme il nous conviendra, chercher une terre qui nous fasse vivre [1]. »

Le message était rude : il rendit Théodoric à lui-même. Réveillé en sursaut au milieu de ses rêves, le roi goth alla prendre congé de Zénon, et partit pour Noves. A mesure qu'il approchait, ses illusions romaines se détruisaient une à une; il sentait qu'il était un Barbare, voué à l'existence d'une nation barbare : le son de sa langue maternelle, et la vue des tentes de son pays en dissipèrent la dernière fumée. Son retour changea en allégresse la colère des Goths, qui retrouvaient enfin leur roi. Théodoric redevint le vieil homme, le héros sauvage du lac Pelsod, de Naïsse et d'Épidamne. Mais que faire? Il se sentait lié par des conventions solennelles qu'il rougissait de fouler aux pieds. Son âme balançait, en proie à mille résolutions diverses; le nom d'Odoacre le décida. L'image de l'Italie possédée par ce Ruge vint s'offrir à lui, comme en Macédoine, comme en Épire, mais avec une obsession plus invincible. Alors son parti fut pris. Sans rien mander à Constantinople, sans rien dévoiler de ses desseins, il mit sur pied une forte armée avec la-

---

1. Mittunt continuo ad Theodericum qui dicerent, quas, dum ipse Græcorum epulis superflueret, inopiæ miserias sustinerent. Hortantur ut, si suis sibique consulere velit, citius redeat, quatenus ne cuncta gens pessumdetur, novas ad habitandum terras exquirant. *Hist. Miscell.*, xv, 10.

quelle il s'avança vers les défilés de la Thrace [1].

Cette expédition soudaine, mystérieuse, en pleine paix, surprit les provinciaux romains autant qu'elle les effraya. On suivait avec anxiété la marche de cet ancien consul, à travers les villes qu'il commandait naguère; les magistrats accouraient sur son passage; on lui offrait les vivres et l'argent que ses soldats savaient bien enlever eux-mêmes, si l'on tardait trop. Il franchit ainsi l'Hémus, puis la muraille qui servait de rempart à la Thrace, et sûr de ne rencontrer devant lui aucun obstacle, il se dirigea en droite ligne sur Constantinople. On avait pu croire d'abord que la nation vagabonde des Goths cherchait encore un nouveau cantonnement ou voulait recommencer ses promenades en Grèce; l'étonnement fut à son comble, lorsqu'on la vit menacer la capitale même de l'empire. Quelle raison poussait ce Barbare, dont la statue figurait dans le palais de l'empereur, à ruiner le prince et la république qui l'avaient adopté? Comment fallait-il appeler la guerre que faisaient actuellement son peuple allié de l'empire dans deux campagnes récentes, une guerre civile ou une guerre étrangère? Les habitants des villes de Thrace, de hauts fonctionnaires de l'État, des amis particuliers de Théodoric, venaient l'interroger pour connaître ses intentions ou ses griefs: il éludait les questions et marchait toujours [2]. Son attitude prit un caractère de plus en plus hostile à

---

1. Marcellin., *Chron.* — Procop., *B. Get.*, 1, 1. — Theophan., *Chron.*, p. 112.

2. Procop., *Bell. Goth.*, 1, 1. — Marcellin., *Chron.* — Theoph., p. 112, 113.

mesure qu'il approchait de Constantinople ; il brûlait, il dévastait tout à plaisir. Arrivé au bourg de Mélantiade [1], à cinq lieues de la ville, il s'arrêta pourtant, comme touché de compassion [2], disent les historiens, et parut attendre avec quelque inquiétude ce que résoudrait l'empereur. Il avait décliné jusqu'alors toute explication sur sa conduite, voulant être entendu de Zénon lui-même dans une audience où ils s'expliqueraient seul à seul : Zénon consentit à sa demande ; et le père et le fils se retrouvèrent en présence, pour la dernière fois, sous les lambris de ce palais qui les avait abrités si longtemps.

L'histoire nous a conservé les principaux traits de cette entrevue où le caractère des deux interlocuteurs se dessine dans toute la sincérité de leur nature : Zénon, timide et cauteleux ; Théodoric, hardi et rusé en même temps ; celui-là ne songeant qu'à se délivrer du péril actuel par un faux-fuyant, l'autre arrachant de force la concession qu'il désire, et renvoyant à l'avenir le soin d'expliquer ce qu'elle est. Le premier abord entre eux devait être difficile et embarrassé, on le comprend bien : ce fut Théodoric qui prit la parole ; il le fit avec cette bonhomie apparente sous laquelle les Germains de ce temps savaient déguiser leurs plus profondes et plus insidieuses combinaisons. Sans chercher à motiver ou à excuser sa prise d'armes, il aborda Zénon comme si aucun événement important ne s'était passé depuis

1. Ad regiam civitatem et Melantiadem oppidum infestus accessit, pluribusque locis igne crematis... Marcellin., *Chron.*
2. Urbis, ut aiunt, miseratione motus. Theoph., *Chronogr.*, p. 113.

leurs adieux dans ce palais. Le remerciant avec effusion des bienfaits dont il n'avait cessé de le combler : « Jamais, lui dit-il, rien ne m'a manqué à votre service, ô empereur ! mais si votre piété me le permet, j'exposerai librement devant vous le désir de mon cœur[1]. — Tu peux parler sans crainte, » répondit Zénon, stupéfait sans doute de l'assurance imperturbable de son fils.

« Eh bien ! continua Théodoric, ce pays de l'Hespérie[2] gouverné pendant tant de siècles par vos prédécesseurs les Césars ; cette ville de Rome, tête et dominatrice de l'univers, pourquoi sont-ils passés maintenant sous la tyrannie d'un roi des Ruges et des Turcilinges ? J'irai là-bas avec ma nation, si tu le veux, je délivrerai ce pays, et te déchargerai du poids des pensions[3] que tu nous payes. Si je réussis, Dieu aidant, la gloire de votre piété rayonnera sur les contrées de l'Occident. Il convient, en effet, que moi, qui suis votre serviteur et votre fils, je tienne ce royaume de votre munificence, et non point cet homme que vous ne connaissez pas, qui opprime sous un joug tyrannique votre sénat, et sous les fers de la captivité une portion de votre république. Oui, si je suis vainqueur, je posséderai l'Italie par votre bienfait ; si

1. Quamvis nihil deest nobis, imperio vestro famulantibus; tamen si dignum ducit pietas vestra, desiderium mei cordis libenter exaudiat. Jorn., R. Get., 57.
2. Hesperia plaga quæ dudum decessorum prædecessorumve vestrorum regimine gubernata est, et urbs illa caput orbis et domina, quare nunc sub regis Turcilingorum et Rugorum tyrannide fluctuat? Jorn., loc. cit.
3. Dirige cum gente mea, si præcipis, ut hic expensarum pondere careas. Jorn., ub. sub.

je suis vaincu, non-seulement votre piété ne perdra rien, mais elle gagnera l'argent que je lui coûte[1]. »

Tel fut, suivant Jornandès ou plutôt suivant Cassiodore, que Jornandès n'a fait qu'abréger et qui avait peut-être appris cette scène de la bouche même du roi des Goths, le discours de Théodoric à son père d'armes; l'historien ajoute que celui-ci témoigna un grand chagrin de se séparer de son fils, mais qu'il finit par y consentir. D'autres récits plus vraisemblables affirment que non-seulement Zénon accorda avec joie ce que désirait Théodoric, mais qu'il prit sur lui les avances de la proposition. « Que ne vas-tu en Italie, lui aurait-il dit, renverser Odoacre et conquérir l'empire d'Occident? Tu trouveras là de l'occupation pour tes Goths. Il vaut mieux que Rome et l'Italie obéissent à un homme agrégé, comme toi, à notre république, plutôt qu'à un usurpateur, à un tyran étranger; il vaut mieux aussi pour toi, chasser de nos terres cet usurpateur, que de tourner, à ton dam et péril, les armes contre ton prince[2]. » La première version vient des Goths qui voulaient dans cette circonstance avoir eu l'initiative de l'expédition d'Italie; la seconde est celle de l'empire romain qui la revendiquait pour lui-même. Quel que fut celui des deux interlocuteurs à qui l'initiative appartint, ils tom-

---

1. Si victus fuero, vestra pietas, nihil amittet, imo, ut diximus, lucratur expensas. Jorn., R. Get., 57.

2. Zeno, gnarus rebus uti, ut dabant tempora, Theudericum hortatus est, ut in Italiam iret, Odoacroque dejecto sibi ipse ac Gothis pararet Occidentis regnum. Quippe satius homini in senatum allecto, Romæ atque Italis imperare, invasore pulso, quam arma in imperatorem cum periculo experiri. Procop., Bell. Goth., 1, 1. — Mittens eum in Italiam. Anon. Vales., p. 716.

bèrent d'accord sur le fait, et, sans perdre le temps en discours, ils passèrent à la rédaction d'un traité.

Pour une cession aussi importante soit du territoire, soit du gouvernement romain, Zénon pensa qu'il était besoin d'un acte public, rendu dans la plus grande solennité des décrets impériaux. Ces actes, appelés *Pragmatiques*, étaient délibérés préalablement dans le conseil privé du prince, puis dans le sénat : c'était une règle invariable et la sanction des mesures qu'ils ordonnaient [1]. Celui-ci fut délibéré et voté, toute affaire cessante : il attribuait l'Italie au roi des Goths et à son peuple. C'est dans ces termes généraux que s'exprime l'histoire, sans nous dire de quelle formule de droit se servit la pragmatique, et quelles stipulations mutuelles elle put contenir. Suivant toute probabilité, elle fut brève, peu explicite, et la chancellerie romaine y garda un vague favorable à la prompte terminaison du différent. D'ailleurs, ni l'empereur ni le roi des Goths ne se mettaient en peine des obscurités; l'un se proposait de les éclaircir par la politique, l'autre par l'épée; l'un n'avait rien de plus à cœur que d'être autorisé à partir, il tardait à l'autre d'être débarrassé de cet ingrat barbare et de son peuple. Quant au sénat de Constantinople, à l'aspect des incendies qui fumaient autour de Mélantiade, il ne songeait qu'à sa propre sûreté, et laissait Rome pourvoir à la sienne

---

1. Pragmaticum re-criptum, factum; sanctio pragmatica; τὸ Πραγματικόν. Ducange, v° *Pragmaticum*. — Saumaise N. *ad Script. r. August.*, p. 259.

2. Deliberato consilio, Reipublicæ utilitati prospiciens, ejus petitionibus annuit, Italiamque ei per pragmaticum tribuens... *Hist. Miscell.*, xv, ap. Murat., 1.

comme elle voudrait. Ce qui est certain, c'est que, quelle que fut la teneur de la pragmatique, Zénon n'eut jamais l'intention d'abandonner l'Italie aux Goths en toute souveraineté, et Théodoric n'eut pas davantage celle d'y reconnaître un autre souverain que lui-même [1] : mais chacun renferma soigneusement sa pensée dans son âme. Théodoric, en qualité de patrice, reçut des mains de l'empereur le décret de cession, devant le sénat, le peuple et l'armée assemblés au palais. En lui remettant le précieux brevet, l'empereur lui plaça sur la tête un carré d'étoffe de pourpre, symbole de l'autorité impériale, et qu'on appelait pour cette raison le *voile sacré* [2]. C'était là le cérémonial des investitures; Zénon conférait à Théodoric celle de l'Italie, au nom de l'empire d'Orient. Quand tout fut achevé, l'Auguste de Constantinople recommanda, avec une feinte émotion, à celui qui allait être un autre lui-même en Occident, le sénat et le peuple romain d'au delà des mers; puis il le congédia, la joie au cœur.

Théodoric, non moins joyeux, ramena son armée sur les bords du Danube, et fit proclamer dans tous les villages de son cantonnement le prochain départ des Ostrogoths. Il ne se borna pas à cette mesure : comme s'il eût été le maître de toutes les populations de race gothique résidant en divers lieux dans la Ro-

---

[1]. On peut lire dans Procope la discussion ouverte à ce sujet entre les Goths et les généraux de Justinien. *Bell. Goth.*, II, 6.

[2]. Sacri velaminis dono confirmavit, et senatum illi populumque romanum commendans, abire permisit. *Hist. Miscell.*, XV, ap. Murat., 1.

manie orientale, il leur signifia l'ordre de le rejoindre dans le plus court délai, et de le suivre au delà des Alpes. La plupart obéirent; et l'on vit affluer du côté de Noves une multitude immense de Barbares, attirés par la nouveauté de l'entreprise ou par la confiance qu'inspirait le chef. On eût dit « une migration du monde en Ausonie, » selon le mot fort exagéré d'ailleurs d'un écrivain du temps[1]. La tradition gothique, reproduite par Vitigès, un des successeurs de Théodoric, pendant la guerre de Justinien, évaluait à deux cent mille le nombre des hommes armés descendus en Italie à la suite du conquérant[2]. On ne saurait fonder sur une donnée aussi vague aucun calcul sérieux touchant la population ostrogothique, comme ont voulu le faire quelques auteurs modernes. Il est même très-douteux que les divers groupes de cette race en Orient aient jamais présenté deux cent mille combattants; or Théodoric ne les entraîna pas tous. Non-seulement il en resta plusieurs en Mésie et dans la Chersonèse taurique, mais des corps nombreux de Goths mercenaires continuèrent à porter les armes sous le drapeau des empereurs d'Orient.

Durant ces préparatifs des Goths, Frédéric, qui devait faire partie de l'expédition, se rendit dans le Rugiland pour y rallier les débris de sa nation, dispersés

---

1. Tunc a te, commonitis longe lateque viribus, innumeros diffusa per populos gens una contrahitur, migrante tecum ad Ausoniam mundo. Ennod., *Paneg. Theod.*, p. 400.

2. Procop., *Bell. Goth.*, II. — Cf. Gibbon., *Decline and fall of the Rom. Emp.*, X, 1. — M. du Roure, *Histoire de Théodoric*, tome I, l. III, c. I.

par l'épée d'Aonulf. Il balaya les bois, courut les montagnes, fit appel aux pays voisins, et finit par ramasser une petite armée qu'il amena au camp de Théodoric. Ce furent d'ailleurs de tristes auxiliaires que ces compagnons du fils de Fava : rien de plus misérable que leur accoutrement, rien de plus féroce que leur caractère aigri par la privation et les souffrances; ils ne savaient que voler et tuer, et Théodoric eut à réprimer plus d'une fois les excès de leur indiscipline. Quant à Frédéric, leur digne maître, s'il était un des principaux moteurs de l'expédition, il ne s'en montra, quand il fallut payer de sa personne, ni l'agent le plus utile, ni le soldat le plus dévoué.

Cependant la rive du Bas-Danube, entre les Portes de Trajan et le Pont-Euxin, présenta bientôt le spectacle d'une vaste fourmilière de travailleurs : les uns fabriquant ou réparant des chars, d'autres recueillant du blé dans la campagne, d'autres enfin rassemblant le bétail en immenses troupeaux. Bientôt les trains de chariots purent se mouvoir comme des villes roulantes où l'on emmagasina, avec les ustensiles de cuisine et les vêtements, tout ce que réclamaient les premiers besoins de la vie, durant un long voyage [1]. On n'oublia pas les meules destinées à écraser le grain pour l'alimentation de chaque jour. Ce soin, ainsi que les occupations sédentaires du ménage, était laissé aux ser-

---

[1]. Sumpta sunt plaustra, vice tectorum; et in domos instabiles confluxerunt omnia servitura necessitati. Ennod, *Paneg. Theod.*, p. 400. — Imposuerunt curribus mulieres puerosque et quantum ferri poterat suppellectilis. Procop., *Bell. Goth.*, 1, 1.

viteurs et aux femmes enceintes [1] : les femmes valides prenaient pour elles des travaux plus pénibles, soignaient le bétail, coupaient le bois et maniaient au besoin l'épée. Le peuple ostrogoth avait fait tant de courses depuis dix ans et changé si fréquemment de demeure, que les apprêts de la nouvelle migration furent lestement terminés. Au jour convenu, Théodoric, prenant la tête des colonnes, donna le signal du départ. Son œil se reportait souvent en arrière, avec une tendre sollicitude, sur un chariot plus orné que les autres, et occupant dans le convoi une place privilégiée : c'était la maison mobile qui renfermait les objets de sa plus chère affection, sa mère, sa sœur, ses deux filles et les enfants de sa sœur [2].

Deux routes conduisaient des rives du Bas-Danube en Italie. L'une, remontant le fleuve jusqu'à Singidon, prenait ensuite la vallée de la Save, pour gagner le grand col des Alpes Juliennes : c'était la voie de terre et la route d'étape des légions. L'autre franchissait les monts Dardaniens, traversait la Macédoine, puis l'Épire, et communiquait par mer d'Épidamne à Brindes ou sur tout autre point de la côte italique : c'était la voie maritime dont nous avons déjà parlé. Théodoric choisit celle-ci, quoique la plus longue, et voici les raisons de sa préférence. On entrait alors dans l'automne de cette année 488, qui avait vu

1. Tunc arma Cereris, et solventia frumentum bobus saxa trahebantur; oneratæ fœtibus matres, inter familias tuas, oblitæ sexus et ponderis, parandi victus cura laborabant. Ennod., *Paneg. Theod.*, p. 400.

2. Ennod., *Paneg. Theod.*, p. 405. — Anon. Vales., p. 716. — *Hist. Miscell.*, XV.

s'accomplir la transplantation des provinciaux du Norique, et se consommer le désastre des Ruges; les pays du Haut-Danube offraient l'aspect d'un véritable désert, les Alpes elles-mêmes étaient pleines de brigands ou de Barbares occupés à fouiller dans les décombres des villes romaines, pour y recueillir quelque proie abandonnée. Théodoric craignit d'attirer sur lui ces pillards et de se créer de grands embarras, s'il suivait la route de terre; il appréhendait en outre qu'Odoacre, dont l'armée rentrait à peine en Vénétie, ne reprît position dans les Alpes, en se voyant attaqué de ce côté. Au contraire, son débarquement en Italie serait une surprise qui déjouerait les prévisions de l'ennemi, et mettrait aux mains des Goths le midi de cette presqu'île, tandis qu'Odoacre ne songerait qu'à garantir le nord; Rome elle-même pouvait être enlevée par un coup de main. Voilà ce que se disait Théodoric. Quant aux moyens de transport par mer, ils lui paraissaient assurés, car il connaissait la côte, et savait quel nombre de vaisseaux ou de bateaux pontés elle pouvait fournir pour une pareille entreprise, qui le préoccupait lorsqu'il était en Épire. Peut-être même, s'il avait confié à l'empereur son plan de campagne, celui-ci lui avait-il promis l'assistance d'une flotte impériale, comme jadis Léon à Glycérius et à Népos. En tout cas, le roi goth comptait emprunter à ces riches provinces de quoi entretenir grassement son peuple, tandis que du côté des Alpes, il ne pouvait attendre que la famine.

Si c'était là son calcul, les faits n'y répondirent

point. Après avoir descendu le revers des monts Albaniens, Théodoric se trouva pris comme dans un piége. Le pays lui était hostile; tous les navires avaient disparu de la côte, et la flotte impériale, si elle avait été promise, n'était ni arrivée ni annoncée [1]. Rester en Épire ou en Dalmatie, pour y fabriquer par voie de réquisition la quantité de navires nécessaires au transport de tant de monde, c'eût été perdre un temps précieux, et de plus se faire battre en arrivant. Théodoric préféra non pas rebrousser chemin par la Mésie, ce qui lui répugnait pour bien des raisons, mais remonter la côte à travers le pays des Taulantiens [2]. Il se proposait de gagner la vallée de la Save et le passage des Alpes Juliennes, par la chaîne secondaire qui relie ces montagnes aux monts d'Albanie, et quoique cette contrée sauvage n'offrît que des routes difficiles et peu fréquentées, il s'y jeta hardiment avec la multitude qu'il traînait à sa suite.

Ce fut un dur voyage, rendu plus dur encore par les difficultés d'un hiver précoce. La neige, tombée en abondance, fit promptement disparaître la trace des chemins, et il semble, au récit du contemporain qui nous décrit la marche des Goths, qu'ils s'égarèrent plus d'une fois, ou furent égarés par leurs guides. Ils n'avançaient sur ces pentes abruptes recouvertes d'une

---

1. Ad Ionium mare ut venerant, destituti ad transvehendum navibus... Procop., *Bell. Goth.*, I, 1. — Jornandès le fait passer par Sirmium et la vallée de Save, mais il confond évidemment cette première marche avec les mouvements qui suivirent. Le témoignage de Procope est formel et appuyé de détails qu'on ne saurait rejeter sans des textes nouveaux.
2. Per Taulantios. Procop., *Bell. Goth.*, I, 1.

croûte glissante que le pic ou la hache à la main. Le bétail et les chevaux tombaient en grand nombre sans pouvoir se relever, laissant le passage embarrassé de cadavres et de chariots. La barbe touffue et la longue chevelure des hommes étaient toutes blanches de frimas[1]; leurs tuniques de laine gelées sur leur corps y devenaient tellement adhérentes, qu'on ne pouvait les détacher qu'en les brisant[2]. Le couronnement de tant de maux fut la famine suivie de la peste[3]. Le pays ne fournissant sur ces hauts plateaux que des animaux sauvages, il fallait les aller chasser dans les bois ou les attaquer au fond des cavernes[4]. Épuisée enfin par tant de privations, l'armée de Théodoric n'était plus en état de poursuivre sa marche, lorsqu'elle atteignit la vallée de la Save, en avant d'Émona.

La Save, dont les eaux profondes et tranquilles parcourent un large bassin, reçoit vers sa partie supérieure des affluents plus tumultueux, qui s'apaisent en se confondant avec elle et participent bientôt à la placidité de son cours. Ceux qu'envoie la chaîne des monts Liburniens se signalent entre tous par leur volume et leur impétuosité. Un des principaux, l'Ulca, dont on ne sait malheureusement ni le nom actuel ni la position exacte, coupait la route romaine sur un

---

1. Tunc in campo hiems, et jugi pruinarum candore velata cæsaries, barbam stiriis implicuit crine possesso. Ennod., *Paneg. Theod.*, p. 401.
2. Quod diligentius indumentum matrona neverat, durante gelu, ut adhæreret corpori, frangebatur. *Ibid.*
3. Pestilentia. *Ibid.*
4. Pastum agminibus tuis aut indevotæ nationes, aut educata lustris fera suggessit. *Ibid.*

point que quelques modernes, à tort suivant nous, confondent avec le lieu appelé dans les anciens itinéraires *Pons Ulcæ*[1]. En tout cas, le pont n'existait plus ; la chaussée était détruite. Le torrent, grossi par les neiges d'hiver, se précipitait en tourbillonnant vers la Save, et repoussé de sa rive gauche par un banc de rochers, se déversait à droite sur un fond bas et marécageux. On eût dit le fossé d'une fortification naturelle[2], au delà de laquelle l'œil apercevait comme des sentinelles et un campement de soldats. En cet endroit existait jadis, suivant toute apparence, un poste romain établi pour la sûreté de la route ; mais les éclaireurs ostrogoths reconnurent en approchant de la rive les signes distinctifs des Gépides[3]. Effectivement, une armée gépide se tenait là sous les armes toute prête à disputer le passage aux arrivants. Inquiet d'une pareille découverte, Théodoric envoya un parlementaire au chef de cette troupe, pour lui proposer son amitié, et obtenir de lui le libre accès de la rivière.

Ce chef se trouva être le roi Triopstila lui-même, successeur d'Ardaric, et de tout temps hostile aux Ostrogoths. Lorsque ceux-ci, en 473, avaient quitté la Pannonie, sous la conduite de Théodémir, pour envahir la Macédoine, les Gépides s'étaient jetés sur les terres qu'ils laissaient vacantes, et avaient occupé Sirmium. Le retour des Goths les inquiéta ; à peine con-

---

1. Tab. Peuting. — Cf. du Buat, *Hist. des peuples anc.*, t. IX. — M. du Roure, *Vit. de Theod.*, t. 1. — M. Bœcking, *Notit. Dign.*, II, c. 32.
2. Vice aggerum. Ennod., *Paneg. Theod.*, p. 401.
3. Ulca fluvius, tutela Gepidarum, latus provinciæ quibusdam muris amplectitur. *Loc. cit.*

nurent-ils leur marche vers la vallée de la Save, que Triopstila accourut leur barrer passage sur l'Ulca, frontière des nouvelles possessions gépides [1]. L'envoyé de Théodoric qui venait parler d'amitié fut donc éconduit honteusement [2] : Triopstila espérait avoir bon marché d'un ramas d'affamés, dont l'aspect était vraiment misérable. Par suite de cette confiance même, l'incertitude et le découragement se mirent dans les rangs des Ostrogoths ; l'idée d'attaquer un tel ennemi, dans une position si redoutable, faisait hésiter jusqu'au plus hardi. Les entreprises tentées pour forcer le passage furent d'abord malheureuses : tantôt les hommes disparaissaient engloutis dans les fondrières de la rive, tantôt le courant du fleuve les emportait, et s'ils parvenaient à le franchir à la nage, ils tombaient sous une grêle de traits qui, lancés de haut en bas, ne manquaient jamais leur but [3].

Pourtant il fallait passer quel que fût le péril; une attaque générale fut donc résolue, mais malgré la bravoure des Goths, leurs forces épuisées les trompèrent. Après une tentative vivement dirigée, non moins vivement repoussée, on les vit reculer dans le plus grand désordre, et les efforts pour les ramener restèrent impuissants. Théodoric, en ce moment suprême, recourut à sa ressource la plus énergique pour agir sur

[1]. Triopstilam, Gepidarum regem, insidias molientem... Ennod., *Paneg. Theod.*, p. 401.

[2]. Pro legatis et gratiæ postulatione, obsistendi animo, gens diu invicta properavit... *Ibid., loc. cit.*

[3]. Cesserunt confertissimis hostium tuorum turmis, quos ulterior ripa susceperat. Urgebatur telis vorago... Inter naufragia terrena, et cruoris undas. *Ibid., ub. sup.*

## MARCHE DES OSTROGOTHS SUR LES ALPES.

l'esprit des siens. L'ascendant du roi des Goths dans les batailles tenait surtout à son ardeur impétueuse, qu'il savait communiquer à ceux qui l'entouraient et répandre ensuite de proche en proche dans les rangs les plus éloignés, car il était le plus intrépide en même temps que le plus robuste soldat de son armée. Voyant le désordre de ses troupes, il se fit apporter l'étendard royal, signe de sa présence au combat, et commanda qu'on le déployât sur sa tête : « Voilà, dit-il d'une voix forte, le signe qui vous indiquera le chemin de l'ennemi. Que les braves le suivent et n'en regardent pas d'autre, s'ils veulent savoir où et comment on se bat[1] ! Le courage a-t-il souci du nombre? quelques hommes de cœur gagnent les batailles, la foule en recueille le fruit. Allons, qu'on déploie cet étendard bien haut, afin que l'ennemi aussi le voie et sache où je suis[2]. S'il me cherche, tant mieux ; je le cherche aussi, et malheur à qui se trouvera devant moi ! » Alors, suivant un antique usage de sa nation, et comme pour prendre les auspices de la guerre, dit un écrivain du temps, on lui présenta une coupe remplie de vin[3] ; il la vida d'un trait et partit.

A la suite du chef, tout ce qu'il y avait parmi les Goths de jeunesse aventureuse et dévouée s'avança d'abord, le reste s'ébranla peu à peu ; bientôt le combat se rétablit sur toute la ligne de l'Ulca. Où se portait l'étendard royal, des masses serrées, impéné-

---

1. Qui in hostili acie viam desiderat, me sequatur, non respiciat alterum qui dimicandi poscit exemplum. Ennod., *Paneg. Theod.*, p. 402.
2. Attollite signa, per quæ, ne lateam, providetur... *Ibid., loc. cit.*
3. His dictis, poculum causa poposcit auspicii. *Ibid.*

trables se précipitaient avec une impétuosité qui renversait tout. Théodoric, suivant le mot du contemporain que nous venons de citer, semblait déchaîné autour de lui ; c'était un torrent dans les blés, un lion au milieu des troupeaux[1]. La rivière fut franchie, et le bord opposé pris d'assaut, malgré les pierres, les traits, l'épée des Gépides qui épuisèrent à défendre leur position tout ce qu'ils avaient d'armes et de vaillance. Chassés du plateau, ils sont à leur tour culbutés dans le fleuve qui les emporte au fond des gouffres, pêle-mêle avec les cadavres des Goths. Bientôt leur camp est enlevé ; ils se dispersent[2], et Triopstila périt en combattant[3]. La nuit vint, qui arrêta la poursuite des fuyards. Les Ostrogoths trouvèrent sous les tentes gépides des magasins abondamment pourvus de vivres et de butin, provenant des villes pannoniennes. Ils purent s'y refaire tout à leur aise ; et leur roi prolongea sa halte dans ce lieu sauvage, devenu un paradis de délices pour des affamés[4].

Après un repos suffisant, ils reprirent leur marche avec plus de courage. A quelque distance de l'Ulca, des bandes de Sarmates[5], accourues pour observer et piller, s'il était possible, les déprédateurs de l'Orient,

---

1. Ut torrens sata, ut leo armenta vastasti. Ennod., *Paneg. Theod.*, p. 402.
2. Exemplo Gepidarum versa conditio est : palantes visi sunt mutata sorte victores, *Ibid.*
3. Triosptilam extinxit. *Hist. Miscell.*, xv.
4. Dum ad vaga horrea copiis urbium referta veniretur, quæ non solum satisfacerent necessitati, sed sublevarent inter deliciarum secunda fastidium. Ennod., *Paneg. Theod.*, p. 403.
5. Transeo Sarmatas cum statione migrantes, et plebem conflictuum numeratam ; sileo de trophæis. Ennod., *ub. sup.* — Cf. *Ibid., Hist. Miscell.*, xv.

se montrèrent à droite et à gauche de la route. Théodoric écarta sans grande peine ces brigands qui harcelaient son arrière-garde. Tranquilles désormais du côté des Barbares, les Ostrogoths franchirent le col des Alpes Juliennes ; et sur le versant méridional, les tièdes haleines de l'été vinrent recréer leurs corps exténués par les privations. L'hiver et le printemps presque tout entier s'étaient écoulés durant ce périlleux voyage. Quand ils atteignirent la frontière de Vénétie, les herbes étaient déjà hautes, disent les historiens. Théodoric y fit une nouvelle halte[1], et rangea sa cité mobile dans les immenses prairies qui bordaient les deux côtés de la Rivière-Froide[2] et le bord oriental de l'Isonzo.

1. Juxta Sontium flumen castra componens, dum uberrimis quæ eo loco habentur pascuis fatigata jumenta reficeret... Ennod., *Paneg. Theod.*, p. 403.
2. *Amnis frigidus*, *Flumen frigidum*; c'est aujourd'hui le torrent de **Wipach**.

# CHAPITRE XII

## THÉODORIC, ROI D'ITALIE

Odoacre est vaincu une première fois sur les bords de l'Isonzo, une seconde fois près de Vérone. — Théodoric occupe Milan et la Ligurie. — Trahison de Tufa. — Odoacre essaye d'entrer dans Rome qui lui ferme ses portes. — Il se relève et soutient la campagne. — Siège de Théodoric dans Pavie. — Odoacre est assiégé lui-même à Ravenne. — L'évêque de Ravenne concilie les deux rois. — Traité passé entre eux pour le partage du gouvernement. — Théodoric tue Odoacre, et se proclame roi d'Italie.

### 489 — 493

L'Isonzo, en langue latine Sontius, qui n'est aujourdhui qu'un cours d'eau intermittent, était alors un fleuve large et abondant, alimenté par de vastes forêts défrichées depuis, et formait une limite digne de l'Italie. Un pont relié à la route militaire des Alpes Juliennes le traversait un peu au-dessus de son confluent avec les eaux torrentielles de la Rivière-Froide. Ces contrées, dont la possession intéressait au plus haut point la liberté de l'Italie, avaient été bien des fois arrosées de sang romain; plus d'une grande cause, à plus d'une époque, s'y était décidée par les armes. En 235, le sénat de Rome et les défenseurs du gouvernement civil y avaient abattu la tyrannie militaire, en la personne de l'empereur Maximin, élu de la plus vile soldatesque; en 384, l'épée de Théodose y avait tranché contre le tyran Eugène un débat plus important pour l'avenir du monde, celui de savoir si l'Occident retournerait à ses anciens dieux ou resterait chrétien. Plus récemment, Attila, venu pour détruire Rome ou l'englober dans son empire asiatique, avait fait reposer ses bandes près du Sontius avant d'assiéger Aquilée. Aujourd'hui deux rois barbares, enfants de ces mêmes bandes, tous deux patrices romains et invoquant à l'appui de leurs prétentions le nom de l'empereur d'Orient, allaient s'y disputer la souveraineté de l'Italie et les débris du vieil empire d'Occident.

Le long voyage de Théodoric, ses marches et contremarches avaient donné au patrice Odoacre tout le loisir nécessaire pour rassembler des forces et préparer une défense. Il avait convoqué les troupes barbares à la solde de l'empire, ainsi qu'une partie des milices italiennes. Chaque chef était accouru avec l'élite de ses hommes, et suivant le mot d'un contemporain, Odoacre comptait sous son drapeau presque autant de rois que de soldats[1]. Cette armée se réunit dans un grand camp retranché, construit à la manière romaine en deçà de l'Isonzo, et qui n'était vraisemblablement qu'un ancien camp des légions préposées à la garde de la frontière[2]. Couvert par le fleuve, maître du pont et de la rive droite qu'il avait aussi fortifiée, le patrice attendait tranquillement son ennemi dans une position qu'il ju-

---

[1]. Tot Reges tecum ad bella convenerant, quot sustinere generalitas milites vix valeret. Ennod., *Paneg. Theod.*, p. 403, 404.
[2]. Castra longo munita tempore..., datum est hostibus vallum construere... *Ibid.*

geait inexpugnable. A l'intérieur du camp, divisé par autant de quartiers que de nations, on voyait flotter sur les tentes des chefs barbares les pavillons ruge, hérule, scyre, turcilinge ou suève, et le labarum des Italiens sur le prétoire du roi-patrice. Ce ramas d'étrangers, formidable en apparence, était faible en réalité; les soldats ne s'aimaient pas, les chefs se jalousaient et se soupçonnaient mutuellement; des discussions ardentes éclataient entre eux à tout propos : il y avait là une agglomération d'éléments discordants plutôt qu'une armée [1]. Odoacre, en cette circonstance, commit deux grandes fautes : la première de laisser aux Ostrogoths le temps de reprendre des forces, tandis qu'il eût pu les écraser à la descente des Alpes, quand ils arrivaient à demi morts de fatigue et de besoin; la seconde, d'emprisonner toutes ses troupes dans une enceinte où elles se gênaient les unes les autres, lorsqu'il eût pu développer ses lignes à l'abri d'une rivière profonde. Mais le Ruge s'était probablement piqué d'honneur; il jouait le rôle d'un général romain en face d'une invasion barbare, et voulait faire une guerre romaine : la suite prouva qu'il avait eu tort.

Cependant Théodoric se préparait de son côté. Ses hommes avaient pris du repos; sa cavalerie et son bétail s'étaient refaits dans de gras pâturages, et sa ville de chariots, fortifiée avec tout le soin possible, protégeait suffisamment les enfants et les femmes. Il ne lui restait plus qu'à combattre. Profitant de la

---

[1]. Deprehensum est varias esse mentes coacervatæ multitudinis, nec spem victoriæ venire de numero. Ennod., *Paneg. Theod.*, p. 403.

nécessité où son ennemi s'était mis de recevoir la bataille, il la livra à son heure et selon qu'il lui plut. Au jour qu'il avait marqué, les Ostrogoths franchirent l'Isonzo sur plusieurs points à la fois et commencèrent l'investissement du camp. Tout cela ne se fit pas sans d'énormes pertes en hommes et en chevaux ; mais la position fut enlevée. L'attaque du camp offrait encore de grands dangers ; les soldats d'Odoacre en défendirent bien les approches, toutefois leur résistance fut plus vive que longue[1]. Habitués à combattre en rase campagne, ils se nuisaient dans leurs mouvements : chaque chef voulait commander pour son compte et à sa guise ; aucune subordination, aucune entente ne régnaient parmi cette multitude épouvantée. Aussi quand les Ostrogoths eurent commencé l'assaut du rempart, Ruges, Turcilinges, Italiens, sortant par toutes les portes, se firent jour à travers les assiégeants, et gagnèrent, comme ils purent, la plaine et les bois voisins[2]. Le patrice lui-même, entraîné dans leur fuite, gagna Vérone à grand'peine, tandis que le roi goth prenait possession du camp abandonné, qui lui servit de boulevard au delà de l'Isonzo. Le premier pas de Théodoric en Italie était marqué par une victoire ; mais cette victoire, il la devait aux fautes de son adversaire, au moins autant qu'à son habileté et à son courage.

Plutôt dispersée que détruite, l'armée italienne se

---

1. Non castra munita, non fluminis profunda tenuerunt : datum est hostibus tuis vallum instruere, non tueri. Ennod., *Paneg. Theod.*, p. 404.
2. Repente æquora fugacium discursus obnubit. *Idem. ibid.*

rallia sous les murs de Vérone, dont Odoacre avait fait sa place d'armes[1]. Des contingents levés dans la haute Italie, sur les deux rives du Pô, compensèrent largement les pertes qu'elle avait pu faire à la journée du Sontius. De meilleures dispositions se faisaient remarquer dans les esprits. La discorde cessait de diviser les chefs ; les soldats reprenaient courage ; et l'on finit par passer de l'abattement immodéré à l'excès contraire. Le roi-patrice put croire, en effet, sa revanche assurée, lorsqu'il vit que Théodoric, au lieu de poursuivre sa victoire et d'entrer en Vénétie, faisait une nouvelle et longue halte sur la frontière ; or dans les conditions où se trouvaient les deux armées, c'était beaucoup pour Odoacre d'avoir gagné du temps.

La bataille s'était donnée le 28 d'août[2] : Théodoric resta près d'un mois dans le camp de l'Isonzo, sans oser aller plus avant. Malgré le titre de libérateur qu'il prenait vis-à-vis des Italiens, il ne s'apercevait point que les dispositions du pays lui fussent favorables. Il ne pouvait pas d'ailleurs s'aventurer au delà du Pô, en laissant Vérone derrière lui, et l'attaque d'une telle place l'effrayait. Il s'y résolut enfin, et vers le 20 septembre il se mit en route avec tout son peuple, s'avançant, à petites journées, par la voie romaine qui traversait Trévise et Vicence. Odoacre ne l'attendit pas dans Vérone. A l'ouest des coteaux où cette ville s'élève en amphithéâtre, s'étend une plaine de gran-

---

1. Apud Veronam apparatus... magnis instruebatur impendiis. Ennod., *Paneg. Theod.*, p. 404.
2. Onuph. ap., p. 57. — Cf. Tillem., *Hist. d. Emp.*, VI, p. 451.

deur médiocre que limitent d'un côté les dernières élévations des Alpes, de l'autre le cours sinueux et profond de l'Adige : elle portait alors le nom de Petit-Champ de Vérone[1]. L'armée italienne y prit position, appuyant sa droite sur le fleuve, sa gauche aux collines du nord; le patrice se plaça au centre, en couvrant son front de bataille d'un large fossé palissadé[2]. Si les guerriers barbares aimaient à déployer leurs lignes en rase campagne, le soldat italien ne se croyait en sûreté que derrière des fortifications; il fallait qu'il eût en face de lui un fossé avec son revêtement de terre, des palissades de pieux, des claies d'osier, en un mot tout le vieil attirail de la castramétation romaine. La confiance ou plutôt une jactance superbe régnait dans toute cette armée. On était sûr de la victoire, on se partageait déjà les dépouilles des Goths. « Si la langue et non le bras gagnait les batailles, dit à ce propos un contemporain, le succès n'eût pas été douteux[3]. » Théodoric, arrivé le 29 septembre au soir, fit halte à quelque distance pour observer son ennemi. La nuit, déjà sombre, lui permettait de compter les feux de bivouac qui scintillaient, brillants et nombreux, comme les étoiles du ciel[4]. Il jugea par

---

1. Campus minor Veronensis. Anon. Vales., p. 718. — Haud procul a Veronensi urbe. *Hist. Miscell.*, xv.

2. Fixit fossatum in campo minore Veronense, v, kalend. octobr. Anon. Vales., p. 718.

3. Maxima in luctaminis promissione virtus; et si sufficeret lingua pro dexteris, copia summa verborum. *Paneg. Theod.*, p. 404.

4. Itineris tui permensus intervalla, conspexisti ignes hostium, astrorum more rutilantes, ut si aliquando tibi fuisset nota formido, in abruptum te pendere didicisses. *Id. ibid.*

leur nombre à quelle armée il avait affaire, et sans en être effrayé, il prit ses mesures pour que l'attaque eût lieu dès le lendemain, au point du jour.

La première aube blanchissait à peine et le clairon commençait à retentir à travers les campements des Goths[1], lorsque Théodoric vit entrer dans sa tente Amalafride et Éréliéva, qui cherchaient vainement à cacher sous un visage riant les mortelles inquiétudes de leur âme. C'était pour ces vaillantes femmes un moment solennel, l'approche de la victoire ou celle de la captivité, de la mort peut-être. Elles sentaient qu'entre Odoacre et Théodoric la partie n'était pas égale, puisqu'une défaite, réparable pour le premier, serait la ruine complète du second. Cette pensée avait tenu en éveil toute la nuit la mère et la sœur du roi ostrogoth. Au moment où elles parurent dans sa tente, il avait déjà revêtu sa cuirasse d'acier et ceignait sa longue épée, pendant que des écuyers lui laçaient aux jambes des bottines de pourpre[2]. Il devina l'émotion de ces femmes qui lui étaient si chères, et souriant à Éréliéva : « O ma mère ! lui dit-il, ton nom est fameux chez toutes les nations, parce que, au jour de ma naissance, tu as enfanté un homme[3]; oui, c'est bien un homme que tes flancs ont porté, un homme que ton

1. Cum primum aurora bigis in croceis ortum jubaris indicavit... jam raucum buccinæ concinebaut. Ennod., *Paneg. Theod.*, p. 404, 405.

2. Dum munimentis chalybis pectus includeres, dum ocreis armarere, dum lateri tuo gladius aptaretur, sanctam matrem et venerabilem sororem... Ennod., *loc. cit.*

3. Scis, genitrix, partus tui honore, universis nota nationibus, quod natalis mei tempore virum fœcunda genuisti : dies est quo filii tui sexum campus adnunciet. *Ibid.*, p. 405.

lait a nourri : la journée qui commence en fournira une nouvelle preuve. Avec cette épée, je soutiendrai la gloire des Amales. Que font les titres des aïeux, si l'on ne sait point les rehausser par sa propre gloire? J'en prends à témoin mon père, le meilleur des exemples : lui qui ne fut jamais le jouet de la fortune, et ne dut au hasard des batailles que ce qu'il lui avait arraché d'avance ! » Interrompant bientôt ce monologue qui l'animait trop à son gré, il reprit d'un ton caressant : « Allons, chère mère et chère sœur, donnez-moi, afin que je la revête, la tunique que vous avez fabriquée pour moi, cette trame merveilleuse tissue de vos mains [1]. Je veux être plus beau, en ce jour de combat, que je ne le fus jamais en aucun jour de fête. Celui qui ne me reconnaîtrait pas à la vigueur de mon bras, me reconnaîtra du moins à ma parure [2]. Voilà l'appât que j'offre à ceux qui voudront mourir, ou bien, ajouta-t-il en riant, le prix qui attend mon vainqueur. » Réconfortées par sa gaieté, les deux femmes lui tendirent le précieux vêtement, qu'il endossa par-dessus sa cuirasse ; puis sautant à cheval, il disparut.

Cette scène d'attendrissement retarda son départ, de sorte que le combat était engagé sur beaucoup de points, lorsqu'il arriva. Déjà même le centre de son armée pliait [3] : il fit des efforts héroïques pour le retenir, mais ses troupes n'écoutaient plus rien, la peur

---

1. Vos tamen elaboratas vestes, et liciorum ornamenta devehite : cultiorem me acies suscipiat quam festa consuerunt. Ennod., *Paneg. Theod.*, p. 407
2. Qui me de impetu non cognoverit, æstimet de nitore. Ennod., *loc. cit.*
3. Dum indulsisti affectibus, inimica legiones tuæ premebantur instantia. *Id. ibid.*

plus puissante que sa voix les emportait. Bientôt le désordre fut à son comble. « Il en devait être ainsi, nous dit le contemporain qui nous a transmis ces détails ; le ciel voulait que, dans ce jour, Théodoric éprouvât un échec éclatant, afin de bien montrer qu'il accordait la victoire non à la multitude des soldats, mais à la vertu du général[1]. » Fatigué de cette lutte inutile contre des fuyards, et ne comptant plus que sur lui-même, le roi goth appela à son aide, comme au combat de l'Ulca, les hommes de bonne volonté ; il se mit à leur tête, et tous ensemble se précipitèrent, en phalange serrée, sur l'ennemi. Leur choc fit une trouée sanglante dans les rangs d'Odoacre où l'on criait déjà victoire : ce fut le tour des Italiens d'hésiter, tandis que les Goths se ralliant avec confiance derrière leur chef, reprenaient l'offensive. Enfin, le principal corps, celui que commandait le patrice d'Italie, fut rompu et dispersé.

Théodoric voyant sa supériorité établie au centre de bataille, se porta vers l'aile droite italienne qui s'appuyait sur l'Adige : il cherchait à la prendre en flanc afin de la culbuter dans le fleuve. Cette manœuvre plaça les troupes d'Odoacre dans une position désespérée, entre un assaillant qui ne faisait point de quartier et un obstacle qui ne permettait pas la retraite. Il leur fallait vaincre ou vendre chèrement leur vie : c'est ce que firent ces braves dont l'histoire confesse hautement le courage. Bien des fois les bataillons goths vinrent se briser contre eux, et jonchèrent la terre de

---

1. Hoc credo provisione cœli, solum ne deberetur multitudini quod vicisti. Ennod., *Paneg. Theod.*, p. 406.

leurs morts. Théodoric allait de rang en rang, toujours exposé au plus grand danger, toujours décidant la victoire. Si la cotte d'armes aux couleurs éclatantes, ouvrage d'Amalafride et d'Éréliéva, éblouit souvent dans la mêlée les yeux de l'ennemi, nul ne fut assez hardi pour y porter la main. Cependant les Ruges et les Hérules acculés contre le fleuve essayèrent de le franchir à la nage ; ils s'y jetaient tout armés, espérant par leur masse lutter contre le flot, mais le flot les soulevait en tourbillonnant, ils s'entraînaient l'un l'autre, et périssaient par milliers dans les gouffres [1]. Les contemporains nous font de ce désastre une peinture lamentable. « La terre, nous disent-ils, grossissait l'Adige de ruisseaux de sang, tandis que les cadavres des hommes et des chevaux, accumulés dans les bas fonds du fleuve, formaient comme une digue qui faisait refluer ses eaux [2]. » Cependant le centre italien, en pleine déroute, se sauvait dans la direction de Vérone; Odoacre lui-même fuyait. Théodoric courut de ce côté avec sa cavalerie pour s'emparer de la ville ; et il y pénétrait par une porte, quand son rival en sortait par une autre [3].

La victoire avait été achetée bien cher et la plaine était couverte de cadavres appartenant presque en

---

[1]. Ex magna parte rapidissimis gurgitibus implicati suffocantur. *Hist. Miscell.*, xv. — Athesis undas opulentas cadaveribus. Ennod., *Paneg. Theod.*, p. 406.

[2]. Dum tu faceres gurgites de cruore, in parte alia sistebatur impetus fluentorum. Ennod., *loc. cit.*

[3]. Dum ipso impetu subsequitur fugientes, Veronam illico invadit. *Hist. Miscell.*, xv.

nombre égal aux deux armées : Théodoric ne donna la sépulture qu'aux siens. Quoique les habitants de Vérone l'eussent accueilli avec faveur, soupçonnant dans cet accueil plus de crainte que d'affection, il voulut que ces milliers de corps morts pourrîssent aux portes de leur ville, comme un monument de sa force ou un exemple de ses vengeances. Ils y restèrent, en effet, abandonnés aux vautours et aux loups, desséchés par le soleil, lavés par les pluies d'hiver, et quinze ans après, le Petit-Champ de Vérone paraissait encore tout blanc d'ossements, qu'aucune main amie n'avait osé rendre à la terre. Théodoric, favorisé par la fortune, était alors roi d'Italie ; il avait des poëtes, des orateurs, des panégyristes soldés pour admirer officiellement tout ce qu'il avait fait ; et l'un d'eux, ce même Ennodius cité par nous tant de fois, ne rougit pas de prononcer en sa présence ces tristes et honteuses paroles, non moins indignes d'un Romain que d'un prêtre :

« Salut, Adige, le plus magnifique des fleuves, toi, qui sans altérer la pureté de tes ondes, balayas, dans un jour célèbre, les souillures de notre patrie et la lie de l'univers[1] ! Salut plaine de Vérone, anoblie par ces ossements blanchis qui proclament la gloire de notre roi ! Quand le souvenir de nos anciennes douleurs vient nous oppresser, nous nous rassurons en te contemplant. Que la marque des maux soufferts par notre

---

1. Salve, fluviorum splendidissime, qui ex majore parte sordes Italiæ diluisti, mundi fæcem suscipiens, sine dispendio puritatis. Ennod., *Paneg. Theod.*, p. 405.

ennemi se perpétue ici sous nos yeux, jusqu'à ce que
l'oubli ait effacé dans nos cœurs la cicatrice de ceux
qu'il nous a faits. Le beau festin offert par Théodoric
aux oiseaux de proie [1] ! Pourquoi les bêtes de la terre
et de l'air ne l'ont-ils pas épargné, afin que son aspect
réjouît plus pleinement nos regards? — Oh! je voudrais
que Rome fût ici! Je voudrais que, malgré le
poids des siècles, elle arrivât sur ses jambes branlantes!
Comme la joie de ce spectacle la rajeunirait!...
Reine du monde, pourquoi restes-tu là-bas enfouie au
milieu de tes temples? Ce qui s'est passé sur ces bords
t'a valu plus de consuls que tu ne comptais auparavant
de candidats [2] ! »

Odoacre était rentré dans Ravenne [3], où, sans perdre
courage, il s'était mis à rassembler une troisième armée,
tandis que les Ostrogoths restaient prudemment
concentrés autour de Vérone. En effet, Milan et le reste
de la Ligurie, occupés par de fortes garnisons, tenaient
pour le parti d'Odoacre. Cette trêve forcée donna naissance
à une autre guerre que celle des armes, à la
guerre des appels, des proclamations, des défis publics.
L'Italie, si longtemps un objet d'admiration pour le
monde, lui offrit alors un spectacle à la fois étrange et
lamentable. On voyait deux rois barbares, patrices
romains, l'un d'Orient, l'autre d'Occident, revendi-

---

1. Cœnam pulcherrimam servet terra sublimis... O utinam voracibus abripere aliquid bestiis non liceret!... Ennod., *Paneg. Theod.*, p. 405.
2. Quid semper delubris immersa concluderis? Hic actum est ut plures habeas consules, quam ante videris candidatos. *Ibid.*
3. Superatus Odoacer fugit Ravennam, pridie kalendas octobris. Anon. Vales., p. 718.

quer la possession de Rome et des Italiens, tous deux au même titre et au nom de l'empereur de Constantinople. L'un siégeait à Vérone avec une sorte de gouvernement nouveau qui se prétendait le vrai ; l'autre à Ravenne avec un gouvernement qui fonctionnait depuis treize ans. De Vérone et de Ravenne sortaient des lettres au sénat, des déclarations au peuple, des promesses, des menaces, qui se croisaient et se combattaient, du pied des Alpes à la mer de Sicile. Le patrice de Vérone, sa pragmatique en main, invoquait la cession solennelle et l'investiture qu'il avait reçues de Zénon, son père d'armes. Celui de Ravenne faisait valoir une souveraineté longue et incontestée, et sa reconnaissance par ce même Zénon. Si Théodoric, caressant pour le sénat de Rome, promettait de ranimer « la flamme de ce flambeau étouffé par la tyrannie [1] » et exprimait en termes pompeux son enthousiasme pour de grands souvenirs ; Odoacre parlait de son adoption par ce corps auguste, de la liberté dont il jouissait sous son gouvernement, de la paix donnée à l'Italie, de la gloire rendue aux aigles romaines. Ils s'efforçaient d'agir, chacun à sa façon, sur les populations italiennes, mais le sénat était le but principal de leurs manœuvres : Odoacre cherchait à le retenir, Théodoric à le gagner.

Au fond, Théodoric n'avait point les sympathies des Italiens. On ne voyait pas sans une surprise mêlée de blâme, cet oppresseur de l'Orient, ce fils qui n'avait

---

[1]. Ne romanæ fax curiæ in umbra coacta... pectori sacro affectum nostri cœlestis favor infudit... Ennod., *Paneg. Theod.*, p. 399.

arraché à son père la cession de l'Occident qu'en l'assiégeant dans Constantinople, parler de la tyrannie d'un homme dont les Italiens ne se plaignaient pas. Qui l'avait demandé? qui avait désiré ce prétendu libérateur, suivi de cinq ou six cent mille bouches affamées, prêtes à dévorer l'Italie? Ce qui avant tout soulevait d'indignation les cœurs honnêtes, c'était la conduite de Zénon. Ce césar de Constantinople traitait la mère vénérée de l'univers comme une marchandise qu'on donne, qu'on retire, qu'on offre encore au premier venu, suivant son caprice ou sa frayeur. Aujourd'hui, il en faisait, entre deux prétendants avoués par lui, le prix d'une joute, ou l'appât d'un combat singulier. Les Italiens ne lui pardonnaient pas non plus l'indigne comédie qu'il jouait naguère à la face du monde, lorsqu'il recommandait solennellement le sénat et le peuple de Rome au barbare qu'il envoyait pour les conquérir. Ces réflexions amères engageaient beaucoup de vrais Romains à repousser l'intervention de Théodoric dans leurs affaires, et à soutenir son rival jusqu'au bout.

Ce n'est pas qu'Odoacre excitât un grand enthousiasme parmi ses partisans; son joug, rude à toutes les époques, était devenu plus oppressif, depuis cette campagne du Danube qui avait exalté son orgueil. Les dilapidations, les prodigalités étaient plus fortes que jamais sous son gouvernement. On trouvait difficilement justice auprès de lui, plus rarement auprès de ses officiers. « Les pillages publics[1] avaient cessé d'être

1. Ennod., *Paneg. Theod.*, p. 401.

des crimes, » dit énergiquement un auteur du temps. A l'exemple de cet intendant de l'empereur Auguste, qui multipliait le nom des mois, pour multiplier l'impôt payé mensuellement, son préfet du prétoire Pélagius avait trouvé le moyen de doubler le montant des rôles de contribution, et sa fraude fut difficile à réprimer. Malgré tant de justes sujets de plainte, on tenait à Odoacre; on préférait le tyran en place au tyran inconnu et non encore gorgé de terres et d'argent. Des sénateurs, environnés de la considération publique, servaient Odoacre, et le servirent volontairement jusqu'à sa mort, identifiant ses intérêts avec ceux de l'Italie. Le comte Piérius combattait dans son armée avec dévouement; Libérius [1], le plus honnête et un des plus illustres membres du sénat, commandait à Césène et veillait sur la résidence d'Odoacre; d'autres personnages non moins importants gardaient les forteresses de la Cispadane. Quant aux chefs barbares ils se montraient fidèles à leur roi, en dépit de ses revers : une faute d'Odoacre changea subitement l'état des choses [2].

Il entrait dans le plan du patrice d'attirer Théodoric vers le centre de l'Italie, et de lui couper la retraite sur les Alpes, en soulevant les populations cispadanes dévouées au parti italien. Ce projet exigeait qu'Odoacre, laissant Ravenne à sa propre défense, allât s'enfermer dans les murs de Rome, fît appel au sénat, à la noblesse, au peuple, et confondît autant que possible sa cause avec celle de la métropole du

1. Cassiod., *Variar.*, II, 16.
2. Ennod., *Paneg. Theod.*, p. 407. — *Hist. Miscell.*, xv.

monde. C'était un sûr moyen de combattre l'autorité de l'empereur d'Orient, et de neutraliser l'effet de sa pragmatique. Odoacre, légalement, n'était-il pas l'élu des Romains, et le sénat n'avait-il pas aboli en sa faveur la dignité impériale dans la Romanie d'Occident? Il avait donc le droit de dire aux sénateurs : « Nos deux causes étant communes par vous, protégez votre ouvrage. » Ce raisonnement que pouvait se faire Odoacre, ne manquait au fond ni de vérité ni de force; toutefois, le patrice aurait dû se demander d'abord si Rome consentirait à soutenir pour lui les horreurs d'un siége, peut-être celles d'un sac, ce qui était fort douteux. Depuis que la lutte d'Anthémius et de Ricimer, au pied du Capitole, avait mis la ville éternelle à deux doigts de sa perte, le peuple et le sénat, par un accord tacite, s'étaient créé une sorte de droit de neutralité dans la guerre civile : résignée à être le prix de la victoire, Rome ne voulait plus être l'arène du combat. C'est dans cette pensée qu'elle avait fermé ses portes à l'empereur Glycérius poursuivi par Népos, et à l'empereur Népos poursuivant Glycérius : ferait-elle autre chose pour un Barbare en guerre contre un autre Barbare?

Ces craintes tourmentaient sans doute Odoacre, et bien qu'il comptât dans l'assemblée sénatoriale de chauds amis, dans le peuple des partisans assurés, il jugea à propos de fortifier leur appui par un peu d'intimidation. Parti de Ravenne avec une armée, il se présenta devant Rome pour l'occuper [1]. Le sénat, offensé de

1. Odoacer cum exercitu Romam contendit. *Hist. Miscell.*, xv.

cette espèce de violence, lui fit fermer les portes[1]; les habitants armés coururent aux remparts; et tous lui déclarèrent, du haut des murs, qu'ils ne le recevraient point. C'était une mesure de prudence dans l'intérêt de Rome et non un acte de révolte contre Odoacre; et en effet, le sénat, malgré cette exclusion, persista à reconnaître le patrice d'Italie pour le seul pouvoir légitime, duquel émanait l'administration; les papes en firent autant dans leurs rapports avec l'autorité temporelle[2]. Cet état de choses si bizarre se prolongea pendant toute la durée de la guerre, c'est-à-dire pendant plus de quatre années encore. La conduite du sénat couvrant de sa neutralité les reliques sacrées de la vieille Rome, et conjurant sa propre ruine, put sembler sagesse aux Italiens, mais elle irrita profondément le Ruge qui, sous les yeux des habitants, se mit à ravager cruellement toute la campagne romaine par le fer et le feu[3]. Cet éclat d'une rage impuissante lui nuisit grandement, en donnant à l'acte du sénat un caractère qu'il n'avait pas : les populations italiennes s'émurent; le parti d'Odoacre en fut ébranlé. Théodoric plus adroit se garda bien de vouloir troubler dans la quiétude de sa tombe le fantôme de cette souveraineté expirée; il comprit, comme le premier des Césars, que n'avoir point Rome contre soi, c'était l'avoir pour soi.

Après ce coup désespéré, le patrice d'Italie rentra

---

1. Obseratis portis, exclusus est. *Hist. Miscell.*, xv.
2. Gelas. pap. *Epist.* ap. Labb., *Concil.*, iv, p. 1236.
3. Dum sibi denegari introitum cerneret, omnia quæ attingere potuit, gladio flammisque consumpsit. *Hist. Miscell.*, xv.

dans Ravenne, et son rival sortit de Vérone : le moment était venu pour le roi goth de poursuivre sa marche dans la Transpadane. Milan était alors occupé par une division d'Hérules, sous le commandement du maître des milices Tufa, Hérule lui-même, et réputé l'un des plus solides appuis du parti de son maître. Dès le mois d'avril précédent, il avait reçu de lui la mission de défendre la Ligurie pied à pied, si l'ennemi forçait les lignes de l'Isonzo[1], et Odoacre lui avait confié à cet effet quelques-unes des troupes sur lesquelles il comptait le plus. La présence de cet homme et de son armée au nord du Pô, avait été le grand épouvantail de Théodoric, la cause principale de sa longue halte autour de Vérone. Cependant, à l'approche des Ostrogoths, le maître des milices sembla balancer ; après s'être avancé à quelque distance comme pour livrer bataille, il quitta brusquement la partie, tirant droit vers le Pô, et laissant Milan à découvert. Dans cette situation, la capitale de la Ligurie n'avait qu'une chose à faire, se rendre pour éviter les malheurs d'une prise d'assaut : elle le fit, et ses habitants, l'archevêque Laurentius en tête, introduisirent Théodoric dans leurs murs [2].

Laurentius, métropolitain d'Épiphane et son ami, était comme lui un de ces hommes, chefs de peuples sous la chasuble sacerdotale, un de ces grands citoyens de la Rome chrétienne, qui avait succédé à la Rome

---

1. Quem ordinaverat Odoachar cum optimatibus suis, kal. april. Anon. Vales., p. 718.
2. *Hist. Miscell.*, xv. — Ennod., *Vit. Epiphan.*, p. 353.

civile et à la Rome militaire, pour jamais disparues. Avec des caractères différents, mais avec la même conscience et la même gloire, Épiphane et Laurentius exerçaient le même ministère de consolation et de protection, sur le troupeau confié à leurs soins. Si l'onction d'Épiphane et son éloquence persuasive manquaient à Laurentius, celui-ci possédait en retour une force d'âme indomptable, et autant de goût à braver la persécution que de résignation à la souffrir. Il prit franchement le rôle de conseiller de sa ville, dans la démarche qu'elle voulait faire, et il en accepta pour l'avenir toute la responsabilité [1]. Théodoric se voyant si bien reçu à Milan, y transporta son quartier général, ainsi que le campement de son peuple. Quelques jours après son installation, se passa un événement tout à fait imprévu, et, en apparence, de bon augure pour les Goths. Cette division hérule, qui se retirait avec Tufa à travers les plaines du Lambro ou du Tessin, fit tout à coup volte face, et par une marche rétrograde se rapprocha de Milan. Son attitude d'ailleurs n'avait rien d'hostile; elle revenait en bon ordre, drapeaux levés, et ses armes étincelaient au soleil comme dans une parade. Elle revenait, non pour combattre, mais pour se rendre [2]; le maître des milices lui-même déposa le premier son épée aux pieds du vainqueur. Le spectacle de cette troupe farouche se livrant sans

---

1. Ennod., *Natal.*, *Laurent.*, p. 420, et seqq.; *Poëm.*, 36, 37, 46, 50.
2. Tradiderunt se illi, maxima pars exercitus Odoacri, nec non et Tufa magister militum... Anonym. Vales., p. 718. — Ad servitium, armis instructa radiantibus, agmina convenerunt. Ennod., *Paneg. Theod.*, p. 407.

condition et de propos délibéré, causa une grande joie aux Ostrogoths, un grand étonnement aux Italiens; quant à Théodoric, il accueillit le chef des transfuges avec une confiance qu'on put blâmer déjà comme excessive et imprudente.

L'Hérule Tufa, parvenu à la maîtrise des milices dans l'armée d'Odoacre par de longs services sous le drapeau romain, ne passait pas pour un homme bien honorable et bien sûr[1]. En fait de désertion, il n'en était pas à son coup d'essai; on l'avait vu trahir successivement bien des princes tombés, et sacrifier, sans scrupule, bien des causes qu'il avait soutenues. Pourtant l'impudence de sa conduite actuelle, cette trahison éclatante, méditée, discutée avec ses soldats et opérée à la face du jour, frappa diversement les imaginations. Beaucoup de gens trouvèrent la chose inexplicable; d'autres se contentèrent de dire, comme une explication suffisante: « C'est un Hérule[2]! » tant la mauvaise foi et la noire perfidie de ce peuple, étaient proverbiales en Italie. Quant à Théodoric, le succès lui inspira une sécurité sans bornes; il crut voir arriver à lui, dans un court délai, tous les chefs et tous les corps d'armée de son rival. Non-seulement il rendit à Tufa un commandement important dans ses propres troupes, mais il refusa son serment de fidélité, soit qu'il voulût s'attacher encore davantage cet homme

---

1. Tufa fuit homo in perfugarum infamia notitia veteri pollutus. Ennod., *Vit. Epiphan.*, p. 353.
2. Levitatem originariam... Herulorum agmina... Ennod., *Paneg. Theod.* p. 407, 408.

en s'abandonnant à lui sans réserve, soit qu'il se crût suffisamment garanti, contre un retour possible, par l'éclat scandaleux de sa soumission.

La reddition de Milan fut un signal pour les autres villes de la Ligurie transpadane, qui se soumirent l'une après l'autre sans résistance. Pavie fit connaître au roi des Goths sa résolution, par l'intermédiaire d'Épiphane, son ambassadeur ordinaire dans les circonstances calamiteuses. L'évêque partit pour Milan, sous l'appareil modeste qui lui était ordinaire et rehaussait encore l'éclat de son mérite; à peine arrivé, il fut introduit près de Théodoric, qui le reçut, environné des grands de sa cour. La réputation de ce prêtre mêlé aux affaires du monde et chargé de tant de missions délicates, de l'ambassadeur privilégié des empereurs et des peuples, avait pénétré jusqu'à Constantinople, et le roi goth, depuis longtemps, le connaissait par la voix publique. En Italie, il avait appris à le vénérer encore davantage, car le nom d'Épiphane n'était jamais prononcé par une bouche italienne qu'avec admiration et respect. Sa venue le remplit donc d'une curiosité bienveillante. Après l'avoir contemplé quelque temps en silence, comme s'il eût cherché à deviner sous ces traits vénérables la grandeur du génie et celle de la renommée, Théodoric se tournant vers sa suite, lui dit : « Regardez bien cet homme ; il n'a pas son pareil dans tout l'Orient[1] ; le voir est déjà un bonheur, habiter près de lui sera pour nous une sécurité ! »

---

1. Ecce hominem, cujus totus Oriens, similem non habet : quem vidisse præmium est, cum quo habitare securitas. Ennod., *Vit. Epiphan.*, p. 353.

Cependant le héros de la grande trahison hérule, Tufa, poussait, excitait son nouveau maître à prendre l'offensive au delà du Pô, et remplissait Milan de ses bravades. A l'en croire, ses Hérules et quelques troupes ostrogothes suffiraient aisément à terminer la guerre ; lui-même se chargeait de prendre Ravenne et d'amener, aux pieds du roi des Goths, Odoacre chargé de chaines. Son assurance était telle que Théodoric le crut. Il donna à l'ancien maître des milices de Ligurie une armée composée d'une partie des Hérules qui s'étaient soumis avec lui, et d'un corps d'élite pris dans ses propres troupes. Tufa partit, franchit le Pô à Crémone et se dirigea sur Ravenne[1], par Bologne et Faventia. Jusque-là il n'avait rencontré aucun ennemi, mais à Faventia[2] il se trouva en face d'Odoacre lui-même, retranché dans une position avantageuse, et couvrant avec des forces imposantes les deux routes de Ravenne et de Rome qui se croisaient à Forum-Livii pour former là grande voie Émilienne. Il se passa là quelque chose que l'histoire n'a pas bien éclairci. Au lieu d'en venir aux mains, Odoacre et Tufa s'abouchèrent; leurs armées en firent autant[3], et les troupes ostrogothes, cernées de toutes parts, furent contraintes à mettre bas les armes. Les officiers qui les commandaient, les Comtes du patrice Théodoric, comme dit l'histoire, mis aux fers par ordre du roi des Ruges,

---

1. Paucis interjectis diebus... *Hist. Miscell.*, xv. — Missus est Tufa, magister militum, contra Odoacrem Ravennam. Anonym. Vales., p. 718.
2. Exiit Odoachar de Ravenna et venit Faventiam... *Ibid.*
3. Dedititius exercitus, Tufa instigante, Odoacri se partibus reddidit. *Hist. Miscell.*, xv.

allèrent croupir dans les prisons de Ravenne, en attendant le triomphe de leurs compagnons[1]. Telle fut la seconde trahison des Hérules. On se demanda si elle avait été chez Tufa un effet de la peur ou du remords, et même si elle n'était pas déjà préméditée à Milan : si sa désertion éclatante en Ligurie ne cachait pas déjà le piége tendu à Théodoric pour prix de sa confiance. Chacun l'interpréta comme il voulut; mais tout en exécrant la perfidie de l'Hérule, on condamna la légèreté du roi goth qui se fiait sans réflexion à un traître. Lorsque la nouvelle de ce désastre arriva dans son camp, la colère de Théodoric ne connut plus de bornes. Secouant le drapeau de la vengeance[2], pour parler le langage de son panégyriste, il déclara tout Hérule digne de mort; et ordonna que le jour même on égorgeât, sans en excepter aucun, les soldats de cette nation qui se trouvaient dans les garnisons de la Haute-Italie : l'ordre cruel fut exécuté.

La vengeance ne réussit pas mieux au roi Amale que sa confiance irréfléchie, car, peu de jours après, une autre désertion plus éclatante eut lieu dans son armée, celle de Frédéric, fils de Fava; de ce même homme à l'instigation duquel, en partie du moins, il avait entrepris la guerre. Frédéric, son parent, et bien plus son drapeau vis-à-vis des Barbares, puisqu'il représentait les Ruges que venait venger Théodoric, Frédéric l'abandonna pour aller se joindre à celui qui

---

1. Comites patricii Theodorici... Missi sunt in ferro, et adducti Ravennam. Anon. Vales., p. 718.
2. Ultionis vexilla concutiens. Ennod., *Paneg. Theod.*, p. 407.

deux ans auparavant traînait au Capitole sa mère Ghisa, et faisait décapiter son père. L'histoire n'indique pas les motifs qui portèrent ce fils de Fava, d'un naturel il est vrai, bien féroce, à trahir le défenseur de sa race[1]. Peut-être n'avait-il pas rencontré près de son allié les honneurs ou les profits qu'il en attendait. Peut-être avait-il sollicité sans succès quelque grand commandement qu'une prudence fort naturelle lui avait fait refuser. Quoi qu'il en soit, prenant un jour ses précautions pour échapper à la surveillance du chef, il déserta de l'autre côté du Pô, et se rendit au camp d'Odoacre. Une partie des Ruges le suivit, l'autre resta dans l'armée de Théodoric. La perte de Frédéric et même celle de ses soldats, gens d'une indiscipline effrénée, n'était pas au fond un grand malheur pour le roi des Goths; cependant elle lui causa un abattement douloureux. Ces deux échecs, arrivés coup sur coup, ébranlèrent son courage. Devenu inquiet du sort même de sa nation, il évacua Milan et les autres villes liguriennes difficiles à défendre, afin de concentrer toutes ses forces dans Pavie [2].

Ce parti était grave pour les Ostrogoths, qui de l'offensive passaient à la défensive, et devaient s'attendre à être bientôt assiégés dans leurs positions. Il était grave aussi pour les villes liguriennes qui avaient reçu le vainqueur et redoutaient les représailles d'Odoacre ; grave surtout pour Pavie qui allait loger, nourrir, dé-

---

1. Dicat Fridericus qui postquam fidem læsit... Ennod., *Paneg. Theod.*, p. 408.
2. Ea res Theodoricum in tantum perterruit, ut se suumque exercitum apud Ticinensem urbem muniret. *Hist. Miscell.*, xv.

fendre au besoin un peuple entier de Barbares. Épiphane habitué à considérer d'en haut les révolutions de ce monde comme des épreuves ou des châtiments de Dieu, s'arma d'une énergie nouvelle pour faire face à des devoirs nouveaux. Peu de jours s'écoulèrent entre la résolution de Théodoric et son départ, tant il craignait qu'Odoacre ne profitât de ce mouvement des Goths pour l'attaquer. On vit donc défiler bientôt, par la chaussée de vingt-deux milles[1] qui séparait Milan de Pavie, l'attirail complet d'une nation nomade en voyage : des maisons roulantes, des chariots de bagage, des troupeaux, des bandes de cavaliers et de fantassins armés, mêlés à une foule innombrable de vieillards et de femmes portant à leur cou des enfants ou les traînant par la main. L'enceinte de la ville, faite pour contenir une forte garnison, une armée au besoin, était trop étroite pour une pareille multitude[2]. Aussi, quand toutes les maisons eurent été garnies de leurs hôtes barbares, il fallut construire des cabanes dans les rues, sur les places, jusque sur le terre-plein des remparts, pour en loger de nouveaux. On transforma les édifices publics en espèces de caravansérais, où les familles ostrogothes campèrent pêle-mêle[3] ; quelquefois on enlevait les charpentes des toits pour dresser en plein air de vastes hangars sous l'abri des-

---

1. Itiner. Hierosolym. — Cons., *Géographie des Gaules*, par M. le baron Walckenaer, t. III, p. 24.

2. Omnem illam quam totus oriens vix sustinuit, contraxit manum, atque ad Ticinensis civitatis se angustiam contulit. Ennod., *Vit. Epiphan.*, p. 354.

3. Videres urbem familiarum cœtibus scatentem, domorum immanium

quels les chariots venaient se ranger par files. Pavie alors présenta le spectacle singulier d'une ville romaine combinée avec un camp de nomades.

Dans ce mélange confus de citoyens craintifs et de barbares violents, Épiphane put exercer tout à loisir ce don de servir et de consoler qu'il avait reçu de la providence. Décidé à rester neutre entre les deux rois, afin de mieux garantir la sécurité de son troupeau, il obtint d'abord de Théodoric qu'il respecterait sa neutralité. Le contact de cet homme de paix eut sur le roi des Goths une influence merveilleuse. Épiphane, attentif aux moindres détails, l'éclairait par de sages avis, le calmait dans ses colères, le ramenait enfin à des sentiments chrétiens ou romains, quand le démon de la barbarie semblait vouloir le ressaisir et l'entraîner. De son côté, Théodoric employait pour gagner son hôte vénérable, tout ce qu'il possédait de charme dans l'esprit et de grâce dans la familiarité. Il disait souvent à ses Goths qui ne le comprenaient pas toujours : « Épiphane est la vraie muraille de Pavie, que ne saurait ébranler le bélier du Ruge, ni franchir la fronde du Baléare. Je dépose avec confiance, sous sa garde, ma mère et ma famille, ainsi que les vôtres, afin d'être libre de toute préoccupation pour reprendre bientôt la guerre[1]. »

culmina in angustissimis resecata tuguriis... Cerneres a fundamentis ædificia immensa migrare, nec ad recipiendam habitantium densitatem, solum ipsum posse sufficere... Ennod., *Vit. Epiphan.*, p. 354.

1. Fortissimo muro civitas Ticinensis, incolumi isto, vallatur...tutum est apud istum, matrem, familias que deponere, et expeditum excursibus militare bellorum. *Ibid.*, p. 353.

Ces événements se passaient dans les derniers mois de l'année 489 : l'année 490 s'ouvrit pour les malheureux Italiens sous des auspices encore plus sinistres. Odoacre prenait activement ses mesures pour envahir la Ligurie dès les premiers jours du printemps, tandis que Théodoric, par des ambassades réitérées en Gaule, sollicitait l'assistance des Barbares établis dans l'est et le midi de cette ancienne province romaine. Ses envoyés s'adressèrent en même temps aux Burgondes et aux Visigoths[1], offrant aux uns et aux autres l'amitié de leur maître avec l'alliance de son peuple. Ils furent bien reçus des Visigoths, chez qui parlait, outre la voix du sang, puisqu'ils formaient avec les Ostrogoths deux rameaux d'un tronc commun, la voix des intérêts plus puissante encore que celle-là. Alaric, fils d'Euric, ce terrible conquérant de l'Auvergne et de la Narbonnaise[2], avait succédé chez les Visigoths à son père mort en 484. C'était un bien faible héritier d'un royaume si grand et formé si violemment, qui avait à se maintenir non-seulement contre des sujets mal soumis, mais contre des voisins mécontents. Les Franks, dont les possessions venaient de s'étendre jusqu'à la Loire par les récentes victoires de Clovis, et les Burgondes, qui avaient essayé de défendre l'Auvergne contre les Wisigoths, ne voyaient point sans dépit et sans inquiétude le royaume de Toulouse embrasser l'Aquitaine entière avec une par-

---

1. Anonym. Vales., p. 718. — Ennod., *Paneg. Theod.*, p. 408; — *Vit. Epiphan.*, p. 368.
2. Voir plus haut les chapitres VI et VII.

tie de l'Espagne. Déjà même, entre Clovis et le fils d'Euric avait éclaté une première querelle où celui-ci avait honteusement cédé. Alaric put donc considérer comme un événement heureux pour son peuple et pour lui-même l'arrivée des Ostrogoths au sud des Alpes, et la proposition du chef des Amales.

Près de lui se trouvait en Aquitaine un jeune roi de cette famille, cousin-germain de Théodoric, ce Vidémir venu des bords du Danube en Italie, avec une branche des Ostrogoths, dans l'année 473, et dont le peuple, ainsi qu'il a été raconté plus haut, avait été réuni à celui d'Euric, par une lâche concession de Glycérius[1]. Les sujets de Vidémir accueillirent avec une grande joie l'idée de retrouver et de servir des frères dont le souvenir ne s'était point effacé de leur mémoire; Alaric vit dans leur alliance un moyen de se fortifier contre ses voisins. « Quand les Goths de l'Est posséderont l'Italie, pouvait-il se dire, et ceux de l'Ouest l'Aquitaine et l'Espagne, quel peuple germain, sarmate ou hun, ne tremblera pas à leur nom ? » Il promit à Théodoric tout ce que celui-ci demandait, et se disposa à faire partir une armée pour la Transpadane, dès que les chemins seraient praticables.

Mais les mêmes sentiments, les mêmes raisons qui déterminaient Alaric, entraînèrent Gondebaud en sens contraire. Ce roi, devenu tout-puissant chez les Burgondes par la ruine de ses frères, reçut mal les propositions de Théodoric. Son intérêt n'était point de

---

1. Cons. ci-dessus le chapitre vi, p. 183 et suivantes.

laisser les Goths s'établir en Italie, lorsqu'ils étaient déjà en Aquitaine, et que par ce double voisinage ils pourraient peser doublement sur lui : loin donc de prendre parti pour leur cause, il déclara s'unir à celle d'Odoacre. Les prétextes ne lui manquaient pas pour colorer sa politique. « L'ancien patrice Gondebaud, neveu du patrice Ricimer, et généralissime des armées romaines sous deux empereurs, n'était-il pas un vrai Romain? Les Burgondes qui avaient mêlé si souvent leurs drapeaux aux aigles romaines, et versé leur sang pour les intérêts de l'empire des deux côtés des Alpes, n'étaient-ils pas les alliés naturels des Italiens? comment venait-on lui demander de livrer à des étrangers un pays qui le regardait comme son protecteur, et conseiller aux Burgondes de trahir un peuple ami, au profit de gens qui ne pouvaient que leur être suspects. Une telle alliance n'était pas possible, et le roi des Goths, en la proposant, faisait outrage à Gondebaud, s'il ne lui tendait pas un piége[1]. » Tels furent, comme on doit le supposer par quelques mots des historiens, les raisonnements que se fit Gondebaud, et le fond de sa réponse aux ambassadeurs ostrogoths. Quand ceux-ci furent partis, il équipa une petite armée destinée à franchir lestement les Alpes par la route que les Burgondes tenaient sous leur main, tandis que les troupes visigothes, non encore réunies, auraient un long voyage à faire des bords de la Garonne à ceux du Tessin.

1. Ludificatus specie fœderis. Ennod., *Vit. Epiphan.*, p. 368 et seqq.; — *Paneg. Theod.*, p. 408.

Effectivement Gondebaud descendit en Italie dès que le permirent les neiges des Alpes : il s'y présenta en libérateur[1] qui venait défendre la Romanie occidentale contre les entreprises d'un Goth d'Orient. Il parlait peu d'Odoacre et beaucoup de son affection personnelle pour les Romains, à qui, disait-il, il amenait d'anciens amis. En ce moment, la cause de Théodoric semblait désespérée, et l'on redoutait l'arrivée d'Odoacre altéré de vengeance; on crut donc aux paroles de Gondebaud; on fut heureux de les entendre et l'on accueillit les Burgondes comme de véritables frères. Les citadins leur ouvraient les portes des villes, les habitants des campagnes accouraient en foule au-devant d'eux. « Nous vous reconnaissons, leur disaient-ils avec une confiance naïve; c'est bien là votre costume, votre armure, votre drapeau, tant de fois l'auxiliaire du nôtre : vous êtes nos Burgondes[2]; soyez les bienvenus! » Pour réponse à ces doux propos, les soldats de Gondebaud enlevaient les femmes, dévastaient les maisons, traînaient en captivité les laboureurs valides, pour les transplanter en Burgondie. Gondebaud avait raison, ce n'était pas une guerre d'ennemi qu'il faisait à l'Italie, c'était mieux; c'était une expédition de voleur et de pirate. La guerre n'était pour lui qu'un prétexte, car il ne se souciait pas plus d'Odoacre que de Théodoric; mais au moment où l'Italie pouvait chan-

---

1. Quis catenarum nexibus impeditus, duræ sorti non uberiores lacrymas exhiberet, cum se ad conditionem *Liberator* impelleret? Ennod., *Vit. Epiphan.*, p. 366.

2. Nonne vos estis Burgundiones nostri?... Scimus et evidenter agnoscimus... *Ibid.*, p. 367.

ger de maître, il venait prélever sa part de butin et transporter au delà des Alpes tout ce qui était transportable. Les malheureux paysans que ses soldats emmenaient, enchaînés par bandes comme des esclaves, invoquaient dans leur détresse le nom de l'ancien patrice, neveu de Ricimer, ne supposant pas que ces traitements pussent leur être infligés par son ordre. « Ce que vous faites là, disaient-ils à leurs ravisseurs, sera sans excuse près de votre roi, prenez-y garde. Votre roi est bon; il ne vous a jamais commandé des crimes qui font horreur à toute âme civilisée [1]. » De nobles matrones, des vierges, obligées de marcher sous le fouet, les mains liées derrière le cou, protestaient par des paroles semblables, entrecoupées de sanglots et de cris. Quand leurs cris devenaient trop perçants, on les frappait; quand elles essayaient de résister, on les tuait [2].

Cette expédition valut à la Burgondie bien des milliers de captifs, à fixer dans les champs, comme serfs, bien des milliers de femmes à revendre au marché ou à troquer plus tard contre des rançons. Lorsqu'Épiphane, en 496, alla négocier de la part de Théodoric la délivrance de ces prisonniers, leur nombre s'élevait encore à plus de 6,000 [3], et la ville de Lyon en rendit jusqu'à 400 dans un seul jour. Ainsi se condui-

---

1. Videte ne ante pium regem quæ facitis excusetis, et illa urbanorum consuetudine crimina supprimatis. Ennod., *Vit. Epiphan.*, p. 367.
2. Multos tamen integritatis tuæ fiducia fecit interimi, cum capti superbius responderunt. *Id. ibid.*
3. Plus sex millia animarum, terris patriis reddita... quadringentos homines, die una de sola Lugdunensi civitate dimissos... *Ibid.*, p. 370.

saient les libérateurs germains de l'Italie. Durant toute cette campagne, Gondebaud se garda bien d'approcher de Pavie où il eût rencontré Théodoric ; il ne chercha point non plus à faire sa jonction avec Odoacre dont il ne se souciait guère, ainsi qu'on l'a dit. Quoique ce brigandage fût prémédité et conduit dans son seul intérêt, il servit indirectement le patrice d'Italie dont il prépara le retour au nord du Pô.

On aurait pu croire la mesure des souffrances humaines comblée après le passage de ce barbare, l'apparition d'Odoacre irrité fit voir qu'il n'en était rien. La fumée des incendies annonçait au loin sa marche. Les populations, fuyant devant lui comme des troupeaux épouvantés, couraient se cacher au fond des bois, dans les montagnes, dans les marais, partout enfin où il n'était pas[1]. Lorsqu'il parut devant Milan, on eût cru voir une ville morte, tant elle était déserte et silencieuse. Il n'y trouva que l'archevêque et un petit nombre de fidèles restés avec leur pasteur à la garde des choses saintes. Leur présence n'empêcha pas l'Arien d'accabler du poids de sa colère les églises qui furent toutes dépouillées ou détruites[2], comme s'il eût voulu se venger des catholiques sur leur Dieu même. Laurentius maltraité, jeté aux fers, malgré son grand âge, et traîné de prison en prison, souffrit la faim, le froid, la maladie[3], sans que la sérénité de son âme en

1. Cum hostilis irruptio, more pecorum, Christianum populum per diversa distraheret. Ennod., *Natal. Laurent.*, p. 424.
2. Rarus habitator, horror in domibus... ubique pavor et luctus ; Dei templa ferarum habitationibus deputata... *Id. ibid.*
3. Taceo inediam, frigus, et injurias, et illa quæ tibi inimici animus providit, augmenta morborum. Ennod., *loc. cit.*

parût un instant troublée. Il répétait héroïquement ce mot de l'apôtre : « C'est quand je souffre, que je suis fort [1]; » et en effet, chacune de ses tortures semblait donner une énergie nouvelle à ses ouailles, un démenti nouveau à ses bourreaux. Son tour de triomphe vint plus tard. Il eut le bonheur de relever les églises ruinées sous ses yeux, et de les rendre au Dieu des catholiques plus magnifiques et plus vastes [2]. Il vit aussi les peuples de la Ligurie réunis dans un même sentiment d'admiration et de respect, fêter son jour natal comme celui d'un père : un des poëtes alors en vogue consacra à cette solennité presque nationale un petit poëme que nous avons encore.

Ce poëte était Ennodius, le futur biographe d'Épiphane et son successeur à l'évêché de Pavie, le futur panégyriste de Théodoric. Il apparaît pour la première fois dans l'histoire, au milieu des misères de cette année 490, et n'avait alors que seize ans. Orphelin de père et de mère, privé de tout par la mort d'une tante qui l'avait élevé [3], le jeune Ennodius restait seul, sans conseils, sans biens, sans protection, quand la guerre entre Odoacre et Théodoric vint bouleverser l'Italie. Il épuisa toutes les calamités de ce temps de misère, les angoisses de l'épouvante, la fuite, l'exil, la faim surtout, conséquence inévitable de tant de ravages. « La faim, dit-il lui-même, dans quelques lignes d'une âpre énergie, la faim savait bien

---

1. Cum infirmor, tunc potens sum. Paul., 2; Cor., 12.
2. Ennod., *Natal. Laurent.*, p. 426, et *Poem.*, 36 et seqq.
3. Ego annorum ferme sexdecim, amitæ quæ me aluerat tempestate ea, solatio privatus sum. Ennod., *de Vita sua.*, p. 317.

reprendre ceux qui se sauvaient de l'épée. Les riches se croyaient heureux, parce que l'argent leur ouvrait le chemin des hautes montagnes et la porte des citadelles, mais l'aiguillon du besoin plus acéré que la pointe des dards ou le tranchant des glaives, venait les assiéger sur leurs roches imprenables[1], et les réduisait comme les autres. » Dans ce sauve qui peut universel, les évêques se mirent à fortifier les positions qui pouvaient servir de refuge à leur peuple contre la violence des gens de guerre. Honoratus, évêque de Novare, fit construire par la main de ses diocésains un château formidable dans lequel eux et lui se défendirent vaillamment[2]. Quelques évêques allèrent plus loin; ils organisèrent des corps de défense permanents que, dans les formules du temps, on appelle soldats ou milice de l'Église[3]. La féodalité commençait.

Cependant les Visigoths envoyés par Alaric ayant fait leur jonction avec les Ostrogoths sous les murs de Pavie[4], cet accroissement de forces mit Théodoric en état de tenir la campagne. Il n'était pas resté tranquille, tout ce temps, dans l'enceinte de Pavie; Odoacre était venu l'y assiéger; et avait tenté à plusieurs reprises d'emporter la place d'assaut, mais sans succès. La saison lui était contraire : le froid, la

1. Quum... in culminibus locatos, armis sævior egestas obsideret... Ennod. *de Vita sua*, p. 317.
2. Versus de Castello Honorati episcopi. Ap. Ennod., *Poem.*, p. 28. — Honoratus episcopus Novariensis. Baron., ad ann. 489.
3. Ecclesiastici milites. Ennod., *Epist. ad Faust.*, p. 21. — *Ibid.*
4. Tunc venerunt Visigothæ in adjutorium Theoderici. Anon. Vales., p. 718.

chaleur, la pluie, tout semblait favoriser son ennemi. La discorde se mit de nouveau dans son armée; ses soldats se battaient et s'entretuaient. Pour prévenir de plus grands maux, il reprit le pillage interrompu de la Ligurie, qui plaisait beaucoup mieux à ces bandes avides que les fatigues d'un long siége. Peu de temps après s'opéra la jonction des Visigoths d'Alaric avec l'armée ostrogothe, et Théodoric sortit de Pavie. Odoacre, craignant d'être enfermé à son tour dans Milan, évacua cette ville pour se fortifier derrière l'Adda, où Théodoric le vint chercher avec toutes ses forces.

Ce fut le 11 août 490 que se livra, sur les bords de cette rivière fameuse par tant d'autres combats, la troisième grande bataille où le maître actuel et le futur maître de l'Italie se trouvaient en présence[1]. Elle ne fut pas moins sanglante que celle de l'Adige. « Les peuples y tombèrent en grand nombre des deux côtés, » nous dit un document contemporain; mais Odoacre fut encore vaincu. Parmi les Italiens restés sur le champ de bataille, le roi-patrice eut à pleurer un de ses fidèles officiers, le comte Piérius[2], celui-là même qui avait si heureusement accompli la translation des provinciaux du Norique, et amené le corps de saint Séverin en Italie. Sa mort laissa un grand vide dans les rangs du parti qui, malgré les cruautés

---

1. Facta est pugna super fluvium Adduam... III. Idus Augustas. Anon. Vales., p. 718. — Cassiod., *Chron.*

2. Ceciderunt populi ab utraque parte, et occisus est Pierius comes domesticorum. Anon. Vales., p. 718.

d'Odoacre, croyait soutenir avec lui une cause italienne. Les pertes de Théodoric ne furent ni moindres en nombre, ni moins poignantes. Toujours battu en rase campagne, et enfin découragé, Odoacre prit la résolution de se retrancher dans Ravenne, mais il plaça dans les forteresses et les châteaux de l'Italie Cispadane d'assez fortes garnisons pour inquiéter les Goths s'ils voulaient passer outre, et leur couper la retraite en cas de revers.

Pourtant Théodoric n'hésita pas à tenter la fortune dans les nouvelles conditions que lui offrait son ennemi. Depuis un an qu'il était arrivé en Italie, il avait toujours été vainqueur dans les batailles et toujours emprisonné le lendemain, tantôt dans la Vénétie, tantôt dans la Ligurie, tantôt même dans l'enceinte d'une ville, sans avoir encore osé paraître au midi du Pô. Il pensa avec raison que le temps était venu de se montrer au parti que ses appels et les fautes d'Odoacre lui avaient gagné; et de forcer, en tout cas, les villes de l'Italie centrale à se déclarer pour l'un ou pour l'autre. Dans cette vue, il résolut de marcher sur Ravenne, en laissant derrière lui, sous bonne garde, à Pavie, sa mère avec les familles de son peuple et les bagages de son armée. Pour cette garde, il choisit de préférence à tous autres le petit corps de soldats ruges demeurés sous ses drapeaux, malgré la désertion de leur roi Frédéric [1]. Ce choix était dicté sans doute par

---

1. Digressis Gothis, civitas Ticinensis Rugis est tradita. Ennod., *Vit. Epiphan.*, p. 356. — Relictis ibi matre, sororibus, et universi vulgi multitudine. *Hist. Miscell.*, xv.

des considérations de prudence : il pouvait craindre que la fidélité de ces Barbares ne se trouvât exposée à trop de tentations, en face de leur roi et de leurs compatriotes transfuges. La mesure avait néanmoins un inconvénient considérable, celui de laisser Épiphane et les habitants de Pavie livrés aux soldats les plus sauvages et les plus indisciplinés de l'armée ostrogothe. S'ils avaient rempli le camp de Théodoric de leur turbulence et déserté son drapeau jusque sous ses yeux, que ne feraient-ils pas lorsque le roi des Goths ne serait plus là pour leur inspirer une crainte salutaire ?

L'espèce de neutralité qu'Épiphane avait voulu se créer au milieu du tumulte des armes, avait été reconnue et respectée des deux chefs ennemis, et imposée par eux, autant qu'il était possible, à leurs armées. Odoacre s'y était soumis, pendant le siége de Pavie, bien qu'il pût soupçonner l'évêque d'avoir un penchant secret pour son rival; mais il craignit qu'une seule violence exercée sur l'homme de Dieu, comme on l'appelait, n'indisposât toute l'Italie, et n'excitât peut-être contre le coupable les vengeances du ciel. Cette convention tacite entre les deux rois et le prêtre dura autant que les conflits du siége. Comme une providence toujours en éveil pour la sauvegarde des Romains, Épiphane allait d'une armée à l'autre, calmant les colères, plaidant la cause du faible et protégeant la vie et les biens de son troupeau contre les rigueurs de la guerre. Magistrat autant qu'évêque, il commandait au nom de la loi, il suppliait au nom de la charité. Si quelque femme était insultée, il réclamait le châtiment du ravisseur; si quelque laboureur était arraché à son champ, quelque troupeau enlevé, quelque grange pillée, il menaçait, jusqu'à ce qu'il eût obtenu ou la liberté de l'homme, ou la restitution des biens ravis[1]. Il ne pardonnait qu'à ceux qui le dépouillaient lui-même; et un jour, suivant le récit d'Ennodius, il admit à sa table des soldats qui maraudaient sur ses terres. Et ce n'était pas seulement le Romain qu'Épiphane couvrait de sa protection, mais le Barbare lui-même, lorsqu'il était pauvre et opprimé. Sa sainte charité ne le garantissait pourtant ni des insultes, ni parfois des mauvais traitements de ces hommes dont elle refrénait les excès « Trois ans entiers, ajoute le contemporain que nous venons de citer, Épiphane vécut sous cette croix; et Dieu qui lui donnait la force de souffrir, connut seul le poids de ses maux[2]. »

Le temps de ses plus rudes épreuves fut celui qu'il passa face à face avec les Ruges, dans les murs de Pavie, après le départ de Théodoric. On n'eût pu imaginer de plus redoutables gardiens pour la sécurité d'une ville. Les compatriotes des deux Frédéric et de Ghisa étaient comme eux des sauvages cruels, dominés par tous les instincts de la rapacité et de la violence[3]. On disait d'eux, ainsi que je l'ai déjà rapporté, qu'ils croyaient avoir perdu leur journée, quand

[1]. Si cujus liberi, uxorque inimicis, a qualibet parte, fuissent intercipientibus occupati... Numerare nequeam quanta ille subjugatorum agmina solo proprio reddidit... Ennod., *Vit. Epiphan.*, p. 355.

[2]. Sub tali cruce triennium duxit... *Id. loc. cit.*

[3]. Homines omni feritate immanes, quos atrox et acerba vis animorum ad quotidiana scelera sollicitabat. *Ibid.*, p. 356.

elle s'était écoulée sans crime. Ces cœurs féroces cédèrent pourtant à la puissance morale d'Épiphane. « Il fit sentir à des passions sans frein l'autorité du prêtre, écrit à ce propos son biographe. Une pitié jusqu'alors inconnue se glissa dans des âmes imbues d'une perversité naturelle. — Qui croirait, sans un profond étonnement, que des Ruges aimèrent et craignirent un évêque, un catholique, un Romain, eux qui ne daignent pas même obéir à leurs rois[1]? » Mais aussi que de peines, que d'efforts, que de vertus sublimes, exigèrent de pareilles conversions !

La campagne entreprise par Théodoric ne fut ni facile ni courte : à chaque pas se rencontraient des châteaux et des villes fortifiées qu'il fallait assiéger ou bloquer[2]; aucune désertion n'avait lieu dans les troupes barbares d'Odoacre, et quant aux populations italiennes, elles se montraient ou sympathiques à leur patrice, ou indifférentes à son rival. Cependant, les Ostrogoths ayant forcé les approches de Ravenne, vinrent camper dans le bois de Pins, appelé Pinetum[3] qui, de la lisière occidentale des marais, se prolongeait pendant plusieurs milles sur les dunes de l'Adriatique. C'est là qu'Odoacre avait pris position en 476,

1. Quis sine grandi stupore credat, dilexisse et timuisse Rugos Episcopum, et Catholicum, et Romanum, qui parere Regibus vix dignantur? Ennod., *Vit. Epiphan.*, p. 356.

2. Qui cum Odoacro erant... Ravennæ sese et aliis circum locis, quæ munita maxime, inclusere. Procop., *Bell. Goth.*, I.

3. Subsecutus est eum (Odoacrem) patricius Theodoricus, veniens in Pineta. Anonym. Vales., p. 718. — Dumque eo loco cui Pinetum nomen est, non procul ab urbe, castra posuisset... *Hist. Miscell.*, XV. — Tertio fere milliario, ab urbe, loco qui appellatur Pineta. Jornand., *R. Get.*, 57. — Cassiod., *Chron.*

lorsqu'il assiégeait Augustule dans cette même ville où des forces redoutables et un ennemi victorieux l'emprisonnaient maintenant à son tour. De sombres anniversaires, des rapprochements sinistres semblaient poursuivre le roi des Ruges, au fond de ce repaire des empereurs romains dont il avait si violemment fermé le cycle. Sa première défaite sur l'Isonzo avait eu lieu le 28 août, jour correspondant à celui où, onze ans auparavant, il faisait décapiter dans Plaisance Oreste, son ancien maître. C'était encore près de Plaisance et dans le même mois d'août, qu'il avait subi tout récemment sa troisième défaite, près de l'Adda. Enfin, cette Pinaie de Ravenne, centre des opérations de son ennemi, était souillée du sang de Paulus, versé par ses mains. Des esprits portés au merveilleux voyaient dans ces rapports fortuits l'indice d'une fatalité vengeresse attachée aux pas d'Odoacre, et l'inquiétude gagnait jusqu'à ses plus chauds partisans.

J'ai décrit ailleurs cette cité de Ravenne, si bien choisie au v° siècle pour être la capitale d'un empire, qui ne savait plus que se défendre. Tour à tour île et terre ferme, suivant l'heure du jour et l'alternative du flux et reflux de l'Adriatique, elle était doublement protégée par la nature : l'invasion périodique du flot dans les lagunes la garantissait du côté de la terre, tandis que son retrait, laissant le rivage à sec, la protégeait contre les dangers venus de la mer[1]. La connaissance de ces mouvements variables et de leurs

---

1. Procop., *Bell. Goth.*, I, 1.

effets, donnait à l'habitant de Ravenne, sur l'assaillant étranger, un avantage considérable, soit pour diriger, soit pour repousser une attaque. Le siége régulier d'une pareille place était d'ailleurs impossible ; le blocus même restait incomplet, malgré toutes les précautions, et l'opération de Théodoric consista surtout à couper à l'ennemi l'accès de la campagne, en même temps qu'il gênait son ravitaillement par mer. Dans ce but, il s'établit fortement au nord entre les trois bras du Pô, dont le plus petit traversait la ville ; et tournant au sud, vers le quartier de Classe, il occupa la plage et menaça le port. Les assiégés de leur côté le harcelaient par des sorties continuelles qui ne laissaient de repos aux Goths ni la nuit, ni le jour ; leurs ouvrages à peine commencés étaient aussitôt détruits. Enfin, Odoacre eut pour lui deux puissants auxiliaires, la disette et l'air pestilentiel des marais, qui décimèrent bientôt l'armée de Théodoric.

Telle fut la guerre que se livrèrent les deux rivaux pendant trois années, sans qu'il survînt entre eux rien de décisif. Une nuit, pourtant, Odoacre faillit enlever le roi goth au milieu de son camp. Profitant d'une obscurité épaisse, il prit avec lui les Hérules, troupe légère, excellente pour les coups de main, et franchit à pas de loup la chaussée percée d'arches qu'on appelait le pont Candidien[1]. Le maître des milices, Lévila, l'accompagnait. Ils arrivèrent sans être aperçus jusqu'aux avant-postes ostrogoths qu'ils massacrèrent,

---

1. Exiit Odoacer de Ravenna nocte cum Herulis, ingressus in Pineta, in fossato patricii Theodorici... Anon. Vales., p. 718. — Odoacer cum Herulis

puis Odoacre lança ses Hérules dans la partie du camp contiguë au marais, et située à trois milles de la ville. La surprise réussit au delà de toute espérance. Les anciens compagnons de Tufa qui avaient à venger le meurtre de leurs frères égorgés en Ligurie par ordre de Théodoric, tombant sur des gens endormis, se multiplièrent en quelque sorte pour frapper et tuer, et le camp regorgea de carnage.

Cette scène se passait dans le quartier de Theudis, un des princes ostrogoths, et le principal lieutenant de Théodoric. Le roi campé plus au sud, dans le bois de Pins, près de la maison de plaisance des Césars, avait son quartier séparé de celui de Theudis par un fossé palissadé. Odoacre victorieux poussa les Hérules de ce côté; mais Théodoric, averti par les fuyards, avait eu le temps de se préparer. On se battit corps à corps le long du marais ou dans le bois, au milieu des ténèbres; Théodoric manœuvrait pour tourner son adversaire et lui couper la retraite du pont Candidien; Odoacre s'efforçait d'en conserver les abords. La mêlée fut terrible sur ce terrain marécageux, que défonçait le pied des chevaux, et où l'on se heurtait en aveugles, amis et ennemis. Repoussés enfin vers la chaussée, les Hérules s'y précipitent sans ordre, encombrent de leur foule l'étroit défilé, et se culbutent les uns les autres dans le marais. Ils y tombent en grand nombre et périssent suffoqués. Lévila se noya ou fut tué dans le fleuve Veïens en voulant cou-

egressus Ravenna, nocturnis horis, ad Pontem Candidium, a D. N. Rege Theodorico memorabili certamine superatur. Cassiod., *Chron.*

vrir la retraite[1]. Odoacre lui-même ne regagna qu'à grand'peine la porte de la ville. Cette affaire eut lieu le 10 ou le 15 juillet de l'année 491 ; elle put passer pour une quatrième victoire des Goths, quoiqu'ils eussent perdu toute une division de leur armée[2]; toutefois le Ruge n'était nullement en humeur de se rendre et le siége continua.

Théodoric mit à profit les loisirs de ce long blocus pour attaquer les places de l'Italie centrale qui tenaient pour son ennemi ; il les réduisit toutes[3], à l'exception de Césène où commandait le patrice Libérius. En face de ce fidèle serviteur d'Odoacre, la séduction échoua aussi bien que la menace et les assauts[4]. La forte ville de Césène, avec sa citadelle creusée dans le roc, dominait les environs de Ravenne dont elle n'était séparée que de quelques milles, et troublait par des sorties fréquentes les opérations du siége. Théodoric ne négligea donc rien pour s'en rendre maître ; voyant enfin ses efforts trompés par la vigilance de Libérius, il tourna la place et alla surprendre Ariminum dont il s'empara.

Ariminum, aujourd'hui Rimini, était le port de ravitaillement de Ravenne. Là se rendaient les flottilles de navires légers qu'on appelait Dromons[5], et qui

---

1. Fugiens Levila, magister militum Odoacris, occisus est in fluvio Veïente. Anon. Vales., p. 718.
2. Ceciderunt ab utraque parte exercitus. *Ibid.*
3. Obsidentes Gothi alia aliis modis oppida ceperunt, at Cæsenam oppidum... neque pactis neque vi potestati suæ subdere potuerunt. Procop., *Bell. Goth.*, I, 1.
4. Cassiod., *Variar.*, II, 16.
5 Blondus Foroliv., *Hist.*, IV ; cet historien suivait ici, selon toute appa-

servaient soit au cabotage de la côte, soit à l'approvisionnement de la ville impériale. Maîtresses de la mer, ces flottilles se rendaient avec leur chargement de vivres près des îles qui regardent Ravenne au levant ; elles s'y tenaient à l'ancre jusqu'à ce que l'heure du flux leur permît d'aborder le port ; leur provision déposée, elles reprenaient la mer, et allaient se recharger sur divers points de la côte, qui tenait presque tout entière pour Odoacre.

La possession d'Ariminum fit passer dans les mains de Théodoric les instruments du ravitaillement de Ravenne ; il put affamer la ville assiégée et presser l'ennemi de tous les côtés. Cependant il ne réunit pas assez de navires armés pour tenter sur le port une attaque de vive force. Ses progrès dans le centre de l'Italie étaient lents et contestés. Il eut même besoin de reparaître de temps en temps à Pavie, pour maintenir sous son obéissance les cités riveraines[1] du Pô. Celles de l'Italie méridionale refusèrent unanimement de le reconnaître, les unes par attachement pour Odoacre, les autres par esprit d'indépendance municipale. Il y en eut qui chassèrent leurs magistrats et secouèrent tout frein de gouvernement : le Brutium particulièrement fut en proie à la plus dangereuse anarchie. Cette circonstance créa entre Théodoric et Cassiodore, père du futur questeur du roi des Goths, et lui-même ancien serviteur d'Odoacre, de premiers

rence, la tradition conservée à Ravenne. — V. M. le M¹ˢ Du Roure, *Histoir de Théodoric*, t. I, c. 3, et J. Cochlæus., *Vita Theodorici.*, p. 37.

1. Tillem., *Hist. d. Emp.*, VI, p. 459.

rapports qui se développèrent plus tard. Propriétaire d'immenses domaines dans cette province, il parvint à y rétablir l'ordre, par son autorité privée à défaut de celle des lois, et put la remettre aux mains du nouveau maître, préservée et pacifiée. Ainsi firent sur divers points d'autres nobles romains que la crainte des désordres sociaux rejetait, en quelque sorte malgré eux, dans le parti des Goths.

Quant à la ville de Rome, Théodoric eut la sagesse de ne la violenter en rien, ne l'inquiétant ni par attaque ni par menace, et respectant comme un droit sa prétention bizarre à la neutralité. Le sénat de son côté, resta sous l'empire du fait créé par quinze ans de règne, jusqu'à ce que le sort des batailles en eût décidé autrement ; de sorte que l'administration publique s'exerçait toujours au nom d'Odoacre. Les relations de la ville éternelle avec le patrice assiégé durent être, pendant ce temps, de plus en plus irrégulières et rares, on le conçoit assez ; nous savons toutefois qu'elles n'avaient point cessé en 492, puisque le pape Gélase, élu le 2 mars de cette année, se vante d'avoir résisté à certains ordres d'Odoacre touchant le règlement de l'église, attendu qu'ils blessaient la justice[1]. Il y avait donc à Rome et par conséquent dans les autres villes de l'Italie non soumises aux Goths, des lieutenants du roi-patrice, qui continuaient à commander en son nom. Les monnaies étaient, comme auparavant, frappées à son monogramme, tantôt avec son effigie, tantôt avec celle des empereurs d'Orient. Une d'elles

---

1. Gelas. P. *Epist.* ap. Labb., *Concil.*, IV, p. 1208.

présente la tête et la légende de l'empereur Anastase, qui ne monta sur le trône de Constantinople que le 11 avril 491, pendant la seconde année du blocus de Ravenne[1].

La neutralité du corps du sénat ne liant point ses membres individuellement, ils prirent parti, avec une entière liberté, du côté où leurs idées, leurs intérêts, les circonstances les'portèrent. Dans ce combat d'influence, Odoacre, prisonnier au milieu des lagunes du Pô, et sans contact avec les hommes, eut naturellement le dessous. Théodoric, au contraire, armé de tous les moyens d'agir, exerçait sur ceux qui l'approchaient une véritable fascination, par la vivacité de son intel-

---

[1]. Je dois la connaissance de ce fait important à mon savant et obligeant confrère M. de Longpérier dont l'autorité est si grande en ces matières. Je ne puis mieux faire que de citer sommairement une partie de la note qu'il a bien voulu me communiquer touchant les médailles du célèbre roi des Hérules et des Ruges.

« M. le M<sup>is</sup> de Lagoy qui a publié en 1843, y est-il dit, un mémoire *sur quelques médailles à monogramme*, en donne une d'Odoacre.

« On y voit la tête d'Anastase et un fragment de légende, D. N. AN... Au revers, le monogramme du roi des Hérules. La pièce est d'argent.

« Une seconde pièce qui est de cuivre a été publiée par le même antiquaire : d'un côté, OD... et la tête d'Odoacre ; de l'autre, le monogramme du roi. »

« Diverses autres pièces présentant d'un côté la figure et le nom d'Odoacre, de l'autre son monogramme, ont été publiées par M. Steinbüchel, directeur du Musée de Vienne, dans sa notice *sur les médailles romaines en or du Musée impérial et royal*, et par M. Julius Friedländer, de Berlin (*Die Münzen der Vandalen*, 1849). Une de ces médailles porte le caractère d'atelier de la ville de Ravenne, RV.

« Une autre trouvée près de Savignano, entre Ravenne et Rimini, a été publiée par M. le C<sup>te</sup> Borghesi, de San-Marino, correspondant de l'Institut et un de nos plus éminents antiquaires. »

Cette médaille d'Odoacre et d'Anastase, dont l'authenticité n'a été mise en doute par personne, offre la confirmation la plus complète de ce que nous trouvions d'ailleurs dans l'histoire. Odoacre opposait à la pragmatique de son rival, son titre de lieutenant des empereurs d'Orient.

ligence, l'essor hardi de sa pensée, et son penchant à choisir le bien, quand l'orgueil ou la passion n'y faisait point obstacle. La gloire historique attachée au nom de Rome l'éblouissait[1] ; et il se prenait à aimer sincèrement la ville éternelle, en songeant qu'il la posséderait un jour. Son maître et ami Artémidore le secondait sans doute dans ces négociations délicates, déployant pour le servir tout ce qu'il avait acquis en Orient d'habileté et de pratique des hommes. Aussi vit-on beaucoup de membres de la noblesse romaine passer successivement sous le drapeau de Théodoric, et dans le nombre Faustus Niger, que les contemporains qualifient de chef du sénat. Ce fut une recrue précieuse pour le roi goth, que la cour de Constantinople semblait renier ou du moins abandonner, depuis bientôt trois ans, et qui sentait le besoin de rétablir avec elle les relations interrompues ; or, quel ambassadeur pourrait parler avec plus d'autorité à l'empereur d'Orient des affaires de l'Occident, que ce chef du sénat de Rome, ce représentant présumé du patriciat occidental ?

Tout rapport d'amitié avait cessé effectivement entre Zénon et son fils d'armes, dès l'arrivée des Goths au midi des Alpes. Après avoir lancé dans les aventures d'une conquête lointaine, ce fils dont la présence lui causait tant d'embarras, le père attendait patiemment le résultat de la campagne, assez peu soucieux de savoir qui l'emporterait, et espérant peut-être au fond de l'âme que les deux rivaux se détruiraient l'un l'autre

---

1. Cassiod., *Variar pass.*

à son profit. Il avait donc décliné peu à peu toute responsabilité dans les événements de cette guerre, et Théodoric se trouvait maintenant isolé en Italie, et démenti en quelque façon par l'empereur dont il invoquait à chaque instant l'autorité[1]. Ce n'est pas que Zénon reconnût davantage Odoacre ; les lettres des deux patrices devaient rester également sans réponse, mais la difficulté était plus grande pour Théodoric dont ce silence obstiné paraissait la condamnation évidente. Il demanda en conséquence à Zénon une seconde investiture de l'Italie, plus solennelle que la première, le droit de vêtir le manteau de pourpre, signe de la puissance suprême sur les Romains, et le titre de roi des Romains et des Barbares, en Occident[2]. Faustus Niger se chargea de porter à Constantinople ces propositions, et d'en rapporter la réponse. Théodoric se flattait que l'esprit faible et inconstant de l'empereur céderait à l'ascendant d'un tel délégué ; et au fond il voulait arracher à l'auteur de la pragmatique une interprétation de cet acte dans le sens qu'il y attachait lui-même, que les Goths y attachèrent après lui, mais que tous les empereurs repoussèrent invariablement, jusqu'à Justinien[3]. La mort dispensa Zénon

---

1. Dans les parties de l'Italie qui le reconnaissaient, on joignait le nom de Zénon au sien, comme la sanction de son pouvoir :

*Salvis D. N. Zenone Aug. et gloriosissimo rege Theodorico, Valentiniani V. C. et Inl., etc.* Orell., *Inscript.*, I, n° 1154.

2. Mittens legationem Theodoricus Festum (Faustum Nigrum), caput senati, ad Zenonem, ab eodem sperans vestem se induere regiam. Anonym. Vales., p. 718. — Insigne regii amictus, quasi jam Gothorum Romanorumque regnator. Jornand., *R. Get.*, 57.

3. Procop., *Bell. Goth.*, I, II, III.

des ennuis de cette négociation nouvelle : il avait cessé de vivre dès les premiers jours d'avril 491; avant l'arrivée de Faustus à Constantinople.

Ce chef du sénat occidental arriva dans des circonstances peu favorables au succès de sa mission, d'ailleurs fort délicate. Au lieu d'un prince qui avait habitué Théodoric à sa pusillanimité, il trouvait une cour préoccupée de graves intérêts et une ville presque en révolution. La mort de Zénon, accompagnée de particularités mystérieuses, avait mis en émoi toutes les passions. On discutait, on s'accusait avec acharnement, on prenait parti pour ou contre le nouvel empereur, Anastase ; et les accusations remontaient jusqu'à l'impératrice elle-même. Les derniers jours du malheureux Trascalissée avaient été livrés aux égarements d'une folie cruelle. Depuis que les magiciens avaient conspiré contre lui, tout homme qui lui déplaisait devenait à ses yeux un magicien qu'il s'empressait de faire disparaître, sauf à le pleurer ensuite si l'innocence de sa victime était reconnue. Par malheur, beaucoup de victimes furent reconnues innocentes; et Zénon, dont le cœur n'était pas entièrement fermé aux remords, croyait entendre dans le silence de la nuit des voix qui l'appelaient pour le maudire. Il finit par se faire magicien lui-même, afin de mieux échapper à la magie. Sous le poids de ces perpétuelles appréhensions qu'il essayait d'étouffer dans la débauche, la maladie dont il était affecté s'exaspéra. La vie l'abandonnait subitement au milieu d'un festin ; son cœur cessait de battre; il restait sans mouvement, roide et froid comme un cadavre. La mort, à ce qu'il paraît, vint le visiter pendant une de ces crises terribles ; mais on répandit le bruit que l'impératrice, feignant de se tromper sur son insensibilité apparente, l'avait fait sceller tout vivant dans un tombeau où il était mort de faim : supplice qu'il avait lui-même inventé pour son rival Basilisque[1]. Ce qui sembla confirmer ces abominables rumeurs, c'est qu'avec la même précipitation qu'elle avait mise à l'enterrer, Ariadne fit nommer empereur à sa place. Anastase, silentiaire du palais, que la malignité publique lui donnait pour amant, et qu'elle épousa presque aussitôt.

Au milieu de ces graves débats, la voix du négociateur italien fut à peine écoutée. Le nouvel empereur, accumulant prétextes sur prétextes, évitait de répondre aux questions que lui posait Théodoric ; et Faustus, traîné de délai en délai, bafoué par tous les artifices de la politique byzantine, n'entretenait plus son maître que du récit de ses déconvenues. Théodoric était hors de lui : il voyait son armée se consumer sans fruit dans les fatigues d'un long blocus dont rien ne lui faisait présager la fin. Campés dans la boue et soumis aux plus rudes privations, les Ostrogoths murmuraient contre leur roi ; ils maudissaient une guerre qui ne leur avait encore rapporté que des souffrances et des mécomptes[2].

---

1. Theophan., *Chron.*, p. 116.— Evagr., III, 29.— Zonar., p. 44. Cedren., p. 355. — Cassiod., *Chron.* — Anonym. Vales., p. 718, 719.
2. Cum jam in tertium annum traheretur obsidio, Gothi assidere mœnibus fessi... Procop., *Bell. Goth.*, I, 1.

Les mêmes mécontentements, et de plus grands encore régnaient à l'intérieur de la ville, où tous, soldats et habitants, mouraient de faim. Quoique la flotte de Théodoric fût trop faible pour tenter une attaque sur le port, elle suffisait à le bloquer et le ravitaillement ne se faisait plus. Ravenne était donc en proie à une véritable famine : un boisseau de blé s'y vendait six pièces d'or[1], et bientôt on fut réduit à la plus abjecte nourriture. Un morne désespoir s'empara de la population romaine, mais les Barbares souffraient sans parler de se rendre. En proie à une sorte de rage, ils y puisaient on ne sait quelle force inconnue, qui les soutenait jusqu'à ce que leur corps tombât de consomption. Dans cet état violent, ils éclataient, à tout propos, en injures les uns contre les autres; des injures ils passaient aux coups. Le caractère intraitable des Ruges se signalait, au milieu de ce désordre, par des rixes continuelles. Ils se soulevèrent enfin, Frédéric à leur tête, se jetèrent sur leurs compagnons, et ensanglantèrent les rues de Ravenne[2]. Ainsi la guerre civile se mêlait à la guerre étrangère, au sein de cette ville infortunée, dont on pouvait avec assurance prophétiser la ruine prochaine.

Ravenne avait alors pour évêque Jean, que ses visions avaient fait surnommer *Angeloptès*[3], c'est-à-

---

1. Pactus est usque ad sex solidos modius tritici. Anonym. Vales., p. 718. — Fame et bello quotidie intra Ravennam (Odoacer) laborabat. Jornand., *R. Get.*, p. 57. — Rerum quibus vivitur penuria. Procop., *Bell. Goth.*, I, 1.

2. Dicat Fredericus qui, postquam fidem læsit, hostes tuos interitu comitatus est, contra illos arma concutiens, quibus fuerat errore sociatus; quando nata est inter sceleratos... discordia. Ennod., *Paneg. Theod.*, p. 408.

3. Ἀγγελοπτής, *Vit. S. Joan. Episc. Raven.* ap. Boland., 12 jan. p. 727.

# THÉODORIC, ROI D'ITALIE.

dire le Voyeur d'anges. Au mysticisme le plus exalté, se joignait chez ce prêtre un caractère résolu, opiniâtre, et, en ce qui concernait le gouvernement de son église, une fermeté qui allait jusqu'à la rudesse [1]. Prenant en pitié ce peuple condamné à périr, il vint trouver Odoacre, lui parla hardiment de la nécessité de faire la paix; et le Ruge, étonné de ses discours, l'autorisa à se rendre au camp de Théodoric, suivant son désir. Jean partit processionnellement avec son clergé, précédé de la croix, ainsi qu'il convenait à une telle ambassade [2], et franchit, au grand étonnement des deux armées, la longue chaussée du pont Candidien. Les avant-postes des Goths le laissèrent passer sans mot dire, et Jean fut conduit en présence du roi qui occupait alors, à l'extérieur de Ravenne, comme on l'a vu tout à l'heure, le quartier appelé Petit-Palais. En proie à tant de difficultés, Théodoric accueillit le négociateur avec un empressement respectueux; et des préliminaires de conciliation s'ouvrirent par l'intermédiaire de cet homme de paix [3]. L'évêque allait de l'un à l'autre, à travers la chaussée, portant et rapportant les propositions, mais l'œuvre était laborieuse; aucun ne voulait céder. Il fut enfin convenu que les deux rois habiteraient ensemble Ravenne, sur un pied d'égalité, et se partageraient comme des frères le gouvernement de l'Italie [4]. L'accord fut

---

1. Gelas. P. *Epist.*, ap. Labb., *Concil.*, IV, p. 1068, 1069.
2. Ces détails, fournis par la tradition ravennate, se retrouvent dans les auteurs du moyen âge.
3. Onuphr. ap., p. 57. — Tillem., *Hist. d. Emp.*, VI, p. 455.
4. Conciliator fuit Antistes Ravennæ, ut Theodericus atque Odoacer ex

conclu le 27 février de l'année 493. Odoacre, pour sûreté de sa parole, livra en otage son fils Thélane[1], jeune homme né probablement d'une femme barbare, car l'histoire ne parle nulle part d'une épouse romaine d'Odoacre. Le 5 mars suivant, Théodoric faisait, en grande pompe et sous la conduite de l'évêque, son entrée dans Ravenne, par le quartier de Classe.

Une pareille convention était fort bizarre assurément, et on ne comprend guère comment elle pouvait s'exécuter dans la pratique; cependant un écrivain grave, et qui avait pu recueillir sur les lieux mêmes la tradition, encore récente lorsqu'il écrivait, Procope nous affirme que tel fut l'accord intervenu entre Odoacre et Théodoric. Peut-être s'étaient-ils partagé le territoire italien, de manière que chacun en administrât une portion avec un pouvoir souverain; peut-être et plus probablement, étaient-ils convenus de gouverner la péninsule indivise, chacun à tour de rôle, à la façon des anciens consuls de la république. Dans cette hypothèse, sans doute, le sénat serait resté debout avec ses vieux priviléges honorifiques et son autorité nominale : seulement le patriciat de deux rois barbares aurait remplacé à la tête du gouvernement romain le vieux consulat des Publicola et des Brutus. Ainsi, par une amère dérision du sort, Rome expirante eût pré-

---

æquo viverent. Procop., *Bell. Goth.*, I. Transl. ap. Murat., tome I, p. 248.— Ut pari jure Ravennæ imperent. Goth. transl., *Hist. Goth.*, p. 140. Amstel., 1655. — Ἐπὶ τῇ ἴσῃ καὶ ὁμοίᾳ διαίτῃ. — Cf. Jornand, *R. Get.*, 57. — Anon. Vales., p. 718.

1. Odoacer dedit filium suum Thelane obsidem Theoderico. Anon. Vales., p. 718. — Cassiod., *Chron.* — Onuph., ap., p. 57. — Tillem., *Hist. d. Emp.*, VI, p. 456.

senté la parodie des jours brillants de sa jeunesse. Voilà ce qu'on peut supposer de plus raisonnable d'après les termes de Procope. Ce qui ressort des faits, c'est que les armées restèrent distinctes, et que les patrices occupèrent dans Ravenne des quartiers séparés. Cette tentative de rapprochement ne produisit qu'une trêve mal observée. La paix à peine jurée semblait déjà compromise; il courait de sourdes rumeurs sur les dispositions des deux rois, qui prêtaient par leur attitude à plus d'une conjecture sinistre. On les voyait s'observer l'un l'autre avec inquiétude, et chacun d'eux accusait son rival de perfidie.

On était dans l'attente de quelque grand événement, d'une reprise d'hostilités peut-être; des conciliabules avaient lieu entre les officiers ostrogoths, des réunions clandestines entre les soldats. Ravenne allait se trouver livrée à la plus effroyable catastrophe, quand tout à coup les dispositions parurent changer. Théodoric afficha le retour le plus sincère à des sentiments pacifiques; et pour célébrer la concorde définitivement rétablie, il invita Odoacre, son fils, et ses principaux officiers à un festin où il assisterait lui-même avec les chefs de son armée[1]. Afin que la solennité reçût plus d'éclat et que les convives fussent plus nombreux et plus à l'aise, le roi goth fit dresser les tables en plein air, sous un bois de lauriers, dans les jardins du palais[2]. Le dîner fut, à ce

---

1. Ad epulas vocatum dolo... Procop., *Bell. Goth.*, i, 1. — In palatio, jugulans... Jornand., *Reg. Succ.*, 47.

2. In Laureto... in palatio. Anon. Vales., p. 718.

qu'il paraît, plein d'entrain et de cordialité. Les convives burent copieusement ; la joie circulait avec les coupes autour des tables, et les soupçons d'Odoacre s'étaient dissipés dans les fumées du vin, lorsque Théodoric, se levant brusquement, donne le signal du massacre. Chaque Goth tombe sur son voisin, Ruge, Hérule, Turcilinge ou Scyre, et le frappe d'une arme qu'il tenait cachée. Théodoric assaille et tue de sa main Odoacre[1]. Après le père, il saisit le fils, que protégeait le caractère sacré d'otage, le renverse au milieu des mets et l'égorge. Aonulf, heureusement pour lui, manquait à ce repas de mort ; il put se sauver, et trouver un refuge dans ces mêmes contrées du Danube qu'il dévastait naguère si cruellement. C'est ainsi que le patrice Théodoric, fils d'armes de l'empereur Zénon, sut, par un seul et même expédient, se débarrasser d'un collègue et d'une convention jurée en face de Dieu[2].

Tandis que ces choses se passaient dans le bois de lauriers du palais, les soldats goths, répandus par la ville, faisaient main basse sur les partisans d'Odoacre ; partout où ils les pouvaient rencontrer, ils les tuaient eux et leur race, disent les historiens[3]. Les mêmes horreurs s'accomplirent hors de Ravenne. C'était une conspiration de tout un peuple pour en exterminer un

---

1. Manu sua interemit. Anon. Vales., p. 718. — Truculenter. Marcell., *Chron.* — Procop., *Bell. Goth.*, I, 1. — Marcell., *Chron.*

2. Is pactis eventus fuit... Procop., *Bell. Goth.*, I, 1. — Perjuriis illectus Odoacer. Marcell., *Chron.*

3. Cujus exercitus in eadem die, jussu Theodorici, omnes interfecti sunt quis ubi potuit reperire, cum omni stirpe sua. Anon. Vales., p. 718.

autre : conspiration conduite avec un sangfroid, gardée avec un secret presque incroyables. S'il peut exister quelque chose de plus effrayant que l'image de Théodoric, rouge de vin et de fureur, massacrant sur la table d'un festin le collègue qu'il a attiré par ses caresses, c'est cette complicité de toute la nation des Goths exécutant le même forfait, à la même heure, dans des lieux si différents, sans provocation ni colère[1]. Voilà pourtant le tableau qui ressort des textes historiques, par malheur fort incomplets. Quelques contemporains, dans le but de justifier les Goths et leur chef, rejettent sur son rival la première pensée du guet-apens, de sorte que Théodoric n'aurait fait que prévenir Odoacre en le tuant[2]. Cette version ne peut pas être celle de l'histoire dont les plus importants témoignages attribuent formellement au roi des Goths l'idée comme la conduite d'une si odieuse trahison[3].

Théodoric n'avait plus de collègue ni d'ennemis. Peu soucieux alors des termes de sa pragmatique et des irrésolutions de l'empereur d'Orient, il quitta sans

---

1. Ennodius a l'affreux courage d'admirer cette complicité de Théodoric et de son peuple dans la perpétration d'un assassinat; il en fait même remonter l'inspiration à Dieu.

Fecisti consiliorum participem in secretis populum jam probatum. Neminem adversarium agnovisse contigit, quod tecum pars mundi potior disponebat. Mandata est per regiones disjunctissimas vox votiva. Quis hæc præter supernam voluntatem præstitit, ut unius ictu temporis effunderetur romani nominis clades, longa temporum improbitate collecta? *Paneg. Theod.*, p. 407, 408.

2. Odovacrem molientem sibi insidias interemit. Cassiod., *Chron.* — Dum ei Odoachar insidiaretur. Anon. Vales., p. 718.

3. (Odoacrum) ac si suspectum, in palatio jugulans... Jornand., *de Reg. Succ.*, 47; *R. Get.*, 57. — Odoacer perjuriis illectus... Marcell., *Chron.* — Theodoricus dolo occidit... Procop., *Bell. Goth.*, I, 1.

plus attendre l'habit de sa nation[1], endossa le manteau de pourpre et se fit proclamer roi des Goths et des Romains : ce qu'on traduisit plus tard par roi d'Italie[2]. La fiction du patriciat romain sous laquelle Odoacre avait gouverné pendant près de dix-sept années, s'évanouissait en même temps que la souveraineté des empereurs orientaux, sur le dernier débris de l'empire d'Occident. Non-seulement Rome et l'Italie avaient un roi, mais elles cessaient de s'appartenir à elles-mêmes. Un peuple étranger, sujet de ce roi, les tenait sous le joug à titre de conquête : une nouvelle ère commençait dans leur histoire.

1. Ut ingressus est Ravennam, et occidit Odoacrem, Gothi sibi confirmaverunt Theodoricum regem, non expectantes jussionem novi Principis. Anon. Vales., p. 718. — Suæ gentis vestitum reponens, insigne regii amictus... assumit. Jornand., R. Get., 57.
2. Gothorum Romanorumque regnator. Jornand., R. Get., 57. — Regnum gentis suæ, et Romani populi... Idem de Reg. Succ., 47. — Regnum Italiæ. Cassiod., Variar., II, 41.

# CONCLUSION

Le nouveau règne s'ouvrit, pour l'Italie, sous des auspices sinistres : la formidable colère du roi des Goths planait sur les Romains, comme sur ses adversaires barbares. Malheur à qui, pendant ces quatre années de lutte, s'était déclaré son ennemi ; malheur à qui ne s'était pas montré son ami ! Il fit publier un édit qui dépouillait du droit de liberté romaine [1] (c'est le mot des contemporains) quiconque n'avait pas ouvertement embrassé sa cause. Cet édit le privait du droit de tester, et des garanties assurées au citoyen par les lois de l'empire, ou même de celles que pourrait à l'avenir octroyer le gouvernement des Ostrogoths. Aucune excuse ne palliait sa faute, pas même celle de la nécessité. La conduite des amis était

---

1. Interea subita animum præstantissimi regis Theodorici deliberatio occupavit, ut illis tantum romanæ libertatis jus tribueret, quos partibus ipsius fides examinata junxisset. Illos vero, quos aliqua necessitas diviserat, ab omni jussit et testandi, et ordinationum suarum ac voluntatum licentia submoveri. Ennod., *Vit. Epiphan.*, p. 357.

soumise à une discussion rigoureuse; ils devaient justifier de la constance de leur fidélité, au milieu de toutes les incertitudes et de tous les revers. C'était la mise hors la loi de l'Italie entière[1] : le panégyriste de Théodoric ne craint pas de l'avouer. Cette loi cruelle ne fut pourtant point le pire des maux qui déchirèrent ce malheureux pays. Comme on voit, à la suite d'un orage, sortir des entrailles de la terre mille insectes nuisibles, on vit se répandre en tous lieux, à la suite de l'édit, une nuée d'enquêteurs, d'espions, de délateurs, tourbe malfaisante qui se repaît des infortunes publiques, et se charge de trouver des coupables pour toutes les tyrannies. Les partisans de Théodoric durent eux-mêmes trembler : du golfe de Tarente aux Alpes, et de la mer de Toscane à l'Adriatique, il n'y eut plus une seule ville qui ne fût au désespoir, une seule famille qui pût compter sur la sécurité du lendemain.

Combien de temps dura cette perturbation générale? On ne le sait pas. Ni réclamations, ni prières n'arrivaient jusqu'à ce roi, inflexible dans sa résolution de sévir. La province de Ligurie occupée et foulée tour à tour par les deux partis, et entraînée pour cette raison à des démonstrations contraires, se trouva plus maltraitée encore que les autres; elle eut recours, comme toujours, à l'intervention de son évêque Épiphane; mais, cette fois, l'homme de paix hésita. La

---

1. Qua sententia promulgata, et legibus circa plurimos tali lege calcatis, universa Italia lamentabili justitio subjacebat. Ennod., *Vit. Epiphan.*, p. 357.

mission lui semblait au-dessus de ses forces[1], et on ne le décida qu'en lui adjoignant l'archevêque Laurentius, son métropolitain. Laurentius et lui avaient été les premiers amis du roi des Goths sur la terre italienne; l'un d'eux avait même souffert en son nom la captivité et l'exil; ils partirent ensemble pour Ravenne, le cœur serré, et désespérant presque du succès de leur démarche. Théodoric, les fit admettre en sa présence, et Épiphane prit la parole, ainsi que l'avait exigé le métropolitain, son collègue. Nous entrerons dans le détail de cette grande scène, où le prêtre romain et le conquérant barbare se dessinent nettement l'un en face de l'autre, avec leurs sentiments, leurs instincts, leur langage : elle clôt en quelque sorte les annales de l'Italie autonome et libre.

L'évêque de Pavie rappela d'abord au roi offensé le pardon donné par Jésus-Christ à ses bourreaux et les préceptes de la loi évangélique; puis affrontant sans crainte des souvenirs qui pouvaient paraître importuns au maître actuel de l'Occident : « Il fut un temps, lui dit-il, où une armée formidable t'emprisonnait avec tout ton peuple dans la petite ville de Pavie, et où le son des clairons retentissait nuit et jour à ton oreille. Inférieur en nombre à tes adversaires, tu n'espérais la victoire que de l'assistance de Dieu : que promis-tu alors? Tu le sais[2]; et Dieu t'exauça.

---

1. Dum se diceret solum ad tantam sarcinam sustinendam non posse sufficere. Ennod., *Vit. Epiphan.*, p. 357.

2. Scis quæ te pollicebaris acturum, quando confertissimis inimicorum cuneis urgebaris, et circa muros Ticinensis civitatulæ hostilis litui clangor streperet... *Id.*, p. 358.

Nous vîmes le ciel prendre parti dans ta querelle; le soleil, l'air, la pluie, combattirent pour toi; et les discordes de tes ennemis préparèrent ton triomphe[1]. Qui donc eût pu résister à Théodoric, secondé par Dieu même? tu fus vainqueur. Eh bien, rends aux hommes ce que Dieu t'a donné; ne dédaigne pas les larmes des suppliants, elles sont l'holocauste de l'oblation mystique[2]. Songe aussi à qui tu succèdes : ne ressemble pas à celui que tu as vaincu, si tu ne veux point tomber comme lui. — O roi, la Ligurie te supplie à genoux en ma personne; elle te demande justice pour les innocents, absolution pour les coupables. Écoute ma voix : la vengeance vient de la terre, mais la miséricorde est fille du ciel[3]! »

En prononçant ces belles paroles, le vieil évêque tremblait[4]; il n'avait jamais plaidé une plus sainte cause devant un juge plus irrité. Théodoric dans sa réponse invoqua pour sa justification la raison politique, et les nécessités qui assiégent un règne nouveau. « Tu me cites les exemples divins, ajouta-t-il, avec un semblant d'ironie qui dut aller au cœur du prêtre : eh! ne lisons-nous pas dans les livres sacrés que Saül a été rejeté de Dieu, pour avoir épargné les ennemis d'Israël? La victoire est le jugement de Dieu[5],

---

1. Quoties utilitatibus tuis aer ipse servierit? Tibi cœli serena militarunt, tibi convexa pluvias pro voto fuderunt. Ennod., *Vit. Epiphan.*, p. 358.
2. Mysticæ oblationis holocausta sunt, supplicantum lacrymas non sperni. Ennod., *ub. sup.*
3. Culpas dimittere, cœleste est: vindicare, terrenum. *Id. loc. cit.*
4. Corda ejus pavor arctabat. *Ibid.*
5. Vim divini judicii aut attenuat, aut contemnit, qui hosti suo, cum po-

c'est y contrevenir que de pardonner à l'adversaire qu'on tient sous ses pieds. Frappons les pères, si nous voulons que les enfants soient meilleurs. Que me parles-tu de l'indulgence du divin Rédempteur ? n'a-t-il pas dit lui-même dans son Évangile : — Le médecin coupe les membres pourris, lorsqu'il veut sauver le malade. — Ainsi vont les choses de ce monde ! Laisser le crime impuni, c'est encourager les criminels[1]. »

Le roi goth s'appesantit beaucoup sur ces idées qui contenaient, suivant lui, la vraie morale. C'était par de pareils sophismes que le Théodoric civilisé savait s'accommoder aux mauvais penchants du Théodoric barbare. Voyant pourtant qu'il ne convaincrait pas ses interlocuteurs, et craignant l'éclat d'une rupture avec ces saints personnages, il promit d'adoucir son décret, en ne frappant que les scélérats endurcis. L'endurcissement était grand, à ce qu'il paraît, car les condamnations à l'exil furent nombreuses. Cependant la porte venait d'être ouverte à l'indulgence. De bons conseils survinrent de divers côtés; et le questeur Urbicus, qui joignait, disent les contemporains, l'éloquence de Cicéron à l'austère équité de Caton[2], finit par arracher à son maître une amnistie sinon générale du moins très-large. D'autres Romains bons et respec-

---

titur, indulget. Justitia coercendi sunt, quos constat gratiam non secutos. Ennod., *Vit. Epiphan.*, p. 360.

1. Qui criminosos patitur impune transire, ad crimina hortatur insontes. Ennod., *ub. sup.*

2. Illustrissimum Urbicum acciri jubet, qui universa palatii ejus onera sustenans, Ciceronem eloquentia, Catonem æquitate præcesserat. *Ibid.*

tables prirent place à leur tour dans sa confiance ; ils le ramenèrent pas à pas à des sentiments chrétiens et romains; on flatta les inspirations de l'homme civilisé ; on célébra la magnanimité de son âme ; on l'apaisa, en lui faisant la gloire du pardon plus douce que les satisfactions de la vengeance.

Il y eut alors un revirement complet dans sa conduite. Il appela autour de lui pour organiser son gouvernement les hommes considérables de tous les partis. L'assassin d'Odoacre sembla même rechercher de préférence les amis fidèles de sa victime; et lorsque l'énergique défenseur de Césène, Libérius, passant de la liste de ses proscrits dans celle de ses serviteurs, consentit à devenir son préfet du prétoire, il en manifesta sa joie par ces nobles paroles adressées au sénat : « Libérius n'est point venu à nous comme un vil transfuge; il n'a point simulé la haine de son maître pour gagner l'affection d'un autre : il a attendu, dans l'intégrité de sa conscience, le jugement de Dieu. S'il a passé à notre cause, c'est avec tristesse, et quand il ne pouvait plus rien pour la sienne : aussi j'ai confiance en sa fidélité [1]. » Cassiodore fils aîné de l'ancien ministre d'Odoacre, et qui lui-même avait occupé de hautes charges sous le roi des Ruges, devint le secrétaire particulier, puis le questeur de Théodoric. Beaucoup d'autres se joignirent à eux, et dans le nombre Symmaque et Boëce, qui devaient être un

---

1. Non enim ad nos vilissima transfugæ conditione migravit : nec proprii domini finxit odium, ut alterius sibi procuraret affectum. Expectavit integer divina judicia ; tristis ad jura nostra transivit. Cassiod., *Var.*, II, 16.

jour si mal payés de leurs services. Malgré la force politique que de pareils choix donnaient au roi des Goths, il suspecta longtemps encore les sentiments de Rome et du sénat à son égard, car il ne voulut visiter la ville éternelle qu'en l'année 500; et pendant le séjour qu'il y fit, on découvrit une conspiration contre sa vie, où trempait un certain comte goth nommé Odoïn[1].

Devenu chef d'un gouvernement régulier et puissant[2], Théodoric laissa là toute discussion avec l'empereur d'Orient sur le sens de sa pragmatique. Il se posa nettement en héritier de l'empire occidental[3], prenant les qualifications des empereurs, même celle de « toujours Auguste[4], » et confondant habilement l'idée de la nouvelle puissance qu'il fondait, avec les souvenirs de l'ancienne souveraineté. Aux plaintes et aux menaces d'Anastase, il répondit par une curieuse lettre que nous avons encore, dans laquelle il donne, si je puis ainsi parler, la théorie de ses rapports avec l'empire d'Orient. Suivant lui, cet empire est le modèle des gouvernements, et l'empereur possède une supériorité morale sur tous les rois; il reconnaît quant à lui cette

---

1. Anon. Vales., p. 721.
2. Nous renvoyons pour ce qui concerne l'administration de Théodoric aux excellents mémoires de M. Sartorius et de M. Naudet, tous deux couronnés par la classe d'Histoire et de Littérature ancienne de l'Institut (1810). — Nous recommandons également la *Vie de Théodoric*, par M. le Mis du Roure; ouvrage consciencieux et tout à fait digne d'estime.
3. Hæres Imperii. *Epist. Athal.* ap. Cassiod., *Variar.*
4. D. N. Gloriosissimus atque inclutus rex Theodericus, victor ac triumphator, semper Augustus, bono R. P. natus, etc. *Inscript. Pompt.*, Orelli., III, p. 122.

supériorité morale et la proclame ; mais là se borne sa soumission envers l'Auguste de Constantinople. « Vous êtes, lui dit-il, l'honneur de tous les royaumes, l'appui salutaire du monde entier. Ceux qui administrent les nations savent et confessent qu'il existe en vous quelque chose de particulier qu'ils n'ont point[1] ; nous le sentons surtout, nous qui, avec l'assistance divine, avons appris dans votre république comment on doit gouverner des Romains. — Notre gouvernement est une imitation du vôtre, type d'un empire unique. Autant, dans cette voie, nous marchons loin derrière vous, autant nous y précédons les autres nations de l'univers[2]. » L'esprit de sa politique pourrait se résumer en ce peu de mots : ne conserver avec l'empire d'Orient qu'un lien nominal, et donner au monde, dans l'exercice de sa pleine souveraineté, une image barbare de l'empire d'Occident.

Dans l'impossibilité de se faire raison par les armes, Anastase dut se contenter de ces vagues explications qui laissaient les choses au même état. Pour conserver du moins l'avantage de sa situation, il fit remettre par Faustus Niger au roi d'Italie, à titre d'investiture ou de complément de l'investiture que lui avait conférée autrefois Zénon, un des manteaux de pourpre renvoyés par Odoacre à Constantinople, après la dépo-

---

1. Vos estis regnorum omnium pulcherrimum decus; vos totius orbis salutare præsidium, quod cæteri dominantes jure suscipiunt, quia in vobis singulare aliquid inesse cognoscunt. Cassiod., *Variar.*, I, 1.

2. Regnum vestrum, imitatio nostra, forma est boni propositi, unici exemplar imperii. Qui quantum vos sequimur, tantum gentes alias anteimus. Cassiod., *loc. cit.*

sition d'Augustule [1]. C'était, comme on eût pu dire en langage juridique, un acte conservatoire du droit des empereurs, toutefois il venait bien tard. Théodoric portait la pourpre depuis longtemps ; il avait même rétabli, pour son usage, les anciennes fabriques impériales supprimées ou ruinées sous le patriciat d'Odoacre [2]. Cette tardive investiture n'empêcha pas Anastase de faire une descente en Italie dès qu'il le put ; mais son expédition fut plutôt d'un pirate que d'un empereur, et les choses en restèrent là jusqu'à Justinien.

Tandis qu'il posait avec cette netteté, en face de l'empire d'Orient, son indépendance comme roi barbare, Théodoric se faisait Romain vis-à-vis des Barbares et revendiquait sur eux la suprématie des empereurs. Sans renier la fraternité résultant de leur commune origine, il voulait qu'ils le considérassent principalement comme un successeur des Césars ; et que les Amales devinssent une vraie famille impériale parmi les maisons royales des Germains [3]. Il parlait aux rois ses égaux avec un ton de supériorité paternelle qui rappelait le langage des anciens maîtres du monde ; leur adressant des remontrances, des encouragements, des conseils en faveur de la justice et de la concorde mutuelle, et se servant perpétuellement du grand nom

---

1. Facta pace cum Anastasio imperatore per Festum (Faustum) de præsumptione regni; et omnia ornamenta palatii, quæ Odoachar Constantinopolim transmiserat, remittit. Anon. Vales., p. 720.

2. Cassiod., *Variar.*, I, 2.

3. Ut qui de regia stirpe descenditis, nunc etiam longius claritate imperialis sanguinis fulgeatis. Cassiod., *Variar.*, IV, 1. — Amalorum infantia purpurata. *Ibid.*, VIII, 5.

de Rome pour leur inspirer le respect, ou la crainte [1].
Les rois germains, possesseurs de provinces démembrées de l'Occident, reconnurent volontiers cette suprématie qui consolidait leur usurpation, en créant l'unité et la solidarité parmi les spoliateurs de l'empire. Des mariages cimentèrent entre eux et lui l'alliance des intérêts : Théodoric épousa la sœur de Clovis, et maria sa fille Theudigotha au roi des Visigoths, Alaric; sa fille Ostrogotha, au roi Burgonde Sigismond, fils de Gondebaud; sa sœur Amalafride devint femme du roi des Vandales, et Amalaberge, fille de cette sœur, femme de celui des Thuringiens [2].

Vis-à-vis de son peuple, et dans l'art de le gouverner, son habileté ne fut pas moins grande. Après l'avoir établi en colonies militaires sur les territoires dont il dépouilla les soldats d'Odoacre, et qui faisaient un tiers de l'Italie [3]. il ajouta à cet immense domaine des Goths d'autres confiscations opérées sur la propriété italienne. Ce fut Libérius qu'il chargea de l'exécution d'une mesure si douloureuse pour un cœur italien; mais sans croire avec les panégyristes, que tout se passa à la satisfaction générale, les vainqueurs s'étant trouvés grassement pourvus, tandis que les vaincus ne ressentaient aucun dommage [4], il faut re-

---

1. Cassiod., *Variar.*, III, 1, 2, 3, 4, et pass.
2. Jorn., *R. Get.*, 58.—Anon. Vales., p. 720. — Procop., *Bell. Goth.*, I, 2.
3. Partem agrorum, quam Odoacri milites possederant inter se Gothi partiti sunt. Procop., *Bell. Goth.*, I, 1.
4. Quid quod innumeras Gothorum catervas, vix scientibus Romanis, larga prædiorum collatione ditasti. Nihil enim amplius victores cupiunt et nulla senserunt damna superati. Ennod., *Epist.*, XII, 3.

connaître que Libérius mit dans l'accomplissement de sa dure mission une modération digne de louange. Enracinés à l'Italie par la propriété, les Ostrogoths s'y multiplièrent. Les sujets d'Odoacre n'avaient formé sur le sol qu'une armée d'occupation, ceux de Théodoric y furent à la fois une armée et un peuple : peuple conquérant et maître, distinct des vaincus par ses lois, par son langage, par sa religion (il était Arien), et seul investi du privilège souverain de porter les armes. Théodoric, quoiqu'on ait prétendu le contraire, maintint fermement la séparation des deux races dans ses points essentiels. S'il jugea utile qu'à son exemple les princes et princesses des Ostrogoths fussent élevés dans la connaissance des lettres et des sciences, pour apprendre à mieux gouverner les Romains, il défendit au peuple de fréquenter les écoles où il pourrait s'amollir. Son système d'administration fut celui-ci : « Au Romain, les occupations de la paix; au Goth, celles de la guerre [1]. »

Parvint-il par ces moyens à créer un établissement durable? La suite prouva que non. En tout cas, son gouvernement, comme gouvernement personnel, fut empreint d'un cachet de grandeur incontestable, due à l'élévation de son génie. Si le Théodoric barbare reparut dans les derniers jours de son règne, comme pour voiler la gloire du Théodoric civilisé, et la ré-

---

1. Nous renvoyons pour les détails au mémoire de M. Naudet, dont les chapitres 6 et 7 contiennent une appréciation très-complète et très-juste, des actes et du caractère de Théodoric. Nous ne connaissons sur ce sujet rien de mieux étudié et de mieux pensé.

duire à sa juste mesure, l'histoire, impartiale répétera pourtant ce jugement de Procope, resté célèbre : « On peut l'appeler tant qu'on voudra usurpateur et tyran ; en réalité, ce fut un roi [1]. »

1. Verbo Theodoricus tyrannus fuit, facto autem rex. Procop., *Bell. Goth.*, I, 1.

# TABLE DES MATIÈRES

Préface.                                                               Page ɪ.

## CHAPITRE PREMIER

### ANTHÉMIUS ET RICIMER

État de l'Empire d'Occident. — Voyage de Sidoine Apollinaire en Italie. — Mariage de Ricimer avec la fille d'Anthémius.     Page 1.

## CHAPITRE II

### SIDOINE APOLLINAIRE A ROME

Panégyrique d'Anthémius. — Sidoine, préfet de Rome. — Procès d'Arvandus, préfet du prétoire des Gaules. — Noce barbare à Lyon.
                                                                                           Page 35.

## CHAPITRE III

### EXPÉDITION CONTRE GENSÉRIC

Aventures de l'impératrice Eudoxie et de ses filles. — Genséric veut donner Olybrius pour empereur à l'Italie. — Défaite de la flotte romaine près de Carthage. — Ricimer fait assassiner Marcellinus.
                                                                                           Page 77.

## CHAPITRE IV

### CHUTE D'ANTHÉMIUS

Première brouillerie entre le gendre et le beau-père. — Saint Épiphane les réconcilie. — Seconde brouillerie. — Ricimer assiége Rome. — Mort d'Anthémius. — Mort d'Olybrius et de Ricimer.   Page 102.

## CHAPITRE V

### TABLEAU D'UNE PROVINCE ROMAINE SUR LE DANUBE

Misère et anarchie des provinces du Danube. — Saint Séverin, apôtre et réformateur du Norique. — Il y fonde une sorte de gouvernement. — Monastères de Favianes et de Passau. — Autorité du saint dans les villes romaines et chez les peuples barbares. — Ses relations avec les rois ruges Flaccithée et Fava.   Page 141.

## CHAPITRE VI

### GLYCÉRIUS. — ÉMIGRATION DES OSTROGOTHS

Odoacre accueilli par Oreste entre dans la garde des empereurs. — Quel était cet Oreste. — Glycérius, empereur. — Les Ostrogoths quittent la Pannonie. — Théodémir et son fils Théodoric l'Amale envahissent la Macédoine; Vidémir, l'Italie. — Glycérius fait passer en Gaule les Ostrogoths. — Mécontentement des Gaulois. — Népos arrive d'Orient, bat Glycérius, et le fait ordonner évêque de Salone.
Page 190.

## CHAPITRE VII

### JULIUS NÉPOS. — AUGUSTULE

Administration de Népos. — Abandon de l'Auvergne aux Visigoths. — Révolte du patrice Oreste. — Romulus Augustus, surnommé Augustule, empereur. — Il refuse aux auxiliaires barbares le partage des terres de l'Italie. — Révolte des auxiliaires. — Ils prennent Odoacre pour roi. — Meurtre d'Oreste et déposition de son fils.
Page 230.

## CHAPITRE VIII

### LE ROI ODOACRE, PATRICE D'ITALIE

Situation de l'Italie. — Odoacre distribue à ses soldats le tiers du territoire. — Nature de son gouvernement. — Ambassades de Népos, d'Odoacre et du sénat de Rome à l'empereur Zénon. — Glycérius fait tuer Népos. — Élection du pape Félix. — Brouilleries de l'évêque de Rome et du patriarche de Constantinople. — Schisme entre les Églises d'Orient et d'Occident.   Page 272.

## CHAPITRE IX

### MORT DE SÉVERIN. — ODOACRE DANS LE NORIQUE

Odoacre écrit à Séverin. — Situation des Romains du Norique. — Lutte du saint et de ses moines contre les Alamans, les Hérules et les Ruges. — Envahissement graduel de la province. — Mort de Séverin. — Son monastère est pillé; désordres dans la famille royale des Ruges. — Odoacre envoie une armée dans le Rugiland. — Les provinciaux du Norique ramenés en Italie. — Funérailles triomphales de Séverin; son corps est transporté au château de Lucullanum.   Page 327.

## CHAPITRE X

### THÉODORIC EN ORIENT

Faveur de Théodoric l'Amale à la cour de Constantinople. — Zénon l'adopte pour son fils d'armes. — Rivalité des deux Théodoric. — Ils se réunissent contre les Romains. — Rupture entre Zénon et l'Amale. — Guerre des Ostrogoths en Macédoine, en Thessalie et en Épire. — L'Amale s'empare d'Épidamne par ruse. — Son frère est défait par Sabinien et tué. — Mort du Louche. — Réconciliation de l'empereur avec le roi des Ostrogoths.   361.

## CHAPITRE XI

### MARCHE DES OSTROGOTHS SUR LES ALPES

Consulat de Théodoric. — Il assiége Constantinople et arrache à Zénon un décret pragmatique pour la cession de l'Italie. — Caractère de ce décret. — Les Ostrogoths veulent passer en Italie par mer. — Forcés de reprendre la route de terre, ils rencontrent les Gépides dans la vallée de la Save. — Bataille de l'Ulca — Les Goths traversent les Alpes et arrivent en Vénétie. Page 403.

## CHAPITRE XII

### THÉODORIC, ROI D'ITALIE

Odoacre est vaincu une première fois sur les bords de l'Isonzo, une seconde fois près de Vérone. — Théodoric occupe Milan et la Ligurie. — Trahison de Tufa. — Odoacre essaye d'entrer dans Rome qui lui ferme ses portes. — Il se relève et soutient la campagne. — Siége de Théodoric dans Pavie. — Odoacre est assiégé lui-même à Ravenne. — L'évêque de Ravenne concilie les deux rois. — Traité passé entre eux pour le partage du gouvernement. — Théodoric tue Odoacre, et se proclame roi d'Italie. Page 444.

CONCLUSION. Page 501.

PARIS. — IMPRIMERIE DE J. CLAYE, RUE SAINT-BENOIT, 7.

# CATALOGUE

DE LA

# LIBRAIRIE ACADÉMIQUE

## DIDIER et Cie, Éditeurs.

### OUVRAGES DE MM.

| | | | | |
|---|---|---|---|---|
| GUIZOT................ | Voir p. 3 et 4 | VILLEMAIN............... | Voir p. | 5 |
| DE BARANTE.................. | 6 | VICTOR COUSIN.................. | | 6 |
| MIGNET....................... | 7 | SILV. DE SACY................ | | 5 |
| DE RÉMUSAT .............. | 7 | J.-J. AMPÈRE.................. | | 5 |
| CASIMIR DELAVIGNE............ | 7 | DE FALLOUX................... | | 7 |
| DE SALVANDY ................. | 8 | DE MONTALEMBERT............. | | 12 |
| BARTHÉLEMY SAINT-HILAIRE... | 7 | ALBERT DE BROGLIE........... | | 8 |
| AMÉDÉE THIERRY....... | 7 | DE LA VILLEMARQUÉ.......... | | 8 |
| F. DE SAULCY.................. | 7 | GUILLAUME GUIZOT ........... | | 4 |
| ÉMILE DE BONNECHOSE........ | 8 | DE CARNÉ .................... | | 9 |
| PITRE-CHEVALIER................ | 11 | L'ABBÉ BAUTAIN................ | | 8 |
| DE SÉGUR..., ................. | 10 | ROSELLY DE LORGUES.......... | | 10 |
| V. DE NOUVION................. | 8 | FERRARI....................... | | 8 |
| PIERRE CLÉMENT .............. | 10 | E.-J. DELÉCLUZE................ | | 9 |
| NAPOLEON LANDAIS......... | 14 et 15 | CH. L. LIVET.................. | | 8 |
| TISSOT......... ............. | 11 | BEAUDE (Doct.) et COLLABORATEURS.. | | 17 |

### ET DE

| | | | |
|---|---|---|---|
| Mme GUIZOT ..................... | 18 | Mme TASTU.................... | 16 et 18 |
| Mlle ULLIAC-TREMADEURE....... | 19 | Mme DELAFAYE-BRÉHIER....... | 19 |
| Mme FANNY RICHOMME .......... | 19 | Mme DE GENLIS................. | 19 |
| BERQUIN........................ | | | 20 |
| TRÉSOR DE NUMISMATIQUE ET DE GLYPTIQUE, ETC........ | | | 22 |
| OEUVRE DE DAVID D'ANGERS, ETC........................ | | | 21 |
| COLLECTION DES MÉMOIRES SUR L'HISTOIRE DE FRANCE DE MM. MICHAUD ET POUJOULAT..... | | | 13 |
| REVUE ARCHÉOLOGIQUE.. ........................ | | | 23 |

PARIS

35, quai des Grands-Augustins.

1860

# OUVRAGES SOUS PRESSE.

### GUIZOT

**SHAKSPEARE**, œuvres complètes. Trad. nouv. avec Notes et Introduction. 8 vol. in-8.

**GRÉGOIRE DE TOURS ET FRÉDÉGAIRE.** Histoire ecclésiastique des Francs; Chronique; traduction de M. Guizot. Nouvelle édition revue et augmentée de la *Géographie de Grégoire de Tours et de Frédégaire*, par M. Alfred Jacobs. 2 vol. in-8, avec une nouvelle carte des Gaules.

**DICTIONNAIRE DES SYNONYMES**, etc. Cinquième édition entièrement refondue. 2ᵉ partie, gr. in-8.

### Mˡˡᵉ DE MONTPENSIER.

**GALERIE DES PORTRAITS DE MADEMOISELLE.** Nouv. édit., avec notes et introduction, par M. Ed. de Barthélemy. 1 vol. in-8.

### BARANTE

**TABLEAU LITTÉRAIRE DU XVIIIᵉ SIÈCLE.** 1 vol. in-8.
**HISTOIRE DE LA CONVENTION NATIONALE.** 2ᵉ édition. 6 vol. in-8.

### AMÉDÉE THIERRY

**RÉCITS DE L'HISTOIRE ROMAINE AU Vᵉ SIÈCLE.** 1 vol. in-8.

### C. DE WITT

**JEFFERSON.** Etude sur la démocratie américaine. 1 vol. in-8.

### J. J. AMPÈRE

**FORMATION DE LA LANGUE FRANÇAISE.** Nouv. édit. revue. 1 vol. in-8.

### V. DE NOUVION

**HISTOIRE DU RÈGNE DE LOUIS-PHILIPPE.** Tomes IV et V. In-8.

### TISSOT

**LEÇONS DE LITTÉRATURE FRANÇAISE.** Nouv. édit. 2 vol. gr. in-8.

### L'ABBÉ BAUTAIN

**LA CONSCIENCE**, ou la règle des actions humaines. 1 vol. in-8.

### ALFRED MAURY

**LA MAGIE ET L'ASTROLOGIE** dans l'antiquité et le moyen âge. 1 vol.
**LES PREMIERS AGES DE LA NATURE.** 1 vol.

### EV. BAVOUX ET FRANÇOIS

**VOLTAIRE A FERNEY.** Suivie de nouvelles lettres et de notes historiques inédites de Voltaire, etc. 1 vol.

### STANISLAS JULIEN

**LES DEUX JEUNES FILLES LETTRÉES**, roman chinois, traduit et annoté par M. Stanislas Julien. 2 vol.

### ET. PR. DU BOIS

**TACITE ET SON SIÈCLE.** 2 vol. in-8.

### J.-E. ALAUX

**LA RAISON.** 1 vol.

### NOURRISSON

**HISTOIRE ET PHILOSOPHIE**, etc. 1 vol.

### LÉON LAGRANGE

**JOSEPH VERNET.** etc. 1 vol.

### FEILLET

**SAINT VINCENT DE PAUL ET LES MISÈRES DE LA FRONDE.** 1 vol.

### H. DE VILLEMARQUÉ

**MERLIN L'ENCHANTEUR**, son histoire, ses poëmes, sa légende. 1 vol.

### JOUBERT

**PENSÉES**, suivies de sa correspondance, et précédées d'une notice par M. de Raynal. 2 vol. in-8.

# PUBLICATIONS
## DE LA
# LIBRAIRIE DIDIER
### 35, quai des Augustins, à Paris.

## OUVRAGES DE M. GUIZOT.

**SIR ROBERT PEEL.** — Étude d'histoire contemporaine, accompagnée de fragments des Mémoires de Robert Peel. 2ᵉ édit. 1 vol. in-8. 7 »
—Le même ouvrage, 1 vol. in-12. 3 50

**HISTOIRE DE LA RÉVOLUTION D'ANGLETERRE**, depuis l'avénement de Charles Iᵉʳ jusqu'au rétablissement des Stuarts (1625-1660). 6 vol. in-8, en trois parties. 42 »

*Chaque partie séparément :*

—**HISTOIRE DE CHARLES Iᵉʳ**, depuis son avénement jusqu'à sa mort (1625-1649); précédée d'un *Discours sur la Révolution d'Angleterre*. 6ᵉ édition. 2 vol. in-8. 14 »
—Le même ouvrage, 2 vol. in-12. 7 »

—**HISTOIRE DE LA RÉPUBLIQUE ET DE CROMWELL** (1649-1658), 2ᵉ édition. 2 vol. in-8. 14 »
—Le même ouvrage, 2 vol. in-12. 7 »

—**HISTOIRE DU PROTECTORAT DE RICHARD CROMWELL ET DU RÉTABLISSEMENT DES STUARTS.** 2 vol. in-8. (1659-1660). 14 »
—Le même ouvrage, 2 vol. in-12. 7 »

**ÉTUDES SUR L'HISTOIRE DE LA RÉVOLUTION D'ANGLETERRE**, 2 vol. en deux parties qui se vendent séparément :

—**MONK. CHUTE DE LA RÉPUBLIQUE**, etc.; Etude historique. Nouvelle édition. 1 vol. in-8, avec portrait. 5 »
—Le même ouvrage, 1 vol. in-12. 3 50

—**PORTRAITS POLITIQUES** des hommes des divers partis : *Parlementaires, Cavaliers, Républicains, Niveleurs*; Nouv. édition. 1 vol. in-8. 5 »
—Le même ouvrage, 1 vol. in-12. 3 50

**HISTOIRE DE LA CIVILISATION EN EUROPE ET EN FRANCE**, depuis la chute de l'empire romain, etc. 7ᵉ édition. 5 vol. in-8. 30 »
— Le même ouvrage, nouv. et jolie édition, 5 vol. in-12. 17 50

—**HISTOIRE DE LA CIVILISATION EN EUROPE**, depuis la chute de 'empire romain jusqu'à la Révol. franç. 7ᵉ édit. 1 vol. in-8, port. 1859. 6 »

—**HISTOIRE DE LA CIVILISATION EN FRANCE.** 7ᵉ édit. 4 vol. in-8, 1859. 24 »

**HISTOIRE DES ORIGINES DU GOUVERNEMENT REPRÉSENTATIF** et des *Institutions* politiques de *l'Europe*, depuis la chute de l'Empire romain jusqu'au XIVᵉ siècle; nouv. éd. revue et corr. 2 v. in-8. 1855. 10 »
—Le même ouvrage, 2 vol. in-12. 7 »

**ESSAIS SUR L'HISTOIRE DE FRANCE**, etc. 9ᵉ édit. 1 vol. in-8. 6 »
—Le même ouvrage, 1 vol. in-12. 3 50

## OUVRAGES DE M. GUIZOT (*Suite*).

**SHAKSPEARE.—OEUVRES COMPLÈTES.**—Trad. de M. Guizot, entièrement refondue, avec une étude, des notices et des notes, 8 vol. in-8 (*sous presse*).

**SHAKSPEARE** ET SON TEMPS. Étude littéraire, par M. Guizot, etc., suivie d'une étude *sur Othello*, etc., par M. le duc de Broglie. 1 vol. in-8°. 5 »
—Le même ouvrage, 1 vol. in-12. 3 50

**CORNEILLE** ET SON TEMPS, Étude littéraire, comprenant : *De l'état de la Poésie en France avant Corneille ;* — *Essai sur la vie et les œuvres de Corneille ;* — *Trois Contemporains de Corneille : Chapelain, Rotrou et Scarron*, etc. 1 vol. in-8°. 5 »
—Le même ouvrage, 1 vol. in-12. 3 50

**MÉDITATIONS ET ÉTUDES MORALES** : *De l'état des âmes*,—*De la Religion dans les sociétés modernes*, etc., etc.—*Méditations sur l'immortalité de l'ame*, etc., — *Études sur l'éducation*, etc. ; 1 vol. in-8. 6 »
—Le même ouvrage, nouv. et jolie édit., 1 vol. in-12. 3 50

**ÉTUDES SUR LES BEAUX-ARTS** en général : *De l'état des Beaux-Arts en France et du Salon de 1810.* — *Essai sur les limites qui séparent et les liens qui unissent les Beaux-Arts.* — *Description des tableaux du Louvre*, etc. 1 vol. in-8. 6 »
—Le même ouvrage, 1 vol. in-12. 3 50

**ABAILARD ET HÉLOÏSE**, essai historique, par M. et M$^{me}$ Guizot, suivi des *Lettres d'Abailard et d'Héloïse*, traduites en français par M. Oddoul ; nouv. édit. revue et corrigée. 1 vol. in-8. 6 »
—Le même ouvrage, nouv. et jolie édit. 1 joli vol. in-12. 3 50
—Le même ouvrage, 1 beau vol. grand in-8, papier glacé, *illustré* de 32 belles vignettes d'après *Gigoux*. 10 »

**MÉMOIRES RELATIFS A L'HISTOIRE DE FRANCE** (Coll. des), depuis la fondation de la monarchie jusqu'au XIII$^e$ siècle, trad. et accompagnés de notices, de notes et de suppléments. 29 forts vol. in-8. 174 »

**DE LA DÉMOCRATIE EN FRANCE** (Janvier 1849). in-8 de 164 p. 2 50

**DISCOURS DE MM. DE MONTALEMBERT ET GUIZOT**, à l'Académie française, le 5 février 1852. In-8° de 85 pages. 1 »

**DISCOURS DE MM. BIOT ET GUIZOT** à l'Académie française. 1 »

**DISCOURS DE MM. VILLEMAIN ET GUIZOT** à l'Académie française (séance annuelle de 1859). In-8. 1 »

**DISCOURS SUR L'HISTOIRE DE LA RÉVOLUTION D'ANGLETERRE**, par M. Guizot. 1 vol. in-8 de 188 pages. 1850. 2 50

**DICTIONNAIRE UNIVERSEL DES SYNONYMES** de la Langue française, contenant les Synonymes de Girard, Beauzée, Roubaud, d'Alembert, etc., mis en ordre, et augmenté d'un grand nombre de nouveaux synonymes, par M. Guizot ; 5$^e$ édit. entièrement refondue, 2 parties gr. in-8. 13 »

**HISTOIRE DE WASHINGTON** et de *la fondation de la République des États-Unis*, par M. Cornelis de Witt, avec une introduction par M. Guizot. 3$^e$ édit. 1 vol. in-8, avec carte et portraits. 7 »
—Le même ouvrage, 1 vol in-12, avec carte. 3 50

**WASHINGTON, CORRESPONDANCE ET ÉCRITS**, traduits et mis en ordre par M. Guizot. 4 vol. in-8. 12 »

## GUILLAUME GUIZOT.

**MÉNANDRE.** Étude historique et littéraire sur la Comédie et la Société grecques. Ouvr. couronné par l'Académie française en 1853. 1 vol. in-8, avec portr. 7 »
—Le même ouvrage, 1 vol. in-12, portr. 3 50

## VILLEMAIN.

**ŒUVRES DE M. VILLEMAIN.** Nouvelle édition, revue et augmentée, 14 vol. in-8, papier vélin satiné. 88 »
—LE MÊME OUVRAGE, 14 vol. in-12 dit format anglais. 49 »
*Chaque ouvrage se vend séparément.*

**LA RÉPUBLIQUE DE CICÉRON**, traduite sur le texte découvert par Maï, avec une introduction et des suppléments historiques. 1 vol. in-8. 7 »
— LE MÊME OUVRAGE, 1 vol. in-12. 3 50

**CHOIX D'ÉTUDES** SUR LA LITTÉRATURE CONTEMPORAINE : *Rapports académiques.* Études sur *Châteaubriand, A. de Broglie, Nettement*, etc., 1 vol. in-8. 7 »
—LE MÊME OUVRAGE, 1 vol. in-12. 3 50

**SOUVENIRS CONTEMPORAINS** d'histoire et de littérature, par M. VILLEMAIN. Nouv. édit. (1re et 2e parties), 2 vol. in-8. 14 »
—LE MÊME OUVRAGE, 2 vol. in-12. 7 »

**TABLEAU DE L'ÉLOQUENCE CHRÉTIENNE** au IVe siècle, accompagné d'Études sur *le Polythéisme*, sur *l'empereur Julien*, sur *Symmaque*, etc. Nouvelle édition. 1 fort vol. in-8. 6 »
—LE MÊME OUVRAGE, 1 fort vol. in-12. 3 50

**DISCOURS ET MÉLANGES LITTÉRAIRES** : *Éloges de Montaigne et de Montesquieu.—Notices sur Fénelon et sur Pascal.—Discours sur la critique. Rapports et Discours académiques.* Nouv. édit. 1 vol. in-8. 6 »
—LE MÊME OUVRAGE, 1 vol. in-12. 3 50

**ÉTUDES DE LITTÉRATURE** ancienne et étrangère : *Sur Hérodote.—Du poëme de Lucrèce. — Études sur Lucain, Cicéron, Tibère et Plutarque. — De la corruption des lettres romaines. — Essai sur les romans grecs. — Shakspeare; Milton; Wicherley; Young; Pope; Byron.* Nouv. édit. 1 vol. in-8. 6 »
—LE MÊME OUVRAGE, 1 vol. in-12. 3 50

**ÉTUDES D'HISTOIRE MODERNE** : *Discours sur l'état de l'Europe au XVe siècle.—Lascaris.—Essai historique sur les Grecs depuis la conquête musulmane.—Vie du chancelier de l'Hôpital.* 1 vol in-8. 6 »
—LE MÊME OUVRAGE, 1 vol in-12. 3 50

**COURS DE LITTÉRATURE FRANÇAISE**, comprenant: *le Tableau de la Littérature au XVIIIe siècle* et le *Tableau de la Littérature au moyen âge*, par M. VILLEMAIN, nouvelle édition. 6 vol. in-8. 36 »
—LE MÊME OUVRAGE, 6 vol. in-12. 21 »

**TABLEAU DE LA LITTÉRATURE** au XVIIIe siècle, 4 vol. in-8. 24 »
—LE MÊME OUVRAGE, 4 vol. in-12. 14 »

**TABLEAU DE LA LITTÉRATURE** au moyen âge. 2 vol. in-8. 12 »
—LE MÊME OUVRAGE, 2 vol. in-12 7 »

## S. DE SACY.

**VARIÉTÉS LITTÉRAIRES**, morales et historiques. 2e édit. 2 vol. in-8. 14 »
**DISCOURS DE MM. S. DE SACY ET DE SALVANDY** à l'Académie française. In-8. 1 »

## J. J. AMPÈRE.

**LITTÉRATURE ET VOYAGES**, suivis de Poésies. 2 vol. in-12. 7 »
**LA GRÈCE, ROME ET DANTE**, études littéraires. 3e édit. 1 v. in-8. 7 »
— LE MÊME OUVRAGE, 1 vol. in-12. 3 50
**FORMATION DE LA LANGUE FRANÇAISE**. 1 vol. in-8. (*Sous presse.*)

# VICTOR COUSIN.

**ÉTUDES SUR LES FEMMES ILLUSTRES ET LA SOCIÉTÉ DU XVIIe SIÈCLE.** 8 vol. in-8. 56 »

**LA SOCIÉTÉ FRANÇAISE AU XVIIe SIÈCLE**, d'après le *Grand Cyrus*, roman de Mlle de Scudéry. 2 beaux volumes in-8. 14 »

**JACQUELINE PASCAL.** — *Premières études sur les femmes illustres et la société du XVIIe siècle.* 3e édit. 1 beau vol. in-8, avec fac-simile. 7 »

**MADAME DE HAUTEFORT ET MADAME DE CHEVREUSE.** —*Études sur les femmes illustres et la société du XVIIe siècle.* 2 vol. in-8, ornés de jolis portraits. 14 »

**LA JEUNESSE DE Mme DE LONGUEVILLE.** —*Études*, etc., 4e édition, 1 beau vol. in-8°, orné de deux jolis portraits. 7 »

**MADAME DE LONGUEVILLE PENDANT LA FRONDE** (de 1651 à 1653), 1 vol. in-8. 7 »

**MADAME DE SABLÉ.** —*Études*, etc. 2e édition. 1 vol. in-8. 7 »

**ÉTUDES LITTÉRAIRES**, 2 vol. in-8 qui se vendent séparément :

—**ÉTUDES SUR PASCAL**, 1 vol. in-8. 7 »

—**FRAGMENTS ET SOUVENIRS LITTÉRAIRES**, 1 vol. in-8. 7 »

**DU VRAI, DU BEAU ET DU BIEN**, 7e édition, augmentée d'un appendice sur l'art français, etc. 1 beau vol. in-8. 7 »

—Le même ouvrage, 1 beau vol. in-12. 3 50

**FRAGMENTS PHILOSOPHIQUES**, par M. V. Cousin, 5 vol. in-12. 17 50

—**FRAGMENTS DE PHILOSOPHIE ANCIENNE** : *Xénophane.*—*Zénon d'Élée.*—*Socrate.*—*Platon.*—*Eunape.*—*Proclus.*—*Olympiodore.*—1 v. 3 50

—**FRAGMENTS DE PHILOSOPHIE DU MOYEN AGE** : *Abélard.*—*Guillaume de Champeaux.*—*Bernard de Chartres.*—*Saint Anselme*, etc. 1 v. 3 50

—**FRAGMENTS DE PHILOSOPHIE CARTÉSIENNE** : *Vanini.*—*Le Cardinal de Retz.*—*Malebranche et Mairan.*—*Leibnitz*, etc. 1 vol. 3 50

—**FRAGMENTS DE PHILOSOPHIE MODERNE** : *Descartes.*—*Malebranche.*—*Spinoza.*—*Leibniz* et l'*abbé Nicaise.*—*Le P. André.* 1 vol. 3 50

**FRAGMENTS DE PHILOSOPHIE CONTEMPORAINE** : *D. Stewart. Buhle.*—*Tennemann.*—*Laromiguière.*—*Degérando.*—*M. de Biran*, 1 v. 3 50

**DES PRINCIPES DE LA RÉVOLUTION FRANÇAISE** et du *Gouvernement représentatif*, suivi des *Discours politiques* ; 1 vol. in-12. 3 50

# BARANTE.

**HISTOIRE DES DUCS DE BOURGOGNE.** 8 vol. in-12, avec fig. 28 »

**LE PARLEMENT ET LA FRONDE.** —Mathieu Molé, etc. 1 vol. in-8. 7 »

**HISTOIRE DU DIRECTOIRE** de la République française, complément de l'*Histoire de la Convention*, 3 forts vol. grand in-8 cavalier. 1855. 21 »

**ÉTUDES HISTORIQUES ET BIOGRAPHIQUES.** 2 vol. in-8. 14 »

—Le même ouvrage, 2 vol. in-12. 7 »

**ÉTUDES LITTÉRAIRES ET HISTORIQUES.** 2 vol. in-8. 14 »

—Le même ouvrage. 2 vol. in-12. 7 »

**HISTOIRE DE JEANNE D'ARC**, édit. populaire, 1 vol. in-12. 1 25

**HISTOIRE DE LA CONVENTION** nationale. 6 vol. gr. in-8. (*Sous presse.*)

**TABLEAU LITTÉRAIRE DU XVIIIe SIÈCLE.** 1 vol. in-8. (*Sous presse.*)

**PENSÉES ET RÉFLEXIONS MORALES ET POLITIQUES** de M. de Ficquelmont, précédée d'une notice par M. de Barante. 1 vol. in-8. 7 »

## MIGNET.

**PORTRAITS ET NOTICES** HISTORIQUES ET LITTÉRAIRES : *Sieyès*, *Roederer*, *Livingston*, *Talleyrand*, *Broussais*, *Merlin*, *Destutt de Tracy*, *Daunou*, *Siméon*, *Sismondi*, *Comte*, *Ancillon*, *Bignon*, *Rossi*, *Droz*, *Cabanis*, *Franklin*, etc. Nouvelle édition augmentée. 2 vol. in-8°. 10 »

**HISTOIRE DE MARIE STUART.** Nouvelle édition. 2 vol. in-8° ornés d'un joli portrait. 12 »

**CHARLES-QUINT**, SON ABDICATION, SON SÉJOUR ET SA MORT AU MONASTÈRE DE YUSTE. 3ᵉ édition revue et corrigée. 1 beau vol. in-8°. 6 »
—Le même ouvrage, 1 vol. in-12. 3 50

**ANTONIO PEREZ ET PHILIPPE II.** Nouvelle édition revue et augmentée. 1 beau vol. in-8°. 6 »

## FALLOUX (C$^{te}$ DE).

**MADAME SWETCHINE**, Sa vie et ses Œuvres. 2ᵉ édit. 2 vol. in-8. 15 »
—Le même ouvrage, 2 vol. in-12. (*Sous presse.*)

## RÉMUSAT (CH. DE).

**BACON.** Sa vie, son temps et sa philosophie, 1 vol. in-8°. 7 »
—Le même ouvrage, 1 vol. in-12. 3 50
**L'ANGLETERRE AU XVIIIᵉ SIÈCLE.** Études et Portraits pour servir à l'histoire politique de l'Angleterre. 2 vol. in-8. 14 »
—Le même ouvrage, 2 vol. in-12. 7 »
**SAINT ANSELME DE CANTORBÉRY.** Tableau de la vie des couvents et de la lutte des deux pouvoirs au XIᵉ siècle. 1 fort vol. in-8. 7
**ABÉLARD :** Sa vie, sa philosophie et sa théologie, 2 forts vol. in-8. 14
**CRITIQUES ET ÉTUDES LITTÉRAIRES** ou Passé et Présent, etc., nouv. édit., 2 forts vol. in-12. 7 »
**CHANNING :** Sa vie et ses œuvres, avec une préface de M. DE RÉMUSAT. 1 vol in-8. 7 »

## J. BARTHÉLEMY SAINT-HILAIRE.

**LE BOUDDHA ET SA RELIGION.** 1 vol. in-8. 7 »

## AMÉDÉE THIERRY.

**HISTOIRE D'ATTILA** et de ses successeurs en Europe, suivie des *Légendes* et *Traditions*, 2 forts vol. in-8. 14 »
**HISTOIRE DES GAULOIS,** depuis les temps les plus reculés jusqu'à la conquête de la Gaule par les Romains. 4ᵉ édition. 2 vol. in-8°. 14 »
— Le même ouvrage—2 vol. in-12 7 »
**RÉCITS DE L'HISTOIRE ROMAINE AU Vᵉ SIÈCLE.** 1 vol. in-8°.
(*Sous presse.*)

## F. DE SAULCY.

**HISTOIRE DE L'ART JUDAÏQUE**, tirée des textes sacrés et profanes 1 vol. in-8. 7 »

## CASIMIR DELAVIGNE.

**ŒUVRES COMPLÈTES DE CASIMIR DELAVIGNE**, comprenant le THÉATRE, les MESSÉNIENNES et les CHANTS SUR L'ITALIE, édition *elzévirienne*, 4 jolis vol. grand in-24 jésus. 10 »
**CASIMIR DELAVIGNE** (ŒUVRES COMPLÈTES), édition Charpentier *complétée*. 4 vol. in-12. 14 »

## SALVANDY.

**HISTOIRE DE LA POLOGNE** et du roi Sobieski. Nouvelle édition revue et augmentée. 2 vol. in-8. (*sous presse*).
—Le même ouvrage. 2 vol. in-12. 7 »
**DON ALONSO**, ou l'Espagne, etc. Nouvelle édition. 2 vol. in-8. 14 »
—Le même ouvrage. 2 vol. in-12. 7 »
**LA RÉVOLUTION DE 1830** et le parti révolutionnaire, ou Vingt mois et leurs résultats. Nouvelle édition. 1 vol. in-8. 1855. 5 »
**DISCOURS DE MM. BERRYER ET DE SALVANDY** à l'Académie française. In-8. 1 »

## H. DE LA VILLEMARQUÉ.

**LES ROMANS DE LA TABLE RONDE** et les Contes des anciens Bretons. Troisième édition entièrement refondue. 1 vol. in-12. 3 50

## ALBERT DE BROGLIE.

**L'ÉGLISE ET L'EMPIRE ROMAIN AU IV<sup>e</sup> SIÈCLE.** — 1<sup>re</sup> *Partie* : Règne de Constantin. 2<sup>e</sup> édition revue et corrigée. 2 beaux vol. in-8. 14 »
— 2<sup>me</sup> *Partie* : Constance et Julien l'Apostat. 2 vol. in-8. 14 »

## L'ABBÉ BAUTAIN.

**L'ESPRIT HUMAIN** et ses facultés, ou *Psychologie expérimentale*. Nouv. édition. 2 vol. in-12. 7 »
**PHILOSOPHIE DES LOIS** au point de vue chrétien. 1 vol. in-8. 7 »
—Le même ouvrage, 1 vol. in-12. 3 50

## PELLISSON ET D'OLIVET.

**HISTOIRE DE L'ACADÉMIE FRANÇAISE**, nouv. édition, avec une introd. des notes et éclaircissements, par M. Ch. Livet. 2 gros vol. in-8. 14 »

## VOLTAIRE.

**LETTRES INÉDITES DE VOLTAIRE**, recueillies par M. de Cayrol, annotées par M. Alph. François, et précédées d'une *Étude* par M. Saint-Marc-Girardin. 2<sup>e</sup> édition. 2 gros vol. in-8. 14 »
**VOLTAIRE ET LE PRÉSIDENT DE BROSSES.** Correspondance inédite publiée avec notes, etc., par M. Th. Foisset. 1 vol. in-8. 5 »

## ÉMILE DE BONNECHOSE.

**HISTOIRE D'ANGLETERRE**, depuis les temps les plus reculés jusqu'à l'époque de la Révolution Française, avec un résumé chronologique des événements jusqu'à nos jours. 4 vol. in-8. 28 »
**LES QUATRE CONQUÊTES DE L'ANGLETERRE**, etc. (*Ouvrage couronné par l'Académie française*) 2 vol. in-8. 12 »

## V. DE NOUVION.

**HISTOIRE DU RÈGNE DE LOUIS-PHILIPPE I<sup>er</sup> ROI DES FRANÇAIS**—1830 à 1848—5 vol. in-8. 2<sup>e</sup> édition. Tomes 1 à 3 parus. 18 »

## J. FERRARI.

**HISTOIRE DES RÉVOLUTIONS D'ITALIE.** 4 vol. in-8. 28 »

## CH. L. LIVET.

**PRÉCIEUX ET PRÉCIEUSES.** Caractères et mœurs littéraires du XVII<sup>e</sup> siècle. 1 vol. in-8. 7 »
— Le même ouvrage, 1 vol. in-12. 3 50
**LA GRAMMAIRE FRANÇAISE ET LES GRAMMAIRIENS** du XVI<sup>e</sup> siècle. 1 fort vol. in-8. 7 50

## CARNÉ (L. DE).

**L'HISTOIRE DU GOUVERNEMENT REPRÉSENTATIF** en France, (ÉTUDES SUR) de 1789 à 1848. *Ouvrage couronné par l'Académie française.* 2 vol. in-8°. 1855. 14 »

**LES FONDATEURS DE L'UNITÉ FRANÇAISE.** — Suger.— Saint Louis. — Duguesclin. — Jeanne d'Arc. — Louis XI. — Henri IV. — Richelieu. — Mazarin. —*Etudes historiques.* 2 vol. in-8 cavalier. 14 »

**LA MONARCHIE FRANÇAISE AU XVIII° SIÈCLE.** Études historiques sur les règnes de Louis XIV et Louis XV. 1 vol. in-8. 7 »

## F. NOURRISSON.

**TABLEAU DES PROGRÈS DE LA PENSÉE HUMAINE**, depuis Thalès jusqu'à Leibniz. 1 beau vol. in-8. 7 »
— Le même ouvrage. 1 vol. in-12. 3 50
**LE CARDINAL DE BERULLE.** 1 vol. in-12. 3 »

## CH. DREYSS.

**MÉMOIRES DE LOUIS XIV** POUR L'INSTRUCTION DU DAUPHIN. Première édition complète revue sur les textes originaux, avec une étude sur la composition des Mémoires, et des notes. 2 vol. in-8. 14 »

## COMBES.

**LA PRINCESSE DES URSINS.**—Essai sur sa vie et son caractère politique. 1 vol. in-8. 7 »

## A. GEFFROY.

**LETTRES INÉDITES DE M<sup>me</sup> DES URSINS**, avec une introduction et des notes, par M. A. Geffroy. 1 vol. in-8. 7 »

## LÉON FEUGÈRE.

**CARACTÈRES ET PORTRAITS LITTÉRAIRES DU XVI° SIÈCLE** 2 vol. in-8. 14 »
—LE MÊME OUVRAGE. 2 vol. in-12. 7 »
**LES FEMMES POÈTES DU XVI° SIÈCLE**, étude suivie de notices sur M<sup>lle</sup> de Gournay, d'Urfé, Montluc. etc. 1 vol. in-8. 7 »
—LE MÊME OUVRAGE. 1 vol. in-12. 3 50

## ANT. RONDELET.

**DU SPIRITUALISME EN ÉCONOMIE POLITIQUE** (Ouvrage couronné par l'Académie des sciences morales). 1 vol. in-8. 6 »
—LE MÊME OUVRAGE, 2° édition. 1 vol. in-12. 3 50
**MÉMOIRES D'ANTOINE** ou Notions populaires de morale et d'économie politique. 1 vol. in-12. 3 »

## CH. DE BROSSES.

**LE PRÉSIDENT DE BROSSES EN ITALIE**, ou Lettres familières écrites d'Italie, par Ch. de Brosses. 2° édition *authentique*, revue sur les manuscrits, avec une notice, par M. Colomb. 2 vol. in-8. 12 »
— LE MÊME OUVRAGE. 2 vol. in-12. 7 »

## E. J. DELÉCLUZE.

**LOUIS DAVID.** Son école et son temps. Souvenirs. 1 vol. in-8. 7 »
—LE MÊME OUVRAGE. 1 vol. in-12. 3 50

## F. MONNIER.

**LE CHANCELIER D'AGUESSEAU**, sa conduite et ses idées politiques, etc., avec des documents inédits et des ouvrages nouveaux du Chancelier, 1 vol. in-8. 7 »

## L'ABBÉ LEDIEU.

**MÉMOIRES ET JOURNAL DE L'ABBÉ LEDIEU**, sur la vie et les ouvrages de Bossuet, publiés, pour la 1re fois, sur les manuscrits autographes, annotés par M. l'abbé GUETTÉE. 4 vol. in 8. 24 »

## DE BASTARD D'ESTANG.

**LES PARLEMENTS DE FRANCE**. Essai historique sur leurs usages, leur organisation et leur autorité. 2 forts vol. in-8. 16 »

## ROSELLY DE LORGUES.

**CHRISTOPHE COLOMB**, Histoire de sa vie et de ses voyages, etc. 2 vol. in-8 ornés d'un portrait, de grav. et d'une carte. 14 »
—LE MÊME OUVRAGE. 2 vol in-12. 7 »

## PIERRE CLÉMENT.

**PORTRAITS HISTORIQUES**: *Suger, Sully, Novion, Grignan, d'Argenson, Law, Pâris, M. d'Arnouville, Terray*, etc. 1 vol. in-12. 3 50
**ENGUERRAND DE MARIGNY**, *Beaune de Semblançay, le Chevalier de Rohan.* Épisodes de l'histoire de France. 2e édit. 1 vol. in-8. 7 »
—LE MÊME OUVRAGE. 1 fort vol. in-12. 3 50

## BOUCHITTÉ.

**LE POUSSIN**. Sa vie, son œuvre. (*Ouvrage couronné par l'Académie française.*) 1 vol. in-12. 3 50

## DU CELLIER.

**HISTOIRE DES CLASSES LABORIEUSES** en France, depuis la conquête de la Gaule par Jules César jusqu'à nos jours. 1 vol. in-8. 7 »

## EUG. POUJADE.

**CHRÉTIENS ET TURCS**, scènes et souvenirs de la vie politique, militaire et religieuse en Orient. 1 fort vol. in-8. 7 »

## CAMILLE PAGANEL.

**HISTOIRE DE SCANDERBEG**, ou *Turks et Chrétiens au XVe siècle*. 1 vol. in-8. 7 »
—LE MÊME OUVRAGE. 1 vol. in-12. 3 50

## F. G. EICHHOFF.

**TABLEAU DE LA LITTÉRATURE DU NORD**, AU MOYEN AGE, en Allemagne, en Angleterre, en Scandinavie, et en Slavonie. *Nouvelle édition* revue et augmentée. 1 vol. in-8. 6 50

## SÉGUR.

**HISTOIRE UNIVERSELLE**, 8e édit. *Ouvrage adopté par l'Université.* 6 vol. in-12. 18 »
—**HISTOIRE ANCIENNE**. Nouv. édition. 2 vol. in-12. 6 »
—**HISTOIRE ROMAINE**. Nouv. édition. 2 vol. in-12. 6 »
—**HISTOIRE DU BAS-EMPIRE**. Nouv. édition. 2 vol. in-12. 6 »
**GALERIE MORALE**, avec une notice par M. SAINTE-BEUVE. 1 v. in-12. 3 »

## LA BRETAGNE ANCIENNE
**DEPUIS SON ORIGINE JUSQU'A SA RÉUNION A LA FRANCE,**
Avec un précis des faits depuis la réunion, et le tableau de la Bretagne actuelle,

PAR M. PITRE-CHEVALIER.

Nouvelle édition refondue. 1 magnifique volume grand in-8, *illustré* par MM. A. Leleux, O. Penguilly et T. Johannot, de plus de 200 vignettes sur bois gravures sur acier, types coloriés, etc. 15 »

## LA BRETAGNE MODERNE
**DEPUIS SA RÉUNION A LA FRANCE JUSQU'A NOS JOURS,**
Comprenant l'histoire des États et des Parlements, de la Révolution dans l'Ouest, des guerres de la Vendée, etc.,

PAR M. PITRE-CHEVALIER.

Nouv. édition refondue, très-beau vol. gr. in-8, illustré par MM. A. Leleux, Penguilly et T. Johannot, de plus de 200 vignettes sur bois, gravures sur acier, etc. 15 »

## LEÇONS ET MODÈLES DE LITTÉRATURE FRANÇAISE

**ANCIENNE ET MODERNE** (*du 9e au 19e siècle*), par M. Tissot, de l'Académie française et professeur au Collége de France. Nouvelle édition, 2 magnifiques vol. grand in-8° jésus, illustrés. (*Sous presse.*)

*En préparation :*

**LEÇONS D'ÉLOQUENCE,** par M. Berryer, 1 beau vol. gr. in-8° *illustré.*

**LEÇONS DE LITTÉRATURE SACRÉE,** par M. de Genoude, 1 vol. grand in-8°, *illustré.*

## LA SUISSE ILLUSTRÉE.

DESCRIPTION ET HISTOIRE *de ses vingt-deux cantons*, par MM. de Chateauvieux, Dubochet, Francini, le président Monnard, Meyer de Knonau, N. de Ruttimann, Henri Zschokke, Ph. Busoni, etc. 1 vol. grand in-8 jésus, illustré de 32 jolies vues et cartes gravées sur acier. 12 »

—Le même ouvrage, en 2 vol. grand in-8, *illustré* de 90 jolies vues gravées sur acier, costumes coloriés et cartes. 25 »

**ATLAS GÉOGRAPHIQUE DE LA SUISSE** divisée en vingt-deux cantons, et de la vallée de Chamouny, avec une carte générale des Alpes; dressé par Ch. Duvotenay, géographe au Dépôt de la guerre ; 25 cartes gravées sur acier par *Ch. Dyonnet*. In-4°. 5 »

—Le même, avec les 25 cartes *coloriées* à teintes plates. 7 »

—Le même atlas géographique, avec un précis historique et statistique de la Suisse, d'après les renseignements les plus récents et les plus authentiques. 124 pages imp. à 2 colonnes et 25 cartes. In-4°. 8 »

—Le même, avec les 124 pages de texte et les 25 cartes *coloriées*. 10 »

## OUVRAGES DIVERS.

**LE TEMPS**, ses divisions principales, ses mesures, et leurs usages, par Claudius Saunier. 1 vol. in-18.    2 75

**LE DON QUICHOTTE DE FERNANDEZ AVELLANEDA**, nouvellement trad. de l'espagnol et annoté par M. Germond de Lavigne. 1 vol. in-8. 7 »

—LE MÊME OUVRAGE, 1 vol. in-12.    3 50

**MICHEL ANGE POETE.** Première traduction complète de ses poésies, précédée d'une étude sur Michel Ange et Vitt. Colonna, par A. Lannau-Rolland. 1 vol. in-12.    3 50

**ALESIA**, par M. Ern. Desjardins, avec des notes *inédites* de Napoléon I*er* sur les Commentaires de César, in-8, avec *fac-simile*, etc.    3 »

**QUINZE ANS DE RÈGNE DE LOUIS XIV** (1700-1715), par M. Ernest Moret. 3 vol. in-8.    15 »

**LES ENNEMIS DE RACINE AU XVII*e* SIÈCLE**, par M. F. Deltour, professeur au Lycée Bonaparte. 1 vol. in-8.    5 »

**L'ÉGYPTE CONTEMPORAINE.**— 1840 à 1857.— De Méhemet-Ali à Saïd Pacha; par M. P. Merruau. 1 vol. in-8.    6 »

**HISTOIRE DE LA DERNIÈRE GUERRE DE RUSSIE,**—1854-1856,—par M. Léon-Guérin, historien de la Marine, 2 vol. gr. in-8 jésus, ornés de gravures, plans et cartes.    20 »

**L'ITALIE APRÈS LA GUERRE**, par J. Fabrizi, trad. avec une introduction par M. Martin Doisy. 1 vol. in-8.    3 »

**VIRGILE ET HORACE.** Essais historiques, poétiques, etc., par M. Fariau-Saint-Ange. 1 vol. in-12.    3 50

**ODES D'HORACE**, texte et traduction avec notes, par M. Cass Robine. 1 vol. in-12.    3 50

**LES CONFESSIONS DE MADAME DE LA VALLIÈRE** repentante, corrigées par Bossuet, etc., accompagnées d'un commentaire historique et littéraire par M. Romain Cornut. *Nouvelle édition*, 1 joli vol. in-12.    3 50

**PHILOSOPHIE ET LOIS DE L'HISTOIRE**. — *La méthode.—Dieu.* Par M. Théophile Funck, membre de la société médicale allemande. In-8. 3 »

**ÉDUCATION DES FEMMES**, par M*lle* de Lajolais, ouvrage couronné par l'Académie française, 2*e* édit. revue et corrigée. 1 vol. in-12.    3 »

**DE L'AVENIR POLITIQUE DE L'ANGLETERRE**, par M. le C*te* de Montalembert, 5*e* édit. 1 v. in-12.    3 50

**LA PAIX ET LA TRÈVE DE DIEU**, Histoire des développements du Tiers-État, etc., par M. Ern. Semichon. 1 vol. in-8.    7 »

**HISTOIRE DE LA POÉSIE DES HÉBREUX**, trad. de Herder par M*me* de Carlowitz; *ouvr. couronné* par l'Acad. franç.; 1 vol. in-8. 6 »

**DISCOURS DE MM. LE DUC DE BROGLIE ET D. NISARD** à l'Académie française, in-8.    1 »

**DISCOURS DE MM. LE COMTE DE FALLOUX ET BRIFAUT** à l'Académie française, in-8.    1 »

**DISCOURS DE MM. DE LAPRADE ET L. VITET** à l'Académie française, in-8.    1 »

**DISCOURS DE MM. J. SANDEAU ET L. VITET** à l'Académie française, in-8.    1 »

**COMTE DE CARAMAN.** Notice sur la vie militaire et privée du général marquis de Caraman. 1 vol. in-12.    2 50

**SOUVENIRS MILITAIRES ET INTIMES** du général vicomte de Pelleport. 2 vol. in-8.    15 »

**LE GÉNÉRAL DESAIX**, Étude historique, par M. Martha-Beker, Comte de Mons, ancien député. 1 vol. in-8, orné d'un beau portrait. 1852. 6 »

**SAINT-JUST** et la Terreur, étude par M. Éd. Fleury. 2 vol. in-12. 6 »

**CAMILLE DESMOULINS,** par M. Éd. Fleury. 2 vol. in-12.    6 »

**DU RÉGIME PARLEMENTAIRE EN FRANCE**, par M. A. de Chambrun. 1 vol. in-8°.    6 »

# Nouvelle collection des Mémoires relatifs à l'Histoire de France

Par MM. **Michaud** et **Poujoulat**, avec la collaboration de MM. *Champollion, Bazin, Moreau,* etc.

**54** volumes grand in-8 jésus à 2 col., illustrés de plus de 100 portraits sur acier. Prix : 300 fr.

TOME I. — *Geoffroy de Villehardouin.* — *Henri de Valenciennes.* — *Pierre Sarrazin et autres Chroniqueurs.* Sur le règne de saint Louis et les Croisades. — *Sire de Joinville.* Ses mémoires : Histoire de saint Louis (1198-1270). — *Bertrand du Guesclin.* Mém. (13.-1380). — *Christine de Pisan.* Le livre des faits, etc., du roi Charles V (1336-1372).

TOME II. — *Christine de Pisan.* Le livre des faits, etc. 2e partie (1373-1380). — *Extraits des Chroniqueurs,* sur les règnes de Philippe le Hardi, etc., jusqu'à Jean II. — *Jean le Maingre* dit *Boucicaut.* Le livre des faits (1368-1421). — *Jean Juvénal des Ursins.* (1380-1422). — *Pierre de Fenin.* Mém. (1407-1427). — *Anonyme.* Jal d'un bourgeois de Paris sous Charles VI (1409-1422).

TOME III. — Mémoires sur Jeanne-d'Arc (1422-1429). — *Extraits des Chroniqueurs,* pour servir à l'histoire de Jeanne d'Arc. — G*me Gruel.* Hist. d'Artus de Richemont (1413-1457). — *Anonyme.* Journal d'un bourgeois de Paris sous Charles VII (1422-1449). — *Olivier de la Marche.* — *Jacques du Clercq.* Mémoires (1435-1489).

TOME IV. — *Philippe de Comines.* Mém. sur Louis XI et Charles VIII (1464-1498). — *Jean de Troyes.* Chronique (1460-1483). — G*me de Villeneuve.* Mém. sur Charles VIII (1494-1497). — *Jean bouchet.* Panég. de la Trémouille (1460-1525). — *Le loyal Serviteur.* Hist. du bon chevalier Bayard (1476-1524).

TOME V. — *R. de la Mark,* seign. de *Fleurange.* Histoire des règnes de Louis XII et de François Ier (1492-1521). — *Louise de Savoie.* Journal (1476-1522). — *Martin et G*ms *du Bellay.* Mém. (1513-1547).

TOME VI. — *F*ois *de Lorraine, duc d'Aumale et de Guise.* (1547-1561). — *L. de Bourbon, prince de Condé* (1559-1564). — *Antoine du Puget.* Mémoires (1561-1596).

TOME VII. — *Blaise de Montluc.* — *François de Rabutin.* Commentaires (1521-1574).

TOME VIII. — *Gasp.* et G*me de Saulx-Tavannes.* Mém. (1515-1595). — *Bertrand de Salignac.* Le siège de Metz (1552). — *Gaspard de Coligny.* Le siège de Saint-Quentin (1557). — *De la Chastre.* Mém. du duc de Guise en Italie, etc. (1556-1557). — *Guillaume de Rochechouart.* — *Achille Gamon.* — *Jean Philippi.* Mémoires (1497-1590).

TOME IX. — *M*al *de Vieilleville* (1527-1571). — *De Castelnau* (1559-1570). — *J. de Mergey* (1554-1589). — *Fr. de la Noue.* Mémoires (1562-1570).

TOME X. — *Boyvin du Villards* (1559-1569). — *Marguerite de Valois* (1569-1582). — *Philippe de Cheverny* (1553-1582). — *Ph. Hurault,* év. de Chartres. Mémoires (1599-1601).

TOME XI. — *Duc de Bouillon.* Mémoires (1555-1586). — *Ch. duc d'Angoulême.* Mém. (1589-1593). — *Nicolas de Villeroy.* Mém. d'État (1581-1594). — *Jacques Aug. de Thou.* Mém. (1553-1601). — *Jean Choisnin.* Mém. sur l'élection du roi de Pologne (1571-1573). — *Jacques Gillot, Louise Bourgeois, Dubois.* Relations touchant la régence de Marie de Médicis, etc. — *Mathieu Merle* et *Saint-Auban.* Mém. sur les guerres de religion (1572-1587). — *Michel de Marillac* et *Claude Groulart.* Mém. et voyages en cour (1588-1600).

TOMES XII-XIII. — *Pierre Victor Palma Cayet.* Chronologie novenaire (1589-1598). — Chronologie septenaire, etc. (1598-1604).

TOMES XIV-XV. — *Pierre de l'Estoile.* Registre-journal d'un curieux, etc. (1575-1586), publié d'après le manuscrit autographe *presque entièrement inédit,* par MM. Champollion. — Mém. et journal (1589-1611).

TOMES XVI-XVII. — *Sully.* Mém. des sages et royales œconomies d'Estat, etc. (1570-1628). — *Marbault,* secrétaire de Duplessis Mornay. Remarques *inédites* sur les Mémoires de Sully.

TOME XVIII. — *Président Jeannin.* Négociations (1598-1609).

TOME XIX. — *Fontenay-Mareuil* (1609-1647). — *De Pontchartrain.* Mém. (1610-1620). — *Michel de Marillac.* Relation exacte de la mort du maréchal d'Ancre. — *Duc de Rohan.* Mémoires (1610-1629). Mém. sur la guerre de la Valteline.

TOME XX. — M*al *de Bassompierre* (1597-1610). — M*al *d'Estrées.* Mém. (1640-1617). — *Thomas du Fossé.* Mém. de Pontis (1597-1652).

TOMES XXI-XXII. — *Cardinal de Richelieu.* Mém. sur le règne de Louis XIII (1600-1635).

TOME XXIII. — *Cardinal de Richelieu.* Mém. et Testament (1635-1638). — *Arnauld d'Andilly* (1610-1636). — *Abbé Ant. Arnauld* (1654-1675). — *Gaston, duc d'Orléans* (1608-1636). — D*sse *de Nemours.* Mémoires.

TOME XXIV. — *Madame de Motteville* (1615-1666). — *Le Père Berthod.* Mém. (1652-1653).

TOME XXV. — *De Retz.* Mém. (1648-1679).

TOME XXVI. — *Guy Joly.* Mém. (1648-1665). — *Cl. Joly.* Mém. sur le cardinal de Retz (1650-1655). — *P. Lenet.* Mém. sur le prince de Condé (1627-1659).

TOME XXVII. — *Comte de Brienne.* (1615-1661). — C*te *de Montrésor.* Mém. (1632-1637). — *M. de Fontrailles.* Relation de la cour, pendant la faveur de M. de Cinq-Mars (1641). — *Comte de la Chatre.* Mém. sur la fin du règne de Louis XIII, etc. (1642-1643). — M*al *de Turenne.* Mém. (1643-1659). — *Duc d'York.* Mém. (1652-1659).

TOME XXVIII. — M*lle *de Montpensier* (1627-1686). — *Valentin Conrart,* Mém. (1652-1661).

TOME XXIX. — M*is *de Monglat.* Mém. sur l'hist. de la guerre entre la France et la maison d'Autriche (1635-1660). — *Duc de La Rochefoucauld* (1630-1652). — *Jean Heraut de Gourville.* Memoires (1642-1698).

TOME XXX. — *Omer Talon.* Mém. (1630-1653). — *Abbé de Choisy.* Mémoires (1644-1724).

TOME XXXI. — *Henri, duc de Guise.* Mémoires (1647-1648). — M*al *de Gramont.* Mém. (1604-1677). — C*te *de Guiche.* Relation du passage du Rhin. — *Du Plessis.* Mémoires (1622-1671). — *M. de \*\*\** (marq. de Brégy). Mém. pour servir à l'histoire du XVIIe siècle (1613-1690).

TOME XXXII. — *P. de La Porte.* Mém. des règnes de Louis XIII et de Louis XIV (1624-1666). — *Chevalier Temple.* Mém. (1672-1679). — M*me *de La Fayette.* Hist. de M*me Henriette d'Angleterre. — Mém. de la cour de France (1688-1689). — M*is *de la Fare.* Mém. (1661-1693). — M*al *de Berwick.* Mém. (1670-1734). — M*me *de Caylus.* Souvenirs. — M*is *de Torcy.* Mém. pour servir à l'histoire des négociations, etc. (1697-1713).

TOME XXXIII. — M*al *de Villars* (1672-1734). — *Comte de Forbin* (1677-1710). — *Duguay-Trouin.* Mémoires (1689-1710).

TOME XXXIV. — *Duc de Noailles.* Mém. pour servir à l'hist. de Louis XIV et de Louis XV, etc. (1665-1756). — *Duclos.* Mém. secrets sur ces règnes de Louis XIV et de Louis XV (1710-1725). — M*me *de Staal-Delaunay.* Mémoires.

# GRAND DICTIONNAIRE

## GÉNÉRAL ET GRAMMATICAL
## DES DICTIONNAIRES FRANÇAIS

Offrant le résumé le plus exact et le plus complet de la Lexicographie française et de tous les Dictionnaires spéciaux

**PHILOLOGIE :** Langue littéraire et poétique, archaïsmes et néologismes, lexicographie, linguistique, étymologie, grammaire, rhétorique, prosodie, synonymes, difficultés grammaticales, gallicismes, langue usuelle, formules de la conversation, style épistolaire, etc.

**HISTOIRE :** Antiquités, chronologie, archæologie, paléographie, diplomatique, numismatique, féodalité, blason, ordres militaires et religieux, institutions, titres et dignités, faits, dates et origines, batailles, sièges et traités, etc.

**RELIGION :** Théologie, droit canon, casuistique, scolastique, liturgie, rites, fêtes, cérémonies, croyances, hérésies, sectes religieuses, etc.

**MYTHOLOGIE :** Égyptienne, grecque, romaine, perse, indienne, scandinave, gauloise, mexicaine, péruvienne, chinoise, américaine, etc.

**SCIENCES MORALES :** Morale, philosophie, logique, métaphysique, idéologie, psychologie, théodicée, esthétique, etc.

**SCIENCES PHYSIQUES ET NATURELLES** Mathématiques, arithmétique, algèbre, géométrie, trigonométrie, physique, mécanique, statique, astronomie, optique, acoustique, électricité, magnétisme, chimie, zoologie, botanique, minéralogie, géologie, anatomie, physiologie, médecine, hygiène, pathologie, chirurgie, pharmacie, etc.

**GÉOGRAPHIE :** Ancienne et moderne, naturelle et historique, cosmographie, orographie et hydrographie, ethnologie et ethnographie, statistique et topographie, pays, divisions politiques, villes, bourgs, villages avec la population officielle, lieux remarquables, monuments, merveilles de la nature et de l'art, voyages, etc.

**ARTS ET SCIENCES MILITAIRES :** Tactique, stratégie, fortifications, génie, balistique, artillerie, mines, pyrotechnie, marine, grades et honneurs, etc.

**POLITIQUE :** Chartes, constitutions, législation, jurisprudence ancienne et moderne, diplomatie, droit des gens, droit administratif féodal et coutumier, codes, pratique, pénalités, procédure, offices publics, économie politique et sociale, etc.

**ADMINISTRATION :** Finances, tailles, capitation, impôts, contributions, monnaies, poids et mesures de tous les pays et de toutes les époques, douanes, enregistrement et domaines, octrois, mines, eaux et forêts, ponts et chaussées, police, etc.

**BEAUX-ARTS :** Architecture, peinture, sculpture, musique, dessin, gravure, lithographie, mimique, art dramatique, chorégraphie, escrime, équitation, etc.

**ARTS ET MÉTIERS :** Agriculture, sylviculture, horticulture, chasse, pêche, art culinaire, manufactures, marchandise, industrie, usines, inventions et découvertes, chemins de fer, machines, télégraphie électrique, etc

*Donnant d'une manière claire et précise :*

La nomenclature exacte de tous les mots, sans exception (y compris tous les temps des verbes irréguliers) ; l'orthographe moderne et vieillie, l'étymologie grecque, latine, arabe, celtique, etc. ; les nombres des substantifs et des adjectifs écrits en toutes lettres et rangés alphabétiquement ; la prononciation figurée ; le sens propre et figuré ; les différentes acceptions ; les règles et les solutions grammaticales concernant chaque mot et l'application d'exemples choisis ; toutes les abréviations correctement écrites ; l'extrait et la critique du Dictionnaire de l'Académie et des Vocabulaires nouveaux.

*Et renfermant en outre et à part :*

Un **Dictionnaire biographique**; — Un **Dictionnaire des Rimes**;
Un **Dictionnaire des Homonymes**; — Un **Dictionnaire des Paronymes**
Un **Dictionnaire des Antonymes** (travaux entièrement neufs et complets);

## Par **NAPOLÉON LANDAIS**

### 13e ÉDITION avec COMPLÉMENT

Revu par une société de Savants, de Grammairiens et d'Ecrivains, sous la direction de
MM. D. CHÉSUROLLES, et L. BARRÉ, professeur de philosophie.

**3** forts vol. in-4º de près de **3000** pages (ou les 3 volumes réunis en 2). Prix : **40 fr.**
On vend séparément le 3e volume sous le titre de *Complément*. Prix 15 fr.

Le DICTIONNAIRE DE NAPOLÉON LANDAIS est au premier rang parmi les œuvres les plus utiles et les opérations les plus importantes de nos jours dans la littérature et la librairie ; c'est un de ces livres qui font époque, et dont la concurrence, toujours malveillante et souvent injurieuse dans son dépit, a pu seule, mais en vain, contester le mérite ; un de ces ouvrages qui doivent leur vitalité aux conditions de développement et d'amélioration dans lesquelles ils ont été conçus et exécutés.

Hautement proclamées dès la première publication de ce Dictionnaire, si justement nommé DICTIONNAIRE DES DICTIONNAIRES, ces conditions ont été scrupuleusement remplies pendant tout le cours de sa brillante carrière. Ainsi, pour répondre aux exigences de notre époque éminemment progressive, et rester fidèle à ses promesses, le nouvel éditeur a fait revoir consciencieusement chaque édition par de savants collaborateurs.

Ces différents travaux, néanmoins, devenaient insuffisants ; car la science marche avec rapidité, le langage est loin de rester stationnaire, et le goût du public pour la forme encyclopédique augmente tous les jours.

Depuis la publication du GRAND DICTIONNAIRE, les sciences physiques, chimiques, naturelles et médicales, ont subi d'immenses transformations indiquées par de nouveaux termes ; l'industrie a vu se produire d'importantes, de merveilleuses inventions, et a fourni aussi son contingent à la nomenclature ; l'histoire voit plus loin et plus juste dans le passé, et ses découvertes doivent s'enregistrer soit dans les articles nouveaux, soit comme modifications des notions anciennes ; la néologie est devenue plus libre à la fois et moins arbitraire.

Ainsi tout s'est modifié, tout s'est agrandi : la science des mots comme celle des choses.

Ne pas donner à ces faits toute l'attention qu'ils méritent, c'était manquer à un engagement formel : aussi n'a-t-on reculé devant aucun sacrifice, afin d'élargir le cadre déjà si vaste du DICTIONNAIRE DE NAPOLÉON LANDAIS, en lui donnant un COMPLÉMENT digne de l'ouvrage principal, COMPLÉMENT indispensable à tous ceux qui ne veulent pas rester étrangers au mouvement des esprits et aux progrès de la science.

Les éditeurs peuvent revendiquer, en rappelant les termes de leurs anciens prospectus, l'honneur d'avoir proclamé les premiers la nécessité d'un *Dictionnaire complet et progressif*. Surtout ils peuvent dire hautement qu'ils ont été fidèles à leurs principes et à leurs promesses. Ils en donnent aujourd'hui la preuve la plus manifeste.

# COMPLÉMENT DU GRAND DICTIONNAIRE
## DE
## NAPOLÉON LANDAIS,

Ou **3ᵉ VOLUME** indispensable *aux* 95,000 *souscripteurs* des *onze* éditions de cet ouvrage). Contenant : 1° les *mots nouveaux* que l'usage a adoptés, et les mots de notre vieille langue littéraire ; — 2° ceux qui se trouvent déjà dans le *Dictionnaire*, mais qui ont reçu de *nouvelles acceptions* ; — 3° tous les termes qui résultent des progrès des *sciences physiques* et *morales*, des *arts* et de l'*industrie* ; — 4° des *rectifications* nombreuses et importantes : — 5° la nomenclature complétée des *mots*, des *noms* et des *faits* qui appartiennent à l'*histoire*, à la *géographie* et à la *mythologie*. — Enfin, en outre et à part : un *Dictionnaire biographique* renfermant les noms des hommes célèbres de tous les pays et de tous les temps, des *Dictionnaires des Rimes*. des *Homonymes*, *Paronymes*, *Antonymes*, etc. ; revu par une société de professeurs, de grammairiens, etc., sous la direction de MM. D. Chésurolles et L. Barré. 1 vol. in-4° de près de 1200 pag. imp. à trois colonnes. 1857. 15 »

Pour achever l'œuvre de la lexicographie contemporaine, il s'agissait de reproduire tous les termes nécessités par les découvertes et les inventions récentes, tous les mots, toutes les expressions que de nouveaux usages, de nouvelles révolutions politiques ont récemment introduits dans notre langue. Le travail entrepris d'après cette idée pour compléter le Vocabulaire du XIXᵉ siècle ne redoute aucun examen, aucune comparaison avec les publications qui se rattachent à la même spécialité.

Grâce à ce volume complémentaire, indispensable à toutes les personnes qui possèdent l'une des onze premières éditions du Dictionnaire, le grand ouvrage de Napoléon Landais conserve le rang qu'il a conquis dès son apparition ; il reste le répertoire le plus complet, le plus varié et le plus exact de toutes les connaissances : le véritable *trésor de la langue française*.

*Autres ouvrages de* Napoléon Landais *et de ses collaborateurs.*

## GRAMMAIRE GÉNÉRALE DES GRAMMAIRES

**FRANÇAISES**, contenant : des notions de Grammaire générale ; la Grammaire française proprement dite ; l'histoire des lettres et des sons de l'alphabet ; la définition des dix parties du discours ; la syntaxe, etc., expliquant, dans les plus grands détails, l'analyse de la phrase ; un traité spécial et complet des PARTICIPES, dans lequel tous les problèmes possibles sont résolus par des exemples ; la conjugaison de tous les verbes réguliers, irréguliers et défectifs, etc. ; un tableau des homonymes ; la nomenclature complète des mots dont le genre est douteux ; des règles précises sur la prononciation, l'orthographe et la ponctuation ; des leçons de lecture et de déclamation ; un traité du style, de la prosodie et de la versification, etc., et présentant la solution analytique, raisonnée et logique de toutes les questions grammaticales, par Napoléon Landais. 7ᵉ édit. 1 vol. in-4, imp. à deux colonnes. 1860. 10 »

**PETIT DICTIONNAIRE DES DICTIONNAIRES FRANÇAIS**, par Napoléon Landais. *Ouvrage entièrement refondu*, et offrant la nomenclature complète, la *prononciation* exceptionnelle, la définition claire et précise, et, *pour la première fois* dans un dictionnaire portatif, l'*étymologie* véritable de tous les mots de la langue française, par M. D. Chésurolles. 1 joli vol. grand in-32. *Édition galvanoplastique.* 1859. 1 50

**DICTIONNAIRE DES RIMES FRANÇAISES**, disposé dans un ordre nouveau, d'après la distinction des rimes en *suffisantes*, *riches et surabondantes*, etc., précédé d'un *Traité de Versification*, etc., par Napoléon Landais et L. Barré. Nouv. édition, 1 joli vol. grand in-32. 1 50

**PETIT DICTIONNAIRE BIOGRAPHIQUE** des personnages célèbres de tous les temps et de tous les pays, *extrait du Dictionnaire de N. Landais*, par M. D. Chésurolles. 1 fort vol. grand in-32 de 600 pages. 1 50

**DICTIONNAIRE CLASSIQUE DE LA LANGUE FRANÇAISE**, avec l'*étymologie* et la *prononciation figurée*, etc., 1 vol. in-8. 3 »

## DICTIONNAIRE DE TOUS LES VERBES

**DE LA LANGUE FRANÇAISE** tant *réguliers qu'irréguliers*, ENTIÈREMENT CONJUGUÉS, sous forme synoptique, précédé d'une THÉORIE DES VERBES et d'un TRAITÉ DES PARTICIPES, et contenant en outre :

1° Une méthode pour apprendre *sans maître* à conjuguer tous les verbes français; la solution de toutes les difficultés relatives à leurs différentes acceptions; l'emploi des temps de l'indicatif et du subjonctif, leur correspondance; l'analyse logique simplifiée, et de nombreux exemples d'auteurs venant à l'appui de chaque définition;

2° La nomenclature exacte de tous les verbes français, avec leur signification au propre et au figuré; les diverses prépositions qu'ils gouvernent : l'indication de l'auxiliaire qu'ils exigent dans leurs temps composés; et des remarques détachées où l'on trouve la solution de toutes les difficultés relatives à leurs différents emplois, appuyée sur de nombreux exemples d'après l'Académie, Laveaux, Trévoux, Boiste, Napoléon Landais et nos grands écrivains; par M. VERLAC, et M. LITAIS DE GAUX, professeur, membre de la Société grammaticale de Paris, etc. 1 beau vol. in-4.  10  »

## ÉDUCATION MATERNELLE
### SIMPLES LEÇONS D'UNE MÈRE A SES ENFANTS
SUR LA LECTURE, L'ÉCRITURE, LA MÉMOIRE, L'ARITHMÉTIQUE, LA GRAMMAIRE, LA GÉOGRAPHIE, L'HISTOIRE SAINTE, ETC., ETC.

### PAR MADAME AMABLE TASTU,

Nouvelle et très-belle édition, imprimée avec grand luxe, *illustrée de 500 vign.* dessinées et gravées sur bois par les meilleurs artistes. 1 beau vol. grand in-8 papier jésus glacé.  15  »

*Ce beau volume se divise en 9 parties :*

1° LE LIVRE DE LECTURE, illustré de 90 vignettes.
2° LE LIVRE D'ÉCRITURE, avec vignettes et exemples d'écritures.
3° LE LIVRE DE MÉMOIRE, illustré de 80 vignettes.
4° LE LIVRE D'ARITHMÉTIQUE, avec vignettes.
5° LE LIVRE DE GRAMMAIRE, avec vignettes.
6° LE LIVRE D'ORTHOGRAPHE, ou de Dictées, avec vignettes.
7° LE LIVRE DE GÉOGRAPHIE, avec 100 vignettes et cartes géographiques coloriées.
8° LE LIVRE D'HISTOIRE SAINTE, avec 90 vignettes.
9° LE LIVRE DE RÉCRÉATIONS, avec 100 vignettes.

## LE CORPS DE L'HOMME

**TRAITÉ COMPLET D'ANATOMIE ET DE PHYSIOLOGIE HUMAINES** suivi d'un précis des systèmes de *Lavater* et de *Gall*, ouvrage à l'usage des Gens du Monde, des Médecins et des Élèves, par le Docteur GALET, 4 vol. in-4°, *illustrés* de plus de 400 figures dessinées d'après nature et lithographiées. 1853.  80  »

– LE MÊME OUVRAGE, avec les 400 figures coloriées avec le plus grand soin.  140  »

*Division de l'ouvrage.*

| ANATOMIE. | PHYSIOLOGIE. |
|---|---|
| 1er vol. Appareils digestif, absorbant et respiratoire. | 1er vol. Fonction digestive, absorption et respiration. |
| 2e Appareil circulatoire. | 2e Circulation du sang. |
| 3e Appareil locomoteur (ostéologie, arthrologie et myologie). | 3e Locomotion. Mécanisme des mouvements volontaires. Système de Lavater. |
| 4e Appareil nerveux. Appareil de la génération. | 4e Innervation. Système de Gall Génération. Embryologie. |

Ouvrage dédié aux familles et à tous les amis de l'humanité,

# DICTIONNAIRE
## DE
# MÉDECINE USUELLE
### A L'USAGE DES GENS DU MONDE

des Chefs de famille et de grands établissements, des Administrateurs, Magistrats, Officiers de police judiciaire, etc.; enfin pouvant servir de guide à tous ceux qui se dévouent au soulagement des malades.

*Par une société de membres de l'Institut et de l'Académie de médecine ; de Professeurs, de Médecins, d'Avocats, d'Administrateurs et de Chirurgiens des hôpitaux,*

SOUS LA DIRECTION DU

## DOCTEUR BEAUDE

Médecin inspecteur des établissements d'eaux minérales, membre du Conseil de salubrité, etc.

2 forts vol. in-4 de 1800 pages à 2 col. Prix : 30 fr.

### Liste des Collaborateurs.

Andrieux [Maladies des yeux, physique médicale].
Andry [Medecine].
Bally [Médecine].
Beaugrand [Médecine et Chirurgie, Maladies de la peau].
Beaude (J. P.) [Eaux minérales, Hygiène publique, Médecine légale].
Blache [Maladies des Enfants].
Blandin [Fractures].
Bouchardat [Chimie médicale].
Bourgery [Anatomie].
Caffe [Chirurgie, Maladies des femmes].
Capitaine [Médecine, Chimie].
Caron Duvillards [Cataracte, etc.].
Chevallier [Hygiène publique].
Cloquet (J.) [Ulcères].
Colombat (de l'Isère) [Bégaiement].
Comte (A.) [Histoire naturelle].
Cottereau [Médecine].
Couverchel [Tous les Fruits].
Cullerier [Maladies syphilitiques].

Cullerier (A.) [Maladies syphilitiques].
Dumas [Médecine].
Deleau jeune [Maladies de l'oreille].
Deslandes [Onanisme].
Devergie [Syphilis].
Donné [Nourrices].
Dumont [Contagion].
Falret [Aliénation, Maladies nerveuses].
Fiard [Vaccin].
Furnari [Maladies des Yeux, Maladies des Artisans].
Gerdy [Physiologie].
Gilet de Grammont [Abeilles].
Gras (Albin) [Médecine, Chirurgie].
Guersant [Maladies des Enfants].
Hardy [Médecine, Physiologie].
Larrey (H.) [Hygiène militaire].
Lagasquie [Médecine].
Landouzy [Physiologie, Médecine].
Léuty [Prisons].
Leroy d'Étiolles [Maladies des voies urinaires].

Lesueur [Empoisonnement, médecine légale].
Magendie [Gravelle].
Marc [Asphyxies].
Martinet [Epilepsie].
Martins [Botanique médicale].
Miquel [Auscultation, Goutte].
Olivier (d'Angers) [Ovologie].
Orfila [Exhumations].
Paillard de Villeneuve [Rapport].
Pariset [Physiologie, Philosophie médicale, Peste].
Petit (de Maurienne) [Habitations].
Plisson [Médecine, Matière médicale].
Poiseuille [Circulation].
Sanson (A.) [Anatomie, Chirurgie].
Royer-Collard [Hygiène].
Trébuchet [Hygiène publique, Police médicale].
Toirac [Chirurgie dentaire].
Velpeau [Chirurgie, Accouchements].
Vée (Pharmacie).

De toutes les sciences humaines, il n'en est pas qui intéresse plus universellement que la médecine, parce que rien ne nous est plus cher que la santé, ce bien à la fois précieux et fragile, sans lequel l'existence est un véritable fardeau ; c'est ce qui explique le succès des ouvrages destinés à servir de conseillers et de guides aux personnes étrangères à l'art de guérir. Malheureusement, ces sortes d'ouvrages, presque toujours dictés par un esprit mercantile, sont empreints d'un charlatanisme déplorable.

Les auteurs du Dictionnaire de médecine usuelle, hommes de science et de conviction, ne se sont proposé qu'un seul but, celui d'être utiles. Ils se sont appliqués à faire connaître d'une manière exacte, quoique élémentaire, l'admirable mécanisme de l'organisation humaine. Sous le rapport de l'hygiène, ils ont pris l'homme à sa naissance pour ne le quitter qu'aux dernières limites de la vie : ainsi, tous les âges, tous les tempéraments, toutes les professions, trouveront dans leur ouvrage de salutaires enseignements et de sages conseils.

Pour compléter ce qui a rapport à l'état de maladie, le Dictionnaire de médecine usuelle s'est occupé des médicaments, des moyens de les préparer, de les administrer, etc. Il donne, en un mot, toutes les instructions nécessaires aux personnes que leur zèle ou leur devoir appelle auprès du lit des malades, et qui peuvent devenir de puissants auxiliaires pour l'homme de l'art. Les magistrats y trouveront tout ce qui intéresse la salubrité des villes et des habitations ; ils y puiseront aussi des notions de médecine légale suffisantes pour les cas les plus ordinaires, et qui les dispenseront de recourir à des ouvrages volumineux et peu répandus. Quant aux médecins, on ne peut leur offrir un aide-mémoire plus sûr, puisqu'il est à la hauteur de la science actuelle, et en même temps plus commode, puisqu'il résume à lui seul une bibliothèque médicale tout entière.

## OUVRAGES DE M<sup>me</sup> GUIZOT.

**L'AMIE DES ENFANTS**, *petit Cours de Morale en Action*, comprenant tous les Contes moraux à l'usage de l'enfance et de la jeunesse, par M<sup>me</sup> Guizot ; nouvelle édition enrichie de *Moralités* en vers, par M<sup>lle</sup> Elise Moreau ; 1 beau vol. grand in-8 de plus de 550 pages, *illustré* de belles lithographies. 10 »

—**LES ENFANTS**, contes pour la jeunesse. 1 vol. grand in-8, orné de belles lithographies. 6 »

—**NOUVEAUX CONTES** pour la jeunesse. 1 vol. grand in-8, orné de belles lithographies. 6 »

**L'ÉCOLIER**, ou Raoul et Victor, par M<sup>me</sup> Guizot ; édition *illustrée*, ouvrage couronné par l'Académie française ; 11<sup>e</sup> édit., 1 vol. grand in-8, orné de belles lithographies. 8 »

— LE MÊME OUVRAGE, 2 vol. in-12, avec 8 jolies vignettes. 6 »

**UNE FAMILLE**, ou *les avantages d'une bonne éducation*, par M<sup>me</sup> Guizot ; ouvrage continué par M<sup>me</sup> A. Tastu. 7<sup>e</sup> édit., 2 vol. in-12, 8 vign. 6 »

**LES ENFANTS**, Contes pour la Jeunesse, par M<sup>me</sup> Guizot. 8<sup>e</sup> édition. 2 vol. in-12, 8 vignettes. 6 »

**NOUVEAUX CONTES** pour la Jeunesse, par M<sup>me</sup> Guizot. 8<sup>e</sup> édition. 2 vol. in-12, 8 vign. 6 »

**RÉCRÉATIONS MORALES**, Contes pour la Jeunesse, par M<sup>me</sup> Guizot. 8<sup>e</sup> édition. 1 vol. in-12, 4 vign. 3 »

**LETTRES DE FAMILLE** sur l'Éducation, par M<sup>me</sup> Guizot, ouvrage couronné par l'Académie française. 4<sup>e</sup> édit. 2 vol. in-12. 6 »

**LA BOTANIQUE DE LA JEUNESSE**, par M<sup>me</sup> Bonifas-Guizot, ouvrage adopté par le Conseil de l'Instruction publique. 1 v. in-12, orné de 80 fig. col. 3 »

## A. TASTU (M<sup>me</sup>).

**L'ÉDUCATION MATERNELLE**, ou *Simples leçons d'une mère à ses enfants*, etc. ; par M<sup>me</sup> A. Tastu, nouvelle et très-belle édition édition, *illustrée* de 500 vignettes. 1 vol. grand in-8° jésus. 15 »

**POÉSIES COMPLÈTES**, par M<sup>me</sup> A. Tastu. 1 beau vol. in-12. Vign. 3 50

**LETTRES CHOISIES DE M<sup>me</sup> DE SÉVIGNÉ**, précédées de son Éloge, par M<sup>me</sup> A. Tastu, couronné par l'Académie française, nouvelle édition. 1 fort vol. in-12, portrait. 1859. 3 »

**LECTURES POUR LES JEUNES FILLES**, modèles de littérature en *prose* et en *vers*, extraits des écrivains modernes, par M<sup>me</sup> A. Tastu. 2 vol. in-12 avec portraits. 6 »

**ALBUM POÉTIQUE DES JEUNES PERSONNES**, ou choix de poésies des auteurs modernes. 1 vol. in-12, portrait. 3 »

**LES ENFANTS DE LA VALLÉE D'ANDLAU**, ou notions sur *la Religion, la Morale*, etc., 2 vol. in-12, 8 vignettes. 6 »

**LES RÉCITS DU MAITRE D'ÉCOLE**, lectures pour l'enfance et l'adolescence, imités de *C. Cantu*, par M<sup>me</sup> A. Tastu. 1 vol. in-12 (*sous presse*). » »

**L'HONNÊTE HOMME**, lectures pour la jeunesse, imité de *C. Cantu*, par M<sup>me</sup> A. Tastu. 1 vol. in-12 (*Sous presse*). » »

## E. MOREAU-GAGNE (M<sup>me</sup>).

**VOYAGES ET AVENTURES D'UN JEUNE MISSIONNAIRE EN OCÉANIE**. 1 beau vol. in-8 orné de 8 jolies lithographies, 1860. 6 »

—LE MÊME OUVRAGE, 1 vol. in-12 avec 4 jolies lithographies. 3 »

## ULLIAC-TRÉMADEURE (M^lle).

**ASTRONOMIE et MÉTÉOROLOGIE** des jeunes personnes, d'après Arago, Laplace et W. Herschell, par M^lle S. Ulliac-Trémadeure. 1 vol. gr. in-8, orné de huit jolies gravures sur acier et coloriées. 1854. 6 »

**PHÉNOMÈNES et MÉTAMORPHOSES**, Causeries sur les *papillons*, les *insectes* et les *polypes*, 1 vol. gr. in-8, orné de jolies gravures sur acier et coloriées avec soin. 1854. 6 »

**EUGÉNIE**, ou le *Monde en miniature*, suivie de Récits historiques et de Conseils d'une mère à sa fille, 1 vol. gr. in-8, orné de 12 lithogr. color. 1854. 6 »

**MARIE**, ou la *Jeune Institutrice*, suivie de Simples histoires, par M^lle S. Ulliac-Trémadeure. 1 vol. gr. in-8, orné de 12 lithographies col. 1854. 6 »

**MATHILDE ET PAULINE**, ou *Laideur et Beauté*, suivi des Lettres de M^me Chapone, ou Cours de morale pratique, par M^lle S. Ulliac-Trémadeure. 1 vol. gr. in-8, orné de 12 lithographies coloriées. 1854. 6 »

**LES JEUNES NATURALISTES**, entretiens familiers sur les *animaux*, les *végétaux* et les *minéraux*, 5^e édit.; 2 v. in-12, ornés de 32 vig. 6 »

**ÉTIENNE ET VALENTIN**, ou Mensonge et Probité, *ouvrage couronné*. 4^e éd. 1 vol in-12. 4 vignettes. 3 50

**ÉMILIE** ou *la Jeune Fille auteur*, ouvrage pour les Jeunes Personnes, par M^lle Ulliac. 3^e édit. 1 vol. in-12. 4 vignettes. 1853. 3 »

**LES JEUNES ARTISTES**, nouvelles sur les beaux-arts, par M^lle Ulliac, 5^e édit. 1 vol. in-12. 4 vignettes. 1853. 3 »

**CONTES AUX JEUNES NATURALISTES** sur les animaux domestiques, 5^e édit. 1 vol. in-12, 4 vignettes. 1853. 3 »

**LES JEUNES SAVANTS**, entretiens familiers sur l'*Astronomie*, la *Géologie*, la *Physique*, la *Chimie*, etc. 2 vol. in-12 ornés de 100 vig. (*sous presse*).

**CLAUDE BERNARD**, ou *le Gagne-Petit*, par M^lle Ulliac, *ouvrage couronné par l'Académie française*. 1 vol. in-12, 4 vignettes (*sous presse*).

**CONTES AUX JEUNES AGRONOMES**, 1 vol. in-12, 4 vig. (*sous presse*).

## DE GENLIS (M^me).

**LES VEILLÉES DU CHATEAU**, ou Leçons de morale à l'usage des enfants; 2 vol in-12, avec vignettes. 6 »

**THÉATRE D'ÉDUCATION**, 2 vol. in-12, ornés de jolies vignettes. 6 »

**LES PETITS ÉMIGRÉS**, 1 vol. in-12, orné de jolies vignettes. 3 »

**LE SIÉGE DE LA ROCHELLE**, 1 vol. in-12. 2 »

## M^lle DELEYRE et M^me FANNY RICHOMME.

**CONTES DANS UN NOUVEAU GENRE**, pour les enfants bien sages, de 7 à 10 ans; Scènes de famille. 2 jolis vol. in-12 illustr. de vign. et de lith. 6 »

## M^me F. RICHOMME.

**JULIEN ET ALPHONSE**, ou le nouvel Enfant prodigue. *Ouvrage couronné par l'Académie*. 1 joli vol. in-12, avec 6 lithographies. 3 »

## DELAFAYE-BREHIER (M^me).

**LES PETITS BÉARNAIS**; Leçons de morale, 8^e édit. 2 vol. in-12, 8 vignettes. 6 »

**LES ENFANTS DE LA PROVIDENCE**, ou Aventures de trois jeunes orphelins. 6^e édit., revue par M^me F. Richomme. 2 vol. in-2, 8 vignettes. 6 »

**LE COLLÉGE INCENDIÉ**, ou les Écoliers en voyage. 6^e édit., revue par M^me F. Richomme. 1 vol. in-12. 4 vignettes. 3 »

**LE ROBINSON SUISSE**, trad. de *Wyss*, par M^me de Montolieu. 2 forts vol. in-12, ornés de 9 vignettes. (*Sous presse*.)

**CONTES DE MISS EDGEWORTH**, 2 vol. in-12 avec fig. (*Sous presse*.)

## ERNEST FOUINET.

**SOUVENIRS DE VOYAGE EN SUISSE, EN ESPAGNE**, en Écosse, en Grèce, en Asie, en Afrique, en Amérique. Récits du capitaine Kernoel, destinés à la jeunesse. 1 joli vol. in-12, avec 6 lithographies. 3 »

## BERQUIN.

**ŒUVRES COMPLÈTES DE BERQUIN**, comprenant : *L'Ami des Enfants et des Adolescents*, *le Livre de Famille*, un *Choix de Lectures*, la *Bibliothèque des Villages*, *Sandford et Merton*, *le Petit Grandisson*, l'*Introduction familière*, etc., etc., édition ornée de 200 vignettes; 4 vol. petit in-8. 12 »
**L'AMI DES ENFANTS**, par Berquin, *édition illustrée*, précédé d'une notice par Bouilly ; 1 beau vol. grand in-8, orné de jolies lithograph. 9 »
—Le même ouvrage, 2 vol. in-12, avec vignettes. 6 »

## L'HERBIER DES DEMOISELLES,

Ou *Traité de la Botanique*, présentée sous une forme nouvelle et spéciale ; contenant la description, les usages naturels, etc., des diverses parties des plantes ; la disposition d'un herbier ; l'exposé des plantes les plus utiles ; leurs usages dans les arts et l'économie domestique, et les souvenirs historiques et fabuleux qui y sont attachés ; une flore simple et facile, etc., par Edm. Audouit. 2º édit. 1 beau vol. in-16, illustré de 320 *vignettes*. 4 »
—Le même ouvrage, avec les 320 *vignettes coloriées*. 6 »

## DE CHABAUD-LATOUR (M<sup>lle</sup>).

**COURS D'ANGLAIS POUR LES ENFANTS**, dédié aux mères de famille ; ouvrage autorisé par le Conseil d'instruction publique. 1 vol. in-18 cartonné, accompagné de 72 cartes. 1850. 5 »

Nota.— Cet ouvrage, recommandé par M<sup>me</sup> A. Tastu, peut être considéré comme annexe à son *Education maternelle*.

## VERGANI.

**GRAMMAIRE ITALIENNE** en 20 leçons, augmentée de 4 nouvelles leçons par le professeur Moretti. 15º édit., revue et corrigée par Brunetti. 1 vol. in-12, 1860. 1 50

## OUVRAGES DIVERS POUR LA JEUNESSE.

**LE PETIT BUFFON**. —Histoire naturelle des *Quadrupèdes*, des *Oiseaux*, des *Insectes et des Poissons*, extraite des ouvrages de Buffon, Lacépède, Cuvier ; etc., par le bibliophile Jacob. 4 jolis vol. grand in-32, jésus, ornés de 325 *figures* gravées sur acier. 6 »
—Le même ouvrage, avec les 325 figures *coloriées* avec soin. 10 »
**FAITS MÉMORABLES DE L'HISTOIRE DE FRANCE ILLUSTRÉS**, recueillis d'après nos meilleurs historiens, par M. Michelant ; avec une Introduction, par M. de Ségur ; 1 splendide vol. grand in-8, orné de 128 très-belles vignettes de V. Adam. 1858. 12 »
**LES BONS EXEMPLES**, Nouvelle morale en action illustrée, ouvrage rédigé avec le concours de MM. Benj. Delessert, et de Gérando, 1 beau vol. gr. in-8, illustré de 120 vignettes de J. David. 1858. 10 »
**LES ENFANTS CÉLÈBRES**, ou histoire des Enfants de tous les siècles et de tous les pays qui se sont immortalisés par le malheur, la piété, le courage, le génie, les talents, par M. Michel Masson, nouvelle édition ; 1 beau vol. gr. in-8, *illustré* de jolies lithogr. et vignettes 1858. 9 »
**LES MYTHOLOGIES DE TOUS LES PEUPLES** racontées à la Jeunesse par M<sup>me</sup> L. Bernard. 1 vol. in-12, orné de 60 vign. gravées sur acier. 3 »
**LA JÉRUSALEM DÉLIVRÉE**, par le Tasse, traduction de Lebrun, 1 joli vol. in-12 avec 20 belles vign. 3 »

# ŒUVRE DE DAVID D'ANGERS

## COLLECTION DE 125 PORTRAITS
### CONTEMPORAINS
Gravés par les procédés de M. Ach. COLLAS.
#### D'APRÈS LES MÉDAILLONS DU CÉLÈBRE ARTISTE
Chaque portrait séparément : 75 c.

| | | | |
|---|---|---|---|
| Abrantès (duchesse d'). | Choiseul (duc de). | Johannot (Alfred). | Quatremère de Quincy |
| Allart (Mad. H.). | Collas (Ach.) | Jourdan (maréchal). | Recamier (Madame). |
| Ampère. (P. M.). | Condorcet. | Jussieu. | Reynaud (Jean). |
| Arago. | Cousin (Victor). | Kléber. | Rivers (George Pitt). |
| Arnault. | Cuvier. | Laffitte (Jacques). | Robespierre. |
| Azaïs. | Dannecker. | Lallemand. | Roche (Achille). |
| Bailleul (Ch.). | David (Emilie). | Lamartine. | Rœderer. |
| Ballanche. | Delacroix (Eugène). | Lasteyrie (C. de). | Roland (Madame). |
| Barrère. | Delavigne (Casimir). | Lenormand (Charles). | Rossini. |
| Becquerel. | Delaroche (Paul). | Lepelletier de S-Fargeau | Sainte-Beuve. |
| Béranger. | Desb.-Valmore (Mme). | Leroux (Pierre). | Salm (Constance de). |
| Berard. | Deschamps (Emilie). | Levasseur de la Sarthe. | Sand (George). |
| Bertrand (gén.). | De Potter (Sophie). | Lindenau. | Santander (général). |
| Berzélius. | Dulong. | Magendie. | Schelling. |
| Beyle (Stendhal). | Dumas (Alexandre). | Manuel. | Senancourt. |
| Billard (d'Angers). | Dupont (Henriquel). | Maret (duc de Bassano). | Sergent-Marceau. |
| Blumenbach. | Dupre. | Mars (Mademoiselle). | Sismondi. |
| Boettiger. | Edwards. | Merlin de Douai. | Stammann. |
| Bolivar. | Estienne (André). | Milbert (Alp.). | Tastu (Madame Am.). |
| Bonaparte (général). | Friedrich. | Mina (général). | Thénard. |
| Boulay de la Meurthe. | Geoffroy-Saint-Hilaire. | Monge. | Thierry (Aug.). |
| Bowring. | Gérard (Fr.). | Morgan (Lady). | Tieck (Chr. Fréd.). |
| Broendsted | Géricault. | Murat (Caroline). | Vadier. |
| Brunel (Isamb.). | Gouvion Saint-Cy. | Nodier (Charles). | Valdès (Francesco). |
| Byron (Lord). | Grégoire (l'abbé). | Opie (Mistress). | Vernet (Horace). |
| Canning. | Gros. | Pasta (Madame). | Vigny (Alfred de). |
| Carnot. | Guizot. | Pastoret. | Voïart (Madame Élise). |
| Currel (Armand). | Hahnemann. | Pentland. | Werner (Fréd.). |
| Carus. | Haring. | Percier (Ch.). | Willemin (H. X.). |
| Cavaignac (Godefroi). | Hullin. | Périer (Casimir). | |
| Charlet. | Humboldt. | Pradt (de). | |
| Chevreul. | Ingres. | Pujol (Abel de). | |

## BAS-RELIEFS DU PARTHÉNON
### ET DU TEMPLE DE PHIGALIE

Disposés suivant l'ordre de la composition originale et gravés d'après les procédés de M. Ach. Collas.

1 joli album in-4 oblong, contenant 20 planches et un texte de 40 pages et cartonné élégamment à l'anglaise. Prix : 20 fr.

## PORTRAITS
### DE
## WASHINGTON, DE NAPOLÉON I<sup>ER</sup>, DE LOUIS-PHILIPPE

Gravés d'après les procédés de M. Ach. Collas.
In-folio. Prix, 6 fr. chacun.

# TRÉSOR
# DE NUMISMATIQUE
## ET DE GLYPTIQUE

OU

Recueil général des Médailles, Monnaies, Pierres gravées, Bas-reliefs, Ornements, etc.,

TANT ANCIENS QUE MODERNES,

LES PLUS INTÉRESSANTS SOUS LE RAPPORT DE L'ART ET DE L'HISTOIRE;

Gravé par les procédés de M. ACHILLE COLLAS,

SOUS LA DIRECTION DE

M. PAUL DELAROCHE, Peintre, M. HENRIQUEL DUPONT, Graveur,

Et M. CHARLES LENORMANT, conservateur de la Bibliothèque, membre de l'Institut, etc.

**20 Parties ou Volumes in-folio, comprenant plus de 1,000 planches accompagnées d'un texte historique et descriptif.**

1260 fr.

## DIVISION DES VINGT PARTIES :

### I.

| | |
|---|---|
| Numismatique des Rois grecs | 1 vol. avec 92 planches. |
| Nouvelle Galerie mythologique | 1 vol. avec 52 planches. |
| Bas-reliefs du Parthénon, etc. | 1 vol. avec 16 planches. |
| Iconographie des Empereurs romains et de leurs familles | 1 vol. avec 62 planches. |

### II.

| | |
|---|---|
| Histoire de l'Art monétaire chez les modernes | 1 vol. avec 56 planches. |
| Choix historique des Médailles des Papes | 1 vol. avec 48 planches. |
| Recueil de Médailles italiennes, xv<sup>e</sup> et xvi<sup>e</sup> siècles | 2 vol. avec 84 planches. |
| Recueil de Médailles allemandes, xvi<sup>e</sup> et xvii<sup>e</sup> siècles | 1 vol. avec 48 planches. |
| Sceaux des Rois et Reines d'Angleterre | 1 vol. avec 36 planches. |

### III.

| | |
|---|---|
| Sceaux des Rois et des Reines de France | 1 vol. avec 28 planches. |
| Sceaux des grands feudataires de la couronne de France | 1 vol. avec 32 planches. |
| Sceaux des communes, communautés, évêques, barons et abbés | 1 vol. avec 24 planches. |
| Histoire de France par les Médailles : | |
| 1º de Charles VII à Henri IV | 1 vol. avec 68 planches. |
| 2º de Henri IV à Louis XIV | 1 vol. avec 36 planches. |
| 3º de Louis XIV à 1789 | 1 vol. avec 56 planches. |
| 4º Révolution française | 1 vol. avec 96 planches. |
| 5º Empire français | 1 vol. avec 72 planches. |

### IV.

| | |
|---|---|
| Recueil général de Bas-reliefs et d'Ornements | 2 vol. avec 100 planches. |

# REVUE
# ARCHÉOLOGIQUE

OU RECUEIL

DE DOCUMENTS ET DE MÉMOIRES

RELATIFS

A L'ÉTUDE DES MONUMENTS, A LA NUMISMATIQUE
ET A LA PHILOLOGIE

DE L'ANTIQUITÉ ET DU MOYEN AGE

PUBLIÉS PAR LES PRINCIPAUX ARCHÉOLOGUES
FRANÇAIS ET ÉTRANGERS

et accompagnés

DE PLANCHES GRAVÉES D'APRÈS LES MONUMENTS ORIGINAUX

## NOUVELLE SÉRIE
1re Année, 1860.

### MODE ET CONDITIONS DE L'ABONNEMENT

La *Revue archéologique* paraît le 1er de chaque mois par cahiers de 70 à 80 pages grand in-8°, qui formeront, à la fin de chaque année, deux volumes ornés de 24 planches gravées sur acier et de gravures sur bois intercalées dans le texte. Indépendamment de la table des matières du semestre, une table alphabétique, destinée à faciliter les recherches, terminera chaque année.

PRIX : Pour Paris : Un an, 25 fr. — Six mois, 14 fr.
Pour les départements : Un an, 27 fr. — Six mois, 15 fr.

Administration et bureaux d'abonnement
LIBRAIRIE ACADÉMIQUE DIDIER ET Cᵉ, QUAI DES AUGUSTINS, 35.

# TABLE ALPHABÉTIQUE DU CATALOGUE
## PAR NOMS D'AUTEURS.

| | Pages | | Pages |
|---|---|---|---|
| AMPÈRE (J.-J.). Ses ouvrages. | 5 | HERDER. Poésie des Hébreux. | 12 |
| AUDOUIT. Herbier des Demoiselles. | 19 | JACOB (le Bibliophile). Petit Buffon | 20 |
| AVELLANEDA. V. *Germond de Lavigne*. | 10 | LAJOLAIS (M$^{lle}$ de). Éducat. des femmes | 12 |
| BARANTE (de). Ses ouvrages. | 8 | LANDAIS (Napoléon). Ses Ouvrages. | 14 et 15 |
| BARRÉ. V. *Napoléon Landais*. | | LE DIEU (l'abbé). Mém. et Journal. | 10 |
| BASTARD D'ESTANG. Parlem. de France. | 10 | LENORMANT. V. *Trésor de Num.*, etc. | |
| BAUTAIN (l'abbé). Ses ouvrages. | 8 | LITAIS et VERLAC. Dict. des Verbes. | 14 |
| BEAUDE. Diction. de Médecine usuelle. | 17 | LIVET. Ses ouvrages. | 8 |
| BERNARD (M$^{me}$ L.). Les Mythologies. | 20 | MARTHA-BEKER. Le général Desaix | 12 |
| BERQUIN. Œuvres. | 20 | MASSON (Michel). Les Enfants célèbres | 20 |
| BROGLIE (Albert de). L'Église et l'Empire. | 8 | MERRUAU. L'Egypte contemporaine | 12 |
| BONIFAS-GUIZOT (M$^{me}$). Botanique | 18 | MICHAUD et POUJOULAT. Mémoires. | 13 |
| BONNECHOSE (E. de). Hist. d'Angleterre | 8 | MICHELANT. Faits mémorables. | 20 |
| — Les quatre Conquêtes. | 8 | MIGNET. Œuvres. | 7 |
| BOUCHITTÉ. Le Poussin. | 10 | MONNIER (Fr.). Le Chanc. d'Aguesseau. | 10 |
| BROSSES (le Présid. DE) en Italie | 9 | MONTALEMBERT (C$^{te}$ de). De l'Avenir politique de l'Angleterre. | 12 |
| CARNÉ (L. de). Ses ouvrages. | 9 | MONTOLIEU (M$^{me}$ de). Robinson Suisse. | 19 |
| CARLOWITZ (M$^{me}$ de). V. *Herder*. | 12 | MOREAU (M$^{lle}$ El.). Ses ouvrages. | 18 |
| CHABAUD LATOUR (M$^{lle}$). Cours d'Anglais | 20 | MORET (Ern.). 15 ans de Louis XIV | 12 |
| CHAMBRUN (A. de). Régime parlement. | 12 | NOURRISSON. Ses ouvrages | 9 |
| CHATEAUVIEUX (de), etc., etc. La Suisse | 11 | NOUVION (V. de). Hist. de L. Philippe. | 8 |
| CHÉSUROLLES. V. *Napoléon Landais*. | | PAGANEL (C.). Histoire de Scanderbeg. | 10 |
| P. CHEVALIER. La Bretagne, etc. | 11 | PELLEPORT. Souvenirs. | 12 |
| P. CLÉMENT. Portraits historiques, etc. | 10 | PELLISSON ET D'OLIVET. Hist. de l'Académie française, édit. de M. Livet. | 8 |
| COMBES. Princesse des Ursins. | 9 | PERRAULT, etc. Magasin des Fées | |
| COUSIN (Victor). Ses Œuvres. | 6 | POUJADE. Chrétiens et Turcs. | 10 |
| DELAVIGNE (Casimir). Ses Œuvres. | 7 | RÉMUSAT (Ch. de). Ses Ouvrages. | 7 |
| DELAFAYE (M$^{me}$). Ses Ouvrages. | 19 | ROMAIN CORNUT. M$^{me}$ de Lavallière. | 12 |
| DELÉCLUZE (E. J.). Louis David. | 9 | RONDELET (Ant.) Ses ouvrages. | 9 |
| DELESSERT et DE GÉRANDO. Bons exemp. | 20 | ROSELLY DE LORGUES. Christ. Colomb. | 10 |
| DELEYRE (M$^{lle}$). Contes d'un nouv. genre | 19 | SACY (Silv. de). Variétés littér., etc. | 5 |
| DELTOUR. Les ennemis de Racine. | 12 | SALVANDY (C$^{te}$ de). Ses ouvrages. | 8 |
| DESJARDINS, Alesia | 12 | SAULCY (F. de). Hist. de l'art judaïque. | 7 |
| DREYSS (CH.). Mémoires de Louis XIV. | 9 | SÉGUR (c$^{te}$ de). Ses Œuvres. | 10 |
| DUVOTENAY. Atlas de la Suisse. | 11 | SEMICHON. Paix et trève. | 12 |
| EDGEWORTH (miss). Contes. | 19 | SHAKSPEARE, V. *Guizot*. | 4 |
| EICHHOFF. Tabl. de la littér. du Nord. | 10 | THIERRY (Am.) Hist. d'Attila, etc. | 7 |
| FALLOUX (de). M$^{me}$ Swetchine. | 7 | TASSE (le). Jérusalem délivrée. | 20 |
| FEUGÈRE (Léon) ses ouvrages. | 9 | TASTU (M$^{me}$). Education maternelle | 16 |
| FERRARI (J.). Révolutions d'Italie. | 8 | — Ses Ouvrages. | 18 |
| FLEURY (Ed.). Études sur la Révolution | 12 | TISSOT. Leçons de littérature. | 11 |
| FOISSET. Voltaire et de Brosses. | 8 | ULLIAC-TRÉMADEURE (M$^{lle}$). Ses Ouv. | 19 |
| FOUINET (Ernest). Souvenirs, etc. | 20 | VERLAC et LITAIS DE GAUX. Dictionnaire des Verbes. | 16 |
| GALET. Le Corps de l'homme. | 16 | VILLEMAIN. Œuvres. | 5 |
| GEFFROY. Lettres de M$^{me}$ des Ursins. | 9 | VILLEMARQUÉ (H. DE LA). Les Romans de la Table ronde. | 8 |
| GENLIS (M$^{me}$). Ses Ouvrages. | 19 | | |
| GERMOND DE LAVIGNE. Don Quichotte. | 12 | | |
| GUÉRIN (Léon). Guerre de Russie. | 12 | | |
| GUIZOT. Ses Œuvres. | 3 et 4 | VOLTAIRE. Lettres inédites. | 8 |
| GUILLAUME GUIZOT. Ménandre. | 4 | WITT (C. de). Hist. Washington. | 4 |
| GUIZOT (M$^{me}$). Ses Œuvres. | 18 | Trésor de Numismatique et de glyptique | 22 |

Paris. — Imprimé chez Bonaventure et Ducessois, quai des Augustins, 55, près du Pont-Neuf.

## PUBLICATIONS DE LA LIBRAIRIE ACADÉMIQUE DIDIER ET Cⁱᵉ

### VILLEMAIN
Œuvres. 14 vol. in-8°.............. 88 fr.
Etudes sur la littér. contemp. 1 v. in-8°. 7 fr.
La République de Cicéron. 1 v. in-8°... 7 fr.
Souvenirs contemporains 2 v. in-8°... 14 fr.
Tableau de l'éloquence chrét. 1 v. in-8°. 6 fr.
D scours et Mélanges. 1 vol. in-8°... 6 fr.
Etudes de littér. anc., etc. 1 vol. in-8°. 6 fr.
Etudes d'histoire moderne. 1 v. in-8°.. 6 fr.
Cours de littérat. française. 6 v. in-8°.. 36 fr.

### GUIZOT
Œuvres. 23 vol. in-8°.............. 140 fr.
Hist. de la révol. d'Angleterre. 6 v. in-8°. 42 fr.
Etudes sur la révol. d'Angleterre. 2 v. 8°. 10 fr.
Sir Robert Peel. 1 vol. in-8°......... 7 fr.
Histoire de la civilisation en Europe et en France. 5 vol. in-8°......... 30 fr.
Essais sur l'hist. de France. 1 v. in-8°. 6 fr.
Origines du gouvernement représentatif. 2 vol. in-8°.............. 10 fr.
Corneille et son temps. 1 vol. in-8°... 5 fr.
Shakspeare et son temps. 1 vol. in-8°.. 5 fr.
Méditations et études morales. 1 v. in-8°. 6 fr.
Etudes sur les beaux-arts. 1 v. in-8°.. 6 fr.
Abailard et Héloïse. 1 vol. in-8°..... 6 fr.
De la démocratie en France. 1 v. in-8°. 3 fr.

### GUIZOT ET C. DE WITT
Histoire de Washington. 1 vol. in-8°... 7 fr.

### S. DE SACY
Variétés littéraires, historiques et morales, 2ᵉ édition. 2 vol. in-8°..... 14 fr.

### AM. THIERRY
Histoire d'Attila. 2 vol. in-8°........ 14 fr.
Histoire des Gaulois. 2 vol. in-8°..... 14 fr.
Récits de l'Hist. romaine au Vᵉ siècle. 1 vol. in-8°.................. 7 fr.

### J. J. AMPÈRE
La Grèce, Rome et Dante. 1 vol. in-8°. 7 fr.
Littérature, voyages, etc. 2 v. in-12... 7 fr.

### A. DE FALLOUX
Madame Swetchine, sa vie et ses œuvres, 2ᵉ édition. 2 vol. in-8°........... 15 fr.

### H. DE LA VILLEMARQUÉ
Les Romans de la table ronde et les Contes des anc. Bretons. 1 v. in-12. 3 fr. 50

### L'ABBÉ BAUTAIN
Philosophie des lois. 1 vol. in-8°..... 7 fr.
L'Esprit humain, nouv. édit. 2 v. in-12. 7 fr.

### CH. L. LIVET
Précieux et Précieuses. 1 v. in-8°..... 7 fr.
La grammaire et les grammairiens au XVIᵉ siècle. 1 vol. in-8°......... 7 fr. 50

### PELLISSON ET D'OLIVET
Histoire de l'Académie française, avec notes par CH. LIVET. 2 vol. in-8°... 14 fr.

### A. DE BROGLIE
L'Empire romain au IVᵉ siècle. Règne de Constantin. 2 vol. in-8°........ 14 fr.
2ᵉ Part. Constance et Julien. 2 v. in-8°. 14 fr.

### FR. COMBES
La Princesse des Ursins. 1 vol. in-8°.. 7 fr.

### A. GEFFROY
Lettres inéd. de Mad. des Ursins. 1 v. 8°. 7 fr.

### DREYSS
Mémoires de Louis XIV. 2 vol. in-8°... 14 fr.

### NOURRISSON
Tabl. de la pensée humaine. 1 v. in-8°. 7 fr.
Histoire et Philosophie. 1 vol. in-12... 3 fr. 50

### PIERRE CLÉMENT
Portraits historiques. 1 vol. in-8°..... 7 fr.
Enguerrand de Marigny, etc. 1 v. in-8°. 7 fr.

### PITRE CHEVALIER
La Bretagne ancienne, nouvelle édit. illustrée. 1 vol. gr. in-8°........... 15 fr.
La Bretagne moderne, nouvelle édit. illustrée. 1 vol. gr. in-8°........... 15 fr.

### SALVANDY
Don Alonso ou l'Espagne. 2 vol. in-8°. 14 fr.
Histoire de Sobieski. 2 vol. in-12..... 7 fr.

### J. FERRARI
Hist. des Révolutions d'Italie. 4 v. in-8°. 28 fr.

### EUG. POUJADE
Chrétiens et Turcs. 1 vol. in-8°...... 7 fr.

### L. DE CARNÉ
La monarchie franç. au XVIIIᵉ siècle. 1 vol. in-8°.................. 7 fr.
Fondateurs de l'unité frança se. 2 v. 8°. 14 fr.
Hist. du gouvernem. représ. 2 v. in-8°. 14 fr.

### V. DE NOUVION
Histoire de Louis-Philippe Iᵉʳ, roi des Français (T. 1 à 3 en vente). Le vol. 6 fr.

### VICTOR COUSIN
Les femmes illustres et la société du XVIIᵉ siècle. 8 vol. in-8°. Portraits.. 56 fr.
Madame de Hautefort. 1 vol. in-8°.... 7 fr.
Madame de Chevreuse. 1 vol. in-8°... 7 fr.
Madame de Sablé. 1 vol. in-8°....... 7 fr.
Jacqueline Pascal. 1 vol. in-8°........ 7 fr.
La Jeunesse de Madame de Longueville. 1 vol. in-8°. Portraits.......... 7 fr.
Madame de Longueville pendant la Fronde. 1 vol. in-8°............. 7 fr.
La Société française au XVIIᵉ siècle. 2 vol. in-8°.................. 14 fr.
Du vrai, du beau et du bien. 1 v. in-8°. 7 fr.
Etude sur Pascal. 1 vol. in-8°........ 7 fr.
Fragments et souvenirs. 1 vol. in-8°... 7 fr.

### MIGNET
Portraits et notices. 2 vol. in-8°...... 10 fr.
Marie Stuart. 2 vol. in-8°............ 12 fr.
Charles-Quint. 3ᵉ édit. 1 vol. in-8°.... 6 fr.
Antonio Perez et Philippe II. 1 v. in-8°. 6 fr.

### CH. DE RÉMUSAT
Bacon. 1 vol. in-8°.................. 7 fr.
L'Angleterre au XVIIIᵉ siècle. 2 v. in-8°. 14 fr.
Saint-Anselme de Cantorbéry. 1 v. in-8°. 7 fr.
Abélard. 2 vol. in-8°................ 14 fr.
Critiques et études littér. 2 vol. in-12. 7 fr.
Channing, sa vie et ses œuvres. Préface de M. DE RÉMUSAT. 1 vol. in-8°.... 7 fr.

### BARANTE
Histoire des ducs de Bourgogne. 8 vol. in-12 avec figures............. 28 fr.
Le Parlement et la Fronde. MATHIEU MOLÉ, etc. 1 vol. in-8°............ 7 fr.
Histoire du Directoire. 3 vol. in-8°.... 21 fr.
Etudes historiques et biogr. 2 v. in-8°. 14 fr.
Etudes littéraires et hist. 2 v. in-8°.. 14 fr.

### F. DE SAULCY
Histoire de l'art judaïque. 1 v. in-8°... 7 fr.

### VOLTAIRE
Lettres inédites, avec Préface de M. de SAINT-MARC GIRARDIN, 2 édit. 2 v. in-8° 14 fr

### DE BROSSES
Le Prés. de Brosses en Italie. 2 v. in-8°. 12 fr.

### DELÉCLUZE
Louis David. 1 vol. in-8°............ 7 fr.

### BOUCHITTÉ
Le Poussin, sa vie et son œuvre. (Ouv. couronné par l'Académie). 1 v. in-8°. 6 fr.

### BARTHÉLEMY SAINT-HILAIRE
Le Bouddha et sa religion. 1 vol. in-8°.. 7 fr.

### EM. DE BONNECHOSE
Histoire d'Angleterre. 4 vol. in-8°..... 28 fr.
Les quatre conquêtes d'Angleterre. (Ouv. couronné). 2 vol. in-8°...... 10 fr.

### LÉON FEUGÈRE
Caractères et Portraits du XVIᵉ siècle. 2 vol. in-8°.................. 14 fr.
Femmes poètes au XVIᵉ siècle 1 v. in-8°. 7 fr.

### DE BASTARD
Les Parlements de France. 2 vol. in-8°. 16 fr.

### C. DELAVIGNE
Œuvres complètes. 4 vol. in-12...... 14 fr.

### Mᵐᵉ A. TASTU
Poésies complètes. 1 vol. in-12 fig... 3 fr. 50

### LE DIEU (l'abbé)
Mémoires et Journal sur la vie et les ouvrages de Bossuet. 4 vol. in-8°... 24 fr.

### FR. MONNIER
Le chanc. d'Aguesseau. 1 vol. in-8°... 7 fr.

### EICHHOFF
Tableau de la littérat. du Nord. 1 v. in-8°. 24 fr.

### DUCELLIER
Histoire des classes laborieuses en France. 1 vol. in-8°............. 7 fr.

www.ingramcontent.com/pod-product-compliance
Lightning Source LLC
Chambersburg PA
CBHW072020240426
43667CB00044B/1546